《东吴文化遗产》第六辑

主办单位：苏州大学非物质文化遗产研究中心

地　　址：苏州市工业园区仁爱路 独墅湖校区 苏州大学603号楼313室
邮　　编：215123

江苏高校优势学科建设工程资助项目

苏州大学非物质文化遗产研究中心 编

上海三联书店

图书在版编目(CIP)数据

东吴文化遗产.第六辑/苏州大学非物质文化遗产研究中心编.—上海:上海三联书店,2023.8
ISBN 978-7-5426-8133-1

Ⅰ.①东… Ⅱ.①苏… Ⅲ.①文化遗产—华东地区—文集 Ⅳ.①K295-53

中国国家版本馆CIP数据核字(2023)第107839号

东吴文化遗产(第六辑)

编　　者 / 苏州大学非物质文化遗产研究中心

责任编辑 / 杜　鹃
装帧设计 / 一本好书
监　　制 / 姚　军
责任校对 / 王凌霄

出版发行 / 上海三联书店
(200030)中国上海市漕溪北路331号A座6楼
邮　　箱 / sdxsanlian@sina.com
邮购电话 / 021-22895540
印　　刷 / 上海展强印刷有限公司

版　　次 / 2023年8月第1版
印　　次 / 2023年8月第1次印刷
开　　本 / 710 mm×1000 mm　1/16
字　　数 / 420千字
印　　张 / 26.75
插　　页 / 4页
书　　号 / ISBN 978-7-5426-8133-1/G・1678
定　　价 / 129.00元

敬启读者,如发现本书有印装质量问题,请与印刷厂联系 021-66366565

目录

戏剧研究 ……… 121

传统村落 ……… 138

传统建筑与园林 ……… 189

传统技艺 ……… 272

手艺就是生活

冯骥才

摘　要：本书特邀学者冯骥才先生写了这篇关于手艺与生活的文章。他认为手艺有三方面特征：一是手艺反映了一个地方的当下文明程度和当时整个社会发展的状况；二是它反映了这个地区人们的智慧和能力的水平，即当地人们具备这种智慧的同时又有能力来完成这种智慧的想象或者是审美的想象；三是它有自己独特的审美特征。每个地方因为地域文化的差异，表现出来的审美特征各不相同。

关键词：苏州；手工艺；生活；文化

一、在过去，手艺就是生活

苏州是我国历史上最为悠久的古城之一，这里地灵水秀，人文荟萃，素有"工艺之市"的称号。苏州手艺的兴盛，最早可追溯到春秋战国时期以吴王剑为代表的青铜兵器。明清时期，苏州经济堪称全国之最，其手艺更是达到一种全面繁荣，苏绣、苏裱、苏铸等已经相当出名，似乎全国一流的匠人都一下子聚集到了苏州。清人李斗在《扬州画舫录》里说："扬州以园林胜，苏州以市肆胜"，而繁荣的市肆自然离不开品类齐全且制作精良的各类手工产品，那时的"苏州制造"是一种品牌，代表质量和时尚，历史上有所谓"苏意"的说法。

在古代农耕社会时期，人的所有生活物品都来源于手艺，都和我们的手分不开。我们的家具、衣服、食品都是靠双手制作的，这里面充满了手艺，都有手艺的含量，就跟我们现在所使用的物品都有科技含量一样。靠双手来制作实用品，这是手艺的一个显著特性。除此之外，手艺在其实用性之外还有诉诸精神方面的作用，传统意义上的手艺人通过制作来愉悦感情，满足审美的想象和精神上的追求，甚至是在直接的意义上手艺的制成品成了极具文化内涵的艺术品。

究竟什么是手艺呢？我认为手艺有以下三个特征：1. 手艺反映了一个地方的当下文明程度和当时整个社会发展的状况；2. 它反映了这个地区人们的智慧和能力的水平，就是说这里的人们具备这种智慧同时又有能力来完成这种智

作者简介：冯骥才　天津大学冯骥才文学艺术研究院教授、博士生导师

慧的想象或者是审美的想象；3.它有审美的特征。当然每个地方因为地域文化的差异，表现出来的审美特征各不相同。

二、手艺背后是人文

苏州的手艺制品之所以具有如此独特鲜活的艺术魅力，除了受到更广大的历史地域文化的熏染之外，还与当地的手艺人对自己手艺的那种近乎宗教虔诚般的敬业精神有着极大的关系。我们可以发现，先人给我们留下的民间艺术品特别生动，特别栩栩如生。实际上，手艺里有更大于手艺本身的东西，更深层的东西，手艺人把他对生活的感悟、对生命的认识和个人的情感都全部倾注到他的艺术创作中。正是因为这种精神的支撑，才有了苏州手艺的世代相传，才有了如此鲜活生动的、充分人格化了的艺术作品。这是本能的东西，是值得珍视的遗产。

北方的情况也是如此。每年快到春节时，杨家埠便开始印年画。艺人们有个规矩，第一天印年画要祭画案，就是要对着他们的画案子先祭拜一番。从表面上看这好像是在祭先人、祭祖师，实际上他们是对自己的文化进行非常虔诚的膜拜，正因为有着这种虔诚，甚至是敬畏，才有了那样的举动。

民间艺术都凝聚着艺人内心的感情。我们看先人的作品，会感到一种震撼，感受到它内在的人格上的力量。在传统作品里，人与物紧紧地联结在了一起。所以，我最看中的还是手艺后面的人文。对于人类学来讲，这些东西是尤其宝贵的精神文化遗产。

三、就民间工艺而言，苏州是座了不起的城市

苏州手艺在全国独领风骚，源于这座城市极为深厚的历史文化积淀。在我的印象里，苏州的文化非常密集，特点非常鲜明。历史上还没有一个城市的民间艺术、民间工艺能像苏州这样，强烈地体现着江南地域人文的特点。苏州人的性灵是精致、纤巧的，苏州的园林、苏州的玉雕、每一个雕塑、每一幅刺绣全是这样一个精神，清新、委婉、灵透、细腻，和北方是不一样的。如北方的山西，它比较雄厚、大气，没苏州这么精致，但它有着很强烈的北方魂魄的情感，它有那种岁月的沧桑感。苏州与它完全不一样，苏州人太精巧了，太细致了。比如桃花坞年画，它画中的女人都是细皮嫩肉的，小鼻子小眼，都很精巧的，与我们现在看到的苏州女子是一样的，非常清秀、非常细腻。再有，苏州在明清时期是中

国最发达的城市，文化繁荣，汇集了大量的文人，城市的文化程度很高。如果说民间艺术作为一种民俗风情的载体具有一种天生的乡土气息的话，苏州的手艺作品则如同苏州的园林一样，更多带有苏州文人那种明显的书卷气和人文色彩，具有别的地方的工艺很难达到的特别高雅的境界，更接近于精英艺术。

四、在全球化时代，最后的王牌就是自己的文化

随着时代的变迁，随着人们生活方式、审美情趣的不断改变，作为民俗风情载体的民间手艺渐渐走向了衰落。在日益全球化、数字化的今天，产生于农业文明时期的各种民间手艺遭遇了前所未有的巨大冲击，艺人流失，后继乏人。一些手艺甚至面临消失的危险，抢救挖掘民间手艺就成为我们不可推卸的责任。同时，我们需要以本民族的传统文化来维系我们的自我认同感和一种根的感觉。当我们的生活越是数字化的时候，我们也就越需要来自一种纯精神价值的心灵抚慰，而苏州各种民间手艺不论是作为传统民族文化或是作为一种带有乡土气息的地域文化的一部分，恰恰可以满足我们的上述需要，而这也正是它无与伦比的价值所在。

这一点在将来会被认识得越来越清楚。以旅游业为例，旅游者走万里路为的是看不同的山水和不同的文化。你必须保持自己的特色，而最深刻的地域特色就是文化特色，不同的环境，特殊的建筑，极具特色的艺术品，特别是工艺品、民间艺术品，它们才是有持久魅力的。

所谓传承自己的文化，不是说现在非得要我们去做木匠、铁匠，最主要的是要使文化的传承不断，使民族的精神和地域的特点有一个载体连接起来，不中断，如果这些手艺都没有了，那我们只有去博物馆，而博物馆里是没有活的东西的。传承的方式很多，有一个办法，就是把手艺引入学校。现在学校都在讲爱国主义教育、乡土教育，实际上乡土教育是最具体的爱国主义。把乡土文化的东西注入我们的学校，尤其是小学教育里来，培养孩子们的乡土情感，告诉我们的孩子祖先是怎样生活的，我们的先人、我们的祖爷爷祖奶奶们他们对生活怀着的是一种什么样的情感。事实上，那些和民俗、传统联系在一起的情感，对一个民族来说，也许永远都不会改变。

五、苏州作为历史古城正日益重视自己的文化特征

随着农耕社会的瓦解，生活方式的改变，相当一部分手艺正在离我们而去，

对这一点我是很担心的。苏州目前的状况让我感到很吃惊,她竟然还保留着那么多珍贵的民间艺术的财富,像苏绣啊,年画啊,缂丝啊。我觉得在苏州它们不会消失,因为这个城市有这样的氛围。

要保持住苏州的手艺,在我看来要注意两方面:

第一,要保持住苏州的文化品格和它比较高的文化程度,如果它的品位下来了,它的民间艺术原有的传统灵魂也就没有了。

第二,绝大多数的民间手艺是靠口传心授传下来的,就是所谓的技由人传、人在艺在,这种传承方式有它的脆弱性。苏州有不少有绝技的老艺人,如果他没有徒弟或者下一代不跟他学了,那么他一旦故去了,就会把技艺带走,这手艺也就基本中断了。

当然,正像我前面所说的,就民间工艺而言,苏州是座了不起的城市。对这座城市的手艺的未来,我报以信心并拭目以待。

Craft is Life

Feng Jicai

Abstract: This publication features and publishes an article on crafts and life by scholar Feng Jicai. He believes that crafts have three characteristics: first, they reflect the current level of civilization and the overall social development of a place; second, they reflect the level of wisdom and ability of people in the area, i. e. , local people have the wisdom and ability to complete this wisdom or aesthetic imagination; third, they have their own unique aesthetic characteristics. Each place shows different aesthetic characteristics because of the differences in regional culture.

Keywords: Suzhou; handicraft; life; culture

关于“文化遗产学”与“民间文艺学”的学科建设思考

潘鲁生

摘　要：“非物质文化遗产”和“民间文艺”具有久远的历史、广泛而丰富的内容与复杂深厚的社会关联性，在文化转型过程中体现出现实存续的迫切性，并富有民族文化“源”与“流”的内涵，与传承、涵养民族文化创造力密切相关。在“新文科”建设布局中给予其学科的独立性，改变既往分割、附属的设置格局，有助于进一步构建完善的学科体系，展开符合普遍规律、对接现实需求的学术研究和人才培养。

关键词：学科；文化；文化遗产学；民间文艺学

“学科”是一个有渊源、有历史、有多重内涵的概念，核心在于以知识分类为基础，在学术研究方面形成相应的范式、聚合相应的人群开展知识研究和创造并形成相应的学术组织，在教育教学方面形成相应的组织管理机制、培养相关人才。因此，学科有基于知识分类的特定研究对象和内在逻辑，具有突出的专业性。同时，随着各知识领域研究的深化、方法的相互借鉴与成果的相互渗透，不断整合形成新的知识域，并在应用实践领域日益交融，学科也因此具有交叉融合的综合性。在学科发展史上，既有传统的单学科，也有不断产生的交叉学科、综合学科、新兴学科，具有动态化特征，并由此对以学科为建设发展基础的高等院校的院校设置、专业与课程教学、学术组织建设等产生影响。从我国当代人文学科的建设发展历程看，主要经历了从“文科”到“人文社会科学”和“哲学社会科学”统称相关学科，再到“新文科”建设发展的过程。① 2019 年以来，教育部提出“新文科”的建设要求，着眼学科交叉和新兴学科构建具有中国特色的新文科生态。整体上看，既是人文社会学科内在知识逻辑演进发展使然，也是社会各领域实践的综合需求推动所致。应该说，“新文科”概念在世界范围内具有普遍性，其建设并非学科之间简单的叠加与累积，而是在经济、科技高速发展的背景下，在社会发展、人才培养与产业需求相统一的整体框架中融合创新，

作者简介：潘鲁生　山东工艺美术学院教授、博士生导师

① 自 1949 年中华人民共和国成立到 20 世纪 80 年代，主要以“文科”统称文学、历史、哲学、政治、经济等学科。此后，分别在 1994 年和 2004 年使用“人文社会科学”和“哲学社会科学”的统称。2019 年，教育部提出“新文科”的建设要求，强调“培养具有新时代中国特色、中国风格、中国气派的先进文化”。

形成新的学科发展空间。因此,新文科建设要有全球视野,并重点突出中国特色;要促进学科交叉,破除壁垒,实现融合;要重问题、重实践,建立跨学科的通识教育模式。

一、"文化遗产学"的学科内涵与建设路径

(一)"文化遗产"概念的内涵

"文化遗产"是人类文化历史的遗存。现代意义上的文化遗产保护活动源于欧洲,其标志和发端始于1790年法国国民议会开设的遗产保护机构。联合国教科文组织1972年通过的《保护世界文化和自然遗产公约》对"文化遗产"进行界定,将"文化遗产"分为古迹、建筑群和遗址三大类。② 2003年通过《保护非物质文化遗产公约》,将"非物质文化遗产"界定为"传统手工艺""有关自然界和宇宙的知识和实践""社会实践、仪式、节庆活动""口头传统和表现形式(包括作为非物质文化遗产媒介的语言)""表演艺术"五部分。③ 该公约确定的五部分仅是基本分类框架下的归纳与阐述,并非是完整且排他的,每个缔约国均可以根据本国实际情况予以详细界定和划分。因此,"文化遗产"就其存在形态而言,包括"物质文化遗产"(有形文化遗产)和"非物质文化遗产"(无形文化遗产),联合国教科文组织有关表述,更多是从保护和传承角度的工作概念即从保护范畴进行界定。

在我国,"文化遗产"作为工作概念和学术概念并存。特别是21世纪以来,相关概念和保护意识逐渐普及,越来越多的学者从各自专业视角对"文化遗产学"进行阐释,如有专家认为:"文化遗产学是一门交叉性学科的核心观点。认为该学科应注重五方面的研究,即文化遗产本体,包括历史、现状和可能的未来;与文化遗产紧密联系在一起的环境、风貌、人类生活方式以及文化生态等;文化遗产事业,包括管理、政策、法规的有关内容;文化遗产的价值及其应用;文

---

② 古迹是指从历史、艺术或科学角度看,具有突出的普遍价值的建筑物、碑雕和碑画,具有考古性质的成分或构造物、铭文、窟洞以及景观的联合体;建筑群是指从历史、艺术或科学角度看在建筑式样、分布均匀或与环境景色结合方面具有突出的普遍价值的单立或连接的建筑群;遗址是指从历史、审美、人种学或人类学角度看,具有突出的普遍价值的人类工程或自然与人的联合工程以及包括有考古地址的区域。详见《保护世界文化和自然遗产公约》,中华人民共和国中央人民政府官网:http//www. gov. cn/test/2006-05/23/content_288352. htm,发表时间:2006年5月23日;浏览时间:2019年8月15日。

③ 2003年《保护非物质文化遗产公约》将"非物质文化遗产"界定为:被各社区、群体,有时是个人,视为其文化遗产组成部分的各种社会实践、观念表述、表现形式、知识、技能以及相关的工具、实物、手工艺品和文化场所。

化遗产保护科技。”[④]也有专家认为，文化遗产学研究领域应包括基础理论研究、各类具体文化遗产事项的研究、文化遗产应用性研究三个主要方面。[⑤] 还有学者从学科交叉角度提出：“文化遗产学的研究对象较考古学、博物馆学、管理学等学科的范围更加宽泛与复杂，它应是一门和遗产价值及本体研究、管理、经营、运作等密切地结合在一起的高度综合的创新性学科，是人文、社会科学与自然科学的结合体，具体内容应包含如文化人类学、宗教科学、自然科学、技术科学、人文科学、管理科学等多学科的理论方法与成果。”[⑥]2011 年，我国颁布《中华人民共和国非物质文化遗产保护法》，将“非物质文化遗产”分为：传统口头文学以及作为其载体的语言；传统美术、书法、乐、舞蹈、戏剧、曲艺和杂技；传统技艺、医药和历法；传统礼仪、节庆等民俗；传统体育和游艺；其他非物质文化遗产。[⑦] 综上，“物质文化遗产”和“非物质文化遗产”具有内在关联性，“文化遗产学”取其广义内涵，是一门多学科融合的交叉学科，以有形的物质文化遗产和无形的非物质文化遗产为研究对象，是一门研究文化遗产的本体、价值、保护、衍生、管理以及相关的政策等于一体的学科。

（二）“文化遗产学”“民间文艺学”学科建设的国际经验

从关联学科看，在欧洲，“文化遗产”的关联学科主要有考古学、民俗学、民族学等。其中，欧洲考古学源起并兴盛于 19 世纪末期，主要地表考察与地层学记录的思想和方法尚不成熟。20 世纪中期，随着 C^{14} 测年发明和 C^{14} 树轮校正曲线制定等技术出现，欧洲考古事业进入科学规范时代，科学考古学体系得以逐渐建立和完善。借助现代科学技术，欧洲考古学可以对现存遗迹、遗物进行更精准的研究，考古的时间下限也不断向后推移。欧洲的民俗学始于 19 世纪初，最初主要以农耕社会农村农民，以及其他一些相对不受现代科技影响的群体为研究对象，目的是追溯保存下来的古老习俗、信仰及其远古渊源。在此过程中，研究者们积累了大量的口头文学、民间故事、民谣、口述史诗、民间戏剧、谜语、音乐、舞蹈和传统手工艺等资料，建立了一批档案馆、民俗馆、博物馆。20

④ 杨志刚：《文化遗产科学的学科建设及其“对象”问题》，《中国文物报》2006 年 8 月 18 日。

⑤ 贺云翱：《文化遗产学初论》，《南京大学学报（哲学・人文科学・社会科学）》2007 年第 3 期。

⑥ 曹兵武：《中国特色文化遗产理论体系刍议》，南京大学文化与自然遗产研究所、孝陵博物馆、南京文化遗产保护与利用研究会编：《世界遗产论坛（三）——全球化背景下的中国世界遗产事业》，北京：科学出版社，2009 年。

⑦《中华人民共和国非物质文化遗产法》，详见中华人民共和国中央人民政府官网：http://www.gov.cn/flfg/2011-02/25/content1857449.htm，发表时间：2011 年 2 月 25 日；浏览时间：2021 年 1 月 1 日。

世纪，在欧洲民俗学家仍然专注于存在于农民口头的传说时，美国民俗学家在延续民俗学既有研究对象的基础上，开始关注美洲原住民文化，将其全部习俗和信仰纳入其中，注重田野研究，强调文化多样性。随着民俗学的发展，研究者开始对材料进行比较、分析、分类，创立了"历史地理"研究方法，将特定故事、民谣、谜语或其他物品的每个已知变体按收集地点和日期进行分类。第二次世界大战后，民俗学家研究兴趣不再局限于农村社区，而是扩展到城市空间，任何通过保持共有传统而表现出内在凝聚力的群体都被视为"民间"，研究重点也从过去转移到现在，从寻找起源到对当下意义和功能进行研究。在民族学领域，19世纪中叶至19世纪末，西方国家对外进行殖民扩张，为更好地了解与统治殖民地民族，学者便开始对殖民地民族进行系统研究，民族学作为一门独立的学科诞生并迅速发展。法、美、英与德等国家纷纷建立民族学学会机构，通过田野调查，对殖民地民族展开系统研究，社会现象、生活方式和文化习俗等也纳入民族学研究范畴。随着民族学研究的深入拓展，涌现出一大批民族学家，出现了不同学术观点与学术流派，如以美国摩尔根(Thomas Hunt Morgan，1866—1945)为代表的进化学派；以德国马克思、恩格斯为代表的唯物主义学派；以苏联阿努钦(Anuqin. B. A)为代表的苏维埃民族学派等。随着社会进步与经济发展，在全球化背景下，民族学通过跨学科融合，研究领域拓展到科学技术主义、公民社会与个人权利、新自由主义等领域。从学科目录看，在英、美、日等发达国家高等教育的学科目录中，虽然很难找到对应的可以直接翻译为"文化遗产学"的学科，但有内涵相似的学科。在英国高等教育学科目录中，"文化遗产学"相关学科于2019年前后变化较大。2019年前使用的JACS 3.0(The Joint Academic Coding System)学科分类体系中，"文化遗产研究"作为一级学科，隶属于"历史与哲学研究"门类，涵盖"文化遗产理论""遗址管理""自然文化遗产""沿海文化遗产管理""口述历史、文化遗产和谱系"等二级学科。2020年开始使用的HECOS(the Higher Education Classification of Subjects)学科分类系统中，则归属于"历史、哲学和宗教研究"门类下设置"历史与考古学"一级学科，其下设立"文化遗产研究""文化遗址管理"两个二级学科。美国对历史文化遗产极为重视，1966年实施《国家历史遗产保护法》。在美国高等教育学科目录中，"历史文物保护"作为"跨学科研究"门类下的一级学科，涵盖了"历史文物保存与保护(广义)""文化资源管理和政策分析""历史文物保存与保护(其他)"等二级学科；此外，"视觉与表演艺术"门类下设立了"手工艺、工艺设计，民间艺术和手工艺品"一级学科。在日本高等教育学科专业目录中与文化遗产研究相关主要在“人文科学系统”门类，涵盖“文化人类学”“文艺学”两个一级学科，以及“综合·新领域”门类，涵盖“人间社会学”“人间人文学”两个一级学科。“文化遗产”在日本法律中以“文化财”名称出现，现行《文化财保护法》将“文化财”分为六类：一是在历史上或艺术上具有重要价值的建造物、绘画、雕刻、工艺品、典籍、古文书、考古资料、历史资料和有形文化产出物；二是在历史上或艺术上具有重要价值的演剧、音乐、工艺技术及其他无形文化所在；三是衣食住行等相关的风俗习惯、民俗艺能、民俗技术及依赖和使用它们制成的衣服、器具、家屋与其他物件；四是在历史上或学术上具有重要价值的贝冢、古坟、都城迹、城迹、旧宅及其他遗迹，在艺术上具有高度观赏价值的庭园、桥梁、峡谷、海岸、山岳及其他名胜地，也包括动物、植物、地质矿物及具有重要学术价值的纪念物；五是文化景观；六是传统建造物群。⑧ 日本高校“文化遗产学科”建设重点不在于学科的隶属关系，而是在特定社会背景下呈现出从“跨学科”到“超学科”的演化走向。1979 年，奈良大学成为日本最早设立“文化遗产学科”的高等教育机构，注重“物”的保存修复与展示。1992 年日本加入《世界文化与自然遗产保护公约》后，日本高校文化遗产专业建设进入高潮期，跨学科特征更加突显。2004 年，筑波大学创设“世界遗产专业”，开辟了日本文化遗产学的学科新领域。21 世纪以来，随着日本社会文化自觉，逐渐超越《世界文化与自然遗产保护公约》，焦点逐渐转移到确立学科特定的价值观和方法论上，提出回归地域历史风土文化的文化遗产学“超学科论”，注重整体价值，寻求从“学科间性”知识重组中发现和实现日本独特文化史像与文化论。英、美、日三国文化遗产关联学科的建设工作起步早，学科体系比较成熟，对“文化遗产学”有不同的内涵和外延界定，学科体系各具特色，但有一点是一致的，通过学科交叉实现“文化遗产学”学科建设。

（三）“文化遗产学”学科建设的可行性

我国文化遗产资源丰富，“文化遗产学”涵括广泛的研究对象。截至 2019 年 7 月，中国世界遗产总数增至 55 处，位居世界第一，其中文化遗产 37 项，自然遗产 14 项，文化自然混合遗产 4 项，中国也是世界上拥有世界遗产类别最齐全的国家之一。在非物质文化遗产领域，截至 2019 年，国务院先后公布了 1372

⑧ 转引自张颖、曹碧莲：《从跨学科到超学科：日本高校文化遗产专业建构历程与特点》，《比较教育研究》2020 年第 2 期。

个国家级非物质文化遗产代表性项目、3069名国家级代表性传承人、17个国家级文化生态保护实验区，中国列入联合国教科文组织非物质文化遗产名录项目共计40项，同样位居世界第一。同时，也必须清醒地认识到文化遗产开发、保护事业还面临一系列挑战，其中文化遗产学学科建设问题最为关键。尽管我国文化遗产受到关注度越来越高，但是作为一门综合性、跨学科的学问，“文化遗产学”在学科建设上还比较滞后。这一问题日益受到学界的关注，成为学术研究热点。

我国文化遗产保护规范化和法治化建设工作不断完善，形成了良好的“文化遗产”研究与保护环境。早在1930年，国民政府即颁布了中国第一部保护文化遗产的法律文件《古物保存法》。1985年，中国加入《保护世界文化和自然遗产公约》；1987年，获批第一批世界遗产；2003年，中国民间文艺家协会发起“中国民间文化遗产抢救工程”；2004年，加入联合国教科文组织《保护非物质文化遗产公约》；2006年，设立“文化遗产日”；2010年以来，每两年举办一届“非物质文化遗产博览会”；2011年，全国人大通过发布《中华人民共和国非物质文化遗产保护法》。近年来，《中国民间文学大系》《中国民间工艺集成》分别于2017、2018年全面启动编纂和出版工程，进一步对民间文学、民间工艺进行系统的总结与深入研究。我国的文物学、考古学、民俗学、民艺学等与“文化遗产研究”关联学科历史悠久，为“文化遗产学”奠定了学科基础。如“文物”一词，始见于《左传》“夫德，俭而有度，登降有数，文物以纪之，声明以发之；以临照百官，百官于是乎戒惧而不敢易纪律”。“考古”一词，在汉语中也出现较早，如北宋吕大临曾著《考古图》(1092年)，当时所谓“考古”是对一些传世的青铜器和石刻等古物的搜集和整理，与近代意义上的考古学含义有区别。整体上看，早在春秋战国时期，我国先民已经开始意识到古文物的重要性。到宋代，金石学兴盛，经典著作问世，如吕大临的《考古图》、宋徽宗的《宣和博古图》、欧阳修的《集古图》及赵明诚的《金石录》等。到清代，考古范围逐渐由金石拓展到玉器、陶瓷、古文字等方面。伴随着科技发展，依靠科技鉴别的科学考古于20世纪由欧洲传入中国，考古学进入了科学规范时代。1935年北平市政府编辑出版《旧都文物略》，成立专门负责研究、修整古代建筑的“北平文物整理委员会”。相对于其他国家多将考古学归属于人类学或艺术史，在当代中国，考古学是历史学的重要组成部分。1952年，北京大学历史系在国内高校中第一个成立考古学专业，招收考古学本科生。截至2018年底，全国高校设立考古、文博、文物保护的本科、硕士和博士学科点近百个。“文化遗产学”学科建设日益受到学界关注，成为学术研究热点。冯骥才先生高度关注文化遗产学学科建设，他在2019年召开的第三届“中国木版年画国际会议”上强调将“民间文化遗产”纳入学术研究范畴，在2020年召开的“教育文化卫生体育领域专家代表座谈会”上，以“建立文化遗产保护的科学体系”为主题作了专题发言，提出科学保护是根本，人才培养是关键，要让“非遗”进入学科领域。近几年，涌现了不少有关文化遗产的学科研究著作，如彭兆荣的《文化遗产学十讲》(2012年)、蔡靖泉的《文化遗产学》(2014年)、麻国庆与朱伟的《文化人类学与非物质文化遗产》(2018年)、王福州的《文化遗产形态学》(2020年)等。目前，北京大学、清华大学、天津大学、复旦大学、中国科学技术大学、中央美术学院、山东工艺美术学院等众多高校都设立了“文化遗产”相关的研究和教学机构，集聚了知名学者教授以及热爱文化遗产研究的青年学子，形成了“文化遗产学”良好的学术与人才基础。

（四）“文化遗产学”的学科建设路径

按照学科范式理论，“文化遗产学”作为一级学科，具有确定的研究对象，形成了相对独立、自成体系的理论、知识基础和研究方法，有若干可归属的二级学科。按照国务院学位委员会、教育部发布的《学位授予和人才培养学科目录设置与管理办法》(学位〔2009〕10号)，包含学科门类设置与调整、一级学科的设置与调整、二级学科的设置与调整等内容。根据《学位授予和人才培养学科目录(2018年修订)》，我国现有13个学科门类、111个一级学科。但在这一目录中，与“文化遗产学”学科相关的研究广泛分布于哲学、法学、文学、历史学、工学、医学、管理学、艺术学等8大学科门类下的22个一级学科。建立一个“文化遗产学”一级学科，置于该目录任何门类都是不恰当的。在新文科建设背景下，以联合国教科文组织《保护非物质文化遗产公约》《中华人民共和国非物质文化遗产保护法》确定的“广义文化遗产”为研究对象，同时考虑到文化遗产研究对象的多样性，以及研究技术和方法的多元性，在交叉学科门类下设置“文化遗产学”一级学科则是较为合理的。在一级学科“文化遗产学”逐渐完善的基础上，考虑建立“文化遗产学”学科门类，设立中国第15个学科门类，文化遗产学理论、物质文化遗产学、非物质文化遗产学、自然文化遗产学等4个一级学科。从根本上说，“文化遗产”概念的推行与具体的文化保护实践相关，文化保护内容与民众日常生产、生活息息相关。民众生活具有整体性，加强各学科之间的合作、交流、融合符合其内在要求。从文化遗产保护与传承的工作范畴到学科建设是一个深化与互补的过程，根本目的还在于文化的有效传承和长远发展。

二、“民间文艺学”的学科内涵与建设路径

（一）“民间文艺学”的学科建设基础

民间文艺是民间的、民众的文艺样式，由劳动人民创造，与生产生活有紧密联系，往往在具有现实生产生活功能和物用价值的同时，富有伦理、审美的意义，具有艺术乃至文化的本元属性，如同基础和矿藏，在几千年积淀发展中不断滋养生活并启发其他文化艺术样式的发展。民间文艺具有自发性，往往直接体现艺术的目的和作用，反映人与艺术创造的精神所在，研究其原理、规律及共性问题具有重要意义。

我国的民间文艺历史久、门类多、特色鲜明。在学科意义上展开研究，有助于从物质文明与精神文明同构的层面上对中国民间文艺、民间文化作出系统深入、理论意义上的研究和建构，对其发生与发展、性质与定位、功能与作用、流布与承传、种类与风格、成就与特点以及与专门艺术家创作的关系等作出理论解读，从人文科学和民族文化的高度认识民间文艺，并由此观照民族文化的整体发展。而且民间文艺是历史形成的，随着社会发展经历冲击和变迁，保护和研究的目的不只是“博物馆”“活化石”意义上的发现和认识，而是在现实的生活流中传续其创造性的生命力，使之作为人民群众精神文化生活的一部分持续发挥“源”与“流”的作用。在社会文化的转型进程中，“民间文艺学”学科意义上的科研和人才培养具有现实意义。

（二）“民间文艺学”的学科建设历史

我国“民间文艺学”的学科建设历史主要与“民间文学”和“民艺学”的学科建设相关。其现代意义上的学科建构始于五四运动和新文化运动后，在启蒙文化氛围中，“民间”的意义受到关注，“歌谣学运动”兴起，民间文学、民间艺术等朴素原始的生命力、自由精神以及与现实民间生活紧密交织的自在的生活逻辑不断被认识和发掘，成为中国现代文化建构的精神资源和审美资源。如钟敬文在《民间艺术探究的新展开》中指出，中国民间艺术学的兴起是“‘五四’以来新文化运动中的一条支流”，与“五四”反帝反封建的追求相一致，“对于一向被士大夫们所轻蔑、所抛弃的民间艺术，给予注意和探究，正是这新运动中当然的一个剧目”⑨。此后，“民间文学”自 20 世纪 50 年代初成为大学课程并开始招收研究生，80 年

⑨ 钟敬文：《民间文艺谈薮》，长沙：湖南人民出版社，1981 年。

代成为“中国语言文学”一级学科下的二级学科，90 年代调整为“社会学”一级学科下的“民俗学（含中国民间文学）”二级学科和“中国文学”一级学科下“古代文学”“现当代文学”“文艺理论”等二级学科中包含的分支。“民艺学”作为独立学科在 20 世纪 80 年代被正式提出，[10]以期从生活整体出发研究民间艺术和民间美术的本质规律，从现象分析、技巧把握上升到理论原理的层次加以研究。在教育实践领域，“民间舞蹈”在音乐与舞蹈学等专业中作为基础课或选修课出现，如北京舞蹈学院 1954 年成立了中国民族民间舞系，2003 年招收第一批硕士研究生；“民间音乐”在音乐与舞蹈学等专业中作为基础课或选修课出现，如中国音乐学院 1964 年成立器乐系，2008 年更名为国乐系，开设传统音乐专业，并招收硕博士研究生；“民间工艺”在美术学、设计学等专业中作为基础课或选修课出现，如山东工艺美术学院 50 余个专业方向均开设民间文艺相关课程，并招收民艺学研究生。钟敬文、张道一等前辈以强烈的学科意识，从本土文化现实出发，构建学科体系，开展学术研究，开创和引领了我国民间文艺的学科发展。

（三）“民间文艺学”的学科建设路径

“民间文艺学”的学科建设有助于厘定相关知识谱系，将研究事象提升到原理层面，建构相应的方法论体系，对民间文艺的传承发展发挥支持作用。具体可从以下方面推进：

一是在学科门类中明确定位，优化设置。民间文艺不只是民间文学、美术、工艺等横向类别的构成，更是“艺术学”意义上一种纵向的、基础性的存在，在艺术的风格和意味、实际生活的民俗伦理、社会发展的文化心理等方面都有具体而深刻的表现和作用。应当给予“民间文艺学”以独立的、体系化的学科定位，改变割裂、分置于民俗学和文学等具体学科领域的局面，从而更全面充分地把握其本质属性和内在的逻辑关系。同时，也要充分把握民间的文学与艺术的关系，改变割裂“民间文学”与“民间艺术”使之从属于不同学科分而治之的局面，从本源出发，把握“在民间，文学和艺术经常是杂糅在一起的”[11]的现实和规律，在“民间文艺学”的意义上进一步展开研究。因此，我们建议，在“艺术学”门类

---

⑩ 1988 年，张道一先生在“中国民艺学理论研讨会”上发表《中国民艺学发想》，提出建立中国特色的独立的“民艺学”，第一次比较全面地提出民艺的学科建设问题，提出“民艺学研究的六个方面包括：民艺学的研究对象、民艺学的研究宗旨、民间艺术的分类、民间艺术的成就（实存）、民艺学的比较研究及民艺学的研究方法”。详见张道一：《中国民艺学发想》，中国社会文化编辑委员会：《中国民艺学理论研讨会文集》，北京：北京工艺美术出版社，1989 年，第 163 页。

⑪ 张道一：《张道一论民艺》，济南：山东美术出版社，2008 年，第 27 页。

下，设立“民间文艺学”一级学科，下设“民间文学”“民间艺术学”“民间文艺学理论”等3个二级学科，从而给予“民间文艺学”学科定位，推进研究中国民间文艺的历史、规律和特点，求解中国民间文艺发展的实际问题。

二是在学科体系基础上，建设“中国民间文艺”的学术体系和话语体系。正如每个国家和民族都有自己的民间文艺，中国应有自己的民间文艺学。建设“中国民间文艺”的学术体系和话语体系，在于从本土、本民族的历史、生活和民间文艺出发，研究把握本质和规律，以相应的概念、范畴、命题等加以阐释，形成系统的理论，并成为中华民族文化体系的组成部分。比如，历史上中国的诗论、画论等古典文论，均从中国的文艺现实出发在建构自身范畴、表现独特内涵、贯通美学精神等方面，发挥了深刻作用。“民间文艺”以劳动人民为主体创造和传播，与生产生活紧密交织，与社会发展时代变迁密切相关，与具象的物质和无形的精神融合依存，做好类型的、历史的、逻辑关系的全面研究，具有重要意义。在独立的学术体系和话语体系建构过程中，也要善于将外来理论方法中国化、本土化，要加强相关学科研究方法和成果的借鉴，要加强历史、原理、评论及方法等不同层次的系统化研究，做到学术体系、话语体系的科学建构。

三是密切学科建设与社会发展的关系，服务民间文艺发展。民间文艺的创造和发展具有自发、自娱、即时即地的特点，也格外容易受到社会文化转型发展的影响，学科建设基础上的学术研究和人才培养的根本目的在于服务民间文艺文脉的传续和发展，不是“学院化”而是回归田野和生活。因此，在学术研究上，要注重调查研究，扎根田野进行发掘、收集、记录与整理，时刻跟进把握民间文艺的生态现状，避免空洞和简单化的文本分析。在人才培养上，要有层次、有重点，既要大力培养博士等学术型人才，使中国民间文艺的学科体系、学术体系、话语体系的建构与发展后继有人，也要加强民间文艺发展的实践型人才培养，提升全社会传承发展民间文艺的自觉意识和能力素养。当前以及今后一段时期，开展新文科建设即在于应对科技与产业变革形成的学科交叉需要，这是社会发展现实催生的学科变革需要。民间文艺学要关注民间文化艺术的现实发展，包括在工业文明与信息文明并行阶段，如何保持民间文艺的乡土特点，如何实现创造性转化与创新性发展，如何从自发性向自觉性转化等，这也是学科学术之于社会发展的意义。

结　语

“新文科”建设为我们重新认识和构建“非物质文化遗产学”和“民间文艺

学”提供了契机。“非物质文化遗产”和“民间文艺”都具有久远的历史、广泛的内容、复杂深厚的社会关联性，在文化转型过程中体现出现实存续的迫切性，并富有民族文化“源”与“流”的内涵，与传承涵养民族文化创造力密切相关。因此，在“新文科”建设布局中给予其学科的独立性，改变既往分割、附属的设置格局，从而进一步构建其完善的学科体系，展开符合学理并对接现实需求的学术研究和人才培养，极具必要性。应该说，“非物质文化遗产”和“民间文艺”具有较强的实践性，冠之以“学”，就在于突破现象的、个别的层面，上升到从中国基础和特色出发的理论的、普遍的层面，也是张道一先生所说的“学者，道术也，觉悟所未知也，学其不能也”[12]的层面，避免一己之见、一时之需或以点概全，真正以学术之所求服务民族文化事业的发展。社会发展，生活变迁，人民大众对文化的创造不会中断，关键是对几千年积淀的美与智慧形成自觉认识、推动持续发展。“非物质文化遗产”和“民间文艺”的学科建构即在于提升全民族对于优秀传统文化艺术认识和实践的层次，在文化的传承发展和创造上少走弯路，有深化，有提升。文化靠积累，积累起来的文化要充分发扬和利用。新时代，文化艺术必将升华和发展。

（本文原载于《民俗研究》2021 年第 4 期）

Reflections on the Discipline Construction of “Cultural Heritage Studies” and “Folk Literature and Arts”

Pan Lusheng

Abstract: “Intangible cultural heritage” and “folk art” have a long history, extensive and rich content, complex and profound social relevance, and reflect the urgency of their survival in the process of cultural transformation. They are also rich in the connotation of the “source” and “branch” of national culture, and are closely related to the transmission and nurturing of national cultural creativity. In the construction layout of the “New Liberal Arts”, the independence of the discipline is given to the sub—discipline, and the previous pattern of division and affiliation is changed, which helps to further build a perfect discipline system and develop academic research and talent cultivation in line with universal laws and realistic needs.

Keywords: discipline; culture; cultural heritage; folk literature and arts

---

⑫ 张道一：《张道一论民艺》，济南：山东美术出版社，2008 年，第 27 页。

20世纪以来中国民间美术研究关注的几个问题

董占军

摘　要：民间美术是中国文化艺术的重要组成部分，历史悠久，内涵丰富，在人民生活中扮演着重要角色。20世纪以来，中国民间美术研究从发端到发展，努力构建中国民艺学、民间美术学学科，在学科定义、学科属性、研究对象等辨析中确立了独立性。由于受到工业化、现代化、信息化的冲击，民艺学与民间美术学的研究资料逐步减少。因此，在注重学科体系、学术体系、话语体系建设的同时，加强民间美术收藏、展示推广及活态保护也成为民间美术的研究重点。

关键词：民间美术；学科构建；学术体系；活态保护；收藏展示

"美术可分为绘画、雕塑、建筑、工艺美术、书法篆刻和摄影几大类别，民间美术是美术分类的特殊范畴。作为特定历史发展过程中由劳动群众根据自身生活需要而创造、应用、欣赏，并和生活融合的美术形式"①，民间美术涵盖面较广，创造者和享有者人数众多，品类涉及民众生活的各个方面，且包括一般美术品类所无法涵盖的内容，是综合性的美术形式和一种"本元文化"。从结构组成上看，中国民间美术可以分为五个部分："自娱性的，以农民为主体，包括牧民、渔民和城市市民所创作的美术作品；家庭副业，由农民业余制作以补生计的美术作品；职业性的，乡村游方艺人制作和销售的作品；手工艺作坊生产的作品；美术家的民风新作。"②中国民间美术涵盖范围广泛，包括民间绘画、民间工艺，以及一些民居构件和民具等。张道一从功能上将民间美术分为衣饰器用、环境装点、节令风物、人生礼仪、抒情纪念、儿童玩具、文体用品和劳动工具八类，③从造型特点出发，将民间美术归为年画花纸、门神纸马、剪纸皮影、陶瓷器皿、雕刻彩塑、印染织绣、编结扎制、儿童玩具及其他九类。④ 邓福星也从功能角度将中国民间美术分为供奉（祭祀）类、宅居（起居）类、服饰（穿戴）类、器物（器用）类、

【基金项目】：本文系国家社科基金艺术学重大项目"新时代中国工艺美术发展策略研究"（项目编号：20ZD08）的阶段性成果。

作者简介：董占军　山东工艺美术学院教授、博士生导师

① 张道一：《中国民间美术辞典》，南京：江苏美术出版社，2001年，第3页。

② 张道一：《中国民间美术辞典》，南京：江苏美术出版社，2001年，第4页。

③ 参见张道一：《美术长短录》，济南：山东美术出版社，1992年，第270－283页。

④ 参见张道一：《美术长短录》，济南：山东美术出版社，1992年，第286页。

贴饰(装饰)类、游艺六类。[5] 中国历史文化传统悠久,多种民族文化相互融合,组成了一个统一而广博的文化体系。民间美术作为这一文化体系的一个环节,具有丰富的历史和文化内涵,呈现出浓郁的民族性、地域性和时代特征。回顾百年中国民间美术研究的学术历程,进一步认识民间美术的历史范畴、研究语境和学科与学术框架,是构建中国特色哲学社会科学学科体系、梳理民间文化脉络、树立文化自信的重要举措。

一、历史范畴的中国民间美术概念与内涵问题

原始社会,由于没有阶级分化,"美术"创造者与使用者没有等级差异,创造者就是"劳动者",而使用者也是"劳动者"。进入奴隶社会后,由于社会分工和阶级分化,出现了统治阶级和被统治阶级,美术的"生产者"和"使用者"出现分离,因而,在奴隶社会早期就出现了为贵族统治阶级服务的"贵族和宫廷艺术"以及满足生产者需要的"民间美术"差异。二者的区分主要从使用者的角度而言,鲁迅说"民间美术"是"生产者的艺术",指的是"生产者创造和使用的艺术"。[6] 在阶级社会,生产者一直是艺术创造的主体,而艺术的消费者则既包括生产者本身,也包括统治阶级、宫廷贵族等非生产者。商周时期发达的青铜工艺就是这种艺术的典型。

"自秦汉之后,中原汉族的生活逐渐定型,民间餐饮器具及生产工具等趋向成熟。魏晋隋唐多民族的融合,推动了民间服饰、染缬、织造工艺的繁荣,烧制工艺由陶向瓷发展,民间陶器艺术逐渐走向高峰,剪纸艺术开始出现。"[7]宋元时期是中国民间美术发展的重要时期,由于城市和乡村间的人员往来和文化交流,民间美术与市井文化产生一种文化互动效应。宋朝是瓷器发展的黄金时期,也是民间陶瓷发展的最高峰,出现了以磁州窑、哥窑、龙泉窑、耀州窑等为代表的民间瓷窑。中国民间美术品类到宋朝已基本齐备。

就美术的服务对象而言,无论绘画、雕塑、建筑、工艺美术其表现形式如何,

---

⑤ 参见王朝闻,潘鲁生主编:《中国民间美术全集 1·祭祀编·神像卷》,济南:山东教育出版社、山东友谊出版社,1993 年,第 7 页。

⑥ "生产者的艺术"的概念由鲁迅在《论"旧形式的采用"》一文中提出:"但既有消费者,必有生产者,所以一面有消费者的艺术,一面也有生产者的艺术。古代的东西,因为无人保护,除小说的插画以外,我们几乎什么也看不见了。至于现在,却还有市上新年的花纸,和猛克先生所指出的连环图画。这些虽未必是真正的生产者的艺术,但和高等有闲者的艺术对立,是无疑的。"参见鲁迅:《鲁迅选集》(第 4 卷),北京:人民文学出版社,1995 年,第 18 页。

⑦ 张道一:《中国民间美术辞典》,南京:江苏美术出版社,2001 年,第 3 页。

都可以归结为宫廷美术、文人士大夫美术、宗教美术和民间美术四类。这四类的划分,并不意味着它们是平行并列的关系,而是研究中国美术史的"四条线":它们之间的关系有时平行,有时交叉,有时离得近一些,有时离得远一些。更重要的是,宫廷美术、文人士大夫美术、宗教美术这三条线都是以"民间美术"为出发点的,在其他三类美术出现以前,"民间美术"这条线已经在美术史长河中绵延发展,而后才分化出宫廷美术、文人士大夫美术、宗教美术,并且"民间美术"一直延续着,并没有因分化而消逝。

民间美术与宗教美术、文人士大夫美术和宫廷美术之间保持着一种特殊关系:宫廷美术、文人士大夫美术和宗教美术源于民间美术,它们从民间美术分化后,并没有割裂关系,而是不断地从民间美术汲取营养;民间美术反过来又从宫廷美术、文人士大夫美术和宗教美术中获得启迪,并受到它们的影响。这就是所谓"四条线"有时形成的"交叉关系"。"等到明清时代,文人士大夫出现了分化,落魄的文人、厌倦官场或被罢官的士大夫流向民间,这些人为民间美术的发展注入了新的活力,木版年画、民间剪镂、民间雕塑、民间绘画、民间刺绣、民间陶瓷、民间家具等在此时出现了又一次高峰。"⑧清朝是中国农耕文明的末期,也是中国民间美术面临新冲击的开始。农耕文明的生产和生活方式为民间美术提供了广阔的生存空间,但到19世纪末,西方文化和机器工业的传入冲击了中国传统的手工业市场,进而动摇了民间美术在城市的生存空间。而在远离城市的乡镇和村寨,民间美术则一直保持着旺盛的活力并一直持续到信息时代。

二、国际学术语境下的中国民间美术学术探索问题

从世界范围看,18世纪中叶英国爆发的工业革命,使工业文明冲击了手工业文明,民间美术失去了原来广泛的生存空间。1851年英国的"水晶宫博览会"是工业文明成果的集中展示,举办者的主要目的就是让人们了解工业文明的巨大魅力。但由于展出产品的"丑陋",也唤起了人们对手工业产品的怀念,于是在19世纪末英国出现了由威廉・莫里斯(William Morris, 1834—1896)倡导的以复兴手工艺为目标的"工艺美术运动"(Art and Craft Movement)。日本自"明治维新"后开始向西方学习,在学到西方发达技术的同时,却忽略了自己民族特有的文化——当然包括民间特有的文化形式,不过日本很快意识到民间文

⑧ 张道一:《中国民间美术辞典》,南京:江苏美术出版社,2001年,第3页。

化的巨大价值。著名学者柳宗悦(1889—1961)发起“民艺运动”,建立“日本民艺馆”和“日本协会”,其从事的民间美术研究对日本的民间文化研究起到了决定性作用。日本民间文化研究主要从民俗、民艺和民具三个方面进行,逐渐建立了具有自身特色的学科与学术体系。⑨ 20世纪中叶,尤其是第二次世界大战以后,随着经济复苏,世界范围内兴起了“民间美术热”。西方发达国家的工业文明所带来的巨大财富,往往以牺牲手工艺为代价,民间美术也难以幸免。人们在充斥工业产品和激烈市场竞争的环境中,不免怀念充满人情味的田园生活。

在中国,对包括民艺在内的民间风俗研究古已有之。20世纪初,一些新文化运动的著名代表人物,如蔡元培、鲁迅、刘半农、沈尹默、顾颉刚、周作人等,对民俗民间文化的研究做出了重要贡献。他们早期的工作,以收集、整理失去生存空间的民间用品(包括民间美术作品)为主,并进行初步的研究处理。⑩ 20世纪20年代,北京大学、中山大学、厦门大学、浙江大学等建立相应的博物馆或陈列室,承担起民间艺术的收集、陈列、整理和研究工作;顾颉刚、钟敬文、董作宾、钱南扬、杨成志等著名学者,则从民俗角度出发,对民间美术进行了开创性的研究。20世纪30年代,“中国民俗学会”成立。1936年,钟敬文在《民间文艺学的建设》中首次创用“民间文艺学”一词。⑪ 1950年,中国民间文艺研究会成立。20世纪后半叶,“民艺学”概念被提出,中国开始了比较全面的民艺学学科探索。

整体来看,中国民间美术的研究起步并不晚,与日本学者柳宗悦倡导的“民艺运动”处于同一时期,甚至比西方发达国家第二次世界大战之后的民间美术热潮要早得多。虽然由于战争频发、政治动荡等历史原因,中断了这项利于民族文化保护和研究的工作,但这种开创性的工作为民间美术研究奠定了良好的基础,建立了民间美术研究的基本体系,即由民间美术收集、整理、展示、技术的形态研究,到其分类、性质、构成、特征,以及与文化、民俗等关系的本质研究,而后发展到中国民艺学、民间美术学、民间工艺美术学、民具学等学科的构建与学术体系思考。

20世纪50年代和80年代,中国对民间美术的关注出现两次高潮。其中,50年代对中国民间美术的研究,主要体现在对民间美术形态的关注和民族文

---

⑨ 参见张道一:《张道一论民艺》,济南:山东美术出版社,2008年,第127页。

⑩ 参见张道一:《张道一论民艺》,济南:山东美术出版社,2008年,第125页。

⑪ 参见钟敬文:《钟敬文学术论著自选集》,北京:首都师范大学出版社,1994年,第4页。

化的挖掘上。50 年代中期，国家已从三年恢复时期转入大规模的社会主义建设时期，在改造手工业的同时，一些有识之士，特别是一些工艺美术的前辈们意识到民间美术对发展工艺美术事业的重要性，将民间美术的收集、整理、研究和开发提到重要日程中来，这是 50 年代中国民间美术研究热潮的直接原因。⑫ 中央工艺美术学院在当时的中央手工业管理局领导下，受命成立工艺美术研究所，将民间美术研究放在基础和源泉的高度。20 世纪 80 年代出现的“民间美术热”，是在功利目的以及带有对本土艺术的亲和驱动下发生的。随着中国改革开放的深入，“民族的就越是世界的”意识加深，而“民间的”又是“民族的”，是最具代表性的形式之一。另外，20 世纪 80 年代也是中国民间美术比较系统研究的黄金时期，一些著名学者对民间美术的收集和整理做出了卓越贡献。此时，两大事件对中国民间美术保护和发展起到了重要作用。第一个是 1983 年 7 月 16 日至 24 日，由中国艺术研究院美术研究所和中国美术家协会贵州分会在贵阳联合主办了全国首届民间美术学术研讨会。会议由著名美学家、文艺理论家王朝闻先生主持，来自全国 23 个省、自治区、直辖市的 71 名民间美术专家和工作者参会。与会者针对当时中国民间美术的现状提出四点呼吁：一是建立民间美术研究会；二是创办《民间美术》或《民间美术研究》杂志；三是高等美术院校建立民间美术系科，开设民间美术课，有计划地培养和训练研究民间美术的专门人才；四是中央和地方的文化主管部门和有关研究单位、群众团体，对民间美术进行有计划的普查、发掘、抢救、搜集和整理工作。⑬ 第二个是 1983 年 12 月 29 日，全国性民间工艺美术组织——中国工艺美术学会民间工艺美术专业委员会在广东省佛山市成立并决定创办《中国民间工艺》⑭刊物，刊物由中国工艺美术学会民间工艺美术委员会主办，张道一担任主编。自 1984 年 10 月创刊后，《中国民间工艺》发表了大量有关民间美术的理论文章并刊有丰富的民间美术作品，成为当时民间美术研究和整理的重要平台。20 世纪 80 年代以后，有关民间美术的学术著作和作品专集大量出版，具有代表性的有《中国民间美术全集》《美在民间》《中国民间年画》《民艺学论纲》《中国民间美术学导论》《中国民间美术观念》《中国民间美术》《中国民间

⑫ 参见张道一：《张道一论民艺》，济南：山东美术出版社，2008 年，第 133 - 134 页。

⑬ 参见孙建君：《心中永远的痛——回忆恩师廉晓春》，《民艺》2020 年第 3 期。

⑭ 张道一主编《中国民间工艺》于 1984 年 10 月创刊，初刊名为《民间工艺》，第 3 期后改名为《中国民间工艺》，历时 12 年，共出版 16 期 13 册（其中 7/8、10/11、13/14 为合刊），于 1996 年 12 月停刊。前 13 期由中国工艺美术学会民间工艺美术专业委员会主办，后 3 期与东南大学艺术学系合办。

美术造型》等。[15] 此外，尚有大量不同门类的民间美术作品专集或理论文集出版。

无论是对民间美术的收藏整理，还是理论研究，20 世纪 80 年代之后的十几年，“民间美术”研究作为一门学问和一项事业在全国范围内展开，应该是其研究比较辉煌的时期。20 世纪 90 年代，学界更关注民间美术作为学科的思考，出现了“中国民艺学”“中国民间美术学”“中国民间文化学”的学科构建和理论思考。

三、学科体系构建视域下的中国民间美术关联学科专业问题

20 世纪，从对中国民间美术的保护、收藏和开发利用，到对其性质、特征等进行研究，以及民艺学和民间美术学学科的构建，标志着中国民间美术研究的成熟。构建和发展中国民艺学和民间美术学学科，表明学界在关注民间美术这种艺术形态的同时，开始挖掘其深层内涵和内在本质，从一般意义的感性形象描述或认知到对其属性、本质、特征进行理论、概念、范畴、模式等学理研究，是中国民间美术研究的里程碑。

就民艺学和民间美术学的关系而言，可以说民艺学应该涵盖民间美术学。学术界对民间美术的定义较多，这些概念有时处于交叉或包含关系，如民间美术、民间工艺、民间艺术、民俗美术、民艺等，或许是模仿 20 世纪 50 年代以来流行使用的民间文学、民间舞蹈、民间故事等而来。有人主张用民俗艺术或民间艺术笼统地把民间的文学、音乐、舞蹈、美术等都涵盖其中。[16] 研究民艺学或民间美术学，应该对相关的概念内涵有清晰的界定，对民间美术的本体、形体、形制和形象等进行归纳梳理，进而进行跨学科、综合性文化研究，建立民艺学或民间美术学学科体系、学术体系、话语体系，使民艺学和民间美术学上升到文化学的、社会学的甚至于哲学层面。

---

⑮ 参见王朝闻、邓福星主编：《中国民间美术全集》(全 14 册)，济南：山东教育出版社、山东友谊出版社，1993 年；张道一、廉晓春：《美在民间》，北京：北京工艺美术出版社，1987 年；王树村：《中国民间年画》，济南：山东美术出版社，1997 年；潘鲁生：《民艺学论纲》，北京：北京工艺美术出版社，1998 年；唐家路、潘鲁生：《中国民间美术学导论》，哈尔滨：黑龙江美术出版社，2000 年；吕品田：《中国民间美术观念》，长沙：湖南美术出版社，2007 年；孙建君：《中国民间美术》，上海：上海画报出版社，2006 年；左汉中：《中国民间美术造型》，长沙：湖南美术出版社，2014 年。其中，《民艺学论纲》为潘鲁生教授的博士论文，最早由北京工艺美术出版社 1998 年出版，2021 年人民美术出版社修订再版。该书主要从民艺学的研究对象、方法、品类入手，论述了民艺学的基本概念、性质和内涵，梳理了民艺的学术研究脉络，并就如何建立民艺学科等问题提出了独特的学术观点。同时，还结合民艺发展的历史及现状，对中国民艺思想的源流与传承、艺术形态及生活形态、民艺的主要特征、民艺的审美观念及艺术表现、民艺的传播与文化形态比较，以及如何保护、发展中国民艺传统等一系列学术问题进行了全面阐述，并对民艺学学理问题也进行了系统的探讨。

⑯ 参见徐瑞华：《民俗艺术、民间艺术、民族艺术概念之关系的逻辑学解读》，《新疆社会科学》2013 年第 6 期。

1988年，张道一在《中国民间工艺》第6期上发表《中国民艺学发想》一文，提出要建立中国民艺学学科，对民艺学学科的性质、研究对象、研究方法等作了阐述。他指出，虽然当时在民间艺术作品的收集、整理、研究等方面取得了一定成绩，但是要成为一门成熟的学科，民艺学或民间美术学在其学术积累方面仍存在差距。作为一门具有独立学科性质的学科，必须充分体现学科内在的完整性结构，厘清其学科属性、研究范围、研究方法等，才能建立学术体系。对“民艺学”学科性质的探讨涉及“民艺学何以能够成立”这一根本问题，即其自身理论学科存在的合法性问题——为什么在民俗学、艺术学之间还要提出一个民艺学的概念？“民艺学是一门社会科学，而带有边缘学科的性质，在它周围，必然与社会学、民俗学、艺术学、美学和历史学、考古学、心理学等相联系、相渗透。反过来说，研究民艺必须具备以上各学科的基本知识。”⑰“民艺学应该是艺术学的分支学科，而不是民俗学或其他学科的附属，但又具有这些学科相关的艺术、民俗、文化人类学、民族学等成分，是一门以研究民间手工文化艺术为主的具有综合特点的人文科学。虽然民艺学所研究的对象是以民间美术为主题，但我们不沿袭习惯使用的‘民间美术’或‘民间工艺’称谓，其目的就在于增强‘民间美术’的文化及生活内涵，强化其人文科学、社会科学意义，不作单纯的审美形态的狭义理解。”⑱两者对“民艺学”的定义是有差异的，前者强调民艺学作为社会科学的学科属性，是从人类系统知识体系上进行的划分，与自然科学、人文科学并列。后者则明确指出民艺学是艺术学的分支学科，强调民艺学以综合学科为基础的独立学科性质。二者叠加对民艺学的学科定义则更为清晰、准确，肯定了民艺学作为独立学科的性质，都主张“民艺学”是一般社会学、民俗学、艺术学、美学等学科的合理延续和发展，而又探索民俗学、艺术学、美学、心理学、考古学、历史学、心理学等忽视或不重视的领域。这关系到民艺学自身独立性与特殊性的建立，涉及研究内容与研究方法以及学科体系、知识体系、话语体系的构建，也应该是民艺学学科构建的初衷。

张道一在《中国民艺学发想》一文中阐述了建立民艺学的必要性，是基于两个方面的考虑。一方面，中国民艺学学科的建立，受到欧美诸国与日本的影响，其中日本学者柳宗悦对民艺的研究为中国民艺学的建立提供了参照与契机。“我们要建立独立的‘民艺学’，而且冠以国家名称，叫‘中国民艺学’。这就是

---

⑰ 张道一：《张道一论民艺》，济南：山东美术出版社，2008年，第2页。

⑱ 潘鲁生、唐家路：《民艺学概论》，济南：山东教育出版社，2012年，第5页。

说，既要体现出民艺学的共性，又要突出中国特色，不同于任何国家的民艺学。”⑲民艺学研究最重要的一个特点是要体现民族性，从中国本土的文化中发掘中国民间美术作品的独特内涵与价值，同时将中国民艺学的研究纳入世界民艺学研究的范围，借鉴世界各国的民艺学研究成果。

另一方面，民艺学脱胎于民俗学，而“更重于研究艺术的发生和发展同劳动群众的关系，以及由此所形成的种种特点和规律。一般地说，历史上的民艺现象多是与民俗相联系的，但是在现代生活中，有些民艺已经离开了民间风习而独立发展”⑳。民俗学以民间风俗为主要研究内容，民间艺术只是它的一种表现形态。民艺学更加侧重民间美术作为一种艺术形式的研究价值和意义，强调民艺学研究对象的艺术属性。民间艺术不一定是民俗的内容，表现民俗内容的作品不一定是民间艺术，因此，有学者指出民艺学应属于艺术学的分支学科。张道一借助民艺学这把钥匙打开了艺术学研究的大门。

从当前中国高校的学科体制看，民艺学作为艺术学的一级学科更为合理。无论是民间美术、民间艺术、民间工艺，还是民俗艺术、民众艺术、民间工艺等，都具有相关的艺术特征，民间美术作品要具有美的观念、趣味、理想。研究民艺学，侧重点应是将其作为一种艺术形式对待，而不是一种风俗习惯。民艺学的研究不仅要从人类学、民俗学等视角去收集、考察民俗、民间美术，进行文化探源，还需借助艺术理论、美学理论去发现、探索民间美术作品的价值和意义，突破其历史的考察和追溯，发掘埋藏在民族记忆中的文化内涵与艺术精神。只有这样，民间美术才能真正与宫廷美术、士人士大夫美术并肩而立，否则民间美术始终带着底层的文化烙印，而无法真正进入艺术的殿堂。

民艺学或民间美术学是建立在多学科交叉基础上的，虽然与其最密切的是民俗学和艺术学，但是它与社会学、文化人类学、美学、历史学、哲学、心理学、考古学等学科也有密切的联系。厘清民艺学与这些学科的关系，区分其交叉点，才能科学合理地构筑民艺学或民间美术学的学科体系。中国民艺学作为一门独立的学科，也不过短短几十年的时间，其学科的建设和发展还有待进一步完善，学科的内涵与外延、研究方法等还需要进一步讨论和研究。

民间美术是文化遗产的重要组成部分。近年来，有关文化遗产学、非物质文化遗产学的讨论及建设渐入学界视野，相关研究成果持续推出。概言之，一

---

⑲ 张道一：《张道一论民艺》，济南：山东美术出版社，2008 年，第 11 页。

⑳ 张道一：《张道一论民艺》，济南：山东美术出版社，2008 年，第 12 页。

是研讨“文化遗产学”学科的内涵外延、理论基础及与其他学科的关系等。潘鲁生认为文化遗产学的学术体系建设，应突出学科交叉融合，开展“超学科”学术研究，通过高校、行业与文博机构合作，进行知识体系的重构，构建多元人才培养机制，强化文化遗产学的话语与应用体系。[21] 同时，潘鲁生还就“文化遗产学”与“民间文艺学”的学科建设进行思考，提出在“新文科”建设布局中应给予其学科的独立性，改变既往分割、附属的设置格局，这将有助于进一步构建完善的学科体系。[22] 张颖岚等认为应将“文化遗产学”列为“交叉学科”门类的一级学科，有助于破解以往掣肘学科建设的学理困境，为我国文化遗产事业的发展进一步注入智力与活力。[23] 王福州指出“文化遗产学”的学科体系建设长期落后于保护实践，游离于高等教育领域。作为学科，“文化遗产学”已形成相对独立的学科概念、学科知识和学科价值体系等。[24] 二是非物质文化遗产的保护、传承、利用历来是学术界关注的焦点，由此“非遗学”学科建设也提上日程。向云驹从纵横维度论述了非物质文化遗产学建立的必要性，并提出其学科设立的三个向度，认为最佳选择是将“文化遗产学”立为门类。[25] 苑利、顾军共同撰写的《非物质文化遗产学》，就非物质文化遗产学学科建设的基本框架展开论述，提出了不少新见解与新看法。[26] 在此基础上，他们进一步指出“非遗学”不仅具有百年以上的学术积淀、十余年的教学实践，而且还具有与其他学科完全不同的学术视角与视野以及独特而完整的理论框架。[27] 上述观点基本上展现了“文化遗产学”“非遗学”的脉络与结构，为学界同仁窥视两类学科提供了审视与研讨的基础。

2012 年，一些高校开始在本科重新设置“工艺美术”专业。据笔者个人的不完全统计，截至 2022 年开设“工艺美术”专业的高校达 95 所。随着中华优秀传统文化创造性转化、创新性发展以及传统工艺振兴上升为国家战略，与民间美术相关的专业陆续增设，2020 年南京林业大学率先设立“非物质文化遗产保护”专业，2021 年国家将“非物质文化遗产保护”专业增为本科目录外专业。与民艺学、民间美术相关专业理论人才的培养，也着眼于将传统民艺研究与我国当代文化建设相结合。据笔者个人的不完全统计，目前，民艺学、民间美术硕士研究

㉑ 参见潘鲁生:《关于文化遗产学建设的思考》,《中国非物质文化遗产》2021 年第 3 期。

㉒ 参见潘鲁生:《关于“文化遗产学”与“民间文艺学”的学科建设思考》,《民俗研究》2021 年第 4 期。

㉓ 参见张颖岚、刘骋、陆余可:《关于“文化遗产学”的几点思考》,《中国文物报》2021 年 5 月 7 日。

㉔ 参见王福州:《“文化遗产学”的学科定位及未来发展》,《中国非物质文化遗产》2021 年第 2 期。

㉕ 参见向云驹:《论非物质文化遗产学学科建设的方向与路径》,《中央民族大学学报(哲学社会科学版)》2021 年第 3 期。

㉖ 参见苑利、顾军:《非物质文化遗产学》,北京:高等教育出版社,2009 年。

㉗ 参见苑利、顾军:《非物质文化遗产学学科建设的若干问题》,《东南文化》2021 年第 3 期。

生学科点有53所、博士研究生专业点15所，涉及现代手工艺术研究、非物质文化遗产保护、非物质文化遗产资源应用与设计策略、工艺美术产业发展及民间美术等方向。

四、立足传承与保护的民间美术收藏与展示推广问题

民间美术的生存空间与生产方式、生活方式、民俗信仰、宗教信仰等密切相关。随着工业化、城市化的快速推进，民间美术受到较大冲击。20世纪80年代，中国的民间美术热潮在某种程度上是伴随商业利益兴起的。西方发达国家经过工业革命对传统文化的改写，开始把目光投向受工业文明冲击较晚的东方，搜集、保护和研究那里遗存的民间美术。德国、法国和日本等国都建有“中国民具及民俗博物馆”，大量搜集中国的民间物品，包括民间美术品。日本有“中国幛幌博物馆”“中国木工工具博物馆”等，收藏在战争中从中国掠夺的各类幛幌和木工工具，是研究中国这方面文化的最全面的实物资料。如果我们不重视加强中国民间物品的保护研究，也许若干年后，中国的生产生活方式研究、民俗研究、民间艺术研究、民具研究学者们只能到国外去获取实物资料，这会带来无法用金钱来衡量的损失。从学术研究上看，中国民间美术作为文化的一部分，对中国传统生产生活方式研究、民俗研究、艺术研究、文化人类学研究等具有重要意义。中国民间美术的研究必须结合保护来进行，具体应采用以下措施：

一是以文化圈为依据建立民俗或民艺博物馆，这是保护民间美术品的最佳措施。中国在现代化的进程中，与传统生产生活方式密切相关的物品（包括民间美术）在民间逐渐遭到淘汰，一些民间用品的实用价值也在逐渐消失，但其却具有十分重要的学术价值，对民艺学研究具有非常重要的意义。邻国日本各地都有自己的民俗、民艺博物馆，用以保存各地如家具、民具、民间工艺等代表性的物品。因此我们有必要在一些重点的、有代表性的地区，以地域文化圈为根据（而非以行政区划）建立一批民间艺术博物馆，收藏、保护和研究代表性民间艺术品、民间工艺品、民具、民俗相关产品。令人欣慰的是，随着国家传统工艺复兴和非遗保护政策的持续推进，国人日渐重视各地区的传统民族民间文化，区域化的特色保护机构基本上遍布了各文化带。据统计，全国文博机构共计2473个，其中纯民间工艺、民间美术类计271个，民俗、民族文化类234个。[28] 与

---

[28] 据笔者统计。数据来自于全国社会组织信用信息公示平台（试运行），中华人民共和国民政部社会组织管理局，https://xxgs.chinanpo.mca.gov.cn/gsxt/newList，2021年8月23日24:00统计。

此相应，高等院校基于理论研究和人才培养的需要，开创集保护、收藏、展览、教学、研究于一体的大学特色文化传承模式，建有民间美术主题博物馆7所（笔者个人统计），以期加强对民间美术造物理念和技艺的系统研究与继承，深层领悟当代多元化的文化发展方式与生活方式，重塑民间美术的文化精神和艺术样式，以高品质、高品位的艺术创作引领中国民间美术行业与艺术收藏走向新的高度，进而构筑非物质文化遗产研究高地。与此同时，近年来中国美术馆、民族文化宫等通过举办民间艺术展览会，以“在场感”的形式让民众领略民间美术的内涵与精彩，感受民间美术在造型、色彩等方面的时代特色。如2007年5月23日至31日的“当代·民间”——潘鲁生当代艺术与民艺文献展，2011年1月9日至1月18日的“手艺农村”——山东农村文化产业调研成果展，2020年7月15日至12月15日的“记住乡愁”——山东民艺展。通过集中展览的方式，将科学调研、民艺藏品、手工艺实物展示、手艺人现场演示、当代艺术和现代设计相结合，一方面致力于还原传统民艺使用方式与文化语境，全面反映传统乡村社会的生产生活面貌及蕴于其中的造物智慧、价值取向和审美意趣；另一方面充分展示了农村文化产业的发展成果，从文化传承、产业发展、农村建设等角度就中国农村文化产业发展问题进行探讨。全国各地的一些博物馆也加强了对民间美术的调查、收集、整理和科学记录，出现了一些专门收集民间美术作品的博物馆。如1990年成立于南京的民间艺术资料馆、1998年成立于济南的山东东方中国民艺博物馆（后更名为“中国民艺馆”）等。

二是保护民间艺人，培养传承人。民间艺人是民间美术传承活的载体。民间艺人会因民间美术的某些功利性导致其生存空间的消失，放弃原来的创作。日本为保护其特有的民间文化，在每个行业选出一名大师，国家对其创作进行资助，使其衣食无忧，这使日本成为民间文化保护最好的国家。中国民间美术的保护，也可以采用类似措施。在保护民间艺人的同时，还应加强民间美术传承人的培养。信息资本时代短暂的、瞬时的快感成为人们竞相追逐的潮流，民间美术作品的功能与价值下降，许多需要花费大量时间打磨与研习的民间美术工艺对年轻人缺少吸引力，面临着后继无人之窘态。政府需加强扶持力度，建设专门的人才培养机构，如建立保障机制，对有兴趣投入民间美术工艺事业的年轻人进行奖励和扶持，或加大高校民间美术专业投入，加强民间美术的研究和人才培养。鼓励非物质文化活动进校园、进课堂，让更多的年轻人了解、体验、感受民间美术的独特魅力，增强非物质文化遗产保护意识。

三是转变观念，完善博物馆收藏体系。中国的博物馆体系完善，充分利用现有的博物馆资源，改变收藏观念是保护民间美术的一个捷径。长久以来，博物馆的收藏以地下出土和年代久远的物品为主，但对民间物品的收藏却不屑一顾。博物馆只要改变一下收藏策略，在原有的基础上增设民艺或民俗厅，就可以最大限度发挥其应有作用，在民间美术的收藏保护工作中做出自己应有的贡献。

四是与时俱进，拓展民间美术市场与空间。许多民间美术作品的实用功能虽然在历史的发展中被淘汰、被遗弃，但是作为艺术形式有其持久美的价值与功用。民间美术作品需要与时俱进，自我革新，政府可借助当代数字媒体艺术，利用短视频、微电影、微信、微博等方式进行宣传，让更多的人了解民间美术。应积极拓展民间美术的衍生品，加强文创产品的研发与创新，创造出符合时代审美又兼具传统民间美术特质的产品。

结　语

诗书画在历史上是艺术的中流砥柱，有古老的传统，如画论、诗论、文论等理论阐释与研究。在当代研究上，有完整的人才培养机制，有大批的研究人员与学者，每年有大量的研究成果、专业著作产出。民间美术同其比较，显然是年轻而稚嫩的，同时也滞后于欧美及日本等国家。然而，在无数人的努力下，当前民间美术研究也取得了一定成果。中国越来越关注民间美术的搜集、整理、研究工作，形成了民艺学及民间美术学科，对非物质文化遗产的保护、宣传、研究也愈发受到重视。因此，民间美术研究应当结合历史和现实，积极拓展其研究价值和意义。包括在注意其技术、功能和艺术审美的基础上，进一步结合生产生活、民风民俗以及民间信仰和禁忌等进行综合思考，剖析民间美术变迁演进的社会动因；进一步从民间美术的艺术本体出发，深化民间美术创作与欣赏的原理性研究，建构中国民间美术的艺术学、美学理论体系；进一步从内在属性和规律出发，结合田野实践和生产生活现实，为民间美术的文化保护和传承实践提供学术支持。

（本文原载于《民俗研究》2022 年第 4 期，本刊发表时略有改动）

Several Issues Concerned with the Study of Chinese Popular Art since the 20th Century

Dong Zhanjun

Abstract：Chinese popular art，with a long history and rich connotation，is an important part of Chinese culture and art and plays an important role in people's lives. The 20th century witnessed the development of the research on Chinese popular art which aimed to construct the disciplines of Chinese popular art and Chinese folk art from the very beginning to the establishment of independence in the definition of the discipline, its attribute and research object. However, affected with industrialization, modernization and informatization, the research materials of popular art have gradually reduced. Therefore, it is reasonable that the collection, exhibition and promotion as well as living protection should also be a research emphasis when we pay attention to the construction of the discipline, academic and discourse systems.

Keywords: popular art; disciplinary construction; academic system; living protection; collection and exhibition

人类学视角下的公共艺术思考

翁剑青

摘　要：在公共艺术融入城乡社会文化环境的过程中，视觉形式美学的张扬不再是艺术生产与设置的唯一目的，或最显要的价值意义。而构建地方社群共同体的文化生态和维系公共交往的人文环境，已逐渐成为显在的现实需求和艺术群体的认知。为了使当代公共艺术贴近真实而鲜活的人与社群的生活、生产及交往的需求，利于艺术生产的内涵、公共性和创作资源的汲取，显然需要采纳文化人类学及艺术社会学的视野以及田野调查等方法，把地方再造中的历史渊源、“非遗”资源、文化形态和社群关系予以针对性的探察，以利于富有文化逻辑和地方适切性的艺术介入与社会互动。特别是在富有传统及区域特性的地方所展开的公共艺术实践，尤其需要结合文化人类学的基本观念、知识和方法的综合运用，以使艺术生产与交流的内在生长性、在地性和公共性的实现。这也将有利于形成具有深广文化内涵和合乎地方社群内在诉求的公共艺术形态，使之成为保留集体记忆和促进内部认同与协作的一种文化途径。

关键词：公共艺术；人类学；地方再造；非物质文化遗产；田野调查

一、人类学意向的注视

当代艺术的公共性及其社会实践的关切与拓展，已经逐渐从形式美学经验及艺术自身价值走向更为多元而深广的文化境地。其中，人类学及艺术人类学的视角及方法正逐渐成为当代的艺术，尤其是公共领域艺术文化的根性考察及价值逻辑的依据和重要途径。同时，对于现当代艺术创作和传统文化保护的社会实践之目的和意义而言，也具有观念性和方法论层面的内在意涵。简单地说，艺术人类学的基本关切在于艺术的生成和发展与人类生存和认知世界之间的内在关系和相互作用，包括艺术生产和变化过程中人类社会文化对于前者的内涵、形式、技术和观念等方面的综合影响及不同类型之间的异同。也即认为，艺术的生产及其风格美学的变化并非完全由艺术自身所造成，而是由人的个体、族群的文化形态、认知体系以及自然环境等综合因素的作用所决定的。显然，相比较艺术美学、艺术风格学、材料学等较为专门的学问及其研究对象、目

作者简介：翁剑青　北京大学艺术学院教授、博士生导师

的和方法来说，它显现出更为初始性及本质性的差异。

应该说，在现当代语境下艺术学界对于人类学及艺术人类学的关切以及包括非物质文化遗产研究和保护对于田野方法的注重，其主要原因及意义在于，一方面，人类学的研究重在研究特定时空下的人群的生存方式、生产与造物形态、社会组织及观念信仰等方面的情形和属性等问题，这对于大的人文学科范畴下的艺术史学、艺术理论和艺术生产的研究，在逻辑上具有基础性和本源意义的。可以此作为整体而深入研究的重要途径和方法，并通过不同维度的比较去解读人类社群文化艺术的发展及其之间差异的缘由，甚至是某些方面的共同性和规律性。另一方面，以往的研究大都倚重文献史料及图像资料等，但在研究近代、现当代文化和处于较快变化过程中的诸多文化、艺术的现象及原因时，以往的文献资料往往不能满足实际需要，而人类学及其田野方法对于研究对象的资料的汲取可提供更为具体、真切和鲜活的信息。再一方面，人类学及艺术人类学所注重的田野调查不仅具有其索取研究资料的途径及方法的特殊性，而在此过程中研究者需要获得“在场”的亲身经历与内在的感受，可以为研究需要而获取过往的文献内容及间接经验所没有的信息和认知。因此说，人类学及其田野方法对于研究近现代和当代的艺术文化和历史，可以让我们的研究免于因文献资讯的匮乏以及对被遮蔽的问题的研究而流于片面、笼统和表面化。

在当代公共艺术（包括对于“非遗”的保护与利用）的社会学和历史学实践中，为使得人们留住一个地域的过往经历和集体记忆，或为使艺术文化的建设能够适切地融入到地方社会的特殊性和多样性的语境之中，呈现其历史意识和文化厚度，往往需要我们从文化和艺术人类学的视角予以介入，以其方法来调查和梳理一个地方或聚落的社会发展过程及其形态、史实、属性和思想性等。从而在尊重和保护地方文化历史的基础上，探寻在当代语境下其延伸、交流和发展的方法以及多种的可能性。而非任由某种现成的套路化的“艺术介入”的方式或者进行杜撰，硬性地植入某种外来经验形式及内涵的艺术或设计方式。因为，过往的艺术文化同新的艺术在融入地方文化环境的过程中，必须与地方原有的历史、文化生态及相关元素之间发生内在的关系，否则就很可能变成外来者单方面的意愿，演变成对地方历史与人文情境的漠视和扭曲。因此，当代公共艺术参与城镇和社区文化的建设，应从具有人类学意识的文化观念和艺术方法入手，来寻求融入地方社会生活的合理途径。尤其是对于那些具有悠久历史文化和特殊形态的地域，传统的“非遗”研究、传承和当代在地性的创作以及地方再造的方式和方法，愈加需要在文化人类学的视角下对特定地域的文化艺术进行事前及事中的观察和考量。

近20多年来，由于现代化、城市化的快速发展，在传统乡村和少数民族及边缘地区的地方改造中，为了使有限的土地、生态、产业及商品经济的资源加以整合与重新配置，往往采取了快速推进的规模化、集约化和效率化模式，除了留下部分原住民参与乡村文旅资源的商业化开发和配合消费过程的"眼球效应"的需求外，许多地方采取了人口的集体搬迁、土地及景观资源的商业化开发和重新配置等手段。在此过程中，为了营造乡村的景观特色和形式魅力，增进其文旅产业的商业化、速效化运作效益，许多艺术和设计的介入成为一种概念化、时尚化的形式，流于某种样式或过程的复制甚至是任意的诠释和挪用。为避免此等情形的蔓延和泛滥，在乡镇公共艺术的参入就更加需要面对地方特性及其内在需求的回应。否则，对于传统艺术的解读和新的艺术生产就可能成为自说自话的表现，它虽可能具有视觉形式上的时尚性或吸引力，但一时满足快餐式消费或外来者猎奇心理的需求，是难以与地方历史文化和生活形态的呈现以及关联产生有机的联系，这也是缺乏人类学意义和艺术人类学方法的逻辑性的观照的一种表现。

在地方空间关系和环境内涵的保护与再造过程中，公共艺术及"非遗"内涵的呈现是营造公共空间和情感互动的重要方式。在其所要面对的基础性及根本性问题中，对于一定历史时期地方原住民具有的生活、生产方式，社会组织和规约，生产工具和劳动技能，文化信仰与地区风俗，以及对于当地自然资源的认知与利用状态的历史信息的了解、研究，是公共艺术和"非遗"研究及其再创作过程中的重要方面和基本路径。

由于公共艺术的社会文化属性具有艺术创作与传播的公共性和公益性。若要使艺术在公共空间中促成公众参与、认知以及激发对话等的积极作用，艺术策划人、艺术家和学者，理应考虑特定地域及其社会业已存在的自然、历史、文化和生活境况，解读此中的社群结构、协作关系以及相关的现实问题和不同层次人群的利益诉求。然而，在当今中国发展中的城镇公共艺术的品质是良莠不齐的。许多做法是围绕策划人或艺术家个人的设想和情趣去突显其艺术自身的视觉效果及形态魅力，甚至是项目的经济利益，而对于特定地域和场所的文化历史和社群特性则知之甚少或一知半解。由此使得艺术项目往往成了某种套路的复制和外来经验的视觉秀场，而缺乏艺术内涵及过程的在地性、公共性和参与性，也缺乏研究阶段的合理性和必要的学术性。诚然，国内近年来也陆续产生出一些注重文化人类学、艺术社会学及生态学等视角与方法的乡镇公共艺术案例。与那些纯粹的艺术至上的形式主义美学不同的是，人类学视野下的公共艺术实践，把特定地区和特定时期的人文艺术的发生、变化，与特定社会群体的生活历史、文化过程予以个案化、系统性和综合性的考察。寻察其文化类型的根性、特殊性以及精神属性，从而使得地方文化的保护与再造的公共艺术的观念、方法和形态表现出艺术与一方土地上的人们的内在联系并彰显其历史意识和当代文化的魅力。当地人和外来参观者可以凭借其公共艺术去更为真切、鲜活和深入地理解一个地方和场所的过去、现在及其与日常生活的内在关系，成为引导和激发人们去彼此了解和对话的空间及知性化的过程。而非让艺术的表现成为专业人士孤芳自傲的游戏或自说自话的独白。

就一般情形和需求来看，当今中国的城镇化改造和乡村文化振兴所面临的基本问题是，改善其生活、生产、商业和文化交往空间的人性化、生态化和现代化，即对于当代新型技术、产业、信息、交通、教育、经济活动及国际交往需求的便利化、功能化及共情化的适应性再造，以及适应其间的生态化和可持续性发展需要的整改与完善。公共艺术及包括"非遗"项目在内的重要文化职责之一，是以艺术的方式保留和揭示一个地方的历史文脉和公共文化记忆，或通过艺术的方法激活庸常的情景而重新唤起人们对于地方历史中的人物、风物、技艺、事件及社会文化兴衰变迁的过程和经验的关注，从而引发当下人们的文化参照、反思以及对于其身份认同、社区凝聚、业态发展和生活美学等方面的积极作为。而其间的艺术创作思考和对于在地性的重视，就必然需要着眼于当地各类资源的多样性、历史性、特殊性因素，以及作为当地社会利益主体的不同社群的现实需求及对不同文化的接受能力等问题加以考量。

二、价值趋向的转换

中国当代公共艺术经过 30 多年的实践，大致经历了视觉审美塑造的初始阶段，即以城市雕塑、环境绿化及照明等为特征的城市美化运动。而后经历了提倡艺术目的与方法的社会互动，即开始注重艺术家、作品与公众之间的对话与社会存在的关联，以强调艺术的公共性。进而又提出了强调艺术生产与消费过程中的公共参与以及与当地社会生活的多样关联，即开始注重艺术创作和展示中的受众的参与性、参与方式及其利益主体的结构和关系，以强调公共艺术的民主性与社会协作性。一些对于"非遗"项目的研究和振兴，其目的和方法也居于多元化。在保护和传承的前提下也开始注重其文化及艺术人类学视野下的多维度效应，如增进地方文化的多样性、凝聚力、自豪感以及地方生活交往中的认同感和经济效益等方面的可延伸性。近年来，较为强调公共艺术的在地性，即强调艺术与特定地方的渊源和利益关系，尊重艺术的文化和社会生态的有机性和特殊性，反对艺术样式和内涵的简单挪用和复制，强调艺术的呈现和介入需要与当地社会及自然因素之间的适切性及对应关系，以保护和尊重差异化的地方社会及社区文化形态的主体性及原生性。

在当代艺术介入传统乡镇改造与振兴的过程中，所承载的艺术职责不再仅仅是外在的形式和感官美学的设计与铺陈，而是需要面对地方的实际问题与需求做出创造性的应对。而这种应对与创作的依据和方法，往往需要创作者及其团队运用田野方法和其他方法，对当地的历史过程中的人与"神"、人与自然、人与社会、人与人之间形成的已有认知、相互关系、生产及抗争的方式与技能，以及社群的制度和信仰文化的规范等方面进行必要的调查研究，从而以相应的形式和方法在艺术创作和社会互动中做出具有建设性或启迪性的举措。例如2016年前后，由中央美术学院协同创新机构与贵州省文化厅及其非物质文化遗产保护中心协作下的艺术乡建活动，由前者予以策划、创作和指导执行的乡建项目针对黔西南州兴义市清水河镇雨补鲁寨部分人口迁徙和原址的文化保护及产业形态再造的需求，进行了旨在保护和利用此区域的农耕文化景观和建构美丽村寨的综合性艺术介入工作。为了保护和显现传统村寨的历史文化风貌及族群先民的延续至今的多维度文化信息，艺术家和学者们对于来自元末明初外来移民及当地住民的历史进行了史料和后续信息的田野调查和梳理。包括对于历史上具有安全防御作用的村寨门户的建筑形态和传统民居建筑的地方风格、材料、工艺特点，以及村寨农业生产的内容、环境、共享空间和自然景观资源等都进行了分类调查。为了建立起适应非物质文化遗产保护和开展村寨文化旅游需求的系列性艺术融入的需要，艺术家和建筑师依据村寨入口处的历史形态的回溯而予以石结构寨门部分的营建，以及依据当地建筑文化的保护性原则对于原有民居建筑的修缮和改造，为留守居民和外来务工及旅游人群设计规划了该村寨风貌地方性和历史性的物质样貌以及日常生活的空间形态。

其间，艺术家和学者意识到，艺术的乡村建设并非仅仅是建筑的兴建，还应具有村寨的文化历史和现实生活、生产与社会交往中的诸多纬度的艺术文化建构。因而，通过较长时段的田野调查方式，如现场观察、入户调查、口头访谈、图像记录以及节庆与祭祀活动的调研，为后续的公共艺术的创作与村寨文化历史的展陈提供了重要的第一手资料。在系列性的田野调查基础上，寨中修建了以早期住民的主要姓氏家族为代表的宗祠形态及其乡约、乡规等制度文化的展室，纪念和展示当地以血统和生产关系为基础的社群文化渊源；另外，还建立了诸多当地藏品的“乡愁馆”，以保存和展示村寨传统农耕工具系列和农耕技能与其他生活经验的实物资料，让寨民和外来者了解当地悠久的农耕文明的历史与器物文化形态的特点，如对于当地建筑石材及石器加工行业技艺及风格的回顾与梳理。为营建村寨中主要的公共空间，艺术家们在“乡愁馆”等展陈空间附近的大榕树下，对原有的自然状态的广场空间进行了有限的艺术介入，如修缮了周边原有的先祖祭祀高台，整修了寨民日常交往与休憩的场所环境及公共设施。在田野调查的基础上，在体现和传承当地民间传统刺绣手工艺文化方面，征集和系统展示了村寨妇女们的“女红”手工布艺及刺绣等民间艺术之美，也透露出其潜在的家庭副业生产和交换的关系，并使其成为现今村寨旅游文化产品之一。为了使得旅游者和寨里的后生们体味当地农耕文化景观的魅力，艺术家在田野中将以往稻田收割后再利用的秸秆竖立起来，做成硕大的秸秆草堆装置，使其富有文化地标意味。给人以集体记忆的温暖和对于过往经历的想象。同时，艺术家通过对当地少年儿童的传统玩具的考察，重新制作出诸如巨型石陀螺形状的摇动玩具以及大型可旋转的跷跷板等游乐设备，供寨民和旅游者玩耍和体验当地特殊的传统娱乐方式。

在艺术介入乡建的过程和方法中，艺术策划和创作团队遵循文化人类学的精神要义，主张“事件介入为主，物质介入为辅”。即强调在保护和运用地方原有文化内涵与乡民生活和艺术展示的多维互动中，以公共交流的行为方式和共同参与的文化事件为重心，而以有限的物质性艺术作品的介入为辅助和烘托。这样既突出了地方再造中，人的主体性和公共社会交往行为的重要性，又体现出艺术生产与展示顺应地方原有文化生态的在地性和逐步的生长性，而非喧宾夺主或纯粹的异质化介入。

同样是在艺术人类学的视野下，通过田野调查当地家族的祖先及神灵崇拜等信仰文化习俗的保护方面，先后组织和帮助寨民排练和恢复富有地方特色的祖先祭祀游行仪式，以增进寨民的社会及文化认同感、归属感。这些也成为当地文化旅游观光的一道文化风景。艺术家们为了记录及梳理新老寨民们对于传统农耕文化及日常手工劳动等生活情景的记忆，以视像记录的方式对寨民的田间生产、农作物加工、房舍的集体营建、木工技艺、妇女刺绣、家庭陈设以及村寨社会的交往情景等一系列村寨景象予以分类型的拍摄与情形分析，并辅以入户调查、专项问题访谈。一方面较为全面地了解和梳理村寨的历史和现实生活，为艺术的融入方式和途径提供必要的依据；另一方面把影像资料作为公众娱乐项目向寨民播放，让民众在实拍的生活影像中看到自己的面貌和日常交往的景象，并为自己作为“电影故事”及画面情境的主角而感到新奇和满足，从而增进了艺术家与当地寨民以及乡亲们之间的交流和欢愉。

美院的艺术家和设计家们通过田野调查，依据当地的气候、地貌和生产需要而为寨子兴建了可在雨季积累雨水供旱时农业灌溉及牲畜之用的蓄水池和田边水渠，并作为村寨农耕旅游景观的一部分；兴建了一些供村寨内部和旅游者使用的公共卫生设施。尤其是，艺术家通过对于当地喀斯特地貌的自然特性的调查与利用，为配合地景艺术创作和观光体验的需要而创作了地表雨水流入地下暗河的大尺度石砌地漏“天坑”之景观，凸显出村寨人长期所处的自然地理环境和富有趣味和审美意涵的景观资源与特点。在制作过程中，还邀请了当地的石匠团体参与，在给他们带来施展石材加工手艺的同时也给他们带来了经济收入。为了当地绿色生态的保护和教育，艺术家以“现成品”及装置艺术的手法把已被损毁的树木以石块堆砌的方式包裹起来，作为特殊形式的“现成品”艺术及景观装置艺术，形成当地生态保护的警示性符号而引人关注。而以上呈现的所有形式、行为和方法的艺术性介入，都是在美院的建筑学院的公共艺术策划人和艺术家团队通过运用人类学、景观考古学和艺术社会学的视野以及诸多田野调研方法之后所形成的判断与行为。其间，策划和创作者们对于地方特性和地缘社会生产、交往和契约关系的关切和研究，对于其公共艺术涉猎的方向、介入方式和表现内涵，具有明显的人类学意涵。

三、回归的理路及思量

19 世纪晚期至 20 世纪初期，人类学在中国已有其学术研究的雏形，地方社会内外关系的运行方式和特性被学者深度关注。中国著名的人类学和社会学家费孝通先生在其《乡土中国》一书中即言道：“地缘是从商业里发展出来的社会关系。血缘是身份社会的基础，而地缘却是契约社会的基础。契约是指陌生人中所作的约定”(1947 年)。他强调的是地方社群历史与文化的生成，是诸范畴及层次的相互关系的总和，是地方社群中的个体生产到社会再生产过程的结构性体现。因而对于地方社会生活的多维度了解与体验，同样是艺术融入地方建设的必由之路。前面所提及的贵州兴义雨补鲁寨的乡村建设和公共艺术的事前调研范围、问题意识和艺术融入方式已经在一定程度上显现出艺术家团队的人类学视野及方法论思考，而不是简单地复制其他地方的艺术经验及营建模式，它较为注重当地特殊的社会发展历史、人文资源和社群的现实需求，把艺术乡建与地方“非遗”资源保护以及揭示当地多维度的乡土历史、族群文化、地方生态和带动当地旅游经济的发展结合起来，把艺术表现与地方生活和社会交流水平的提升加以融合，包括功能化与人文美学价值的融会。这不能不说是中国近十多年来乡镇振兴与公共艺术实践中较具有典型意味的人类学和艺术社会学实践，也是当代公共艺术观念和方法论层面上，令人关注的一种新的发展可能。这意味着把艺术从专业博物馆和学院的藩篱中解脱出来，使之再度关注和回归到艺术与地方社会的日常生活及其内在活动的本质关系之中，并关注全球化背景下的人类文化生态的多样性、差异性以及艺术生产活动与其背后存在的人与社会和人与自然之间存在的多重关系。

本文所举的案例并非完美无缺或具有模板意义，而是意在强调艺术介入地方振兴与文化保护中注重人类学和社会学的视角及方法的必要性和当代性。因为只有回到审视和尊重艺术与人的生存目的、意义、方法及其文化过程和相互关系，才可能让当代艺术的传承和发展沿着人类属性及其内在价值体系的需求加以延展，从而实现现代人自身的价值意义。就有限的问题范畴而言，当艺术参与和介入乡镇振兴与改造的过程，不可绕开的问题是需要直接或间接面对其地方社会经济背景和文化过程。而对于其经济来源的生产主业以及由此而引发的生产方式、社会关系、生活方式、交换途径及文化习俗和信仰观念等方面，必然需要艺术生产者和研究者加以认真的关注及研究。通常来说，对于以传统农业经济为生存基础的乡镇或地方族群为对象的文化人类学观察方法而言，它所涉猎的调研方面或可粗略地归纳为：

首先，需要关注其农业生产中人与土地的深切关系，如农民对于土地的拥有、使用及赋税等权益和方式，从而了解生产主体与生产资料之间的基本关系及运作模式。如对于其主业的生产内容如农作物的种类、耕作方式及其衍生产品等情况的调查，可以在了解其生产内容与方式的过程中体察其生产技术环节以及群体间的协作关系。包括对于当地的副业（如各类养殖业、手工业及材料加工业等）的观察，以了解当地社会的经济结构、个体和家庭收入，以及地方造物文化的技艺与传承关系，也包括地方产业链之间的关系。

其次，对于地方的主产业及副业生产中的社会分工与协作机制的了解，则有助于了解社会内部的多维关系。对于地方社会的族群文化历史和乡间传统风俗等方面的调研，则有助于了解当地的文化脉络和社群意识。对于地方新兴产业及文化旅游产业的设置及其就业人员情况的关注，则有助于了解当地经济结构和资金流动方式对于社会和个体行为及价值观念的影响。对于当地的自然与文化旅游资源以及它们与主产业经济之间的关系的理解，则有助于对乡镇振兴途径的系统性和可持续性的考量。

再次，如对于商业模式或具有公益性的产业项目的财产与收益状况的了解，会有助于把握各利益主体之间的协作关系和利益分配方式等。而对于当地的各类交易和日常交往活动的了解，则有助于理解其社会内部对于人、财、物乃至观念和趣味的交接与沟通的状况。当然，依据当代艺术介入和“非遗”项目之目的和方向的不同，所需调查的内容及细节也会各有差别。然而，依循文化人类学的视野及田野调研方法的公共艺术实践，均有必要进行类似方向和细节的事先调研及第一手资料的分析，而不至于让公共艺术的生产和介入游离于地方历史特性及其现实生活需求的诉求之外。

结　语

应该说，艺术人类学是着重关注艺术生产与人类行为特性及其生存与认知过程的内在关系，以及对于相关知识研究的方法。而当代公共艺术的重要文化职责之一，即是以文化和艺术人类学的视野和方法，重新把艺术文化的创作与表达，与特定地区人群的文化脉络、生活形态、社会关系、文化心理及其内外的经济和政治生活的方式和需求——形成内在的关联和自身独特的回应。从而使公共艺术建设和地方文化遗产的保护、利用之作用和意义超越纯粹的美学感性，而走向现实中具体人群的日常生活世界、精神交往世界等更为贴近其本质的关系。因而，在文化和艺术人类学视野下的公共艺术实践和研究其重要的价值之一，便是使艺术站在以人为本的文化立场上，把一个或诸多地方的人们的生存经验、方式和精神希冀，显现和传递给另一个或诸多地方的人们，从而让更多的人领略人类社会各自的差异、陌生的情境以及异样的认知形态。

Reflections on Public Art from the Perspective of Anthropology

Weng Jianqing

Abstract: In the process of public art integrating into the social and cultural environment of urban and rural areas, the publicity of visual form aesthetics is no longer the sole purpose of art production and setting, or the most significant value. Instead, the cultural ecology of building a local community and the human environment for maintaining public communication have gradually become the obvious practical needs and the cognition of art groups. In order to make contemporary public art meet the real and vivid needs of life, production and communication between people and communities, and to facilitate the acquisition of the connotation, publicity and creative resources of art production, it is obviously necessary to adopt the perspective of cultural anthropology and art sociology as well as field surveys and other to explore. The historical origins, "intangible cultural heritage" resources, cultural forms and community relations in the reconstruction of places, so as to facilitate artistic intervention and social interaction with cultural logic and local appropriateness. In particular, the practice of public art in places rich in tradition and regional characteristics needs to be combined with the comprehensive application of the basic concepts, knowledge and methods of cultural anthropology, so that the inherent growth, locality and publicity of art production and communication can be achieved. This will also help to form a public art form with profound cultural connotations and in line with the internal demands of local communities, making it a cultural way to preserve collective memory and promote internal identification and collaboration.

Keywords: public art; anthropology; local recreation; intangible cultural heritage; fieldwork

日本的“文化遗产”与“民艺”概念略说

何振纪

摘　要：现代汉语中的“文化遗产”一词是翻译自日本“文化财”一词的英文，在该中文名词的背后涵盖了“有形文化遗产”和“无形文化遗产”两类内容。但日本所指的“文化财”还包含有“民俗文化财”一类，其中涵盖了各种风俗和器物。这与日本在20世纪初期开始流行的“民艺”一词有着相互关联和重叠的部分，但后者更强调“民艺”当中的“民众性”。该概念不但在日本流行并形成影响深远的所谓“民艺运动”，“民艺”一词更传播至中国，而且发展出了属于中国本土的特色意涵。

关键词：文化遗产；民艺；概念

“文化遗产”研究作为一个新兴的学科，在当前的发展态势下已然从学术领域渗透到了社会各个方面。它所具有的综合性与跨学科性使得它有了很强的与时俱进的发展特征，同时，它又与传统上的学科划分有着十分紧密的联系，除了在学术上有着很深的渊源之外，又在研究范围上十分宽广。

“文化遗产”一般是指在历史、艺术或科学等方面具有突出价值的文物、建筑群或者遗址。这一界定来自1972年联合国教科文组织制定的《保护世界文化和自然遗产公约》的第一条当中对“文化遗产”作出基本定义。从这个定义来看，对于文物、建筑或遗址的保护，中国于1982年正式颁布《文物保护法》。在世界各国当中，最早对于文物等立法保护的时间可追溯至19世纪初期的希腊及其他欧洲国家。而在近代以来较有代表性对“文化遗产”的推动发展，是日本在1950年颁布和实施的《文化财保护法》。所谓“文化财”是日本用来称“文化遗产”的习惯用法。

日本在“文化财”的保护方面有着不错的经验。早在明治维新时代，他们便在西方文化不断涌入导致传统美术与工艺品以及寺庙等遭遇危机之时，颁布过《古旧器物保存法》，以政令的形式保护古字画、古籍、漆器等31种古旧器物。后来又陆续颁布了《史迹名胜天然纪念物保护法》（1919年）、《国宝保存法》（1929年）、《重要美术品保护法》（1933年）。这三部法律在1950年确立《文化

作者简介：何振纪　中国美术学院文化遗产研究中心副教授

财保护法》后废除。1950年《文化财保护法》立法前一年，即1949年，日本在文化遗产保护方面发生了一件重大事故，那便是位于奈良的法隆寺发生了大火。法隆寺是圣德太子（572—621）于飞鸟时代（592—710）建造的佛教木结构寺院，据传始建于607年，但精确年代无从考证。法隆寺占地面积约18万7千平方米，寺内保存有大量自飞鸟时代以来陆续累积、被日本政府指定为国宝和重要文化财产的建筑及文物珍宝。

1949年1月26日上午7时，位于日本奈良的法隆寺金堂突然燃起大火，火势凶猛，直到下午9时后才被扑灭。据查，火灾是由于使用电热毯过热所引起的。飞鸟时代和铜年间（708—715）建造的法隆寺金堂距今已有1200年至1300年的历史，是日本最古老的木结构建筑物，里面藏有12幅日本国宝级的壁画。在这次大火当中，建筑面积47坪的佛殿全部被焚毁。12幅名贵壁画中最珍贵的西方阿陀净土巨幅壁画上有三处被消防水枪滋成了大洞；而释迦大壁画、日光风景、观音菩萨等也不同程度地遭受破坏。法隆寺金堂被毁事件引起日本对抢救国宝和其他文物的关注和重视，为了挽救和保护许许多多的国宝级文物濒于毁灭的边缘，日本在1950年颁布并同时施行《文化财保护法》。

日本的这部《文化财保护法》主要由七章组成，一共有112条，并有附则18条，全部条文共计130条。《文化财保护法》把日本的"文化财"分为"有形文化财""无形文化财""民俗文化财""纪念物""传统建筑物群"，一共5类。值得注意的是，在这部法律中的第三章，对"有形文化财"和"无形文化财"作了界定，也就是对"有形文化遗产"和"无形文化遗产"作了界定。其中所谓"有形文化财"，即"有形文化遗产"主要是指那些在历史上具有较高历史价值和艺术价值的考古资料，以及其他在学术上具有极高价值的历史资料。所谓"无形文化财"，即"无形文化遗产"主要是指那些具有较高历史价值和艺术价值的传统戏剧、音乐、工艺技术以及其他无形的文化成果。

对"有形"与"无形"的"文化遗产"的采用自20世纪50年代从日本开始传播到韩国，又随着70年代日本进驻联合国教科文组织而逐渐影响到国际社会。随后，有关"非物质文化遗产"的保护运动在联合国教科文组织倡议下得到了进一步的发展和传播。1977年，联合国教科文组织《联合国教科文组织第一个中期计划》（1977—1983），首次提及"非物质文化遗产"一词。1984年，制定第二个中期计划时，将"非遗"作为人类两大遗产之一，列入第二个中期计划。而联合国教科文组织真正进入到相关实践领域，则要到20世纪90年代以后。由于联合国并不是国家实体，并没有颁布法令的权力，只能通过国际公约、宪章、建议案以及举行各种全球性评选活动等形式来传达自己的理念。当时发布的重要文件包括有：《保护民间创作建议案》(1989 年)、《人类口头及非物质文化遗产代表作条例》(1998 年)、《世界文化多样性宣言》(2001 年)、《伊斯坦布尔宣言》(2002 年)、《上海宪章》(2002 年)、《非物质文化遗产保护公约》(2003 年)等。

2003 年 10 月 17 日，联合国教科文组织《非物质文化遗产保护公约》指出：所谓非物质文化遗产，是指那些被各地人民群众或某些个人视为其文化财富重要组成部分的各种社会活动、讲述艺术、表演艺术、生产生活经验、各种手工艺技能以及在讲述、表演、实施这些技艺与技能的过程中所使用的各种工具、实物、制成品以及相关场所。2003 年，中国政府启动中国民族民间文化保护工程时采取了同一定义，《中国民族民间文化保护工程普查工作手册》：所谓非物质文化遗产，“是指各民族人民世代传承的、与群众生活密切相关的各种传统文化表现形式(如民俗活动、表演艺术、传统知识和技能，以及与之相关的器具、实物、手工制品等)和文化空间(即定期举行传统文化活动或集中展现传统文化表现形式的场所、兼具时间性和空间性)”。

因而，由相关概念的形成以及有关范围的列举可见，“有形”和“无形”的“文化遗产”其实存在着一个互相形成、互为依靠的基本情况。因此，许多学者在梳理“有形文化遗产”或者“无形文化遗产”的时候，都会追溯至早期对“文物”或“物质文化遗产”的相关保护政策和法规纳入彼此的形成脉络之中。联合国教科文组织最初将日本的“无形文化财”翻译为“民间口头创作”或“人类口头及非物质文化遗产”，后来翻译为“非物质文化遗产”(Nonphysical Cultural Heritage)，后来又改为“无形文化遗产”(Intangible Cultural Heritage)。我国最初的翻译来自前者，并且被延续下来，一直使用至今，因而称之为“非物质文化遗产”。但“文化遗产”从最初开始出现时并不只是称为“有形”和“无形”的两个部分。例如，在日本的《文化财保护法》中，它的第三章里，除了规定“有形文化财”和“无形文化财”之外，还另外列出了“民俗文化财”，对“重要有形民俗文化财”以及“重要无形民俗文化财”的指定、管理、展示、权利和义务继承、经费等作了规定。

日本的“民俗文化财”，主要是指关于衣食住、职(行)业、信仰、例行节日等风俗习惯、文艺以及用于这些的服饰、器具、房屋及其他物件中，为理解国民生活的变迁不可或缺者。根据《文化财保护法》，政府可以认定“重要有形民俗文化财”，譬如：房屋、工具、农具、生活用具等等，以及“重要无形民俗文化财”，譬如：衣食住行、生产、生活、信仰、节日、风俗习惯和民俗艺能等等。对相关技艺通过对保持者以及相关生产或产出的续存进行重点的保护、维修以及展示。综合地看，无论是“有形”还是“无形”的区分，还是与“民俗文化财”“纪念物”“传统建筑物群”的并列和规定，它们彼此之间都并不是绝对地泾渭分明。这也就间接地说明了一个可能存在的基本问题，也就是这些概念的采用和命名，以及它们所涵盖的相关范围的划分都具有一定的相对性和重叠或者相互的关系。

“民俗文化财”即“民俗文化遗产”以及它的概念和研究范畴的划定，与同样是肇启自日本的“民艺”在观念上有着相近之处。“民艺”作为一个名词早在20世纪30年代中就已出现。其时，较为著名的是柳宗悦所提出的“民艺”概念。柳宗悦在22岁的时候参与《白桦》杂志，即成为所谓的“白桦派”成员，对20世纪初日本的自然主义艺术潮流的发展起到了一定的推动作用。这一潮流的肇始与19世纪后期席卷而来的现实主义趋势关系密切。明治时代后期，现实主义产生的影响以及在日本逐渐发展起来的西方工业化生产方式相伴而行，使得一些日本艺术家开始思考本土艺术的存续问题。正是基于对西方文化冲击本土艺术所形成的危机感，以柳宗悦为首的与几位工艺家共同发表了《日本民艺美术馆设立趣意书》，公开宣传“民艺”的概念。这个《趣意书》的发表同时也标志着日本民艺运动的正式开始。

日本民艺运动初期的一个核心思想，即以探讨日用品当中富有生活魅力的、自然而质朴的审美为宗旨，并提出所谓“民艺”的追求，强调来自民众的艺术之珍贵美好。《日本民艺美术馆设立趣意书》发表于1926年4月，直到1936年日本民艺馆正式建立。在日本民艺馆建立前的10年里，柳宗悦的民艺思想也得到了进一步的完善。而在民艺馆成立后，柳宗悦在踏入20世纪40年代之初便通过昭和书房出版《民艺丛书》，分别收入了他的《何谓民艺》《现在的日本民窑》等作品。在20世纪50年代中期，又由日本民艺协会编辑、经春秋社出版了《柳宗悦选集》，他的《工艺之道》《工艺文化》等作品得以集结再版。在柳宗悦的一系列作品当中，可以发现其对本土工艺的实用性、民众性等方面的强调，他的“民艺”思想已经形成一个富有影响的思潮。

柳宗悦“民艺”在20世纪上半叶的发展几近是与日本的“文化遗产”（文化财）的发展同时而起。但它们的发展路径和脉络迥异，对它们来说，都面临着一个关于如何保护和发展的共同问题。在“文化遗产”（文化财）的推进方面，则将“非物质文化遗产”（无形文化财）的体现者——即该项技术或工艺的保有者（个人或团体）一并列入“文化遗产”（文化财）加以确认。被指定的保持者（保持人或保持团体），担负有推动这项技艺的继承、普及和发展的义务。从1955年开始，政府对掌握戏剧、音乐等古典表演艺术和工艺技术的艺人进行指定，明确地将那些具有高度技能，能够传承某项文化财的人命名为“人间国宝”，赋予他们以相当高的社会地位，每年还给予这些艺术家一定的资助，以激励他们在工艺方面的创新和技艺方面的提高。

“人间国宝”制度的实施，起到了保证重要文化遗产得以保持和存续的积极作用，并且极大地提高了整个社会对于传统文化遗产的高度重视。但在“民艺”方面则多在调查和研究以及展示方面。日本民艺馆是除柳宗悦的民艺思想之外，日本民艺运动最为重要的遗产之一。位于东京的日本民艺馆创办后，后来在日本各地又相继成立了多家民艺馆。随着民艺运动的发展而成立日本民艺协会，柳宗悦担任首任会长。日本民艺协会除了服务于各民艺展览外，还组织会员展开各类活动。此外，民艺协会还定期出版刊物《民艺》。民艺运动的兴起与19世纪末至20世纪初东西方手工艺发展的情势有着极深的关系，对于“民众”的强调也使得“民艺”具有了较精美工艺与高超技艺的保持和存续以更广泛的精神性和强烈的浪漫色彩。

柳宗悦所谓的“民艺”，实际上主要指的是“民众”的“工艺”，并且是那些最为“普通”的、而且还是“美”的“手工艺”。这个界定相对于“文化遗产”中对“无形”（非物质）的“手工技艺”以及“有形”（物质）的“手工艺品”来说，要抽象得多。在柳宗悦所构筑起的语境里，“民艺”是那些“真诚”“自然”而且“单纯”的工艺才能称得上是“民艺”。这样的“民艺”，实际上与“美术”概念中“美的艺术”所涵盖的范畴之间显得更为紧密。其中对“真诚”的“美”的强调是超越“技术”和一般“艺术”的“民艺”。柳宗悦重视对本土艺术的思考，并且对具有实用性的手工艺最为关注。他还受到了来自20世纪以前从英国兴起的艺术与手工艺运动（Arts and Crafts Movement）的影响。参与这场运动的设计师和艺术家们在工业革命以后、随着机器逐渐取代手工艺占领各个日用产品领域的背景下，倡导手工艺的“率真”来批判机器工业的机械复制所带来的种种弊端。他们追求自然的生存状态、希望能够回归到人的情感层面，通过推崇手工技艺，力图以自然本真取代技术，有着十分明显的反对工业化倾向。

与19世纪末英国的手工艺所遭遇的境况有点相似，随着日本现代化的展开，到了20世纪初，机器生产已逐渐占领日本国内技术诸多领域，日本本土手工艺的存续受到巨大的挑战，这也是激发柳宗悦提出保护和发展手工艺的最为直接的原因之一。因此，柳宗悦最初提出“民艺”之时便在同样反对机械制造的逐利性在导致产品粗制滥造方面，与英国的艺术与手工艺运动在回归具有“真诚”的“美的艺术”层面上有着某种共通性。在西方语境中，“美的艺术”(Beaux Arts)作为一个术语早在18世纪以前就已经出现了，并且在进入18世纪以后逐渐形成了今天我们所理解的“美术”范畴。但是，直到19世纪中叶以后到20世纪初，仍未诞生我们今天所谓“设计”的概念。1877年至1894年，威廉·莫里斯曾相继发表了与艺术及社会问题相关的35篇研究。他首次公开的演讲题目便是著名的《小艺术》(The Lesser Arts)，这篇演讲稿最初以《装饰艺术》之名印刷成单行本传播。

威廉·莫里斯拒绝接受纯粹的“美术”概念，他颂扬“简朴”与“纯真”之美，倡导创作更好的设计，以消除丑陋的装饰。然而，艺术与手工艺运动原本想要把工人从粗制滥造的机械生产的奴役下解放出来的目标，却由于后继者们抱着从手工艺完全走向纯美术的取向，使得个性与实用性分离，进而逐渐演变成了只为社会一小部分人创造新奇物品的结果，从而偏离了其原初的目的。柳宗悦对英国的艺术与手工艺运动往后的发展进行了反思，并努力为“民艺”的概念与内涵注入沟通美术与手工艺研究的美学意义。“民众性”从而成为了柳宗悦“民艺”概念中横跨美术与手工艺研究的一个重要理论基础。那么，如何使传统技艺适应时代的审美变化？他认为：应该要回归民众。这显然是受到了其时迅速发展的民俗学的影响。民俗学从最初对民间文学的搜集和记录，到19世纪后期逐步成为了一门专门的学科。到20世纪初，民俗研究范畴的迅速发展，也使“文化遗产”的研究得到了极大的扩展。

今天，中国的“文化遗产”研究亦逐渐形成了自身的特色，构成了以考古学、博物馆学、文物保护科技为代表的学科体系。而且尤为对“非物质文化遗产”强调其“非物质”以及活态传承的特点。2005年，由中国民族民间文化保护工程国家中心编辑出版的《中国民族民间文化保护工程普查工作手册》中所称“非物质文化遗产”，则采取国际上流行的“非遗”定义，即为了应对文化遗产保护及发展的需要，促使历史学、考古学、文物学、艺术学、民俗学、地质学、生物学等众多学科调整其相关内容融入文化遗产学研究促成新的研究方向。而中国的“民艺”研究则在中国文化遗产研究的热潮带动下得到了长足的发展。早在1997年，国家发布《传统工艺美术保护条例》，地方上便开展起各种保护民间文化的活动。2000年，文化部在西部文化工作会议上提出传统文化保护问题。2002年至2003年，文化部启动“中国民族民间文化保护工程”，中国民间文艺家协会启动“中国民间文化遗产抢救工程”。中国的“民艺”研究随之而带有了重视研究民族民间艺术的特色，并且与“非遗”的研究产生了日益深入的关联。

参考文献

［1］柳宗悦:《日本民藝館について》,《講談社学術文庫:民藝とは何か》,东京:讲谈社,2006年。

［2］柳田国男、柳宗悦:《民芸と民俗学の問題》,《月刊民芸》1940年第4期。

［3］张道一:《中国民艺学发想》,《中国民艺学——理论研讨会论文集》,北京:北京工艺美术出版社,1989年。

［4］潘鲁生:《民艺学的学科建设问题》,《美术观察》1999年第1期。

［5］中国民族民间文化保护工程国家中心编:《中国民族民间文化保护工程普查工作手册》,北京:文化艺术出版社,2005年。

［6］柳宗悦:《工艺文化》,徐艺乙译,桂林:广西师范大学出版社,2006年。

［7］王文章主编:《非物质文化遗产保护与田野工作方法》,北京:文化艺术出版社,2008年。

An Introduction to the Japanese Concepts of "Cultural Heritage" and "Folk Art"

He Zhenji

Abstract: The word "cultural heritage" in modern Chinese is an English translation of the word "cultural properties" in Japan. The Chinese term covers two types of content: "tangible cultural heritage" and "intangible cultural heritage". However, the Japanese term "cultural properties" also includes a category of "folk cultural properties", which covers various customs and artifacts. This has some interrelated and overlapping parts with the term "folk art" that became popular in Japan in the early 20th century, but the latter emphasizes the "popularity" of "folk art". This concept not only became popular in Japan and formed a far-reaching so-called "folk art movement", but also spread to China, where the term "folk art" has developed its own local connotation.

Keywords: cultural heritage; folk art; concept

政治遗产与文化遗存
——历史学视角下的光绪大婚

李 亮

摘 要：皇帝大婚是件稀罕事，距离我们最近的清代也仅有顺治、康熙、同治和光绪四帝在紫禁城中举办过大婚典礼。慈禧太后以母后之姿主持操办过同治、光绪两场婚礼，可谓千古第一人。历代大婚资料几近无存，清代则是例外，特别是最后一场光绪大婚，留下了约55万字的《大婚典礼红档》和百余张工笔彩绘的《大婚典礼全图册》，成为深入研究帝制时代最后一场大婚的重要基础和文化遗存。大婚表面上是慈禧太后为光绪尽的一项义务，实则为自己留下了一笔政治遗产，她在大婚中扮演了怎样的角色，又为何如此重视大婚的文书及图绘记载？光绪大婚和慈禧统治间存在着何种关系？这些问题成为解读大婚的关键。

关键词：慈禧；光绪大婚；合法性；性别；垂帘听政

1912年2月12日（清宣统三年十二月二十五日），清王朝的实际统治者隆裕皇太后（1868—1913）颁布懿旨，宣告清帝退位，实行立宪共和国体。翌日，《京师公报》即以“号外”的形式头版刊出《清帝退位诏书》和《辞位后优待之条件》全文，瞬间传布全国。① 至此，标志着268年清朝统治的结束，同时宣告了中国施行两千多年的君主专制中央集权制度的终止。

这位隆裕太后本名叶赫那拉·静芬，是满洲镶黄旗人，时任镶白旗汉军副都统桂祥之二女，也是慈禧皇太后（1835—1908）的亲侄女。光绪十五年（1889年），芳龄已逾21，在慈禧的一手包办下，与18岁的姑表弟、醇亲王奕譞（1840—1891）的嫡次子、咸丰帝（1831—1861，在位1851—1861）的承继皇三子光绪皇帝结婚，成为有清一代的最后一位皇后。在光绪三十四年（1908年）十月中旬的前后两天，皇帝和皇太后相继去世之后，隆裕太后遵照慈禧的遗言及其所开创的太后执政模式，顺理成章地开启了清政府第二代女主的垂帘听政统治。只是她并没有慈禧的能力和运气，仅仅将清朝的国祚勉强维持了三年，做了个名副其实的末代皇后和皇太后。

作者简介：李 亮 台湾清华大学历史研究所博士研究生

① 《京师公报》，宣统三年十二月二十六日（1912年2月13日），“号外”。

静芬之所以能够登上历史舞台，并以实际统治者之姿为清朝政权画上句点，皆源于光绪十五年（1889 年）的大婚典礼。她在大婚前的那场为期两年、总计 127 名秀女参与的选秀活动中“脱颖而出”，②成为接受皇帝递来如意的“指立皇后”。为皇帝择偶，即是给国家选后，慈禧当仁不让地迫使光绪选择了自己的侄女，没有任何商量的余地。光绪的选择权被彻底地剥夺，其处境甚至不如继任者溥仪（1906—1967，在位 1909—1911），后者“大婚”时还能对着四张备选照片“自己做主”挑选，反观光绪的“自主”，不过走个形式。③

从历史的发展来看，慈禧不是为已成年的儿子选配，而是给某个未成年的孙子选搭档，同样，在权力的更迭上，与其说儿传孙，不如说姑递媳。静芬继承了慈禧的衣钵，与宣统皇帝形成了垂帘听政二人组合，爱新觉罗家的正统皇权，被牢牢攫取在叶赫那拉氏的手中。显然，溥仪只是载湉之后小皇帝的人选之一，在他之前的一个预备皇帝是端郡王载漪（1856—1922，一说 1927）的 15 岁儿子溥儁（1886—1942），很快因洋人的反对而不得不作罢。

大婚典礼本应是少年皇帝成人的仪式，正如陈熙远对溥仪大婚的揭示，其“不仅是溥仪个人迈向成年的‘过渡仪式’，注记其成长的关键转变，同时也是近代中国从帝制转向共和的‘过渡仪式’，预示了帝制残余转向共和新制的最后挣扎”。④ 反观光绪大婚，无论是外部局势还是内廷政治，都与逊帝大相径庭。与其说是“过渡”，毋宁是一场帝后二人的革命及政变：就皇帝而言，指望着传统的礼仪和制度用一种近乎现代概念“和平演变”的方式革掉垂帘听政的命，天经地义地行使原本属于天子的权力；就太后而言，以历史的“后见之明”观之，似乎并无心甘情愿主动让权之意，反而企图靠着对这场典礼的操控和搬演，明确并强化主次身分，树立一种凌驾于皇权之上的皇太后权威，从而继续以“合法身份”独揽朝纲。

慈禧的身份只有一个“皇太后”，而用于统治的“合法身份”却有多个。简单来说，在光绪十三年正月皇帝亲政典礼之前，是垂帘听政的太后；十三年正月至十五年二月归政典礼之间，是“纱屏”训政的太后。及至皇帝大婚，遭遇又一转折，训政之“效期”告罄，新的合法身份即统治的合法性亟待建构。

---

② 《八旗都统衙门全宗档》第 39 号《户部、镶红旗满、汉都统为挑选、复选、备选秀女及入选秀女谢赏等事的咨文保结之一》，转引自许妍：《清代“选秀女”制度研究》，中央民族大学硕士学位论文，2009 年，第 12－18 页。

③ 爱新觉罗・溥仪：《我的前半生（全本）》，北京：群众出版社，2007 年，第 95 页。

④ 陈熙远：《共和国里的皇室婚礼——宣统大婚与帝制王朝的最后挣扎》，《“中央研究院”近代史研究所集刊》2016 年第 94 期，第 77－129 页。

最终，这场本该喜结连理的大婚却是帝国更深重灾难的开始。即如贝子奕谟于庚子之役后告友人所说，“我有两语概括十年之事，因夫妻反目而母子不和；因母子不和而载漪谋篡”。⑤ 至于夫妻反目的症结，便是大婚选后时慈禧的强行撮合。言外之意，若皇后人选如帝所愿，自是夫妻同心，母子相睦，难有乱臣贼子的可乘之机，亦不会有义和拳乱及八国联军侵华的可能。

一、有关慈禧统治的研究

无论对于光绪大婚，还是一部晚清史，慈禧都是个无法绕开的关键人物。她从咸丰晚年开始辅佐朝政，同治年间（1862—1874）垂帘听政，直至光绪朝（1875—1908）权力达到顶峰，自此，以皇太后的身份成为清帝国真正的统治者。在几近半个世纪的时间内，可以说，慈禧一人左右了整个清朝政治的走向。

（一）事件化、脸谱化与两极化

学术界对慈禧在政治史、宫廷史和制度史等面向的研究不胜枚举，它们大多集中在随驾热河（1860年）、辛酉政变（1861年）、两宫垂帘（1861—1873）、洋务运动（1861—1894）、中法战争（1883—1885）、甲申易枢（1884年）、重修颐和园（1888—1895）、甲午海战（1894年）、戊戌政变（1898年）、义和团运动与八国联军及庚子新政（1900年）等一系列的历史事件。凡此种种，串联起晚清中国的时间轴线，同时形成了一份别样的、专属于这位女性统治者的“生平履历”。一朝天子有一朝的“大事”，层垒叠加成一个朝代特有的“大事记”，这本非什么新鲜事。然而，回顾慈禧的一生，却异常丰富而波澜，从没有一位清朝的统治者赋予历史如此鲜明的事件性和阶段性，并且在前所未有的“变局”下，极大地影响乃至决定了清廷及整个国族的命运走向。因此，上述历史事件形成了长久以来慈禧研究的关键词和切入点，反之亦然，每个事件的背后都能或多或少地牵出这位女主的态度及决策。从事件探讨政治、权力和手腕，最终归结到对慈禧个人的是非功过的评价，是大多传统政治史研究带给我们的视角。⑥

由此，我们得到了一个越发脸谱化和两极化的慈禧形象。在反对和批评者们看来，她是个保守腐化、贪图享乐、骄奢淫逸、滥权独裁，霸道残忍，乃至

⑤ 王照口述，王树枏笔录：《德宗遗事》，见章伯锋、顾亚主编：《近代稗海》（第11辑），成都：四川人民出版社，1988年，第251页。

⑥ 有学者曾简要回顾了20世纪90年代以来的慈禧研究情况，基本上以历史事件为中心，最终成为道德化的评价。参见李峻祥：《20世纪90年代以来慈禧研究综述》，《池州学院学报》2009年第2期，第101－105页。

祸国殃民的渊薮，中国的积贫积弱因她而起，大清王朝的分崩离析亦拜她所赐。[⑦] 特别是从对民国时期的康有为（1858—1927）、梁启超（1873—1929）及章太炎（1869—1936）等人的鼓吹加诋毁，到 20 世纪 60 年代中文学界极左思潮泛滥下，慈禧先后被当成后党及反革命的图腾，成为不同阶段中不同人展开攻击的对象。与之相对的，在支持及赞扬者们的眼中，皇太后却是一位睿智开明、任人唯贤、有胆有识的君主。她不仅在内忧外患之际匡扶摇摇欲坠的大清，造就了“同治中兴”的气象，而且还开启并改变了现代中国，甚至有学者将其称为“东方的维多利亚女王”。[⑧]

汪荣祖将此番对叶赫那拉氏的个案论述放归到“记忆”与“历史”的辩证。即每个人都对慈禧有着直接或间接的“记忆”，同时一个社会还存在长期积累的“集体记忆”，它们真假莫辨。[⑨] 很多时候，辨别出“记忆”和“历史”就是一件困难重重的事，因为不少记忆是以历史的面目出现，既有的历史最终都会形成记忆的基础。无论是哪一种，聚焦到慈禧身上，似乎都可归结到“权力”这个一体两面的本质因素之上。质言之，慈禧的好，在于其大纲独断，力挽狂澜；慈禧的坏，在于其大权独揽，刚愎自用。

（二）手腕、皇权及母权

至于慈禧为何可以夺权、擅权及掌权的问题，已有的研究或避而不谈，或简单归因为其非同一般的政治手腕。过人的手腕固然可以帮助皇太后在波诡云谲、险象环生的宫廷斗争中赢得一次次政变，却也能够保证一个女人顺利维持近半个世纪的统治吗？对此，王开玺曾提出慈禧长期统治的成功，无关乎高深的政治本领或手段，而是正统皇权思想加上其特殊地位和身份的结果。[⑩] 具体来说，慈禧作为皇帝母亲的身份，有利于“挟天子令诸侯”，天然地具备了正统皇权代表者的政治优势，无往而不利。此番说法，未免简化了政治合法性，且又神化了所谓的正统皇权。若如此，东汉末年的何太后守着正统皇权的代表汉少帝，何至于双双被董卓所杀？

---

⑦ 例如，在陈捷先看来，慈禧一生贪恋权柄，将同治和光绪二帝操控于股掌，为了个人利益不惜一切，一味变造执政理由，不肯让权。对清代的灭亡负有不可推卸的责任。陈捷先：《以史为鉴——漫谈明清史事》，台北：三民书局，2018 年，第 108 - 116 页。

⑧ 张戎：《慈禧：开启现代中国的皇太后》，台北：麦田出版社，2014 年。

⑨ 汪荣祖：《记忆与历史：叶赫那拉氏个案论述》，《“中央研究院”近代史研究所集刊》第 64 期（2009 年 6 月），第 1 - 39 页。

⑩ 王开玺：《辛酉政变与正统皇权思想——慈禧政变成功原因再探讨》，《清史研究》2002 年第 4 期，第 49 - 56 页。

不可否认，母亲的天然身份的确是慈禧攫取权力、合法统治的重要因素，但不应简单理解为“近水楼台”的便利，而更多地是母亲在中国传统社会中固有的权力。孟宪实在探讨武则天称帝的过程时指出，为自己加上“圣母神皇”的尊号，是武后顺利称帝的谨慎探索。换言之，将“母”与“皇”并称，是母亲攫取皇权的过渡阶段。接着，以母之名，跳脱出传统男尊女卑的纲常枷锁。⑪ 杨联陞尝试从更具普遍意义的传统家庭入手，考察母亲及妻子在家庭中的权限，此权限因事而异却“相当可观”，特别是汉及以后，中国北方社会妇女地位较高，成为启发武曌称帝的可能因素，宋朝的太后又受到武氏影响。⑫

一旦女性登上舞台或称帝或摄政，必要的制度化亟需建立。在杨联陞看来，太后摄政仅是一种“紧急措施及权宜之计”，从东汉时“制度化”，朝廷订立相应的仪式。制度化对摄政行为而言既是规范，也是保证。一旦幼帝成年，太后即需归政，此时母亲之权开始消解。即如刘静贞在探讨北宋女主的政治权力时所揭示的，在皇帝一元统治的基本理念之下，太后的权力源于皇帝，属于“过渡的性质”。⑬ 若从法制史的角度来看，以母之名的摄政太后，更多的时候被寄予成为一个“皇权的守护者”角色，而不是夺权、僭越的女皇帝。⑭

反观慈禧，她的特别之处是将此类“权宜”转为常态，将过渡性的摄政变为长久性的统治，她突破了时间的限制。从咸丰末年代管“同道堂”印章，到同治年间的垂帘听政，再到光绪时期的二次垂帘、皇帝大婚前的训政及戊戌政变之后的二次训政（学界亦称“三次垂帘”），这位女主既不是传统政治规则下的男性天子，也不是武则天那般打破纲常、改元建号的女皇，却能一次次转危为机，成为跨越晚清四朝、以皇太后之名掌权近半世纪的真正统治者。她是如何做到的？或者说，在没有女主干政传统的清代，她是如何使统治合法化的？

二、艺术史的能动性研究

相较于政治史领域对女主们政治手腕和制度的关注，艺术史学界则更多地

⑪ 孟宪实：《武则天研究》，成都：四川人民出版社，2021年，第343，383页。

⑫ Lien-sheng Yang, “Female Rulers in Imperial China”, in *Excursions in Sinology*, Harvard-Yenching Studies ⅩⅩⅣ, 1969, pp. 27－42. 中译本参见杨联陞《国史上的女主》，《国史探微：宏观视野下的微观考察》，林维红译，北京：中信出版社，2015年，第67－80页。

⑬ 刘静贞：《从皇后干政到太后摄政——北宋真仁之际女主政治权力试探》，见鲍嘉麟主编《中国妇女史论集续集》，台北：稻乡出版社，1991年，第145页。

⑭ 米莉：《帝制中国的女主与政治——关于女性统治的合法性探析》，中国政法大学博士学位论文，2008年，第107－145页。

从艺术与政治能动性的议题入手，开展对古代宫廷内这个特殊群体的探讨。已有的不少研究，除了勾勒出一个个斑斓丰富的后宫世界，还为政治合法性的诠释提供了可能的面向。

李慧漱曾以宋代的三个皇后为例，讲述她们作为宋代宫廷艺术的生产者、推动者和赞助人，在武则天擅权的历史阴影下，甘为皇帝的代笔者，却又以描绘温良谦恭的艺术手法，展现了女性的能动性与自我意识。⑮ 的确，武氏的"上升"确留给后世女主"下沉"的负累，纵然没有这段历史，宋代的几位皇后还是被期待要具备同样的女德，尊卑有别的礼制社会没有改变，原本的运转逻辑也不会有任何松动。

此番宫廷女性的微妙与细腻，在王正华的笔下，却被中国历史上最后一个女主——慈禧太后彻底打破。她意识到统治者的"再现与能见度"和政治基础的缩结，当传统中国政权的统治基础从皇亲贵戚与文人士大夫转向了"社会大众"时，统治者的能见度也要应时而变，故而一反深居简出的传统女性形象，将个人肖像不断推向"公开化"，成为政治扮演的一环，试图左右政局，显现权威。⑯显然，肖像"公开化"的背后，正是一个国家统治者而非后宫女主的修辞，即慈禧能够利用肖像公开展现权威的前提是已经掌握了足够的权威。她深谙艺术的政治属性，以及它所蕴含的巨大能量，更加善于汲取先辈的经验，适应时代的变革。正如马雅贞所揭示出的，在没有大众传媒的时代，以圣祖和高宗为代表的清代统治者尚且能够借由收编中国既有社会价值体系中层级居高的文士文化，赢得被支配的汉人对原来社会秩序的共识，进而实现皇清的文化霸权，⑰不过，作者认为的统治基础的转变问题值得商榷，尽管慈禧面对一个新式传媒连接寰宇、西方列强雄踞神州、大小起义燎原赤县的变革时代，但是清廷统治的基础，或者是说能够推翻其统治的绝对力量，并非来自社会大众，而是最终被袁世凯这个军阀代表逼迫退位，这恰好形成了印证。因此，慈禧要处理的统治合法性，依旧是个"晚期帝制中国"(late imperial China)而非"早期现代中国"(early modern China)的问题。⑱

---

⑮ Hui-shu Lee, *Empresses, Art, and Agency in Song Dynasty China*, Seattle: University of Washington Press, 2010.

⑯ 王正华:《走向"公开化":慈禧肖像的风格形式、政治运作与形象塑造》,《"国立"台湾大学美术史研究集刊》2002 年第 32 期,第 239 - 316 页。

⑰ 马雅贞:《导论》,《刻画战勋:清朝帝国武功的文化建构》,北京:社会科学文献出版社,2016 年,第 2 - 4 页。

⑱ 两个分期或概念,大致均指向了晚明至清末,即 16 至 19 世纪这段时间。它们名称相异,对应了不同的文化背景、内涵和外延,同时反映出西方中国学史的发展趋势。吕杰:《"晚期帝制中国"考——美国中国学史研究中的"关键词"探讨》,《学术界》2011 年第 8 期,第 193 - 200,276 - 280 页。

不能否认的是，无论做到怎样的大权在握，慈禧肖像中依然摆脱不了诸多女性特征的面向，或者说受到这层性别的制约。在冯幼衡看来，其中一个表现便是她无法像圣祖及高宗那般出现在各种题材的绘画作品中，即不但宣扬皇帝“文治”的图像她无法参与，突显“武功”的戎装像、行猎图就更与她无缘。⑲ 彭盈真的研究让我们看到，慈禧是如何避开上述框限，通过扩大宫廷艺术的赞助类别，将女性的审美品位与男性的大胆包容同时融入，建构起全方位、立体式、符号化的权力场域，藉此传递出一个阴阳(feminine-masculine)兼具的女性统治者形象，变劣势为优势。⑳

的确，正如上述几位学者的研究所呈现的，艺术是后宫女主施展能动性的一个极好抓手，慈禧对艺术利用的广度和深度，均堪称集大成者。值得注意的是，艺术依靠再现传播，而女性却受到传统礼法的约束，被要求深藏于内闺或后宫，与再现无缘，本质上再现的艺术和“主内”的性别是相互矛盾的。至于慈禧肖像的“公开化”，很大程度上是现代语境下与西方列强打交道而习得的、一种与时俱进的外交辞令。这些肖像在海外的公开展示与在国内的秘而不宣形成鲜明的对比。换言之，它们在两个平行的世界——传统与现代、东方与西方——各自运转。慈禧用“东法”对付国人，以“西法”迎合外人，长期合法统治的问题，归根结底还是个内政问题，还是要回到传统的政治语境。其中，女性的长期失语是个不争的事实。当女性上升到母亲的角色，不利的形势会得到很大程度的扭转，正如彭盈真对宫廷瓷器订制的讨论，揭示慈禧将帝王象征性的尊亲伦理作为其追求权力的护身符的努力。㉑

三、慈禧的政制书写

在米歇尔·福柯(Michel Foucault)看来，权力是一种无所不在的关系，一种相互交错的复杂网络，权力需要话语(discourse)展现，话语的形态不拘一格。㉒既可以是语言、文字为载体的政令和诏书，又可以是宗教脉络下的供佛建庙行为，当然，还能是前文讨论的宫廷艺术创作和赞助，它们都是形塑各种规范、条

---

⑲ 冯幼衡:《皇太后、政治、艺术——慈禧太后肖像画解读》,《故宫学术季刊》第 30 卷第 2 期(2012 年 12 月),第 103 - 155 页。

⑳ Yingchen Peng, “Staging Sovereignty: Empress Dowager Cixi (1835 - 1908) and Late Qing Court Art”. Ph. D. dissertation, 2014, The University of California, Los Angeles.

㉑ 彭盈真:《慈禧太后之大雅斋瓷器研究》,见赖毓芝、高彦颐、阮员编:《看见与碰触性别:近现代中国艺术史新视野》,台北:石头出版社,2020 年,第 88 - 113 页。

㉒ [法]米歇·傅柯:《知识的考掘》,王德威译,台北:麦田出版社,1994 年,第 348 - 349 页。

例、法度的媒介。一个社会中的各个机构、阶层都有着特定的话语,组合起来就是缜密且稳固的网络,普天之下的行为活动都要受其定义、限制和裁决。易言之,组织话语的过程便是集中权力的过程。

社会中每个人都有属于自己的话语,因其所在的位置(place)决定了话语的效力和动能,反过来,恰当而巧妙的话语又可改变个人的位置。于慈禧而言,皇太后执政的话语都是为这一政治制度合法化而展开的建构,本文将之定义为"政制书写",它也是一张全方位的网络,既包括艺术史研究者关心的女主能动性的艺术载体,也包括政治史学界强调的手腕和母权。实施的书写者既有主角慈禧,也有支持她并与之形成利益共同体的诸王百官,他们主动或被动、公开或私下的保驾护主言行,都构成了这张网络的一环,正如路易十四(Louis XIV, 1638—1715)被"制作"(fabrication)成为"太阳王"(法语:le Roi Soleil)的经典个案,是他本人与大臣及各传播系统共同完成的"伟人塑造"。[23] 本文旨在通过对这些书写的揭示,来探讨慈禧统治合法性的建构。

慈禧的"政制书写"是个旷日持久的过程,贯穿其统治的近半个世纪,可以归纳成为掌权的"垂帘听政阶段"和为了继续掌权的"后垂帘阶段"。咸丰十一年(1861 年),热河避暑山庄,两宫太后与以肃顺为首的辅政八大臣在咸丰帝去世后开始了一段短暂的权力争夺,最终以辛酉政变的上演、慈禧如愿的垂帘听政而收场。在此之前,一场为太后执政精心准备的舆论营造及意识形态建构在紧锣密鼓地悄然开展。首先,李慈铭受时任礼部尚书周祖培之指使,"检历代贤后临朝故事",编成《临朝备考录》一书;与此同时,还就垂帘听政之事撰写条议,随时准备上奏,以助东西两宫。[24] 隐而未发之时,山东御史董元醇首先跳出来上了一道请求皇太后权理朝政的奏折,[25]对肃顺集团造成了极大的舆论压力。其三,政变发动之际,两宫太后当即拿出早已密令醇郡王奕譞拟就的、拿问辅政八大臣的谕旨,[26]给纷乱的朝局一锤定音。

紧随辛酉政变之后的首次垂帘听政环节,是慈禧进入权力中心的关键一步,核心文书《垂帘章程》的制定又是一番太后与朝臣的较劲。面对即将难产的、程序上应由臣工事先拟定的章程,慈禧巧妙地藉助皇帝的名义,发出两道上谕,以"皇太后躬亲裁制"为主旨,点出章程要点,指令臣工照箭画靶,从而形成

㉓ Peter Burke, *The fabrication of Louis XIV*, New Haven: Yale University Press, 1992, pp. 2 - 5.

㉔ 黄濬:《花随人圣庵摭忆补篇》,李吉奎整理,北京:中华书局,2008 年,第 811 - 812 页。

㉕ 故宫档案馆明清档案部编:《清代档案史料丛编》(第 1 辑),北京:中华书局,1978 年,第 91 - 92 页。

㉖ 故宫档案馆明清档案部编:《清代档案史料丛编》(第 1 辑),北京:中华书局,1978 年,第 101 页。

了最终令西太后满意的“垂帘听政章程十一条”，顺利地将“向无祖制”的垂帘听政制度化。[27] 该项章程在同治十三年(1874 年)载淳晏驾、载湉登基时再一次发挥作用，帮助慈禧顺理成章地二次垂帘，进入权力的中心。

垂帘听政不是清朝祖制，以朝臣共议方式产生的《垂帘章程》是使新创制度合法的第一步，写入典章政书成为后世规模，则是更大的推动。于是，这份因她而首创的清朝垂帘听政章程，在光绪十二年(1886 年)清廷第五次也是最后一次修订会典时被破天荒地纂入当朝《钦定大清会典事例》的《礼部》章内，[28]更在《钦定大清会典》的《凡例》中开宗明义，将垂帘听政盛赞为“其有事属创举，为我朝非常巨典者”，将之纂入会典，意在“昭重熙累洽之模，继志述事之孝”，[29]意即以至诚至孝之心，继承先人之志，来言事理政，显扬国家数代安乐太平的楷模典范。此番评语，不仅是对慈禧太后治理国家的颂赞，更是对她所开创出的垂帘听政制度的褒扬，编入会典，正是要以最为正式的国家政书的形式建立典章，进而颁之后世，让子孙有章可循，继续大清重熙累洽的盛举。

光绪十二年也是小皇帝载湉年满 16 岁成年的一年，垂帘听政章程的效期告罄在即，为了继续合法的掌权统治，慈禧亟需变换一套新的合法性依据，于是在朝臣的公同酌议、恳请，皇太后的无奈勉允下，一部旨在规范“于皇帝亲政后再行训政数年”的《训政细则》便应时而生。[30] 尽管该项细则的首次应用仅限于光绪十三年正月的“亲政”到光绪十五年二月的“归政”，但为戊戌政变后至慈禧薨逝的十年训政(1898—1908)提供了可资效仿的成案先例。

四、母亲与选秀

诚如上述研究中对母亲身份与权力关系的讨论，这层身份的确是慈禧获得统治合法性的先决条件，不过礼制赋予的母权除了停留在尊亲伦理的孝道之上，还具体而微地体现在传统婚姻所强调的“父母之命”的决定权，对应到光绪大婚，即是从选秀到指立皇后的整个过程。有别于上述国家文书系统的运作，为儿选妻是传统礼制的要求，提供给慈禧另外一套政制的书写——选后只是第一步，成为垂帘听政的继承者是更重要的一步。

为此，慈禧首先要解决年龄的问题。适龄是秀女选择的一个必备条件，历

㉗ 徐彻:《慈禧大传》,沈阳:沈辽书社,1994 年,第 162 - 165 页。

㉘ 昆冈等编:《钦定大清会典事例》(光绪朝)卷二九一,《礼部二》,清光绪二十五年石印本,第 1a - 17b 页。

㉙ 昆冈等编:《钦定大清会典》(光绪朝),《凡例》,清光绪二十五年石印本,第 2 页。

㉚ 朱寿朋编:《光绪朝东华录》(第 2 册),张静卢等校点,北京:中华书局,1958 年,第 2180 页。

代会典、则例似乎并未对此有过明确的说明。不过，通过相关文献不难推测，18岁已经超过适龄的上限，18至20岁更是一个需要格外关照的年龄段。如乾隆五年(1740年)规定，“其未经阅看之秀女，虽年逾二十，不准擅自出嫁……若十八岁以上至二十岁之秀女，阅看时迟误不及阅看者，着该旗都统等查明迟误缘由，请旨具奏，或补阅看，或即令出嫁之处，另降谕旨”。[31] 清朝中晚期云贵总督、翰林院编修吴振棫曾在其史料笔记《养吉斋丛录》中较为详细地记述过清廷选秀女的情况——“其年自十四至十六为合例……年已在十七以上，谓之逾岁。则列于本届合例女子之后”，[32]进一步明确了阅选秀女的年龄。不过，这并非一成不变的准则，静芬就是个例外。其与光绪皇帝结婚时已年过21岁，若照此规则，明显已经逾岁四载。

静芬的当选是慈禧太后借助母亲的身份，威逼皇帝作出的无奈选择。慈禧需要指定一个极为合适的皇后人选，即自己的亲侄女，正如17年前尝试为同治皇帝指定的皇后人选、刑部员外郎凤秀之女富察氏那般。然而，崇绮之女阿鲁特氏的胜出不仅让慈禧太后铩羽而归，还甚至险些断送了她继续垂帘听政的政治生命。“幸运”的是，自己亲生儿子的夭折留给她重返政坛的机会，并再一次站在了指立皇后的“岔路口”。可想而知，相同的“错误”不可能再犯，老佛爷志在必得，这才有了为后世津津乐道的、载湉违心选表姐的故事。这是一个儒家伦理社会中母亲的“胜利”，称孤道寡的武则天既不需要也无此机缘。这场始于光绪十二年二月二十九日、前后涉及127名秀女的选阅活动，最终以11人的记名、7人的入选、3人的立后封嫔而画上休止符。[33] 新的叶赫那拉氏在旧的叶赫那拉氏之后，继续垂帘听政，摄政幼帝，形成了传承有序的女性统治新范式。

五、大婚典礼:“后垂帘阶段”的起点

如果说垂帘听政是慈禧擅权的起点，那么光绪大婚理应成为一切的终点，而皇太后却靠了另一番“政制的书写”，顺利开启了“后垂帘阶段”的统治。在光绪大婚的舞台上，慈禧成了毋庸置疑的导演，所有的政令皆以懿旨的形式下达，所有的筹备人员都要听从太后及其任命的代理人。大婚的主角光绪皇帝仅仅

㉛ 庆桂、董诰等编:《清高宗纯皇帝实录》(第10册)卷一二〇，高宗五年闰六月壬子，北京:中华书局，1986年，第772页。

㉜ 吴振棫:《养吉斋丛录》卷二五，北京:中华书局，2005年，第264页。

㉝ 《八旗都统衙门全宗档》第39号《户部、镶红旗满、汉都统为挑选、复选、备选秀女及入选秀女谢赏等事的咨文保结之一》，转引自许妍:《清代“选秀女”制度研究》，中央民族大学硕士论文，2009年，第12－18页。

是这场大戏的一个配角，他没有任何决定的权力，就连皇后的人选也不能出自自己的本心，在礼仪规定的条条框框下按部就班地去完成一项项仪式动作。

全部礼节更被书写成留存的档案，同样可以作为后世依规、具备相当典范作用的成案。大清曾五修会典，其内书写各项规章及礼节，德宗之前的世祖、圣祖和穆宗的大婚礼节，在相应的会典中均有不同详略的体现。[34] 然而在慈禧看来，如此程度的记载似乎不足以昭示后代，从同治大婚开始，8 函 40 册体量的同治《大婚典礼红档》编纂而成，[35]成为历史上首部详录大婚的官方礼典文献。及至光绪大婚，同名的《大婚典礼红档》更是不惜工本人力，以 55 万字、13 函 76 册的宏大篇幅，再现了帝制中国最后一场大婚典礼的空前盛况。

在后面一部红档中，可以清楚地看到光绪大婚的筹备实务，极好地体现了同治《大婚典礼红档》发挥的"成案"作用，因为几乎所有的筹备细节悬而未决时，都要严格参照此部档案。[36] 两次大婚仅仅时隔 17 年，清廷再一次不计成本地用近乎两倍的篇幅重写红档，根本用意可能不只简单地记录留存，而是以修订完备之新档为子孙后世的大婚树典立规。仅有文本文件或嫌不足，同期完成的《载湉大婚典礼全图册》以 8 册 86 页的工笔彩绘、图文并茂形式的详尽呈现，留下了很可能是中国历史上唯一的大婚图像。[37] 全图册以大婚主要礼节为描绘对象，人员组成和物品（包括礼器、服饰、妆奁和各项道具）摆列并举，兼顾宫廷建筑空间形成的特定场域，所有人员官衔或职掌、物品名称或用途，均以贴签形式仔细标注。搭配红文件的文字书写，每个礼节都能做到一一对应，俨然一件

---

[34] 大婚礼节的仪注记载，分别见伊桑阿等编：《钦定大清会典》（康熙朝）卷四九，《礼部・仪制清吏司・婚礼》，清康熙年间刻本，第 1a－10a 页；隆科多等编：《钦定大清会典》（雍正朝）卷六五，《礼部・仪制清吏司・大婚礼》，清雍正年间刻本，第 1a－10b 页；允祹等编：《钦定大清会典》（乾隆朝）卷二九，《礼部・仪制清吏司・婚礼一》，清乾隆年间刻本，第 1a－10a 页；蒋溥、孙嘉淦等编：《钦定大清会典则例》（乾隆朝）卷六四，《礼部・仪制清吏司・婚礼一》，文渊阁四库全书本，第 1a－9a 页；托津等编：《钦定大清会典》（嘉庆朝）卷二一，《礼部・仪制清吏司二》，清嘉庆年间刻本，第 10a－14a 页；托津等编：《钦定大清会典事例》（嘉庆朝）卷二五九，《礼部二十七・婚礼》，清嘉庆年间刻本，第 1a－19b 页；《钦定大清会典》（光绪朝）卷二八，《礼部・仪制清吏司二》，第 10a－13b 页；《钦定大清会典事例》（光绪朝）卷三二四，《礼部三十五・婚礼・大婚》，第 1a－27a 页。

[35] 详见《宫中档案红事文件登记目录》第 1 至 7 条，见《宫中档案项目文件登记目录》，编号：宫乙 6，中国第一历史档案馆藏，无页码。

[36] 例如，大婚礼成之后的皇太后宫内庭筵宴，乃由内预备，而其应进桌张、羊酒之处，便是照同治十一年成案办理。大婚当天的册立礼，原计划派女官前往皇后邸第宣册、宣宝，即又照同治十一年成案，仍派太监宣读。《大婚典礼红档》卷三、二六，《交单》《行文》，清内阁精抄本。

[37] 实际上，《载湉大婚典礼全图册》全套为 9 册 132 页，其中，首册为皇太后懿旨（6 页）和全图目录（2 页），第一至八册包含图 86 页、图说 38 页，分别是《皇后出宫至邸第图》（图 7 页，图说 3 页）、《纳采礼筵宴图》（图 12 页，图说 3 页）、《大征礼图》（图 13 页，图说 11 页）、《皇后妆奁图》（列居第四、五两册，各有图 7 页、图说 1 页）、《册立奉迎图》（图 16 页、图说 6 页）、《皇后凤舆入宫》（图 17 页、图说 9 页）、《庆贺颁诏赐宴礼节图》（图 7 页、图说 4 页）。参见任万平：《以史解画，以图证史——关于光绪〈大婚图〉册的绘制》，《故宫博物院院刊》2020 年第 10 期，第 282－306 页。

精密而复杂的仪器搭配了一份翔实而清晰的使用说明书，只要按部就班，便可做到分毫不谬的传承。

以懿旨之名，行圣旨之实，进而将其位阶和效力凌驾于皇帝之上是慈禧在大婚中的另一项精心布置的“政制书写”。如在《大婚典礼红档》中，以皇帝《谕旨》作为首卷，但实际收录其中的，却是从大婚筹备期间慈禧太后所下的近两百道懿旨中精选的32道，涉及大婚相关的人事安排、银两筹支、物料采办、器皿造作和吉期确立等大小事项。㊳ 除了崇上皇太后徽号唯一一件加徽崇尊的事项，由皇帝降旨外，其他再无圣旨的用武之地，即皇帝的出现只是为了抬升皇太后的威权。

与此同时，为了尊崇懿旨的无上地位，专门描绘大婚礼节过程的《载湉大婚典礼全图册》同样首载太后懿旨，集成完整一册，领衔其他8册图说。如此，在记录光绪大婚的两种主要官方文书中，代表慈禧意志的懿旨贯穿始终。

相对而言，同治十一年(1872年)举办的载淳大婚典礼之红档编排，则以军机处草拟上呈的《述旨》开篇，《谕旨》紧随其后，㊴如此布局，除了要展示清代文书的形成过程，恐怕还与同治年间两宫太后及领班军机大臣、恭亲王奕䜣内外共治的朝局有关。换言之，同治红档的编纂不是慈禧全权掌控的结果，代表太后权力的《谕旨》未能居首，这或许也为光绪朝红档的再次编纂提供了一种解释。另一个佐证是光绪大婚五年之后的慈禧六旬万寿庆典，彼时，一部更大规模的《慈禧六旬万寿庆典档》(12函83册)遵循了光绪《大婚典礼红档》的格局，以首卷的《谕旨》总领全书。㊵ 至此，从同治红档、光绪红档到万寿庆典档，形成了一个清晰“政制书写”的转换，即以懿旨占据谕旨，将太后之权凌驾于皇权之上。当这般操作在帝国的文书系统形成规范，新的治理法度便开始建立。

参考文献

[1]《京师公报》，宣统三年十二月二十六日(1912年2月13日)。

[2] 许妍：《清代“选秀女”制度研究》，中央民族大学硕士论文，2009年。

[3] 爱新觉罗·溥仪：《我的前半生(全本)》，北京：群众出版社，2007年。

㊳《大婚典礼红档》卷一，《谕旨》，无页码。

㊴《宫中档案红事文件登记目录》第1至7条，收入《宫中档案项目文件登记目录》，编号：宫乙6，中国第一历史档案馆藏，无页码。

㊵《宫中档案红事文件登记目录》第1至7条，收入《宫中档案项目文件登记目录》，编号：宫乙6，中国第一历史档案馆藏，无页码。

[4] 陈熙远:《共和国里的皇室婚礼——宣统大婚与帝制王朝的最后挣扎》,《"中央研究院"近代史研究所集刊》2016 年第 94 期。

[5] 章伯锋、顾亚主编:《近代稗海》(第 11 辑),成都:四川人民出版社,1988 年。

[6] 李峻祥:《20 世纪 90 年代以来慈禧研究综述》,《池州学院学报》2009 年第 2 期。

[7] 陈捷先:《以史为鉴——漫谈明清史事》,台北:三民书局,2018 年。

[8] 张戎:《慈禧:开启现代中国的皇太后》,台北:麦田出版社,2014 年。

[9] 汪荣祖:《记忆与历史:叶赫那拉氏个案论述》,《"中央研究院"近代史研究所集刊》第 64 期(2009 年 6 月)。

[10] 王开玺:《辛酉政变与正统皇权思想——慈禧政变成功原因再探讨》,《清史研究》2002 年第 4 期。

[11] 孟宪实:《武则天研究》,成都:四川人民出版社,2021 年。

[12] Lien-sheng Yang, "Female Rulers in Imperial China", in *Excursions in Sinology*, Harvard-Yenching Studies ⅩⅩⅣ, 1969.

[13] 杨联陞:《国史探微:宏观视野下的微观考察》,林维红译,北京:中信出版社,2015 年。

[14] 鲍嘉麟主编:《中国妇女史论集续集》,台北:稻乡出版社,1991 年。

[15] 米莉:《帝制中国的女主与政治——关于女性统治的合法性探析》,中国政法大学博士论文,2008 年。

[16] Hui-shu Lee, *Empresses, Art, and Agency in Song Dynasty China*, Seattle: University of Washington Press, 2010.

[17] 王正华:《走向"公开化":慈禧肖像的风格形式、政治运作与形象塑造》,《"国立"台湾大学美术史研究集刊》2002 年第 32 期。

[18] 马雅贞:《刻画战勋:清朝帝国武功的文化建构》,北京:社会科学文献出版社,2016 年。

[19] 吕杰:《"晚期帝制中国"考——美国中国学史研究中的"关键词"探讨》,《学术界》2011 年第 8 期。

[20] 冯幼衡:《皇太后、政治、艺术——慈禧太后肖像画解读》,《故宫学术季刊》第 30 卷第 2 期(2012 年 12 月)。

[21] Yingchen Peng, "Staging Sovereignty: Empress Dowager Cixi (1835 - 1908) and Late Qing Court Art". Ph. D. dissertation, 2014, The University of California, Los Angeles.

[22] 赖毓芝、高彦颐、阮员编:《看见与碰触性别:近现代中国艺术史新视野》,台北:石头出版社,2020 年。

[23] 米歇·傅柯:《知识的考掘》,王德威译,台北:麦田出版社,1994 年。

[24] Peter Burke, *The fabrication of Louis XIV* , New Haven: Yale University Press, 1992.

[25] 黄浚:《花随人圣庵摭忆补篇》,李吉奎整理,北京:中华书局,2008 年。

[26] 故宫档案馆明清档案部编:《清代档案史料丛编》(第 1 辑),北京:中华书局,1978 年。

[27] 徐彻:《慈禧大传》,沈阳:沈辽书社,1994 年。

[28] 昆冈等编:《钦定大清会典事例》(光绪朝),清光绪二十五年石印本。

[29] 昆冈等编:《钦定大清会典》(光绪朝),清光绪二十五年石印本。

[30] 朱寿朋编:《光绪朝东华录》,张静庐等校点,北京:中华书局,1958 年。

[31] 庆桂、董诰等编:《清高宗纯皇帝实录》,北京:中华书局,1986 年。

[32] 吴振棫:《养吉斋丛录》,北京:中华书局,2005 年。

[33] 伊桑阿等编:《钦定大清会典》(康熙朝),清康熙年间刻本。

[34] 隆科多等编:《钦定大清会典》(雍正朝),清雍正年间刻本。

[35] 允裪等编:《钦定大清会典》(乾隆朝),清乾隆年间刻本。

[36] 蒋溥、孙嘉淦等编:《钦定大清会典则例》(乾隆朝),文渊阁四库全书本。

[37] 托津等编:《钦定大清会典》(嘉庆朝),清嘉庆年间刻本。

[38] 托津等编:《钦定大清会典事例》(嘉庆朝),清嘉庆年间刻本。

[39]《宫中档案项目文件登记目录》,中国第一历史档案馆藏。

[40]《大婚典礼红档》,清光绪内阁精抄本。

[41] 任万平:《以史解画,以图证史——关于光绪〈大婚图〉册的绘制》,《故宫博物院院刊》2020 年第 10 期。

Political Heritage and Cultural Legacy: the Grand Wedding of GuangXu in Historical Perspective

Li Liang

Abstract: The emperor's grand wedding is a rare event. Only the four emperors Shunzhi, Kangxi, Tongzhi and Guangxu held grand wedding ceremonies in the Forbidden City in the Qing Dynasty. The Empress Dowager Cixi presided over and conducted two grand weddings as the host of the host, which makes her become the first person in the ages. There are almost no records of grand weddings in the past dynasties, with the exception of the Qing Dynasty. In particular, the last Guangxu's grand wedding left about 550,000 words of the *Red File of Grand Wedding Ceremony* and more than 100 meticulously color painted *The Panorama of the Grand Wedding Ceremony*, which became an important foundation for in-depth study of the last grand wedding in the imperial era. What role did Empress Dowager Cixi play in the grand wedding, and why did she attach so much importance to the documents and drawing records of the grand wedding? What is the relationship between the emperor's wedding and Cixi's rule? These problems become the keys to the interpretation of the grand wedding.

Keywords: Empress Dowager Cixi; Guangxu's wedding; legitimacy; gender; attend to state affairs from behind a curtain

云冈莲花纹饰与装饰设计研究

胡雯彧　乔　治

摘　要：云冈纹饰是佛教东传过程中民族文化融合发展的重要标志。云冈纹饰研究是云冈学的重要组成部分。作为云冈纹饰的重要代表性纹样，莲花纹样的演变不仅承接了东亚、印度等地的装饰符号特征，还是佛教纹饰中国化的载体，体现了民族文化的交流与交融。从“纹”和“饰”两个角度，对云冈石窟不同时期的莲花纹样进行类比分析，提炼纹样因子，归纳云冈石窟中莲花纹“随类象形”的形态演变和“线面结合”的装饰设计手法。对比魏晋时期平城周边世俗化生活用品中的莲花装饰手法，探究莲花纹饰的生活化传播路径，侧面反映了当时人们的审美生活需求，同时折射出中华文化开放包容、兼收并蓄、不断传承的发展脉络，形成真正的本土化、中国化、世俗化。

关键词：云冈纹饰；莲花纹；装饰设计

引　言

2020年5月，习近平总书记来到大同云冈石窟考察时发表重要讲话并提出：“云冈石窟体现了中华文化的特色和中外文化交流的历史，这是人类文明的瑰宝，保护好云冈石窟，不仅具有中国意义，而且具有世界意义”。[①] 构建“云冈学”[②]一经提出，即引起学界热烈反响，从美术学的角度出发，云冈纹饰形态和装饰方法的研究具有重要的学术意义。云冈纹饰以造像为中心，以壁面佛龛为主体，通过纹饰起到烘托主题的作用。莲花纹饰在佛教美术中有着重要的地位。在魏晋南北朝，佛教进一步传入中国且不断地演化融合，也正是在此时期，莲花图像逐步盛行。尤其在南北朝时期，莲花纹的应用由佛教美术经典到世俗化用品装饰，得到了进一步的发展。云冈石窟中的莲花雕刻是北魏石刻的经典之作，其工艺手法和艺术造型具有很高的应用和审美欣赏价值，是佛教艺术中国

【基金项目】本文系2021年山东省研究生教育质量提升计划和研究生教育创新计划项目（SDYAL21004）的阶段性成果

作者简介：胡雯彧　山东大学机械工程学院现代工业设计研究所博士研究生
作者简介：乔　治　山东大学机械工程学院现代工业设计研究所硕士研究生

① 刘红霞：《牢记嘱托 开启云冈石窟保护研究新篇章》，《大同日报》2020年5月14日第3版。

② 张诗珩：《全国知名专家学者为建设“云冈学”建言献策》，《大同日报》2020年7月13日第2版。

化、民族化、世俗化的佐证。按照学界惯例的早中晚三个历史分期,[③]莲花纹贯穿于三期洞窟中,每个时期的莲花纹装饰方法都有其鲜明的特点。在形态上,团莲、莲瓣纹带、龛格莲花、自由式莲花的形态分布于石窟装饰整个空间,发挥着营造氛围和装点作用。

基于类比法与纹样因子提取法,运用文献与实体对比考证、绘制纹样相结合的方式,对云冈石窟中的莲花纹进行系统梳理。探索云冈石窟中不同时期莲花纹样的数量分布、特征演变,探究莲花纹的装饰手法、雕刻范式,探析莲花纹饰在社会生活中民俗化、世俗化的演变路径,对其时代及地域中传统纹饰粉本和文化基因的保留与传承提供了思路。

一、云冈石窟"应物象形"的莲花纹饰演变

中国传统工艺具有"循石造型""随类赋彩""应物象形"的装饰特点。在云冈莲花装饰中得到了充分的体现。由于空间装饰的需要,在石窟顶部、壁面和明窗门楼等建筑构件中,莲花装饰的手法和形态各有不同。

(一)莲花纹主要分类及其数量分布

莲花作为外来纹样传入中国后,在魏晋时期开始盛行并且渐渐地融合进中华文明里。后经历朝历代的演变,最终成为中国传统纹样不可或缺的重要组成部分。莲花纹在云冈石窟中分布广泛,其纹样形制特点有着一定的规律可循。(详见表1-1)

表1-1 云冈石窟中莲花的主要种类及分布

分布位置	案例	分布位置	案例
装饰带中的莲花纹	第18窟胁侍菩萨莲台 第12窟前室八角列柱柱头	明窗、门拱团莲纹	第8窟门拱莲花 第10窟明窗莲花
窟顶团莲纹	第1窟窟顶三莲 第10窟窟顶藻井莲花	龛格内莲花纹	第1窟中心塔柱南面上层宝盖 第5窟南壁盝形联龛
背光团莲纹	第6窟胁侍菩萨头光 第13窟南壁七立佛背光	地面莲花	第5窟附洞地面莲花 第9、10窟前庭地面莲花

在云冈石窟中,莲花纹应用的位置和数量可体现出其传入、发展与演变过

③ 宿白:《云冈石窟分期试论》,《考古学报》1978年第1期。

程。通过对云冈石窟实地调研与走访调查，对不同时期、不同位置、不同形态的莲花纹进行形制特点上的分类与分布数量的梳理，探析莲花纹的应用与演变。如表 1－2 所示，整体来看，在第 16 至 20 窟早期石窟中，莲花纹数量较少，主要形式为佛像脚下莲台上的带状莲瓣纹，少量莲花纹出现在背光、龛格内之中。中期石窟中莲花纹数量明显增多，出现了大量应用在壁面分隔带、须弥座、莲台上的带状莲瓣纹，窟顶、背光、门拱、明窗之上的团莲纹。以第 6 窟为例，莲花纹样的装饰可谓无处不在。中小型莲花如莲花璎珞、手抛莲花、宝冠莲花、飞行莲花、莲花瓦当等均有广泛分布，数量庞大。晚期石窟相比于中期石窟莲花纹装饰较少，主要存在于窟顶藻井与莲台之中，其余位置及种类莲花纹都较少存在。

表 1－2　云冈石窟中莲花纹类型数量分布

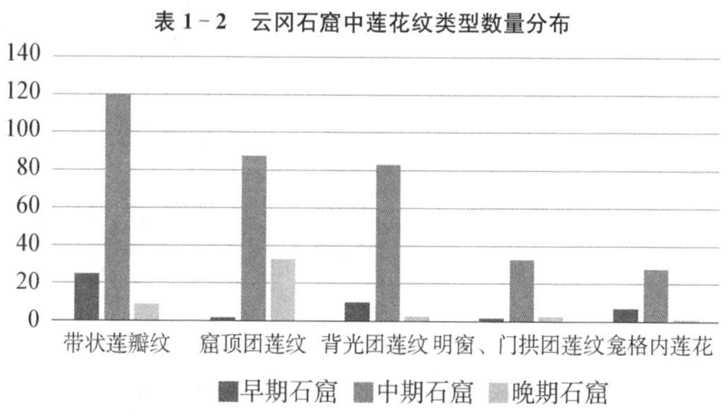

（二）不同时期的莲花纹纹样因子类比分析

在云冈石窟中，不同时期的莲花纹有着不同的造型特点与形式语言。莲花纹的演变在一定程度上可映射出云冈石窟不同时期的风格特征。以带状莲瓣纹为例，通常装饰于壁面之上，起到分隔带作用，同时美化壁面。壁面莲花的装饰贯穿云冈石窟雕刻的始终，在早期石窟中少量出现，大量应用于中期石窟，并呈现出丰富的变化，表现突出。

基于类比法，将带状莲瓣纹主要形式语言分为三类，如表 1－3 所示。以第 1 窟西壁南起第四层带状莲瓣纹为例，莲瓣肥厚饱满，外轮廓线凸起且圆润，宝装莲瓣内两边结构拱起，莲瓣中部起筋，造型特点简约大气，具有古朴之美。这同时也是犍陀罗艺术形式的主要形式语言之一。④ 其代表着云冈早期外来形式

④ 刘慧：《犍陀罗佛教造像莲花纹样研究》，《美术大观》2021 年第 1 期。

的带状莲瓣纹。以第 7 窟后室东壁第五层带状莲瓣纹为例，相比于第 1 窟带状莲瓣纹，该莲瓣纹又有着一定程度的变化，宝装莲瓣两侧结构拱起明显较低，呈扁平形态，且宝装瓣体宽大，每个凸起的结构上都饰以竖线带卷的阴刻线。在莲瓣瓣尖处，同样饰有阴刻圆圈及角线。此为汉民族形式的莲瓣带，是佛教传入中国以来，外来形式纹样中国化、民族化最好的佐证之一。以第 37 窟西壁第四层带状莲瓣纹为例，其每个莲瓣瓣尖处都有一个横线折痕，且瓣尖上仰，与壁面呈有一定的角度，此为十六国太和时期的莲瓣纹特殊形式。⑤

表 1－3　带状莲瓣纹分类及形式语言

特点	位置	单独纹样(作者绘)	图例
早期外来形式 莲瓣凸起　中间起筋	第 1 窟西壁南起第四层		
汉化形式中国化发展形式 饰以阴刻圆圈角线	第 7 窟后室东壁第五层		
太和年间形式 瓣尖上翘且有折线	第 37 窟西壁第四层		

二、云冈莲花纹“线面结合”的装饰设计手法

纹饰一词由纹样与装饰构成，纹样特征与装饰手法二者相辅相成有机结合，造就了中国传统纹饰的多样性。饰，英译为 Decorate，有着装潢、修饰之意。在云冈石窟莲花纹饰中，具体表现在其组合方法、构成形式、雕刻范式中。

（一）云冈石窟中莲花纹饰主要雕刻工艺

在云冈石窟中，莲花纹雕刻手法多种多样，形式风格不一。参考宋代李诫编著的《营造法式》中对石雕手法的分类，⑥其中剔地起突、压地隐起、减地平钑这三种手法在云冈石窟中莲花纹的雕刻工艺中具有充分的体现。此外，还有一些云冈石窟具有的雕刻手法，在营造法式里未有提及，这说明北魏时期石窟雕刻艺术已然欣欣向荣，装饰手法亦非常丰富。

---

⑤ 李姃恩：《北朝装饰纹样研究》，博士学位论文，中国社会科学院研究生院，2003 年，第 26 页。

⑥ (宋)李诫：《营造法式图样》，北京：中国建筑工业出版社，2007 年，第 8 页。

表 2-1　云冈石窟中莲花纹饰雕刻手法及案例表现

雕刻范式	剔地起突	压地隐起	减地平钑
具体表现	高浮雕	浅浮雕	线刻
主要分布	窟顶　门楣	窟顶　明窗　门拱　背光	窟顶　地面　背光
案例	第 10 窟后室南壁门楣莲花化生童子门簪 第 9 窟前室北壁门楣莲花门簪 第 9 窟前室窟顶藻井平棋枋中央莲花	第 10 窟明窗顶部团莲 第 9 窟前室窟顶藻井平棋格内莲花 第 6 窟西壁南侧第 4 层主尊右胁侍菩萨背光团莲	第 1 窟窟顶南侧团莲 第 2 窟窟顶南侧团莲 第 5 窟附洞地面团莲
图例			

以团莲为例，第 10 窟后室南壁门楣莲花化生童子门簪、第 9 窟前室北壁门楣莲花门簪、第 9 窟窟顶藻井中央两莲花都是以剔地起突的雕刻手法进行装饰的。以第 9 窟前室窟顶藻井中央两莲花为例，内圈莲花的花蕊的造型特征为一个高高突起的半球体，表面装饰以两层肥厚的仰莲单层莲瓣，外圈莲花瓣环绕花心一周，装饰以覆莲双层莲瓣，整体以高浮雕近乎圆雕的形式呈现。压地隐起即浅浮雕，但浮雕题材不由石面突出，而是在雕刻图案的平面上，将图案的"地"凿去，留出的部分再进行加工雕刻。直观来看，压地隐起的雕刻手法相比于剔地起突，纹样更加的平整，体积感偏弱，在云冈石窟的团莲中较多出现，如背光团莲、门拱、明窗团莲及部分窟顶团莲等。如第 10 窟明窗顶部团莲，明窗顶部正中央雕刻双层莲瓣纹团莲，佐以八身飞天，环绕其四周共同托捧莲花，整个明窗顶部均以压地隐起的手法雕刻，造型规整，层次分明。"钑"，原意为用金银在器物上嵌饰花纹，减地平钑即线刻。石料表面刻画线条图案纹样，或将花纹之外的"地"浅浅地剔去一层，纹饰的雕刻面为一平面。此种雕刻手法在早期的窟顶团莲、地面团莲、壁面单体莲花及塔柱上的莲花瓦当均有出现。以第 1 窟窟顶南侧团莲为例，在第 1 窟窟顶南侧雕刻有三个大型团莲，由于风化原因，其形象保留并不完整，但形态基本留存，且三者大抵相似。由内至外共有三层，莲花花心雕刻饰以莲子，内圈为条状莲瓣纹，外圈为双层宝装莲瓣纹。三者皆

以减地平钑及线刻的手法雕刻在窟顶之上，形式语言简约。

（二）云冈石窟中莲花纹饰构成方法

魏晋南北朝以来，佛教广泛传播。莲花纹作为佛教题材中重要代表性纹样，也随之不断地变化发展。在云冈石窟中，莲花纹组合形式多种多样，应用在石窟中的不同位置。

其一，单独纹样的二方连续组合。上文提到，由单独的莲瓣纹作为单元纹样骨骼，以二方连续的手法横向排列，组成带状莲瓣纹。与此同时，二方连续的排列构成方法亦出现于莲花台座、须弥座当中。

其二，莲花纹通常在一个中心位置，与化佛、飞天、火焰纹、忍冬纹相组合，应用在佛造像背光以及其胁侍菩萨头光之中。如图 2－1，为第 6 窟西壁南侧第 4 层右胁侍与左胁侍菩萨头光。其中左图为右胁侍菩萨头光，内层饰以 13 瓣团莲，外层饰以火焰纹。右图为左胁侍菩萨头光，内层饰以 7 瓣团莲，外层饰以 3 瓣叶式忍冬纹。以第 6 窟为例，右胁侍菩萨头光通常以莲花纹与火焰纹相组合进行装饰，左胁侍菩萨头光通常以莲花纹与忍冬纹相组合进行装饰。如表 2－2 所示，此种组合构成形式常见于云冈石窟胁侍菩萨头光之中。

表 2－2　莲花纹在胁侍菩萨头光中的组合形式

位置	左胁侍菩萨头光	右胁侍菩萨头光
第 6 窟西壁南侧第 4 层	团莲纹＋忍冬纹	团莲纹＋火焰纹
第 6 窟西壁中部第 4 层		
第 6 窟东壁中部第 4 层		
第 6 窟东壁南侧第 4 层		

图 2-1　第 6 窟西壁南侧第 4 层右胁侍与左胁侍菩萨头光(作者绘)

其三，窟顶常以莲花纹进行装饰，并且在平棋藻井中佐以飞天，进行有规律的组合构成。结合上文所述，以云冈石窟中期窟顶团莲纹为例，总结整合莲花纹的雕刻范式、形态特征，探究莲花纹的组合构成方式。如表 2-3 所示，第 1、2 窟窟顶南侧各雕刻饰有三个大型莲子团莲纹，团莲花心雕刻莲子，内层饰以条状莲瓣纹，外层饰以宝装莲瓣纹。采用减地平钑及线刻的雕刻方式，排列于窟顶及中心塔柱南侧。第 7、8 窟窟顶藻井雕刻饰有 8 个团莲，分别位于窟顶藻井平棋格与平棋枋内，团莲由 8 瓣宝装莲瓣纹构成，以压地隐起及浅浮雕的雕刻手法装饰而成。

第 9 至 13 窟为五华洞，整体来看，相比于其余窟，五华洞窟顶藻井团莲数量明显增多，且团莲均以无宝装莲瓣纹装饰，雕刻手法更为多样化。第 9 窟前室窟顶藻井中，15 个团莲装饰于平棋格内，2 个团莲采用剔地起突及高浮雕的雕刻手法装饰于平棋枋中央。第 12 窟前室窟顶藻井平棋格内分别饰有 8 个团莲，位于平棋枋内的 3 个团莲为双层团莲，均以压地隐起及浅浮雕的雕刻手法装饰于窟顶藻井之上。

表 2-3　窟顶藻井莲花纹雕刻范式、形态特征、组合构成对比整理

位置	第 1、2 窟窟顶	第 9 窟前室窟顶藻井		第 7、8 窟窟顶藻井	第 12 窟前室窟顶藻井	
雕刻范式	减地平钑/线刻	剔地起突/高浮雕	压地隐起/浅浮雕	压地隐起/浅浮雕	压地隐起/浅浮雕	压地隐起/浅浮雕
特征信息	条状莲瓣、宝装莲瓣、莲子团莲	莲花花心呈半球体外层无宝装莲瓣	无宝装莲瓣	宝装莲瓣	无宝装莲瓣	双层无宝装莲瓣

续 表

位置	第1、2窟窟顶	第9窟前室窟顶藻井		第7、8窟窟顶藻井	第12窟前室窟顶藻井	
莲花形态（作者绘）						
组合构成（作者绘）	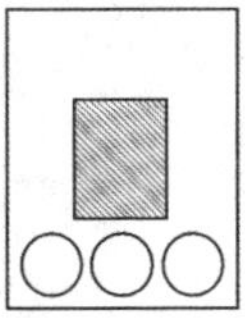	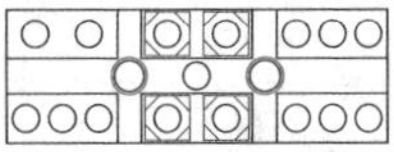		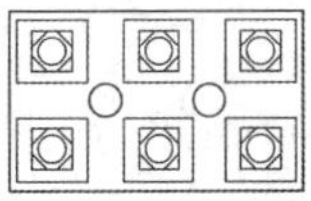	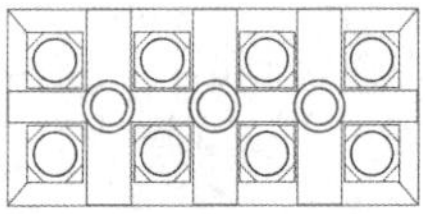	

三、魏晋以来莲花纹饰的衍生与传承路径

莲花纹是中国古代传统装饰纹样之一，同时也是佛教中重要的题材。两汉时期，佛教传入中国，莲花纹在魏晋时期随佛教兴盛，历经整个南北朝，后至隋唐时期，莲花纹饰随之得到进一步的发展。

表3-1　莲花纹饰应用场所

	佛教传入前期		佛教传入时期		佛教兴盛时期	
时代	西周	春秋	北魏	北魏	北魏	五代
名称	梁其壶	莲鹤方壶	平城瓦当	司马金龙墓石雕柱础	带盖莲花纹石钵	越窑青瓷莲花碗
时代	西周	春秋	北魏	北魏	北魏	五代
应用	贵重礼器、墓葬明器		建筑、器物		小型器物、生活用品	
图片						

佛教传入中国以前，莲花纹便已经出现，其最早可追溯至西周时期。⑦ 陕西历史博物馆收藏的梁其壶，莲花花瓣装饰于壶顶四周，共8瓣呈对称分布，由青

⑦ 张晓霞：《中国古代植物装饰纹样发展源流》，博士学位论文，苏州大学，2005年，第52页。

铜铸造而成。春秋时期的莲鹤方壶收藏于北京故宫博物院，其莲花纹饰构成与梁其壶有异曲同工之妙，壶盖装饰以一圈肥硕的双层莲瓣，铸造精美。在佛教传入之前，莲花纹有着独特的形态特征。以4瓣、8瓣装饰居多，为双数构成，莲瓣中部饱满圆润，末端尖细。佛教传入中国后，在魏晋时期兴盛，莲花纹的形式语言与应用场域发生极大改变。北魏时期开凿的云冈石窟对于文化的传承起到了承前启后的作用，云冈石窟是佛教中国化、民族化的象征，同时也是莲花纹饰民俗化、世俗化的佐证。如上文所述，莲花纹在纹样特征、雕刻范式、形式语言、应用场所都有着不断的变化与演进。不同于早期莲花纹饰，佛教传入后莲花纹出现了宝装莲瓣的样式，两边拱起，中间起筋。除此之外，莲花纹饰的应用场所也发生改变。在佛教传入中国之前，古代早期莲花纹饰多应用于贵重的礼器中，少数用于建筑、墓葬，在人们的生活中并不多见。魏晋以来，莲花纹随佛教传入且一步步兴盛而盛行于世，渐渐地出现在建筑、生活器具中。如北魏时期司马金龙墓石雕柱础，此柱础上圆下方，础面以柱孔为中心雕刻双层宝装莲瓣纹，纹饰灵动精美，雕刻技艺精湛。北魏平城是在汉朝的平城县之基础扩建而成。从北魏道武帝拓跋圭于天兴元年(公元398年)七月迁都至此。在北魏平城遗址中发现大量莲花瓦当，其造型变化多端，雕刻手法丰富，可见莲花纹饰已经进入寻常百姓家中。北魏云冈石窟中出土的文物带盖莲花纹石钵，石钵盖、身均有莲花纹雕刻，石钵盖表面饰以覆莲宝装莲瓣纹，石钵身四周雕刻仰莲纹。五代时期，吴越国钱氏越窑烧制的青瓷莲花碗，莲花碗由碗和盏托两部分组成。碗为直口深腹，外壁饰浮雕莲花三组，盏托的形状如豆，上部为翻口盘，刻画双钩仰莲两组，下部为向外撇的圈足，饰浮雕覆莲二组。可见莲花纹饰已经广泛装饰于陶瓷、器物以及民间生活用品之上。

结　语

莲花纹是中国古代传统装饰图案，与佛教艺术有着密不可分的联系，是佛教净土的象征。这一方面与莲花的特点有关，另一方面又受到了西域外来文化崇拜莲花习俗的影响。由于莲花独特的气质，千百年来被赋予了独特的文化意蕴和象征，成为洁净的审美形象。本文基于类比法与纹样因子提取法，对“纹饰”一词进行拆解。从“纹”与“饰”两方面对莲花纹进行研究，探究了云冈石窟中莲花纹的主要分类、数量分布变化以及形态演变规律，探析了云冈石窟中莲花纹主要雕刻范式与组合构成形式。按云冈石窟中不同时期的莲花形态和分布位置，可将其大致分为带状莲瓣纹、窟顶团莲纹、背光团莲纹、明窗门拱中的团莲纹以及龛格内莲花这五种。早期石窟中，莲花纹数量总体较少，多以带状莲瓣纹的形态出现。到了中期石窟，莲花纹无论在形态还是数量上均显著增多，装饰位置也从早期的局部拓展至窟内空间的各个地方。晚期石窟中，莲花纹的数量整体大幅回落，主要存在于窟顶藻井与莲台之中，其余位置及种类均鲜有出现。云冈石窟中的雕刻工艺与装饰手法丰富多彩，其中剔地起突、压地隐起、减地平钑在云冈莲花纹中均具有充分的体现。通过提取各时期的莲花纹样因子，引出云冈石窟中莲花纹“随类象形”的形态演变和“线面结合”的装饰设计手法。此外，结合秦汉、魏晋、五代时期莲花纹应用场景，研究了魏晋以来佛教传入对莲花纹饰的衍生与传承路径，已然从古代早期多应用在贵重礼器、墓葬明器中转变为广泛饰用于民间生活用品之上，走入寻常百姓之中。

综上所述，云冈石窟中的莲花纹样折射出了中华文化生生不息、传承不止的文化发展脉络，即吸收外来文化，形成自己独有的中国文化，做到真正的本土化、中国化、世俗化。通过开放包容，兼收并蓄，创造出多元化的佛教艺术，从而使魏晋南北朝这一时期纹饰迸发出新的活力。

参考文献

[1] 吴山编著:《中国纹样全集:魏晋南北朝·隋唐·五代卷》,济南:山东美术出版社,2009 年。

[2] 张焯等编著:《云冈石窟全集》,青岛:青岛出版社,2017 年。

[3] 水野清一等编著:《云冈石窟》,京都:京都大学人文科学研究所云冈刊行会,1952 年。

[4] 张道一:《图案概说》,《南京艺术学院学报(音乐与表演版)》1981 年第 3 期。

[5] 倪建林编著:《中国佛教装饰》,南宁:广西美术出版社,2000 年。

[6] 员小中:《云冈石窟中的莲花》,《文物世界》2004 年第 5 期。

[7] 文莉莉:《云冈石窟的莲花纹雕刻》,《文物鉴定与鉴赏》2020 年第 9 期。

[8] 袁承志:《风格与象征——魏晋南北朝莲花图像研究》,博士学位论文,清华大学,2004 年。

[9] 李姃恩:《北朝装饰纹样研究》,博士学位论文,中国社会科学院研究生院,2003 年。

[10] 李媛:《试论北朝莲花纹》,硕士学位论文,山西大学,2013 年。

Research on Yungang Lotus Ornament and Decoration Design

Hu Wenyu　Qiao Zhi

Abstract: Yungang decoration is an important symbol of the integration and development of national culture in the process of Buddhism's Eastward Transmission. The study of Yungang ornamentation is an indispensable part of Yungang studies. As a typical representative pattern of Yungang pattern, the evolution of lotus pattern not only inherits the characteristics of ornamental symbols from East Asia, India and other places, but also is the carrier of the Sinicization of Buddhist pattern, reflecting the exchange and integration of national culture. From the two perspectives of "pattern" and "decoration", this paper conducts an analogy analysis on the lotus patterns of Yungang Grottoes in different periods, extracts the pattern factors, and summarizes the morphological evolution of the lotus pattern in Yungang Grottoes, as well as the decorative design techniques of "combination of line and surface". On the other hand, this paper also compares the lotus decoration techniques in the secularized daily necessities around Pingcheng in the Wei and Jin Dynasties, and explores the daily communication path of lotus decoration, which laterally reflects the aesthetic life needs of people at that time, and the development of Chinese culture, which was open, inclusive, eclectic, and constant inherited, forming a truly localized, Chinese, and secularized culture.

Keywords: Yungang decoration; lotus pattern; decorative design

黔东南苗绣蝴蝶纹样造型与民俗内涵

刘　燕

摘　要：苗族刺绣纹样是人们在长期生产生活中形成的具有丰富内涵的民族图形文化符号体系，是苗族文化信息传播的重要载体。蝴蝶纹样是苗族刺绣的母题，是苗族刺绣纹样中最具有代表性的类型之一，由此演变出的诸多纹样形态构成了苗族刺绣神秘、绚丽的艺术形象。从民俗学视角重点剖析了苗族刺绣蝴蝶纹样的母题内涵、形制和色彩，探索苗族刺绣蝴蝶纹样与民间信仰之间的内在关系，为深化和探索保护、传承和转换民族文化遗产提供参考。

关键词：苗族刺绣；蝴蝶纹样；形制；色彩；民族文化

蝴蝶是中国传统纹样中的常见题材类型。历史上关于蝴蝶的传说和典故很多，如春秋时期的“庄周梦蝶”，梁祝的美好爱情幻化蝴蝶，可见人们对“蝶变”这一主题的热爱和崇尚。学界对于蝴蝶纹样的探讨数见不鲜，多从文化视角分析蝴蝶主题的象征文化审美内涵。例如，楚小庆的《从物象到意象：民俗文化视野中的蝴蝶艺术形态》一文，从蝴蝶纹样的文化渊源以及艺术形态的演变着眼，运用结构分析的方法，从民俗学角度论证蝴蝶形态变化的文化象征、造型变化的艺术精神；王慧的《贵州施洞苗族蝴蝶纹样的滥觞及装饰内涵》一文，从宗教信仰的角度，分析了施洞苗族蝴蝶纹样的流变和内涵，分析了施洞这一苗族聚居地的苗族盛装中的蝴蝶崇拜心理；陈慧娟、郑新涛的《贵州西江苗绣中蝴蝶纹样的特征分析》一文，分析了西江苗族刺绣中蝴蝶纹样的地域特征和造型含义；王晓艳的《中国传统蝶纹设计风格及其流变考》一文，进一步从图案设计的角度入手，结合瓷器、刺绣、首饰、服饰各种载体中蝴蝶纹样的应用，论证了蝴蝶纹样在传统文化中的内涵。众多研究将蝴蝶这一元素抽离出来，用各自的视角来开辟传统纹样研究的新路径。上述研究成果的共同点是：蝴蝶纹样源于中国本土，是由母性本源文化演化而来。本文的论点建立在以往蝴蝶纹样研究基础上，运用文化人类学的研究方法，将蝴蝶纹样的源头追溯到祭祀仪式等民间信仰行为的最初形态，以黔东南苗族刺绣的蝴蝶纹样为例，从民俗学视角，着重分

【基金项目】山东大学教育教学改革研究重点项目（2022Z46）阶段性成果

作者简介：刘　燕　山东大学现代工业设计研究所教授

析了作为黑苗支系的黔东南苗族刺绣蝴蝶纹样的民俗文化内涵、形制和色彩。认为苗族刺绣中的蝴蝶纹样是黔东南苗族刺绣的母题，其造型演变的历史折射出苗族刺绣文化的符码、多神民间信仰和丰富多彩的民俗内涵。

一、黔东南苗族刺绣的蝴蝶纹样母题与民俗

黔东南蝴蝶纹样是由苗族未出嫁的女孩和母亲创造的，运用于服饰的装饰纹样，这些刺绣现今多被请进了博物馆或者家庭装饰的屏风或者装饰绘画上，但是蝴蝶纹样被保留了下来。蝴蝶纹样是苗族文化的语言符号，是人们识别苗族文化内涵的活化石，它不仅可以美化生活，更重要的是其具有历史价值和审美价值。

（一）蝴蝶纹样母题与民俗

过去的苗族妇女在农闲时刺绣，未出嫁的女孩刺绣制作的服装作为嫁妆，或者在诸多节庆中身着的“盛装”，通过各种仪式来庆祝丰收和祈祷幸福。蝴蝶纹样表达了民间信仰习俗和对美好生活的追求，其形制和色彩体现出苗族人们的母题文化特征。蝴蝶纹样常常与树纹、花卉等植物纹样，牛、龙、鸟纹等动物纹样结合，组成新的造型，是苗族文化中非常具有代表性的纹样。“蝴蝶”之于中国文化具有丰富的符号文化内涵，如生殖繁衍、爱情、吉祥等。在苗族刺绣中，常见人首蝶身、蝶翼人身、牛首蝶身的纹样。英国人类学家马林诺夫斯基(Bronislaw Malinowski)讲艺术是由文化迫力造成的，“传统的器物，货品，技术，思想，习惯及价值而言的，这概念包容着及调节着一切社会科学”①。苗族刺绣不仅仅是一种艺术现象，更重要的在于它所承载的文化、民族信仰、风俗等。苗族刺绣蝴蝶纹样表达出苗族祖先对自然、宇宙、生命起源的理解和崇拜，蕴含着丰富的寓意和强烈的表现力。正如克莱尔·帕伽克兹科维斯卡(Claire Pajaczkowska)所言：“所有的文化都有一个视觉的方面。对于大多数人而言，文化的视觉方面——它的想象、它的符码、它的风格、它的图像性的象征——是复杂精巧的交流系统最有力的组成部分，而这个系统又是文化的构成部分。”②蝴蝶纹样的艺术形态源于祭祀仪式所表现出的民间信仰。

---

① [英]马林诺夫斯基：《文化论》，费孝通等译，北京：中国民间文艺出版社，1987年，第2页。
② [法]雅克·拉康、让·鲍德里亚等：《视觉文化的奇观》，吴琼译，北京：中国人民大学出版社，2005年，第140页。

黔东南是苗族的主要居住地，这里保留了大量的苗族古文化遗产，开发和研究这些古文化遗产，对探讨上古文化渊源具有重要的学术理论价值。苗族没有本民族的文字，信息传达主要通过口头传播和图形符号传播两种渠道，口头传播主要通过语言和曲牌为媒介，苗族刺绣蝴蝶纹样则是图像信息传播的主要载体之一。黔东南蝴蝶纹样种类之繁多，形式之多样，变换之丰富，展现出苗族传统文化精神的绚丽外衣。在黔东南少数民族中，苗族的支系最为庞大，根据苗族历史学家翁家烈先生的《论九股苗》一文考察论及的地理范围，包括台江、雷山、剑河、施秉、凯里、黄平、丹寨、镇远、黎平、榕江、三都、从江等地区，[③]他称黔东南的苗族为"黑苗"。黔中部和西部主要分布了"花苗""白苗""青苗"，即现在的贵州毕节、安顺、兴义、遵义地区和贵阳市、黔南一带，相互交错有"洞苗""鲁苗""高坡苗""阳洞罗汉苗""谷蔺苗"等支系。清康熙年间陆次云著《峒溪纤志》说："苗人，盘瓠之种也……有白苗、花苗、青苗、黑苗、红苗。苗部所衣各别以色，散处山谷，聚而成寨。"清代苗族民族志《百苗图》中有 82 种苗族支系名称，支系之繁多，素有"百苗"之说，每种支系都有丰富的传统文化。根据苗族各个支系蝴蝶纹样造型的区别，能够辨别出每个支系的特征，以便同族人之间产生认同感，起到团结成员的作用。黔东南苗族有卵生的始祖传说，《苗族古歌》是蕴含了本民族演进的创世歌。蝴蝶在歌词中被称为"妈妈"，是苗族的母祖大神。《凿鼓词》中唱道："咱妈是蝴蝶，住在树心心。"[④]"树心心"是指枫树，被苗家人称为"妈妈树"，是万物之母、生命之源。苗人的枫香树信仰产生于 6500 年前。《山海经・大荒南经》说："有宋山者，有赤蛇，名曰育蛇。有木生山上，名曰枫木。枫木，蚩尤所弃其桎梏，是为枫木。"蝴蝶的卵生象征了强大的繁衍能力，其纹样常常与桃子、石榴等纹样进行组合，蕴含着繁衍崇拜的意象。黔东南苗族刺绣的蝴蝶纹样还蕴含了吉祥的象征。如黔东南西江苗族人民非常喜爱和崇拜蝴蝶，他们认为"蝴"与"福"是一种谐音的隐喻方式，蝴蝶被视为福气的象征。由于蝴蝶可以入药，所以还隐喻了长寿吉祥的含义。因此，苗人对枫树和蝴蝶是一种祖先崇拜。受中原文化中梁祝的影响，蝴蝶又象征着爱情，表现了对美好爱情的向往。

苗族的祭祀活动与蝴蝶纹样有关。苗族最大的节日"鼓藏节"，即杀牛祭祖的盛会，就与蝴蝶妈妈的传说有关。这个节日中使用的大鼓由枫树制作而成，

---

③ 岐从文：《中国贵州苗族绣绘辨识》，南京：江苏美术出版社，1998 年，第 12 页。

④ 吴平：《贵州苗族刺绣文化内涵及技艺初探》，《贵州民族学院学报（哲学社会科学版）》2006 年第 3 期。

“吃牯脏”是黔东南苗族最隆重的仪礼，也称“牯藏节”“吃牯脏”“踩鼓节”“吃牯藏”“刺牛”“翻鼓节”等，是远古苗民祖先流传下来的祭祖仪礼。苗族认为用大牯牛的皮和枫树制成的大鼓，是祖先灵魂居住的地方，《苗族古歌》讲述了枫树是万物的生命树，这生命树在上古被女神妞香砍倒后，树根变成了泥鳅，树干变成了铜鼓，树枝变作猫头鹰，树心里生出了蝴蝶。后来蝴蝶生下12个卵，蝴蝶妈妈请鹡宇鸟孵化孵出了雷、龙、虎、水牛、蛇、蜈蚣和姜央等包括神、鬼、人、兽在内的11个孩子，最后孵出一头小牛。小牛出生后怨恨母亲，拒绝认母亲，由此气死了蝴蝶妈妈。姜央听说种地的牯牛不认亲娘，气死了蝴蝶妈妈，所以庄稼不丰收，遂有了宰牛举行“吃牯脏”仪式来祭拜蝴蝶妈妈的仪式，以祈求丰收。苗人认为蝴蝶是不可以捕捉和伤害的，作为人祖的牯牛是人的同胞兄弟，所以杀牛祭祖的仪式有很多禁忌。⑤ 比如吃牛肉是不能发出“牛”字的读音，客人、未出嫁的姑娘、女婿不准吃牯脏，因为吃了牯脏可以与祖先通灵，并能够得到祖先的智慧和勇敢。通过祭祀活动起到维护社会秩序，团结族人以抵御外族侵犯的作用。

（二）蝴蝶纹样的变幻和延伸

苗族刺绣蝴蝶纹样变化最为多样，纹样的选择与服饰样式和装饰部位有关。例如，西江苗族刺绣以人物祖先或图腾为主，围腰上多以龙纹为中心，袖套上的刺绣纹样最为丰富。六盘水市水城乡的歪梳苗的围腰上主要以植物花卉和蝴蝶纹样为主，造型比较写实，蝴蝶与石榴、桃子和各种花卉的搭配比较多见。龙里县巴江乡平坡村的苗族属于小花苗支系，刺绣纹样造型以几何纹样为主，以十字绣的针法绣花，衣服的样式包括头帕、上衣、围裙和裙子，裙子是自己搓麻、纺线、蜡染制作而成，身上的绣花纹样以可食用的植物花卉为主，比如猫饭花、鹅儿肠花、野棉花、拐枣花、旋涡纹等。蝴蝶纹样与各个支系的图腾相结合，形成“蝶恋花”“蝴蝶变异”等多种多样的纹样。蝴蝶纹样与众多动植物的结合还体现着当地的民间信仰，例如龙里县的杀鱼节非常隆重，在其刺绣纹样中，人物的眼睛变形为鱼的造型，身体装饰以蝴蝶的纹样。同时，蝴蝶纹样具有辅助辨别支系特征的作用。苗族分红苗、花苗、白苗、青苗、黑苗五大支系，人们通过服装和刺绣纹样能够辨识出不同的支系类型，这些纹样符号具有鲜明的民族特征。红苗以七戎、六蛮为主体，以龙凤为氏族徽；花苗支系的蝶为氏族徽；白

---

⑤ 岐从文：《中国贵州苗族绣绘辨识》，南京：江苏美术出版社，1998年，第24－25页。

苗支系视蝴蝶为祖母;青苗以人夷、九夷为主体,以麒麟为其氏族徽;黑苗支系以盘瓠蛮为主体,以狗为其氏族徽,各个支系虽穿插居住,但依然通过刺绣纹样的形制和色彩保持着各自的民族特征。

由于蝴蝶妈妈是传说中的苗族母亲,蝴蝶纹样造型在衣帽饰、压领、围腰、袖套、银围帕、银衣片、银梳、耳环、发簪、项圈、背带、手镯、吊饰等几乎所有的服装和银饰上都能看到。黔东南苗族属于高山族群,由于山高曲折、地域的特殊性,即便相同民族,方圆百里服饰和刺绣纹都不会相同。其蝴蝶纹样的造型不仅为单独的蝴蝶造型,而且有众多与龙、蛇、雷公、鱼、鸟等动植物、神灵相结合的形态。蝴蝶纹样在不同的支系,形成了很多图腾表征的刺绣纹样。可见,蝴蝶妈妈不是一种简单的形象,而是苗族民间信仰的符号象征。作为一种母题纹样,蝴蝶纹样的诸多变异形态,融入了苗族的民间信仰神性意识,将人与神、人与自然的关系阐述为美妙幻化的民族篇章。同时,蝴蝶纹样与其他动物纹样的诸多组合方式,反映了母性崇拜的始祖文化的延伸。

二、黔东南苗族刺绣蝴蝶纹样的形制与民俗

苗族刺绣来源于苗族人民对生存环境、生命意义的认识和感知,是一种表达情感的物质载体。苗族刺绣蝴蝶纹样带有图腾的性质,既可以单独使用,又可以与其他动植物、神灵、人物的图形结合组成主要装饰纹样,还可以作为花边点缀和装饰,变化多样。概括起来,其造型包括写实形态、抽象形态和嫁接形态三种主要类型,体现了苗族的民俗心理和民间信仰。

(一)蝴蝶纹样的写实形态与民俗心理

苗族姑娘出嫁,苗绣是重要的嫁妆,通常要绣 3 至 5 年的时间才能完成,刺绣是人们民间习俗的一部分。作为服饰装饰不可或缺的纹样,黔东南的蝴蝶纹样造型或偏重于写实,或偏重于抽象,形态各异。如"蝶恋花"是一种写实的纹样,蝴蝶总是与花相伴而生,单独的蝴蝶纹样经过造型提炼,描绘出写实的蝴蝶和花卉形态,这种形态的蝴蝶纹样在剪纸、蜡染、刺绣中均有体现。写实纹样具有形象的特点,体现出苗族人民生活的地域和审美特征。在黔东南妇女的针线里能够解读出跳芦笙迎接祖先灵魂的神秘;苗族枫树神灵下凡的静穆;丰富多彩的神话故事等,民间刺绣纹样在指尖流淌,滋润着世世代代的苗族儿女的心田,使苗人丰厚的古老文化繁衍不息。这种写实的纹样,还具有

积累日常知识的作用，人们通过这些图案纹样，能够准确地分辨出某些植物的名称。

从地理位置上看，贵州高原山区，苗族妇女的生活较为封闭，人们善于发现生活中各种植物形态的美，并提炼出细致的纹样。由于这些植物和花卉的地理位置的不同，人们可以通过这些纹样辨识出苗族支系的名称。如六盘水市水城乡陡箐乡茨冲村猴儿关组属于黑苗支系下的“歪梳苗”支系。当地的刺绣蝴蝶纹样多呈对称型出现，通常采用二方连续和四方连续的方式排列，围腰上的刺绣花纹最有特点。围腰上刺绣的题材有很多花卉，如扇子花、石榴花、茫茫花、草莓花和坡儿花等，众多花朵必配的纹样就是蝴蝶纹样，这种造型写实的蝴蝶形象同样蕴含了蝴蝶妈妈的含义，通过对这种纹样造型识别，同族的人们一眼就能认出对方是否是同族关系。“歪梳苗”不与苗族其他支系通婚，只在本族内通婚。因此，蝴蝶纹样就具有了民族识别功能。当地村民的蝴蝶纹样刺绣的程序是先要把纸样剪出来，然后把纸样盖在布上，然后依着剪纸进行刺绣。根据大自然的观察，总结出色彩搭配的规律：大红底上配粉色桃花；白色起到反衬的作用，色彩会更明亮；扇子花用桃红色、红底粉白花；白色的茫茫花用绿地子配粉红色；草莓花和坡儿花用白色。

图 1　写实造型的蝴蝶纹样

（二）蝴蝶纹样的抽象形态与民俗信仰

苗族刺绣的纹样中，抽象纹样通常运用在衣服的边饰、袖口、裙围。这些刺绣纹样的符号象征着自然生态中的某些抽象的意象，比如雷纹、回形纹、火焰纹、伞纹、斗笠纹等符号，这些纹样以符号化的形态起到标识作用。如台江苗族刺绣纹样中的箭头纹是表示性的符号，箭头在黔东南地区的苗族是求爱的符号。这个仪式在 4 月 8 日，男方寨子宴请女方寨子里的人，然后男子将箭射向姑娘的刺绣背牌，这是求偶的仪式。举行完仪式后，男女可以试婚三日，但不一定举行法定的婚礼。但是人死后，男女双方必须把这用过的弩和背牌作为随葬品。因此这个箭头纹样代表了这种仪式行为，演变为刺绣纹样，成为有意味的形式，供人们对信息的符号解读。

抽象造型通常用几何图形来表现无法形象化的事物，如江河湖泊、雷电风雨这些看不到摸不着的形象，以连续图案的方式出现在背带、裙边、袖口、领口上，这些纹样的识别具有群体性的特点，人们可以从中读到历史、地域的内涵。苗族的兰娟衣的纹样记载了苗族迁徙过程途经的山河湖泊，形成了众多抽象的符号语言。在苗绣中，苗巫文化是一种贯穿始终的动因。天人感应、观物取向、以象悟道等，是苗族刺绣的重要特色。⑥ 苗族刺绣中的长短线、圆点纹、菱形纹、三角形、半圆形花边抽象纹样，均与苗族文化感情有关，记录了苗族人民迁徙过程中形成的图形符号语言。比如天地纹是用粗细线表示，以此记录祖先种田的经过。这些符号又可以与蝴蝶的主图案形成呼应，甚至与蝴蝶纹样结合，形成几何形的蝴蝶纹样，如圆里围着蝴蝶的形状来标示蝴蝶的卵生。图 2 为雷纹、水纹与蝴蝶卵结合的抽象变化形态，蝴蝶妈妈与雷也是母子关系，图中的卵形图形里描绘了雷和蝶在卵中的形态，说明这种装饰纹样背后蕴含着生命起源的隐喻。可见苗族刺绣纹样的丰富内涵，包含着苗族种族崇拜的文化精神。

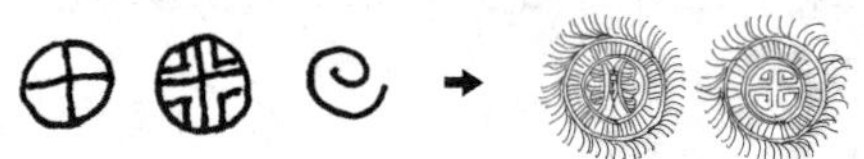

图 2　雷纹与蝴蝶卵结合的抽象纹样

（三）蝴蝶纹样的嫁接形态与民俗观念

嫁接造型是指苗族刺绣纹样中移花接木的艺术手段。杨正文的《苗族服饰文化中》说苗族刺绣的蝴蝶纹样有“人面人身蝶翅造型；人面，头戴银冠、蝶身蝶翅；长有长长羽尾的造型；人面人首，人手人足，背后长双翅如西方天使般的造型；蝶身鸟足造型把不同的生物造型组合成新的形象”⑦。黔东南凯里的这种蝴蝶纹样非常普遍，其中蕴含着苗族的民间信仰精神。最典型的苗族刺绣题材是枫木蝴蝶图。枫木生出蝴蝶妈妈后，蝴蝶妈妈生下 12 个蛋，包括了神鬼人兽不同的 12 个类型，所以在苗族蝴蝶纹样中，常见龙身牛首的生灵，这种纹样在苗族人民建筑物上也很常见，并饰以卵形人物装饰。关于蝴蝶妈妈的故事有多种不同的版本，但是蝴蝶妈妈生了 12 个蛋的说法基本一致。在苗族刺绣纹样中，

---

⑥ 阿多：《解读苗绣》，北京：民族出版社，2007 年，第 149 页。

⑦ 杨正文：《苗族服饰文化》，贵阳：贵州民族出版社，1998 年，第 183－190 页。

鸟与蝴蝶的结合、人身牛蹄等嫁接方式的造型也非常多见，这种嫁接造型体现了苗族的宗教信仰和文化传统，反映出原始的文化特征。由蝴蝶妈妈所生的动物纹样寓意非常丰富，与蝴蝶纹样的变换结合方式，营造出神秘的苗族民间信仰气息。人祖姜央与枫树的抽象纹样、蝴蝶与鸟的结合、蝴蝶与鱼纹等抽象的纹样，都是嫁接造型的方式。

图 3 是牛头与鸟纹结合的蝴蝶纹样。苗族先民认为鸟是人类灵魂的象征，因此鸟纹是苗族刺绣中较为多见的图形纹样。黔东南地区的鸟纹造型最丰富，鸟头葫身图、牛头神鸟图、多头鸟图、龙头鸟身图等各式各样的图形，其中“百鸟衣”和“牛头神鸟图”都是代表性的刺绣鸟纹图形。人面鸟头图在《山海经》中就有提及，《山海经·大荒北经》里讲：“北海之渚中，有神，人面鸟身，珥两青蛇践两赤蛇，名曰禺强。”《大荒南经》里讲：“东海之渚中，有神，人面鸟身，珥两黄蛇，践两黄蛇，名曰禺虢。”《海外东经》里讲：“东方句芒，鸟身人面，乘两蛇。”其中的九凤是“大荒之中，有山名曰北极天柜，海水北注焉。有神九首人面鸟身，名曰九凤。”《山海经》还有五色鸟，“行玄丹之山。有五色之鸟，人面有发。”可见这种人兽鸟合一的蝴蝶纹样可以视为鸟图腾崇拜的文化遗存，表现了传统农耕母体文化的图腾崇拜。

图 3　牛头和鸟纹嫁接的蝴蝶纹

图 4 是龙纹与蝴蝶妈妈结合而成的纹样，苗族刺绣中表现蝴蝶与龙纹嫁接的纹样也有很多。龙纹体现了苗族“多元神”的信仰观。苗族刺绣中的龙，包含了天上飞鸟、水中游鱼、地上跑兽等各种空间的动物象征，图形连体共首、舒展双翅，各种奇妙的形象比比皆是。这种“多元神”的形象，是传统民间符号的典型意象表达方式。苗族人民把动物和天地、阴阳观联系起来，把象征天、阳的动物与象征地、阴的动物合体，进而形成阴阳合体的民间艺术符号。在中国民间美术中的“虎头鱼”“鸡头鱼”，两种动物组合成一种动物，也是天地相合、男女相

交的文化符号。苗族人通过刺绣把对生殖崇拜以象征手法表现出来，⑧运用借喻、隐喻表达出对人类起源和生命意义的理解。在这个过程中，苗族创造出许多图形符号，比如龙是女性生殖器的代表，象征生命的开启；枫叶与蝴蝶是万物之祖，是苗族刺绣不可或缺的图样；鱼更是代表着婚配、生殖、繁衍不息的神物，是多子多福的象征；盘瓠是苗族姻亲的标志等。鱼纹是苗族刺绣中常用的图形。据《山海经》记述，苗族先民"食海中鱼"，这说明鱼纹与苗族先民稻作渔捞的生活有关。更重要的是，鱼在传统文化中是多子、生命延续的象征。因此，黔东南苗族把鱼纹表现得多姿多彩、千奇百怪。山海经中存在许多可以飞的鱼，在苗绣中这些鱼常常与飞鸟、蝴蝶相伴。从地域上看，黔西的鱼纹形象比较写实，与花草相配；黔东南的鱼纹造型兼工带写，常见飞鱼、人头鱼身、龙头鱼身、太极图式的"交鱼图"。可见，蝴蝶纹样常与其他动物或人结合，构成新的形象，这些新形象依然是蝴蝶妈妈生命的延续。古本《山海经》中关于龙鱼、飞鱼的描述非常多，说明苗族的这些图形与原始文化图腾崇拜的关联，是传统意象文化的延续。

图 4　龙纹与蝴蝶妈妈结合而成的纹样

三、苗族刺绣蝴蝶纹样的色彩与民俗

黔东南苗族刺绣以台江为中心，各族服饰色彩不尽相同，苗族刺绣蝴蝶纹样的色彩与原始信仰和上古文化有关，具有图腾崇拜的象征符号语义；其搭配方式体现出有丰富的语言内涵。苗族蝴蝶纹样刺绣中的尚紫和尚红都有着深厚的民俗根源，是传统五色观念的延伸。

（一）蝴蝶纹样色彩符号与民俗

"色彩在少数民族社会中是作为一种民族风俗习惯出现的，是历史文化心理积淀的结果，并成为民族文化的一个组成部分"。⑨ 清代光绪年间的《丽江府

⑧ 靳之林：《中国民间美术》，北京：五洲传播出版社，2010 年，第 15－17 页。

⑨ 朱净宇、李家泉：《少数民族色彩语言揭秘：从图腾符号到社会符号》，昆明：云南人民出版社，1993 年，第 15 页。

志稿》中苗族“姓氏服色皆以五色分类”，“惟裾色则分别，如白苗用白，花苗用花之类”，这说明了苗族服饰的尚色习俗。苗族各个支系的尚色不尽相同，人们通过色彩可以分辨苗族支系的类型。比如红苗刺绣色彩以红为主体，以白、黄辅色嵌饰；花苗刺绣配色变化多样；白苗刺绣底色则以白为主，或配以朱红、浅红纹样装饰，间以灰、黑、蓝等色，或以深色为底，纹样以白色为主，间以红、黑、灰、黄等色；青苗刺绣配色以青色为主调；黑苗刺绣配色多以黑色、黑紫为主，以黄色、白色为点缀。苗族刺绣蝴蝶纹样的色彩具有符号表意性。从色彩种类上，苗族刺绣蝴蝶纹样可以分为单色绣和彩色绣两种。单色绣以青线为主，手法较单一；彩色绣则用七彩丝线绣成。苗族刺绣的色谱大约有十多种，除了青、赤、黄、白、黑五正色以外，紫、绿、褐、桃红和灰色等间色使用非常丰富，正色与间色的使用有着独特的规律。以赤紫搭配为例，赤色常做底色，紫色作为图案色彩，配以蓝色、绿色等，通过反衬出夺目的色彩，用白色衬托出纹样的醒目。苗族刺绣蝴蝶纹样的色彩搭配和节奏韵律，给人以独特的视觉感受。

赤色在苗族刺绣中代表生命，赤象征着吉祥如意和富贵。苗族盛装中，红色绣衣与苗银结合的“雄衣”，传说与苗族崇拜的祖先蚩尤的胄甲服饰色彩有关。穿着红色的“雄衣”不佩带围腰，而穿着紫色服装的老年妇女，则要佩带绣有各种纹样的围腰。围腰在古代被称为“蔽膝”，由传说中的遮羞布演化而来，这些穿戴样式和色彩的禁忌，带有明显的民间信仰内涵。苗族的赤色刺绣常与银饰中的兽纹搭配，形成神秘的宗教气息。如施洞地区的苗族盛装就是以红色刺绣为主的色彩造型。施洞地区三月十三日至十六日过姊妹节，白天姑娘们着苗族盛装，佩戴银饰，观看斗牛、斗雀，男子们跳芦笙和跳木鼓舞，晚上男女相聚在村巷唱歌谈情。姊妹节展现了母系氏族在向父系氏族社会的变迁中，女性在政治、经济和文化中的主导作用，以及男女情爱生活景象，姊妹节是民族内团结的纽带。

黔东南苗族刺绣最有特点的色彩是紫色，紫色是我国五色系统中的间色，在苗族文化中具有非常丰富的含义。《史记·老子传》中描述老子西游时，骑青牛而过，“关令尹望见有紫气浮关”，“紫气东来”由此而来。苗族尚紫与东夷伏羲文化有关，传说苗族崇尚牯牛，在《述异记》中记载，牯牛的色彩与紫色有关。《山海经·海内经》中记载：“有人曰苗民。有神焉，人首蛇身，长如辕，左右有首，衣紫衣，冠旃冠，名曰延维，人主得而飨食之，伯天下。”“延维”即双头蛇，在苗族刺绣中常看到双头蛇身的形象，闻一多先生考订了“延维”为伏羲的别称，而双头蛇是指人首蛇身的伏羲和女娲。紫色的信仰在很多民间神话传说中流传。“三苗”是伏羲文化的继承者，而苗族是“三苗”的后裔，《山海经》中描述伏羲身着紫色衣服和袍子，从现今苗族妇女服饰着紫衣和服饰刺绣纹样的记载中可以得到验证。可见苗族尚紫、尚赤的习俗与上古本源文化相关。这些色彩展现了苗族的祖先认识、图腾的意象和宗教的观念，是苗族民间信仰的神与自然、人与神、神与兽的辩证关系的视觉化体现。

（二）蝴蝶纹样配色法则与民俗

苗族刺绣纹样中色彩并非仅仅是装饰作用，而是具有明显的功能性。苗族一般都是族内婚或支系内婚，例如“歪梳苗”只与“歪梳苗”通婚，但同宗是不通婚的。人们根据苗族发饰和服色的不同辨别出穿着者的支系、身份、年龄和婚否情况，例如已婚和未婚的服饰不仅样式有所区别，而且其色彩搭配不同。白苗的服饰以白色为主；青苗支系的头巾和服饰以青色为主，各个支系是以服色来标示自己分属于不同的支系。《考工记》中记载：

> 画缋之事，杂五色。东方谓之青，南方谓之赤，西方谓之白，北方谓之黑，天谓之玄，地谓之黄。青白相次也，赤与黑相次也，玄与黄相次也。青与赤谓之文，赤与白谓之章，白与黑谓之黼，黑与青谓黼，五采，备谓之绣。土以黄，其象方天时变。火以圜，山以章，水以龙，鸟兽蛇。杂四时五色之位以章之，谓之巧。凡画缋之事后素功。[10]

这段叙述描绘出中国传统五色的象征意义和调配方法。青赤相配叫作文，赤白相配叫作章，白黑相配叫作黼，黑青相配叫作黻，五彩具备就叫作绣。画土地用黄色，它的形象画作四方形；画天依照四季的变化用色；画火用圆环表示；画山用獐象征；画水用龙象征，还有鸟、兽、蛇等都有其对应的象征含义。五色与五行中的方位属性对应，我国各个民族的尚色各不相同，这与当地的自然环境、生产方式、宗教信仰以及历史上的文化接触与融合有关系，是中国各民族独特生命观的体现。

苗族刺绣色彩符合五色搭配的基本规律。受苗族先民自由与尚吉精神的影响，刺绣图形色彩纯度高，色调饱和、对比强烈，带有明显的主观性用色特点。

---

⑩ 闻人军译:《考工记译注》,上海:上海古籍出版社,2008 年,第 102 - 103 页。

底色通常以五正色为主，纹样色彩则更多地采用间色，形成了多样的色彩组合，而且白色在纹样搭配中起到衬托的作用，能够使视觉印象更鲜明。另外，刺绣针法不一样，配色会不一样，起伏较大的针法由于有凹凸感，所以整体色调的对比弱一些；而平绣的质感光滑，色彩对比则强烈一些。苗族先民的色彩还与图腾有关。黔东南苗族早期有鸟图腾，后期有五色犬图腾，色彩表现为尚黑，因此现在的许多刺绣以青黑色为底色，纹样设五彩。苗族的迁徙和分布，形成不同部族的色彩意象，样式变化绮丽多姿。

结　　语

综上所述，苗族刺绣蝴蝶纹样的广泛应用，不仅体现了苗族对于蝴蝶造型的热衷，更重要的是隐藏在"蝶变"纹样中的本源文化内涵。在苗族刺绣的众多纹样中，蝴蝶纹样是苗族刺绣艺术的母题，而其他的人鬼神兽等纹样的变幻，均与蝴蝶纹样有关，反映出远古母题文化和原始艺术特征。通过蝴蝶纹样的形制和色彩的演变，可知这种母题文化所缔结的思想根脉，是解析蝴蝶纹样背后的苗族文化、宗教、民俗内涵的关键。蝴蝶纹样蕴含着苗族文化中的原始图腾崇拜与苗族先民生活的地理环境、历史文化、宗教信仰。对苗族刺绣蝴蝶纹样的研究，能进一步挖掘苗族传统文化的民俗内涵，继而更深入地了解苗族文化变迁的历史。

An Analysis on Butterfly Patterns of Hmong Embroidery in Qiandongnan

Liu Yan

Abstract: Hmong embroidery patterns are the graphic cultural symbol system of ethnic minority, which are gradually formed during the process of the long-term production and life of human, and characterized by rich meaning and connotation. They are an important spreading carriers for Hmong's cultural information. Butterfly patterns are the motif and one of the most representative of Hmong embroidery. A lot of patterns evolved from the butterfly compose the mysterious and beautiful artistic images of Hmong embroidery. In case of the butterfly pattern of Hmong embroidery in Qiandongnan, the motif connotation, shape-structure and color of butterfly patterns are stressed and analyzed. The inner relationship between the Hmong embroidery patterns and the folk belief is revealed from the view of folklore. The cultural cognition for the Hmong embroidery patterns is deepened so as to effectively protect, inherit and transform the national cultural heritage.

Keywords: Hmong embroidery; butterfly patterns; shape-structure; color; national culture

苏州百姓民居金鸡屋脊装饰设计与民俗意蕴考略

王文广　王格萱

摘　要：本文以20世纪80至90年代现存手工制作的苏南金鸡屋脊装饰为研究对象，根据多年实地考察、走访，系统论证了吴地苏州金鸡屋脊装饰的设计与民俗意蕴。笔者认为：苏州百姓民居现存金鸡屋脊装饰是民间手工艺人的独特创造，设计上具有“苏作”典型的“形美、工巧、技精”的艺术特征并包含苏州本地独特的民俗内涵和丰富的寓意承载。此种装饰对同时期苏中苏北地区民居正脊装饰产生了示范性影响，具有物质文化与非物质文化遗产的双重特征，值得现代新型城镇化建设以及新农村建设过程中加以关注和传承。

关键词：金鸡纹饰；设计；民俗；意蕴

当代新型城镇化建设与新农村建设风生水起，吴地苏州更是率为人先。20世纪80至90年代的百姓民居迅速被小楼、住宅楼代替。笔者在十多年的考察和持续的关注中，注意到对于吴地苏州普通百姓来说，有一种用于百姓民居屋脊装饰的“金鸡纹”（有些也称之为“哺鸡纹”）恰恰是具有独特民俗内涵的吴地苏州民间艺术之一。它与“金鸡”本身的图腾语义以及吴地苏州种种关于金鸡的传说一起，构成了一种独特的苏州意蕴。只不过，经过改革开放的洗礼，这些带有地域基因的元素在城镇化中正逐渐消退。

一、金鸡屋脊纹饰的艺术之味

20世纪80至90年代苏州的百姓住宅已多斑驳之痕。尤其是20世纪90年代中期以后，富有“贵气”的琉璃瓦替代了传统的土窑烧制砖瓦。“龙凤呈祥”“双龙戏珠”等为主的琉璃构件取代了原来由“大师傅”一手雕琢的屋脊装饰。但仔细分析这一时期的金鸡屋脊装饰，其艺术风格有值得回味的地方。

【基金项目】2020年度江苏省社科基金项目课题“江苏改革开放初民居屋脊装饰研究”（20YSB001）的阶段性成果。

作者简介：王文广　盐城工学院设计艺术学院教授
作者简介：王格萱　东南大学艺术学院硕士研究生

（一）形之美

吴地苏州金鸡纹饰造型生动优美，形态各异。多见于房屋的正脊，设计构思可谓“妙极”。《苏南民居哺鸡纹饰设计意匠与渊源考析》一文将苏州哺鸡纹分为顶墙型、字母兽型、类哺鸡型几种类型。① 苏南百姓民居造型生动优美，形态各异，并与鸡身留下的正脊和山墙之间的空白区域进行巧妙的设计构思，形成了丰富多彩的金鸡正脊装饰样式。金鸡造型分为“有尾状”与“无尾状”两种（图 1－4），还有一种是外轮廓用哺鸡形状的屋脊，这是苏南最有设计创意的一种金鸡状侧脊（图 4）。哺鸡在形态上或开口或闭口，嘴巴也分略微上扬与平升两种。20 世纪 80 至 90 年代，苏南农村多养鸡，养鸡产业化曾经是带动 20 世纪

图 1　嘴巴上扬形带卷草纹飞檐金鸡屋脊

图 2　平卧形卷草纹飞檐金鸡屋脊

图 3　类金鸡纹卷草装饰屋脊

图 4　飞檐形戴冠金鸡屋脊

（注：以上图片均为自摄）

① 张莹、王文广等：《苏南民居哺鸡纹饰设计意匠与渊源考析》，《盐城工学院学报》2013 年第 3 期。

初当地农民致富的手段之一。观察此时留下的金鸡屋脊装饰造型，具有安卧孵化时的意趣，宽厚而朴实。在金鸡头颈区域或者与正梁连接的区域，则形成了精心构筑的装饰区：有雕饰牡丹花草及蔓草卷草纹饰的；有雕饰梅花和云雷纹、水仙纹、蔓草纹、葫芦纹、水藻纹等瑞草纹饰的……其或象征富贵万代，或象征去难降灾，或象征吉祥如意。还有的尾部处理不一致，有的是内侧没有卷尾，有的是有一个或两个，不一而足，丰富多彩。

从实地考察来说，苏南哺鸡脊饰造型静中见动，多取卧姿，嘴巴或张或闭，尾巴或翘或藏。其翘者有飞檐之形貌，呈现S型优美动态，弧度多为30度至45度之间，所谓张而不扬，动而不浮。至于正脊，亲切可人，不乖不戾，充满民间质朴、美好的意趣，与苏南人富足、悠闲和委婉的地域人文气质极为吻合。

吴地苏州金鸡纹饰多有翘起的“飞檐”的意蕴。关于“飞檐”，《诗经》中说它：“如鸟斯革，如翚斯飞，君子攸跻”。就是说它和“大鸟”（也可以说神鸟）展翅的优美形象一样，并且与所谓“君子”的标准牵连上了。虽是中国传统的“以类比德”，但也可见这种“飞檐”还是很有“嚼头”的。在飞檐的衬托下，金鸡或开口或闭口，嘴巴或上扬或平升，有短有长、有粗有细，或张或闭；尾巴或翘或藏，整体形态或伏趴或展翅。（图5）

图5　翘尾写实金鸡屋脊装饰（自绘）

图6　翘嘴飞檐带装饰顶墙形金鸡屋脊装饰（自绘）

如果细看，吴地苏州金鸡即有这种形态之韵：金鸡鸡尾上翘之势，构成了多变的弧度和曲线，与鸡身的动态形成了动与静的和谐组合，增强了整个建筑的动态之美，形成了屋面纵向直线与横向的巧妙对比。

这种形貌还表现在脊兽外侧身体与正梁、山墙之间空白区域的装饰处理上。此间的空白地带，或以瓦片砖参差加堆灰而成，略伸出山墙之外，多形成两层以上的砌筑，形成一种正负形交错的螭龙装饰，并与安静卧伏的金鸡造型形成一种“子母兽”的意趣，生动而和谐。在设计功能上，略微外伸出山墙和宽于堆灰的瓦片砖，可以有效防止雨水的渗漏，也同时形成正负形交错的造型意趣：金鸡屋脊略伸出外墙，滴漏与沿着正梁上面瓦片砖堆灰而列的轮廓，构成“方折形”的有几何“螭龙”意趣的负形外轮廓，形成了生动优美的“S”形波浪线屋脊外轮廓。而在金鸡身上的空白区域，则辅助以仙山瑞草，或祥云缠枝，无不形美生动，相得益彰。（图8）

图7　平卧飞檐金鸡屋脊

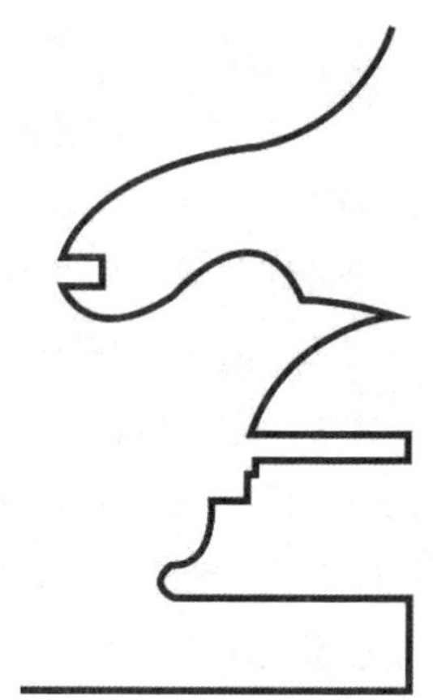

图8　金鸡屋脊装饰的正负形

（二）工之巧

吴地苏州金鸡脊兽装饰，工艺极为精巧。一是彰显苏州工艺美术“苏作”的风采：雕刻细腻，眉目传情。较之苏中尤其是苏北的重意不重型，粗犷简略，多块面少精致线条的工艺来说，确实是精彩纷呈。二是充分显示了苏南当时手工艺人的高超手工艺水平。且屋脊雕刻之际，均是由“掌作”的“大师傅”亲自施刻，一般手艺人是没有资格或者不能胜任这项任务的。大师傅一般是一个建筑施工团队的领袖，是整个房屋的总设计师，具有崇高的威望以及严格的等级和分工。

20世纪80至90年代，屋脊装饰的工序繁多，一般包括备料、堆灰、起花、施刻、打磨、上色等环节，囊括了圆雕、高浮雕、透雕、线刻等多种手法，精湛雅致。就时间来说，一户屋脊装饰一般均得百日功以上，是整个房屋建筑极为重要的“面子工程”，也是农户花费最多，最能从外表显示自身实力的一种方式。

实际上，笔者在多年考察中发现：正是这种脊兽造型，对苏中地区典型的

“如意脊兽”以及南通地区的金鸡凤凰屋脊装饰的造型和工艺产生了直接的影响,并能从中找到明显的内在联系。只是,苏中的“如意脊兽”造型更为复杂,已经是多种吉祥物的综合体,且形成了独特的苏中“如意脊兽”意趣:飞翘的兽尾,张望的似龙、似鱼、似鸡的神兽,以及与正梁之间和外山墙之间空白区域的处理上,明显地与苏南有继承关系。(图 9)而南通地区的金鸡凤凰屋脊装饰则是在整体飞动的造型中,用浅浮雕的手法绘制了较为写实的凤凰,整体性更强一些。(图 10)

图 9　苏中靖江地区 20 世纪 80 至 90 年代如意飞檐瑞兽屋脊装饰(自绘)

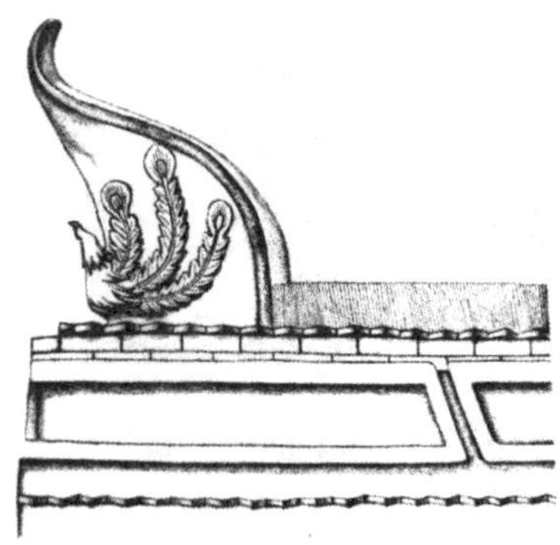

图 10　南通地区的金鸡凤凰屋脊装饰(自绘)

二、金鸡屋脊装饰的多重民俗意蕴

有趣的是,吴地苏州的金鸡纹与传统金鸡的寓意以及当地民俗有高度的“契合”与“巧合”。

(一) 传统的“契合”

甲骨文中,“鸡”是较早出现的字。鸡、猪、羊、犬是先民最早驯养的家禽和祭祀用品。清代段玉裁:“鸡‘知时畜也’。从隹,奚声。鸡,籀文从鸟。古兮切。”[②]又云:“鸡为积阳,南方之象,火阳精物炎上,故阳出鸡鸣,以类感也。”[③]如果从渊源上来说,在我国传统文化中,鸡已经被赋予了“灵禽”的寓意。先秦图腾中的凤鸟纹饰与鸡的造型及延伸的寓意就有密切关联。《太平御览》早就记载:“黄帝之时,以凤为鸡。”汉代朱雀其尾似凤,动态很强,与现实中的鸡相类

② (清)段玉裁:《说文解字注・卷四・隹部》,上海:上海古籍出版社,1989 年,第 345 页。
③ (清)刘学宠:《春秋・说题辞》,北京:春秋出版社,2010 年,第 213 页。

似。中国传统文化中对于“鸡德”的论述，则付诸鸡“文、武、勇、仁、信”的“五德”的地位，所谓：“首带冠，文也；足搏距，武也；敌在前敢斗，勇也；见食相呼，仁也；守夜不失，信也。”④鸡的形象在龙的身上也有体现。其爪如鸡，是一种凌厉之美和威严的象征。更有甚者，鸡也是传说中的“日中乌”，更带有神话和宗教般的寓意，自然界中鸡的晨鸣功能，就渐渐被赋予了能够驱逐妖魔鬼怪。有记载说“正月一日……贴画鸡户上，悬苇索于其上，插桃符其傍，百鬼畏之。”⑤虽然说的是地方民俗，其实也是“图腾”物发生的基本路径。刘锡诚《中日金鸡传说象征的比较研究》系统研究了中日金鸡传说的文化内涵，此文以“复生”与“再生”为关键词，归纳了金鸡与光明、与太阳神、金鸡的恩与报恩，驱邪纳吉，宝、识宝、抢宝的诸多功能。与鸡之“五德”说相映成趣。以此察看苏州的金鸡屋脊装饰，它与吴地苏州对金鸡传统民俗积淀中诸如多子（生殖）、驱邪纳吉（能食蜈蚣、蝎子，带来光明）、忠贞、财富、除毒驱害、英雄以及品德是相互关联的。总之，寄予的是祈福纳吉、安居乐业的愿景。

（二）本土的“巧合”

笔者发现金鸡在吴地苏州还有更为深刻的民俗文化的对应，进而也从另外一个层面证明了金鸡为苏州人所重的缘由。

“金鸡湖”对苏州人来说耳熟能详。苏州葑门金鸡湖流传“金鸡斗蜈蚣”的故事。此说将金鸡湖的历史与“鸡”的勇敢、抢宝、护宝的寓意联系在一起。作为传说，笔者在考察中也问过一些老人，此说在民间是有一定的影响力与传播力的。在刘锡诚《中日金鸡传说象征的比较研究》一文的介绍实例中，有两个关于金鸡“抢宝”与“盗宝”的传说均出自苏州：

> 江苏苏州传说《金鸡湖》说，苏州葑门外有个金鸡湖，金哥打渔遇上大风浪，被迫泊至一土墩子，忽闻有金鸡叫鸣，但见一金鸡正与一大蜈蚣搏击。金哥持桨将蜈蚣打断，蜈蚣变成了一段段金练。金鸡叫金哥拣些金练而归，湖水才平静下来。财主得知此事之后，告到官府，陷他偷盗。财主与县官复去抢宝，金鸡掀起巨浪，使小船葬身湖底。
>
> 相传吴越之战，吴王取胜，越王战败。夫差将勾践流放到晋国，在

④ 韩婴：《韩诗外传》，上海：中华书局，1996年，第34页。

⑤（南朝）宗懔：《荆楚岁时记》，太原：山西人民出版社，2008年，第212页。

鸡泽上喂鸡。勾践养鸡，奋发图强，感动了上天。玉皇大帝于年末之日在鸡泽山召集各路神祇集会，将餐余之食喂鸡，得神鸡。勾践得神鸡之助，灭掉吴国，给鸡泽留下先王风水，此地称金鸡宝地。⑥

而尤为有趣的是苏州当地地名，苏州居然有20多个“鸡地名”：鸡笼山、鸡爪山、鸡窠岭、小鸡山、鸡山、金鸡岭、鸡冠山、鸡鸣塘、金鸡河、哺鸡港、乌鸡荡（又名乌龟荡）、金鸡湖花园、金鸡湖大道、金鸡湖商业广场、金鸡桥、金鸡山路、鸡笼山路等等，不一而足。

其中，苏州文化学者潘君明讲述鸡笼山的来历也与金鸡的神奇有关：

传说在很久以前，这里有一只金鸡经常跑来跑去，仰天长鸣。奇怪的是，只要它一叫，不管白天黑夜，太阳都会出来，扰乱了民众的计时和作息。有一位神仙知道后，就用罩子把金鸡罩住，不让它乱叫。后来这个罩子就化为了鸡笼山。鸡笼山的神奇故事不止这一个。其中，列举的北宋覆灭后，康王赵构南逃，逃到了鸡笼山，人困马乏，就地宿营。由于实在太累，赵构沉沉睡去，后来被一阵鸡鸣惊醒，发现天已五更，便起来继续赶路，一口气逃到杭州，才算安定下来。他就是南宋的第一位皇帝宋高宗赵构。后来赵构得知，如果那天不被鸡鸣叫醒，差一个时辰，金兵就追到了。赵构感激鸡笼山的金鸡及时打鸣，下旨在鸡笼山驻扎军队，保护这座神山。关于苏州的“金鸡墩”与金鸡湖也有关联：金鸡湖南部小岛……一说岛上有金鸡，每天啼叫，故称金鸡墩。

以上例子如果再延伸考察，笔者发现：在吴地苏州日常生活中，用“状如鸡子”（《本草纲目》：“鸡子，即鸡卵也。”）来形容混沌未开；用“神气gaogao”（去声，公鸡行走时嗓子发出的声音）来形容人的得意忘形；用“画鸡于牖”来驱邪纳吉；用金鸡“扞难固守”看家的品德，进而用来作为镇宅之宝等等民俗现象。苏州地区民俗中给孩子戴的鸡心长命锁、传统妇女编织的鸡心香囊、苏州吴语“鸡”与“吉”的关联等等，都说明一个共同特点：即苏州关于金鸡的传说有丰富的民间基础和地域历史文化的承载，鸡的民俗寓意在苏州被更广泛、更深刻地认同

⑥ 刘锡诚：《中日金鸡传说象征的比较研究》，《文学评论》1991年第4期。

着。所以，在吴地苏州，金鸡纹饰作为屋脊装饰被普通百姓使用，承载的是驱邪纳福、安居乐业的愿望，也赋予了吴地苏州本土历史文化的记忆与传说。

结　语

现在的苏州，除了保护起来的建筑以外，20 世纪 80 至 90 年代的百姓金鸡纹饰已多斑驳之痕。传统瓦匠、木匠、雕匠纷纷“转型”。金鸡等传统“堆灰”“起花”的屋脊装饰技法也渐渐消弭。“琉璃瓦”与模制“双龙戏珠”“龙凤呈祥”取代了原来由“大师傅”一手雕琢的屋脊装饰。艺术性姑且不谈，苏州本土的东西是很遗憾地“落花流水春去也”了。百姓之术无可厚非，只可惜从此手工艺人尤其是民间瓦匠大师傅再也无用武之地。传统木工、瓦工、漆工、雕工、篾工等后人缺席，并基本上形成了可怕的断裂。而楼房、墙砖、琉璃带来的“新”农村，江苏民居屋脊装饰在模制构建带来所谓“便捷”之后，恰恰是传统设计智慧的缺失和手工艺人的退席。由此，反观现代江苏异域纷呈的民居，毫无疑问，在功能、方面呈现了江苏的富庶。但仅就屋脊装饰而言，其已趋向雷同、复制化、机械化，而个性化、诗意的、充满设计智慧的 20 世纪 80 至 90 年代的民居即将无可奈何地消失，且呈现出无可挽回的趋势。当触目隐藏在已被现代琉璃楼房代替的古民居，可以说这些羞涩隐藏的斑驳或跂跂着僵立的五架梁、老楼房，是充满时代记忆的。同时，有一种特殊的存在展示了开放的十几年百姓艺人蓬勃的创造力与生命力。

A Study on the Decorative Design of the Roof Ridge of the Golden Rooster on the Traditional Residence in Suzhou and Its Implication of Folk Custom

Wang Wenguang Wang Gexuan

Abstract: This article takes the surviving handmade golden rooster roof decoration in Suzhou from the 1980s to the 1990s as the research object, and based on years of fieldwork and visits, systematically demonstrates the design and the folkloric implication of the golden ridge decoration in Wu District. The existing root decoration of the Suzhou residential areas is a unique creation of folk arts and crafts, and the design has the typical artistic characteristic of “Made in Suzhou” with “shaped beauty, exquisite, fine art and technology” containing Suzhou local unique folk connotations and rich symbolic meaning. The decoration at the same time has examplary influence on the ridge decoration of residential houses in central and northern Suzhou and has the dual characteristics of material culture and intangible cultural heritage, which is worthy of attention and inheritance in the process of modern new urbanization and new rural construction and inheritance.

Keywords: golden rooster design; folklore; meaning

“抱草”乎“投海”：江南刘猛故事及猛将军神崇拜研究

刘子阳

摘　要：北宋以来，蝗神刘猛崇拜开始出现，至明清刘猛神话的故事形态开始在各地成熟并掺入地方特殊信仰。本文主要通过新绛县稷益庙壁画及江南地区猛将宝卷内容，对猛将（蝗神）崇拜隐含的驱蝗动机进行探究。

关键词：刘猛；江南神话；蝗虫神；霉菌

引　言

近年来对蝗虫神这一形象题材的研究较为普遍，特别是已开始呈现细化的地区性及故事变体的研究不在少数，北京大学赵世瑜在《民间口头叙事不止是文学——从猛将宝卷、猛将神歌谈起》一文中，以江南水乡为切入点，分析江南水上人上岸的过程。[1] 新近有陈永超的《互文形塑：刘猛将传说形象的历史辨析》对史料特别是方志中的刘猛故事形象进行分析。另有陈厉辞等人对地区内的猛将军庙进行研究。而目前所见刘猛故事文本在“神话”这一特性上都比较模糊，甚至与明以前所认定的“蝗神”出入甚大。笔者通过对壁画中刘猛（虫神）题材的分析，结合前人对于故事文本的研究，对刘猛或者说是虫神灭蝗这一行为从另一层面进行分析。

一、对于刘猛故事演变的梳理

“刘猛”传说的背景，始于南北宋交替时期，[2] 而目前所认定的“蝗神刘猛”是将“蝗神”与“刘锜”进行了一次组合形成的新“文本”。① 南宋所设立的是“土地神”性质的“刘猛将军庙”，而通过将“土地神”的功能逐步分解形成了明清时期专门的“蝗神刘猛”形象以及其他功能的小神。事实上这一点在五代时期已经能够看出端倪。而刘锜作为“蝗神”这一点的记录来源并非来自于具体文献，从

作者简介：刘子阳　中国美术学院视觉中国协同创新中心硕士研究生

① 根据陈勇超对洪武及正德两部《姑苏志》中的南宋抗金将领刘锜（刘锐）在苏州所里祭祠讨论可知：《（正德）姑苏志》记：“猛将庙，在中街路仁风坊之北。景定间因瓦塔而创，神本姓刘名锐；或云即宋名将刘锜弟，尝为先锋，陷敌保土者也。尝封‘吉祥王’，故庙亦名‘吉祥庵’。互见寺观。一在阊门南濠、一在文德桥东、一在嘉定县马陆镇。”南宋所设立的“刘锜（刘锐）庙”的性质与土地庙功用相似。（陈泳超：《互文形塑：刘猛将传说形象的历史辨析》，《民族艺术》2020 年第 2 期，第 21 页）

目前文献来看，将刘锜作为“故事主角”的神话并不多见，相反“刘锜”的出现是在清朝将“刘忠承”这一形象作为“蝗神”以后所体现出的反抗心理。[3] 在方志中，直接记录蝗神的文献出现在淮北舒城。《（光绪）续修舒城县志》载：“宋江淮制置使刘琦，因驱蝗，理宗时封扬威侯天曹猛将之神。”[4] 而目前多认为“刘琦”为南宋将领“刘锜”，故将刘猛形象认为是武将形象。从明代洪武和正德两种《姑苏志》可以看出，南宋时期的猛将军庙是专门用以祭祀抗金名将刘锜，与“蝗虫神”形象并不一致。② 事实上，并不能够排除两套故事进行融合所形成的新的神话的可能。

从民间口传神话或“祀本”中这种现象更加明显，从现存民间故事来看，刘猛的形象在明清两代才逐渐构建成型，而宋代已有祭祀刘猛的情况产生，至明清时期已经不清楚具体的祭祀目的，由于灾害发生频繁，而重新对刘猛形象进行构建。[5] 可以知晓明清以来所认为的“刘锜”为“蝗虫神”为后期掺入，并非是明以前所传的“蝗神”形象。同样的，清朝所修改的将“刘锜”改为“刘承忠”亦是由明以后延续的刘锜传说所改。笔者将刘猛故事中各版本故事的主线列表来分析刘猛神话中的各个要素。

表1 “刘猛”神话文献比较表

地区、时期	出处	人物（身份）	地方	成长	神迹、死亡	封神、显灵
江苏、浙江	苏州、常熟猛将神歌[6]	刘阿大、刘佛寿、刘猛（农民、土地神）	上海申江县、上海青龙镇	后母虐待	道法除蝗，疲劳溺死	封神、借人显灵，有大风吹入海中
	无锡南邗沟刘猛庙	刘猛将（宋）	松江	无	驱蝗治百虫	刘猛将
	常州武进刘猛庙	刘猛将（宋）	松江	无	降旁不肯治蝗	刘猛将
安徽	《（光绪）续修舒城县志》[7]	刘琦（宋江淮制置使）	无	无	无力治蝗，自沉而亡	扬威侯天曹猛将之神，有大风吹入海中
	《（民国十四年）太和县志》[8]	刘承忠（元指挥）	无	无	驱蝗有功，自沉而亡	封神

② 光绪《续修舒城县志》载：“宋江淮制置使刘琦，因驱蝗，理宗时封扬威侯天曹猛将之神。”《宋史·刘琦传》云：刘琦“博学强览，立志峻洁，以都官员外郎通判歙州，召为侍御史。”显然“刘琦”未做过江淮制置使，与猛将说法相去较远。因此，《宋史》中的“刘琦”与被封的“刘锜”并不一致，《（光绪）续修舒城县志》中当为“刘锜”之误。（参考龚光明、陈玲玲：《皖北刘猛将军庙研究》，《宗教学研究》2012年第4期，第268－272页）普遍理解，刘猛为“外地人”，而作为江南地区重要的“主神”崇拜部分，继而改换出生地标志的行为。参见李沈阳：《黄河三角洲民俗信仰调查与研究》，济南：山东大学出版社，2014年，第68页。

续 表

地区、时期	出处	人物(身份)	地方	成长	神迹、死亡	封神、显灵
	《(光绪)亳州志》[9]	刘氏(元指挥)	无	无	驱蝗有功,改朝自杀	封神
	《(光绪)宿州志》[10]	刘猛将	无	无	无	显灵驱蝗刘猛将
	《(光绪)亳州志》[11]	刘猛将	无	无	无	显灵驱蝗刘猛将
广东	《(乾隆)蔚县志》[12]	刘忠承(元指挥)	广东吴川	无	驱蝗有功,无法救荒自杀	封神猛将军

另一方面来看,江南地区开始出现大量与刘猛崇拜相关的活动,这与江南地区频发的蝗灾有关,从最初的淮北地区展开。由于北方民间并未流传下具体完整的刘猛神话,而在江南地区一方面保留有大量民间及农村的刘猛庙,另一方面在刘猛庙及农村中仍然保留有歌颂刘猛的“神歌”与“宝卷”。③ 江南地区的传说与史料方志中记录的并不相同,从这一点来说,刘猛传说的叙述需要两个层面互相对应。江南地区的刘猛称作“刘阿大”或“刘佛寿”,也有直接作刘猛称呼。江南“宝卷”及“神歌”中,对除蝗描述并不详细,按袁震所记,今天《猛将军歌》仍有谱,庙祝仍能吟唱。而从史记和歌词对照来看,太湖乡《猛将军歌》与宋将和布衣等身份又有出入,更类《柳秀才》的形象特征,但《猛将军歌》中,对于这位“猛将军”的神迹更多地体现在身世,而非做法,如水利部分、收割部分、治蝗部分,因此成为“神迹”。

上文所述,清代刘猛形象以刘锜的将军形象或刘阿大的青年形象出现,而在现存的刘猛(八蜡)庙中,刘猛形象除此两种以外,还出现了另一种形象,即道教文官形象。这种变化在“封神”的形象中并不罕见,由北至南,在不考虑清朝修订的情况下,以此演变成“农夫—武士—青年”形象。根据稷益庙中道教神祇的排布方式,农业神部分自稷神至底层神,应来自于一个故事范本,那么“刘猛(蝗神)”的形象在万历朝以前的山西地区应保持一致。而武士形象则作为“王

③ 吴县流传的《猛将神歌》的体例较为原始。(全文见金煦、钱正、马汉民:《苏州歌谣谚语》,北京:中国民间文艺出版社,1989 年,第 221 页)按顾希佳、胡永良定名为“骚子歌”“海盐文书”一类。“宝卷”现存十种,内容相同,语词有差异。(参见车锡伦、周正良:《驱蝗神刘猛的来历与演变》,《百年道学精华集成》(第 2 辑,卷 4),上海:上海科学技术文献出版社,2018 年,第 17 页)

权”所左右的形象出现，以创造符合价值形象的神祇，有利于左右变更。而“农夫—青年”形象则是“民”的直接利益的体现，如《聊斋》中的“柳秀才”和“（蝗神）农妇”形象在民间信仰中的取舍。“农夫—武士—青年”所对应的是“农本质—政治—民间”神话的形态。

二、蝗虫神驱蝗问题

（一）蝗虫在中国的驯养

20世纪30年代，邓云特在《中国救荒史》中对中国历代灾害现象进行整理，将“蝗灾”及“治蝗”归入“巫术”条下，并联系蝗虫神崇拜。然而，并未详细描述其崇拜过程。及至近年章义和又以《中国蝗灾史》对蝗灾进行“专史梳理”，也仅将次数、灾害程度等进行列表记录。而戏剧方面学者，近来偏向于对“淫祀”演剧的关注与恢复，使得淮河以北的“刘猛庙”的分布与搬演得以重现，在《苏州歌谣谚语》一书中记录了太湖乡刘猛庙庙祝所唱《猛将军歌》一篇。其中含有相当数量的史料未记资料。由于对图像内容的忽视，也使得对刘猛崇拜难以准确探究其过程。

根据《中国历史蝗灾动态的社会影响及生态环境意义》一文可知，出现蝗灾的情况大多与气候有关，[13] 并多见于长期干旱以后，而这一规律又无法应用于所有数据中。在多个年份中均出现了与自然气候相悖的情况。清人所记历代荒政条例中，“淳熙令”记录“贫民”“私藏蝻种”获利，并引发次生灾害的情况。[14] 由此可知，在清代以前，“驯化”蝗虫的技术已经相当成熟。而治理蝗虫与驯化蝗虫之间应始终存在博弈。

在《捕蝗集要》一书中，可以大致窥探自宋至清，主流治理蝗虫的办法以及如何祭祀蝗神和除蝗神的仪式。[15] 治蝗手段与除蝗仪式在清代记录当中已经脱节，即唐人裴度作为八蜡中第一位蝗神与宋刘氏猛将军为军吏，与治蝗并未出现直接联系，治蝗效率十分低下。而在明人徐光启《农政全书》中记录两条，与普遍治蝗记录不同：一为蝗虫“抱草自死”现象；一为在同一地区建立“刘猛庙”的地方“缺少蝗灾”，而蝗虫多会聚集在不建造刘猛庙的地方。[16]

根据《中国蝗灾史》的数据来看，[17] 江浙皖三地，特别是皖北、苏北两地，明初至万历早期，蝗灾比同时期河南东部与山西南部的次数要少，并且明显。这与徐光启所言吻合，而清至民国，以致1942年大饥荒，蝗灾等级提高，次数增加，直至峰值2400万亿只蝗虫。从苏皖两地，至19世纪中，治蝗神刘猛已经基本为"火神"取代。④ 从这一点看出,"淫祀"所注重的目的性而非神格得以体现,即"刘猛"已不足以达到治蝗的目的而被替代。

(二)和瑛与蝗灾

和瑛于乾隆三十六年至五十二年任太平知府(颍州,今安徽阜阳附近),嘉庆十四年因"匿蝗灾事觉",被贬戍乌鲁木齐。[18] 而和瑛在任太平府知府时期,记录下淮北境内蝗灾与当时的情况:

> 士居四民首,造若弓受檠。农为八政先,获若身随影。我来一麾守,春迎太平景。量移汝阴邱,开田及望杏。所幸雨旸时,麦稔甲全省。秫谷畅茂均,秋熟冀坚颖。奇哉黑头蝗,天教儒吏警。民膏供一噣,令人怒生瘿。勿报集田闲,枯死黏秫梗。又见飞如织,相衔群出境。禾稼虽未害,终夜殊耿耿。乃知神力威,不愧将军猛。(江南北刘猛将军驱蝗最灵庙祀之)[19]

从诗中的描述可知,刘猛将的驱蝗"神迹"有以下几个特点,一是将蝗虫"抱草而死"的现象与刘猛将相关联,根据前文所述,现存的故事"母题"中并未出现将"抱草而死"与刘猛将的事迹相关联的情况出现。另一个表达出的信息是,蝗虫结群离境,这与江南故事中的现象相符。"刘阿大"的"母题"中保留有"施法赶去蝗虫害,一夜完工喜万民"[20]。那么就不能用传说性质的眼光去看待"刘阿大"在驱蝗保耕方面的作用。根据目前的研究显示,"抱草瘟"或"抱草而死"的现象已经有了科学的解释,即以"蝗噬霉菌"和"绿僵菌"为主的肉座菌感染蝗科动物所致,其治理速度是传统的捕蝗方式无法相及的。

那么反观史料,和瑛在任期间其所辖地区并未出现蝗虫"抱草而死"的事件。[21] 而和瑛受到"匿蝗灾事觉"事件的时间,恰好在淮北地区出现了"抱草而死"事件。那么,两个事件是否可以归为一个事件的连续尚待讨论。但从和瑛所做关联结合淮北地区刘猛庙(八蜡庙)与其他地区的差异,事实上却反映出目前淮北地区失传的刘猛神话传说与江南地区及正统封神传说上的差异。目前

---

④ 汉族的火神崇拜的原因一部分来自于少数民族,少数民族驱蝗多用中草药与硫砷混合以后燃烧驱蝗,其实际功效在于硫与砷。张洁:《中国植物源杀虫剂发展历程研究》,西北农林科技大学博士学位论文,2018 年。而云南蝗虫庙的分布正好与火把节发生的地区和主要流行地带相吻合。这一事实不能不令人相信,"照田"驱虫在西南民族历史上是确有其事的。

绝大部分地区祭祀蝗虫或遵循"蜡祭"的仪式，或民间长期演化后形成的与"蝗神""蜡祭"并没有太大关联的形式。[22] 而在阜阳颍上县祭祀当中，除了"蜡祭"形式，还包括了要将刘猛庙内燃尽的香灰和纸灰收集起来，用水冲开后洒进农田的活动。[23] 结合上文提到的"抱草而死"现象，关于刘猛"封神"的背后是否存在着一种科学治理的手段，或者说"刘猛"封神的理由的讨论。目前学者的研究，无法对一个"将军"身份的人作为"蝗神"封神有合理的理由，这与"干将莫邪""童宾"等行业神有所不同。[24]

三、猛将军信仰的解释与推测

（一）新绛县稷益庙八蜡壁画

另一个可以窥探到刘猛"封神"可能性的亦是北方地区的素材，与正统传说不同的是，新绛县稷益庙完成于明正德二年(1507)九月十五日的八蜡壁画，八蜡壁画中有《捕蝗图》一幅。根据目前研究，虽然刘猛传说已经存在，但现存的史料及地志等正统史实均晚于八蜡壁画完成时间。由此可以展开一个新的对刘猛传说的母题研究。八蜡壁画由当地民间画家绘制完成，目前对于壁画作者并没有专门的研究，史料亦未记录。[25]《捕蝗图》为三人一组。两人捆缚蝗"虫王"，一人手持"竹筐"类器皿。三人形象均为布衣农夫形象，非将军形象。这与南方"刘阿大"传说相似。

明代"八蜡虫神"形象已经确定为刘猛，那么在八蜡图的三人中的一人即是刘猛(虫神)，与捆缚"虫王"的农夫不同的是，手持竹篮的人并未能够被解读其作用。故，这幅图中所描绘的三人中持"竹篮"者被认为是"刘猛"形象。那么，手持"竹笼"的人，"竹笼"的功用何在？史氏在《稷而祭之——晋南稷王文化研究与新绛稷益庙及其图像表征意义》中认为"竹笼"为"蝗笼"，为捕捉蝗虫的器皿。[26] 根据《农政全书》中未见记明代捕蝗方法有"蝗笼"出现。亦未见记载所谓"蝗笼"特征。结合上文进行考虑，"刘猛"形象不为将军，而是农人形象，那么"竹篮"的功用是什么？

史氏认为"竹笼"为"蝗笼"，[27] 图中"竹篮"向上可封口，且"竹篮"分内外两层，外层为竹草编制，内层为布料，布包可向上封口。参考古代农具，类似于"种箪"，⑤分

⑤ "种箪"一般分为两层：外层为竹或苇编制的圆瓮，内部为稻草或其他填充物减少空隙。"种箪"的作用为保证种子的干燥，以及在使用种子前浸润种子的功用。(参见周昕：《中国农具史纲暨图谱》，北京：中国建材工业出版社，1999 年，第 324 页)

内外两层。目的有二:一是使种子干燥;二是在使用时可以缓慢浸透种子。若类比此种用途,可知“竹笼”在于储存并使用某种物质使之可以较长时间保存,并在适当的时候使用。参考历代除蝗记录,有“抱草而死”的相关记录,与之相匹配。

(二)“抱草而死”与“投海自尽”

从表1对猛将神话的变体整理可以看出,“猛将之死”多为“自沉而亡”。赵世瑜的解释是江南水乡中水上人所见的“浮尸”论。[28] 但从世界范围内的蝗灾神话的母题来看,“猛将自沉”与“蝗虫自溺”具有一致性。《出埃及记》中即有上帝惩罚拉美西斯降下十灾,其中的第八灾即为“蝗灾”。《出埃及记》的第10章第13至19节记录了蝗灾在埃及出现到消亡的过程:

> “神使东风刮在埃及地上,到了早晨,东风把蝗虫刮了来。”
> “神转变风向,使强劲的西风吹来,把蝗虫刮起,吹入红海。”[29]

对比北宋祥符九年(1016年)至天禧元年(1017年)蝗灾消失:

> “天禧元年六月江、淮大风,多吹蝗入江海,或抱草木而死。”[30]

以及道光二十八年(1848年)蝗灾消失:

> “……未几西风大作,蝗抱禾木尽死。”[31]

通过以上史料可知,中国蝗灾由“灾异”属性转变为“祥瑞”是蝗灾出现了“抱草”与“自沉”两个情况。[32] 前揭文,“抱草瘟”伴随着西风进入东部地区,“抱草瘟”集中发作于夏五月至八月。而另一方面,“自溺行为”即为另一种寄生关系,2005年法国国家科研中心对法国蝗虫大规模被金线虫(Spinochordodes tellinii)寄生行为进行研究,可知在法国2005年8月干旱以后,金线虫开始对蝗虫寄生,使得蝗虫自主遵照水源的情况。[33] 由此可知,所谓的“自溺”行为实为蝗虫寄生行为。通过江南刘猛传说的内容,可以看出,“刘猛”与“风”特别是天禧元年的事件关系密切。[34] 从“驱虫入海”、刘猛与大风结合的关系来看。天禧元年的蝗灾是江南“刘猛”传说的由来之一。而“抱草而死”的现象在江南传说中并未出现。但江南“刘猛”传说当中的“驱虫”的叙述与“风”“江海”的事件有关。

结合和瑛所述，中国古代培养真菌的情况并不罕见，而受制于行业限制，难以看到医学中培养真菌的情况。在徐锦堂的《中国药用真菌学》一书中提到了中国培育“白僵蚕”的历史，而在古代药书中却未记载白僵菌的接种方法等。对于真菌接种问题，在中国古代已不是罕见的事情，而如“白僵蚕”“金蝉花”等肉座菌接种过程却罕见记录。⑥ “白僵菌”与“绿僵菌”菌种性质在除虫方面的功能区分并不大，而可以培育“白僵蚕”就意味着古代已经掌握了真菌保存办法。值得一提的是，吴正恺、杨淑培两位先生记录了太湖一带桑农收集自然感病死亡的僵蚕，加水捣碎，用以防治桑蝗，也可以过滤干燥进行保存。[35] 但是没有相应图像可供参考，但这是罕见的记录从染病虫体提取真菌来杀死昆虫的办法。并且这一案例也出现在江苏一带。

明末以后，刘猛形象开始明显转变为“蝗虫相”或“螳螂相”的武将形貌。一方面来说这与明季以后，刘氏崇拜不灵有关。“治蝗神”之所以频繁更换，以致后来“治蝗神”与“火神”融合，是由于“治蝗神”的“功力”下降，导致江淮地区重新出现频繁蝗灾。而从另一方面来看，这也是为何“猛将故事”的结局在明清时期转变为“自溺”江河的原因之一，即“猛将”从“驱蝗神”向蝗虫本身的“蝗神”转变，从而将蝗虫自灭的“祥瑞”模式转化到“猛将”身上。

20 世纪 50 年代，“霉菌”的特性及生物性状得到分析。[36] 此列三点：1.“霉菌”分布于半干旱地区；2. 直接寄生寄主效率 60%，寄生后死亡率 80%；3. 蝗虫死亡后抱附于植物秆上。可知古人描述的“抱草自死”与“霉菌”生物性状相同。《中国真菌志·虫霉目》记“霉菌”可使直翅目下“蚱”科、“蜢”科、“蝗”科患病，感染后 8 至 24 小时死亡，48 小时后寄生“孢子”传播。[37] 根据上文，“霉菌”在现代技术加工下的有效时限大概在 3 至 6 年，古人风干窖藏方法的有效时限暂且未知，应该不会超过目前水平，所以刘猛的治蝗时间应不超过这个时间，这也就解释了对刘猛治蝗手段叙述的模糊。

四、“蝗神”-“风神”：猛将神话的尾声

综上所述，目前刘猛神话故事流传的文本或是口传版本，在内容上有较大的遗失，并且掺入了部分其他的民间传说。根据北方地区留下的两个素材，一

---

⑥ 雷敩《雷公炮炙论》记载：“凡使，要白花全者。收得后于屋下东角悬干，去甲土后，用浆水煮一日，至夜，焙干，碾细用之。”根据《齐民要术》中“五色衣法”制酒曲可知“编竹瓮下，罗饼竹上，密泥瓮头”。

方面可以确定，刘猛治蝗并不是自然气候的条件下的巧合，也并不是无理由的“神圣”技术。另一方面，在“霉菌”和“寄生虫”两种不同的“灭蝗”情况下，“猛将故事”在不断修改。结合中国古代真菌的培养技术可以得知，刘猛（蝗神）依靠从西北地区获得的“肉座菌”中的“僵菌”高效率地解决蝗虫灾害，特别是在其停留时间较长的江淮地区。而培养真菌或者说保存真菌有时间限制，在短时间内，霉菌有效时间过去，江南地区的人民便无法再一次培育出“霉菌”，尽管对刘猛的崇拜愈发强烈，也无法再抑制蝗灾的泛滥。

“霉菌”的时效有可能在刘猛在世时已经失效，无法再应对接下来的蝗灾。联系到“行业神”中的“各色”自杀时间，可能是由于“技术”上无法再一次形成与原有的“盛期”相比，以此来结束生命的结果，是否比理解由于“牺牲”而获得了相应成就更加符合逻辑性。

参考文献

[1] 赵世瑜：《民间口头叙事不止是文学——从猛将宝卷、猛将神歌谈起》，《民族艺术》2021年第2期。

[2] 臧俊改：《南宋以降(1840年之前)驱蝗神刘猛将军信仰研究》，2011年暨南大学硕士学位论文，第19页。

[3] 李志英：《从虫神的变化看中国民间信仰的人文性和历史性》，《科学与无神论》2019年第4期，第54-56页。

[4] (清)吕林钟：《(光绪)续修舒城县志・卷三十一・艺文志》，合肥：黄山书社，2009年，第567页。

[5] 陈泳超：《互文形塑：刘猛将传说形象的历史辨析》，《民族艺术》2020年第2期，第19页。

[6] 金煦、钱正、马汉民：《苏州歌谣谚语》，北京：中国民间文艺出版社，1989年，第221页。

[7] 《(光绪)续修舒城县志・卷三十一・艺文志》，合肥：黄山书社，2009年，第567页。

[8] 丁炳烺主修，吴承志纂修，邓建设点校：《太和县志・卷一・舆地・坛庙》，合肥：黄山书社，2013年，第17页。

[9] (清)郑交泰：《(光绪)亳州志・卷十・营建志・坛庙》(影印本)，台北：成文出版社，1985年，4a。

[10] (清)官修，周勇等校注：《(光绪)宿州志校注》，沈阳：白山出版社，2015年，第433页。

[11] (清)宗能征:《(光绪)亳州志·卷四·营建志·坛庙》,合肥:黄山书社,2014年,第90页。

[12] (清)夏贻钰纂修:《(光绪)永年县志》,上海书店出版社编《中国地方志集成·河北府县志辑61》,南京:江苏古籍出版社,2006年,第54页。

[13] 李纲、王乃昂、李卓仑:《中国历史蝗灾动态的社会影响及生态环境意义》,《地理科学进展》2010年第11期。

[14] (清)杨景仁:《筹济编》,《中国荒政书集成》(第5册),天津:天津古籍出版社,2010年,第3111页。

[15] (清)俞森:《捕蝗集要》,《中国荒政书集成》(第2册),天津:天津古籍出版社,2010年,第1568页。

[16] (明)徐光启:《农政全书》,国家图书馆藏明崇祯十五年刊本,卷三,12b;卷七,9a。

[17] 章义和:《中国蝗灾史》,合肥:安徽人民出版社,2008年。

[18] (清)赵尔巽等:《清史稿·卷三百五十三·列传一百四》(第37册),北京:中华书局,1977年,第11282页。

[19] (清)和瑛撰:《易简斋诗钞·卷二·清颖书院课士毕偕张松泉裴西鹭两明府劝农西湖上燕集会老堂即席赋诗》,清道光三年(1823)刻本,天津图书馆藏,第6页。

[20] 苏州市民间文学集成编委会编:《苏州歌谣谚语》,北京:中国民间文艺出版社,第221页。

[21] 关于"抱草而死"事件的历史记录,参见李钢:《历史时期中国记录蝗灾特征及其环境意义集成研究》中(表3-12),博士学位论文,兰州大学,2008年,第64-65页。

[22] 龚光明、陈玲玲:《皖北刘猛将军庙分布探究》,《商丘师范学院学报》2013年第2期,第54页。

[23] 龚光明、陈玲玲:《皖北刘猛将军庙分布探究》,《商丘师范学院学报》2013年第2期,第54页。

[24] 胡蓉:《童宾何以封神——基于景德镇风火仙师传说个案的方法论反思》,《民俗研究》2020年第4期,第84页。

[25] 丁凤萍、李瑞芝:《新绛稷益庙壁画》,石家庄:河北美术出版社,2011年。

[26] 史宏蕾:《稷而祭之——晋南稷王文化研究与新绛稷益庙及其图像表征意义》(图15),《艺术学研究》2009年4月,第355页。

[27]《稷而祭之——晋南稷王文化研究与新绛稷益庙及其图像表征意义》,第355页。

[28] 赵世瑜:《民间口头叙事不止是文学——从猛将宝卷、猛将神歌谈起》,《民族艺术》2021年第2期。

[29]《旧约圣经》(律法书,出埃及记,第十章),南京:南京爱德印刷有限公司,1998年,第62页。

[30] (元)脱脱等撰:《宋史·卷六十二·志第十五·五行一下》(第5册),北京:中华书局,1977年,第1366页。

[31] 杨盟、李毓杰修,黄诚沅纂:《(民国)上林县志》,上海书店出版社编:《中国地方志集成·广西府县志辑10》,南京:江苏古籍出版社,2014年,第89页。

[32] 韩新芝:《大中祥符九年的蝗灾与宋真宗的"祥瑞"终结》,《九江学院学报》(社会科学版)2021年第4期,第78页。

[33] Biron D G, Marché L, Ponton F, et al. *Behavioural manipulation in a grasshopper harbouring hairworm: a proteomics approach*. Biological Sciences, 2005,272:2117-2126.

[34] 陆瑞英演述,周正良、陈永超主编:《陆瑞英民间故事歌谣集》,北京:学苑出版社,2007年,第72页。

[35] 吴正铠、杨淑培:《中国古代生物防治小考》,《农业考古》1983年第1期,第222页。

[36] 张泉、陈净彤、李文利:《新疆天然草地蝗虫病原微生物资源及应用前景》,《草食家畜》2012年第3期。

[37] 沈亚恒、叶东海:《中国真菌志》(第十三卷)《虫霉目》,北京:科学出版社,2000年,第1289页。

A Study on the Story of Liu Meng and the Cult of General Meng God in Jiangnan

Liu Ziyang

Abstract: Since the Northern Song Dynasty, the worship of Liu Meng, the God of locusts, began to appear. In the Ming and Qing Dynasties, the story form of Liu Meng's myth began to mature in various places and mixed with local special beliefs. This paper mainly explores the hidden motivation of driving locusts in the worship of the great general (the God of locusts) through the murals of Jiyi temple in Xinjiang county and the contents of the treasure scroll about the great general in Jiangnan area.

Keywords: LiuMeng; Jiangnan mythology; the God of locust; mycete

新疆维吾尔族民间文学作品中的生态意识与环境观念

拜合提亚尔·阿布力米提

摘　要：生态问题自17世纪中后期开始变成全球性问题。此时，生态学也被公认为一门新兴学科。新疆维吾尔族很早意识到人类与自然之间的关系，并开始对生态环境与生存问题的探索。他们最初用民间创作的形式表达自己对生态意识、环境观念的认识和态度。新疆维吾尔族民间文学作品中的生态意识与环境观念值得研究，其历史与文化价值可为现代生态学的研究提供借鉴。

关键词：民间文学；生态意识；环境观念

生态学作为一门独立的学科约诞生在17世纪中叶，它最早由德国生物学家E.海克尔(E. Haackel)于1866年在《有机体普通形态学》一书中首次提出。大约在1900年左右，生态学逐渐被公认为生物学中的一个独立领域。生态学自建立之初，就将生物与环境、生物与生物之间的相互关系作为主要研究内容。然而，在独立成为一门学科以前，生态环境的保护却是人类始终关注的一个重要问题。

人类想要生存，首先须要保护和改善生存环境。且必须懂得与大自然和谐共处，才能得以生存。这一点，最初表现在世界各民族的民间文学作品中。民间文学尤其是神话传说以及神奇故事中已经反映出了人类对大自然的最初认知。如世界大洪水故事《诺亚方舟》讲的便是“耶和华见人在地上罪恶极大，于是宣布将使用洪水，毁灭天下地上有血肉有气息的活物，无一不死”。据说世界各民族约有3000多则与此类似的神话传说。

中国的《淮南子》①《山海经》②《史记》③等古籍文献中记载有诸多反映人与自然之间关系的传说。如《女娲补天》《后羿射日》《大禹治水》等神话故事都有与生态环境有关的描述。这些民间故事虽然没有提及具体的生态问题，但所涉及的内容都反映出人类的生态环境与现实生存之间的关系。如《女娲补天》故

作者简介：拜合提亚尔·阿布力米提　新疆大学资源与环境科学学院硕士研究生

① 《淮南子》(又名《淮南鸿烈》《刘安子》)是西汉皇族淮南王刘安及其门客收集史料集体编写而成的一部哲学著作。

② 《山海经》是中国第一部描述山川、物产、风俗、民情的大型地理著作，又是中国古代第一部神话传说的大汇编。

③ 《史记》是由西汉司马迁编写的中国第一部纪传体通史。记载了上自上古传说中的桓帝时代，下至汉武帝元狩元年间共3000多年的历史，包括中国古代哲学、政治、经济、军事等内容。

事中"传说共工与颛顼争夺帝位将不周山撞倒，天地裂了一条大缝，天下发生了灾难，女娲氏炼了五彩石把天的裂缝补了起来，扫除灾害……女娲抟土造人并化生万物，使天地不再寂寞"。女娲"补完天"后，自身化生万物即天地和人类、花草树木以及其他生物，使这个世界变得更加美丽。这也反映了人类的生存与自然环境之间具有相互依赖的关系。另一则神话传说《后羿射日》，则描述了远古时期帝俊与羲和所生十子，即成为天上的十个太阳，它们轮流执勤，照耀大地。偶然一天，十日一齐出现，大地出现严重旱灾，其炎热程度将森林炙烤，并烘干了大地，晒干禾苗与林木，给人类带来灾难。再如，上古大洪水传说《大禹治水》的故事内容也在一定程度上反映了人类早期的生态环境问题。由于人类为眼前利益和欲望破坏生态平衡而连续遭受自然的严重惩罚，因此开始注重和探索与大自然和谐共存的方式。这说明人类为了生存就必须改善并保护自身的自然生存环境。

自人类出现之后，每当看到自然界一个陌生的存在物或者遇到一个自然现象的时候便进行思考，并提出疑问。如"这是什么?""这是为什么?""为什么这样?"等等一系列的问题。随着时间的推移，人类所掌握的知识不断丰富，对自己提出的问题逐渐获得答案。民间文学的出现，便是祖先的生存经验以及对大自然的一种"认识"。它所反映的即是人类先祖对自然生态环境的认识以及对自身生存环境与大自然之间存在的某些关系的知识实录。从某种意义上说，这类相关题材的出现也为后来生态观念的诞生奠定了一定的思想基础。

中国少数民族民间文学作品中反映生态环保观念的内容并不仅仅局限在神话与传说这类体裁中。民间文学的其他艺术形式，如民间叙事诗、民间童话、民间谚语、民间歌谣、民间娱乐以及日常生活中的一些民俗观念中都有诸多反映有关这一方面的内容。新疆维吾尔族的民间文学作品中就有诸多表现生态意识与环境观念的内容。

一、生态意识与环境观念在维吾尔族民间文学作品中的具体表现

维吾尔民间达斯坦(叙事长诗)是民间文学中的经典作品。民间达斯坦的情节中，最常见的是对君主的四季花果园林的描写。这样的花果园林根据君主的旨意而建成，象征四季。它们被赠送给君主唯一的儿子或女儿以表达君主对他们的宠爱。但是，在民间达斯坦中所表现的这种现象真正意义不仅仅是对美丽花果园林的美化和描写，更是表达维吾尔族对自身生存的生态环境的一种梦

想。特别是对大自然的描写也适合于维吾尔族的生态环境理念和精神愿望(如对花果园林中各种美丽鸟类生动地描绘,为花果园林的环境赋予了自然美和生态美)。此外,传说中的帕尔哈提劈开比斯顿山,挖出一道水渠,绿化沙漠戈壁,准备喜仁的"彩礼"④等等内容,都表现了维吾尔族百姓努力改善恶劣的自然环境、热情对待生活、乐观向上的生活态度。它是对古代新疆地区美丽生活环境的一种憧憬和深切的挚爱。

在许多维吾尔族的民间故事中,对于生态环境保护的问题并不是直接地提出来,而是结合其他的社会问题予以描述。比如,在《桑树影子》中,以乡村青年和巴依(财主)之间进行的桑树影子的买卖为线索展开的故事情节就是一个典型的例证。在这个故事中,表面是描写巴依利用自己的桑树影子来敲诈维吾尔族的普通百姓,但是这里隐藏并反映出维吾尔族百姓中存在的一个非常重要的生态环保观念。试看《桑树影子》故事中所写的这首维吾尔族民歌:

赶巴扎的路很遥远,
酷暑中孩子们受冤。
你想桑树下乘凉快,
巴依出来赶你走远。

这首民歌描写的是在酷暑季节人们在酷暑中所受的欺压:赶巴扎的路程遥远,孩子们在酷热中受罪哭泣,整个一条道路上除了一棵桑树,没有其他能够乘凉的树木。这首民歌从侧面反映了维吾尔族百姓在酷热的夏天中对绿洲的渴望。故事从另外一个角度告诫人们要想生活得美好,必须要靠自己改善现实中的自然生存环境。可见,《桑树影子》所反映的不仅仅是巴依和乡村青年之间表面的利益关系,而是侧面强调并告诫人们要通过自己与后代的努力,通过植树造林的手段,规避财主对自己的压迫,依靠自身改善自己现有的自然生存条件。

在另一则维吾尔民间故事《木马》⑤中,王子离开了木马后,在无边无际且连一个人影都见不到的戈壁沙漠里行走。他由于分不清方向,只能寄托于运气。他忍受着路途的苦难、饥饿以及被炙热的阳光烧烤。正在此时,王子眼前突然出现一个美丽的花果园林。王子很高兴,走进了果园吃饱肚子、解渴,摆脱了死

④ 详见那瓦伊五部叙事长诗之一——《帕尔哈提与喜仁》。
⑤《木马》中的木马是用木头做的,外表像马,它有两个耳朵。扭转其右耳朵就马上会飞上天,扭转左耳朵,会从空中慢慢降落到地面。参见《维吾尔民间故事》(维吾尔文版),乌鲁木齐:新疆人民出版社,1980 年,第 1 页。

亡的威胁。

另一则民间故事也反映了类似的观念。据传,历史上有一位国王,一天他在自己的花果园林里漫步,周围是笼罩着各种美丽闪眼的花草树木,他尽情地享受着美丽的风光。在游兴消减之后,国王便在果园中找到一块凉快舒适的环境坐下休憩。很快,国王便在花草散发的香味与鸟儿叽叽喳喳的叫声中睡着了。然后,国王做了一个梦。他来到一座比他现在的这座园林还要美丽壮观的花果园林。这座园林里有着无数已经成熟并且香甜的瓜果,瓜果的香味儿直冲国王的鼻孔,馋得让他直流口水。园林中五彩缤纷的花儿盛开,各种鸟儿在鸣叫。园林中流淌着清澈见底的小溪,溪流中的小石头十分清晰……。⑥ 这样的描写在维吾尔族的民间故事里十分常见,并很受人们的欢迎。为什么会这样呢?维吾尔族百姓在生活当中缺少什么,就常会想什么。这不仅是维吾尔族百姓的心理,也是人类一个共有的心理现象。维吾尔族人民当时最缺少的就是这样美丽而舒适的生存环境,因此在维吾尔族的民间文学故事中,对美好自然环境和理想居住条件的期待性描写可谓不胜枚举。

维吾尔族生活的干旱、酷热、沙漠戈壁、降水量极为少的自然生态环境,迫使他们创造相应的绿洲生态。绿色的树木、红艳的玫瑰,不仅作为人们适应大自然、掌握大自然规律的武器,而且已经变成他们精神生活的愿望。这就是在维吾尔民间故事里花果园林描写的真正意义所在。

二、维吾尔族民间谚语中的生态环保观念

维吾尔族民间谚语中有关生态保护观念的内容主要反映了维吾尔族百姓如何认识自然、如何保护自然以及如何利用自然的行为。其中,所反映的生态观念是维吾尔族人民在历史上形成完整的生活经验和思维活动的文化积累,是他们在生产、生活实践中所获得的经验教训的精髓,是对不同生态区域和不同经济文化类型中的生产、生活实践中所产生的自然现象和事物本质特征以及规律的深刻认识、概括以及形象化的总结。这些民间谚语所反映的生态保护方面的内容可以概括为以下几个方面:

(一)保护森林植被的生态观

采集、狩猎、畜牧业、农业是维吾尔族百姓的四大生产方式。其中的采集活

---

⑥ 详见《维吾尔民间文学大典》编委会编:《维吾尔民间文学大全·布力布力阁雅》(第二卷),乌鲁木齐:民族出版社、新疆人民出版社,2005年,第34页。

动赋予了维吾尔族人认识自然的机会。维吾尔族先民对植物具有一种特殊的感情。他们最初只靠自然绿色植物维持生存，他们所急需的食物主要就来自绿色的植物世界。这就促使维吾尔族生成了热爱绿洲的生态美学观。绿色的天地赋予了维吾尔族百姓的一切。人们在采集中发现了狩猎，在狩猎中又学会了畜牧，在从事畜牧业活动中又再次逐渐学会农业。当维吾尔族百姓进入农业社会后，在漫长的农耕实践中，他们更加深刻地认识到植被、森林与农业生产之间的关系，总结出了一系列实践经验，并将它们运用到生产、生活的过程中，获得了显著的经济效益。

在植被对气候与农业的影响作用方面，维吾尔族百姓很早就意识到森林对他们所在的生存环境的改善，以及对于保持土壤湿度与牢固程度的重要作用。维吾尔族民众创作了许多反映森林对环保起着重要作用的民间谚语。这些谚语在生产、生活中得到广泛的传播，同时也起到了教育后代保护森林和爱护森林环境的重要作用。如：

砍了一棵，应种十棵（**如果需要砍一棵树，就必须种了十棵树**）。

栽树能保持土壤的流失，无肥力的土地变成有肥力的耕地。

父亲种的树，儿子乘凉（**前人栽树，后人乘凉**）。

没有树的巴扎（**集市**），不如有树的麻扎（**坟墓**）。

沙子多了变成山，树木多了变成花园。

我栽的树已经长高了，他人没有栽树埋在沙漠下。

栽树造林不会受到荒芜的折磨，木材财富也变多。

想活长命百岁，用森林覆盖周围。

星星是蓝天的装潢，森林是大地的装饰。

财产可以受到损害，森林不能受到伤害。

没有森林的生活不像个生活，没有森林的生活就不是舒服的生活。

（二）珍惜土地和土壤的生态观

在维吾尔族人的观念中，大漠戈壁中的绿洲虽然狭小但却十分珍贵。维吾尔族百姓的经济、社会与日常生活离不开他们自己的农耕文化。因此，维吾尔族百姓也逐渐形成了珍惜土地、爱护土地的生态保护观念。他们的这些观念同时也深刻地表现在他们创作的民间谚语当中。维吾尔族百姓创作的与保护土地和土壤有关的民间谚语在日常的社会生产与生活中发挥了积极的作用。它引导人们正确地认识土地的作用，爱护土地，劝勉人们有效地利用土地。如：

土地是金桩(一寸土地一寸金)。
父亲也是土地，母亲也是土地(人要生存，全靠土地)。
土地是农家的生命线。
土地不饱，人就会吃不饱(土地施肥不够，就不会丰收)。
人如不骗土壤，土壤就不会骗人。
人如养活土地，土地就会养活人。

(三) 保护水资源、发展水利的生态观

水是万物生存的重要保障之一。在维吾尔族的民间文学中，有很多与水以及水利活动相关的谚语。这些谚语渗透在他们生活的每一个层面，在生产、生活中不受时间空间的限制，主要目的就是劝勉人们珍惜和保护水资源，以及有效地利用水资源；随时提醒维吾尔族百姓，让他们深刻认识到水资源与自身生存环境的密切关系；提醒当地百姓为了美好的生活环境，必须节约和爱护当地的水资源。这些谚语如：

水是土地的血液。
灌浆水是活命水。
一滴水可以养活植物，劳动可以养活人。
与其爸爸做水管，不如土地在上游(近水楼台先得月)。

(四) 日常生活中所表现的生态环保观念

1. 植树造林。维吾尔民族世代居住的区域往往是由大大小小的绿洲组成。他们在盖房前，首先要完成绿化庭院周围的工作。他们选定好盖房的区域后，便开始挖深沟，用来引水浇灌。他们根据当地的土壤情况，栽种适宜于该地的各种树木(一般为白杨树、黄柳树、桑树、沙枣树……)，并在院子前面种满葡萄，院子后面种植一些果树。如此一来，维吾尔人在搬进新家后，周围很快就会出

现一个小的绿洲。维吾尔人还有在生孩子时就为孩子种树(主要以白杨树等有经济价值的树木为主)的习俗。等孩子长大后,这些树木就会产生一定的经济收益。这样,既有经济效益又达到了绿化居住环境的目的。

2. 种植花卉美化环境。维吾尔族百姓不仅喜欢绿化家院,而且还有在院子里用花盆种花、养花的习惯。沿着葡萄架生长的葡萄藤与院子里的花草植物融为一体,形成一个绿色的游玩休憩之地。这在干旱且酷热的新疆地区不仅可以美化环境,还可以给维吾尔族百姓提供一个舒心的休养之地。总之,在维吾尔族百姓的院子的前前后后,人们经常能够看到美丽显眼的绿色景观。

3. 尊重自然生态环境主题的民间游戏。维吾尔族对绿色环境的特殊感情在民间游戏中也有表现。有一种民间传统游戏叫作"刀郎麦西莱甫"⑦。这个传统的游戏由许多游戏组成。其中,有一个游戏被称为"齐娜花"("齐娜花"是"石竹花"而"齐娜——chine"在维吾尔语中是"瓷碗"的意思)。做游戏时,人们围圈而坐,"麦西莱甫"中人手拿着一个"齐娜碗"放在盘子里,配合舞蹈动作喊三下"齐娜花",其余的人按先后顺序,一个接一个地说出一种花儿的名称。前面的人已经说过的花儿名称,后面的人不能重复。如果重复了不仅算输,而且还必须要接受"惩罚"。这样,人们为了不输给别人,就主动地去学习植物名称。如此一来,人们就投入到自然的怀抱,掌握并知晓了诸多的植物名称,并且慢慢地认识与了解到植物的来源、特点以及它们的用处。

在新疆哈密地区,当地的维吾尔族百姓喜欢玩一种被称为"绿苗麦西莱甫"的民俗游戏活动。⑧ 这种活动来自于当地的维吾尔族百姓有冬季在家养农作物绿苗的习惯,也就是将农作物的绿苗养到春天为止。他们在每年冬季农闲时会举行一项民俗活动,当地人称其为"麦西莱甫"。其目的是喜迎春天的来临。他们在瓷盘上种蒜苗(大、小麦),禾苗长到 5 至 7 厘米时,由主办"麦西莱甫"的家庭保管。当"麦西莱甫"结束时,举行一个交接仪式,把盘上的苗交给另一家保管,轮流持续到春耕。先人利用巧妙的办法,把后人引导到大自然中,使他们早一点认识并理解自己的生存环境,从而养成爱护大自然、理解大自然并同大自然和睦相处的习惯。上述各类民间传统游戏活动也是维吾尔族人热爱生态环境的一种直接表现。

4. 爱护动植物。不伤害动植物是维吾尔族将自己视为大自然的一部分的

---

⑦ 阿布力米提・麦麦提:《维吾尔族麦西莱甫研究》,《中央民族大学学报》2010 年第 3 期。

⑧ 阿布力米提・麦麦提:《维吾尔族的颜色审美及其所表现的民俗文化现象》,《青海民族研究》2004 年第 2 期。

另一个具体表现。渔业和畜牧业是维吾尔民族百姓日常生活的重要组成部分。维吾尔人在抓鱼(钓鱼和撒网)时,如果捕捞到比胳膊还小的鱼,便会立即放回水中。出生不满六个月的小羊羔、小绵羊、小牛、小马驹的肉是不能吃的。因为,任何生物的生命只有一次,它们也同其他生物一样,都有生活在大自然中的权利。人类利用它、享受它也有一定的期限。维吾尔族人用实际行动来实现他们与大自然融为一体的观念。因此,他们认为保护绿色生态环境的基本要求就是从珍惜和保护小生命(动植物)做起。如谚语云:

与其伤害小植物,不如伤害你自己的手。
你的财物可以受到损害,但森林不能受到损失。

生态环境的禁忌,如:

不要往水里、水边大小便;水(江、河、湖、泉、井、水渠、小溪)边不能洗衣服。

以上都是被看作是不吉利的行为而受到严厉的限制。因为这种行为不仅污染环境,而且还代表着一个民族在是否具有良好的自然生态观念、是否遵守自然规律、是否形成爱护自然生态环境的修养与素质。因此,维吾尔族的房屋住所往往覆盖着绿色植物和红玫瑰,而与之相配合的爱护清洁干净的传统习俗也被世代延续。

此外,维吾尔民间谚语中还有有关天气和气候的谚语,如:

清爽的空气,百病的良药——空气清爽,有益健康。

有关农业和园艺生产的,如:

节令不饶人——翻地须在秋天,否则就犁百遍。
石榴要种在沙滩,无花果要种在塘边。

有关动物生态的,如:

马咳嗽做盘槽，牛咳嗽准备刀。

有关季节的，如：

季节一到，手上把坎土曼拿到（**坎土曼：维吾尔族的一种农业工具**）。

从上述谚语中，我们也能够看到，维吾尔族不仅在日常生活中总结自然生态规律，同时也善于在日常生活中遵守与使用它。

5. 古代法律对破坏生态环境的惩罚。维吾尔族的先人是当之无愧的环境保护者。保护植物早就列入到了当时的法律法规条例中。鄯善（楼兰）王国用佉卢文记载的《森林法》上明确规定："禁止任何人随意砍伐树木。连根砍掉树木的，不管他是谁，将罚一匹马。不允许树木在长的时候砍伐，砍伐树木大树枝的要罚一头母牛。"

三、结　语

可见，维吾尔族的生态文明是在避免与自然冲突以及与自然和睦相处过程中总结出来的科学认识。这种认识一直在维吾尔族生活中占据着最重要的位置。在此过程中，维吾尔族也就学到了怎样对待和利用自然中的存在物。另外，在整个手工艺产品中也有表现维吾尔族生态意识与环境观念的内容，因篇幅的关系暂不赘述。

综上所述，维吾尔族民间文学和日常生产生活中所表现出来的生态意识与环境观念的精华一直伴随着维吾尔族的生产与生活，在正确处理人与自然的关系上发挥了其在历史上应有的作用。

参考文献

[1] [英]杰拉尔德·G. 马尔滕：《人类生态学——可持续性发展基本概念》，北京：商务印书馆，2012 年。

[2] 江帆：《生态民俗学》，哈尔滨：黑龙江人民出版社，2003 年。

[3] 耿世民、吐尔逊·阿尤甫整理：《古代维吾尔族英雄史诗——乌古斯可汗》（维吾尔文版），北京：民族出版社，1980 年。

[4]《维吾尔民间文学大典》编委会:《维吾尔民间文学大典》(维吾尔文版),北京:民族出版社,2005年。
[5] 童恩正:《人类与文化》,重庆:重庆出版社,2004年。
[6] 中共中央编译局编:《马克思恩格斯选集》(第三卷),北京:人民出版社,1972年。
[7] 买买提·热依木:《维吾尔民间谚语》,乌鲁木齐:新疆人民出版社,1980年。
[8] 马俊民、廖泽余编译:《维汉对照维吾尔谚语》,乌鲁木齐:新疆人民出版社,2007年。
[9] 阿里木·伊米提等编:《维汉维吾尔民间俗语词典》,北京:民族出版社,2006年。
[10] 阿布力米提·买买提、欧阳伟:《维吾尔麦西莱甫研究》,《中央民族大学学报》2010年第3期。
[11] 阿布力米提·买买提:《维吾尔族色彩审美及其表现的民俗文化》,《青海民族研究》2004年第2期。

Ecological Consciousness and Environmental Concepts in Xinjiang Uyghur Folk Literature

Bayhtiyar Abulimiti

Abstract: Ecological problems have become global issues since the mid to late 17th century. At this time, ecology was also recognized as an emerging discipline. The Uyghur people of Xinjiang were early to realize the relationship between human beings and nature, and began to explore the ecological environment and survival issues. They initially expressed their awareness and attitude toward ecological consciousness and environmental concepts in the form of folk creations. The ecological consciousness and environmental concepts in Xinjiang Uyghur folklore works are worth studying, and their historical and cultural values can provide a reference for the study of modern ecology.

Keywords: folk literature; ecological consciousness; environmental concepts

当代博物馆语境中的昆曲"非遗"文物抢救保护浅论
——以中国昆曲博物馆为例

孙伊婷

摘　要：对昆曲这一世界级"非遗"的保护传承而言，文物古籍史料是其他一切工作开展的前提与基础，也在很大程度上决定了昆曲未来发展的远景和潜力。本文从文物史料的抢救征集、控保文物古迹建筑及馆藏文物的保护管理、文物史料的学术研究出版、藏品保管的数字信息化建设等四个方面论述了当代博物馆语境中的昆曲"非遗"文物抢救保护。

关键词：博物馆；昆曲"非遗"；文物抢救保护；中国昆曲博物馆；数字信息化

就昆曲这一世界级"非遗"的保护传承而言，文物古籍史料是其他一切工作开展的前提与基础，也在很大程度上决定了昆曲未来发展的远景和潜力。从根本上说，学术研究、展览陈列、演出活动、社会教育、衍生开发等昆曲工作的所有环节均有赖于现存留世的昆曲文物史料。同其他舞台表演艺术相仿，一般而言，昆曲文物史料分为"静态"和"活态"两种形态。其中，所谓"活态"史料是指昆曲传承的表演、活动、会议等影音资料，其本质是将外界声音、影像等活态信息元素以静态存储介质的形式摄录保存，因此同时涉及"静态"与"活态"两个方面。这两大类文物史料的抢救保护都离不开"人"的作用，尤其是后者。

诚然，昆曲文物史料的合理妥善保管涉及人力、物力、财力等方面，有赖于增加资金投入、健全管理机制、提升队伍素质、改善保管设施等诸多条件。作为由文化部立项批准兴建、全国唯一专业性的昆曲博物馆，笔者所在的中国昆曲博物馆（以下简称"昆博"）近年来在昆曲文物史料的抢救保护方面作了相当可观的努力。本文仅以昆博为例，从昆曲文物的抢救征集、保护管理、研究出版、数字信息化等四个方面对当代博物馆语境中的昆曲"非遗"文物抢救保护作简要论述。

作者简介：孙伊婷　中国昆曲博物馆资料研究部副主任

一、有针对性地加强昆曲文物史料的抢救征集，积极拓展馆藏文物的征集渠道和途径，充实藏品体系，提升藏品质量和数量

昆曲既然被联合国教科文组织列入首批世界级“非遗”名录，那自然历史上流传下来的静态、活态文物古籍史料便会极大丰富。在昆曲静态史料方面，昆博现藏有明、清以来的各类珍贵昆曲曲谱剧本、名家抄本手折、老戏单、老唱片、老照片、器物玩件、服装道具、手绘脸谱、乐器、书画、雕刻碑帖等，其中不乏昆曲名家名人的珍存旧藏。其中，文字类史料包括了明、清两代及近现代各历史时期的木刻本、石印本、手抄本、影印本、铅印本、油印本等。昆博历年累计征集和收藏了近现代昆曲史上80余位名家名人的个人艺术史料，弥足珍贵。这些馆藏文物史料除去苏州戏曲博物馆[①]1986年至2003年近二十年间的旧藏外，均为昆博自2003年11月建馆至今的十余年间陆续通过征集购买、接受捐赠、单位交换、上级分配等多种渠道和途径获得。而在昆曲活态史料方面，馆藏最珍品即晚清、民国昆曲名家经典唱段的黑胶木老唱片集。自2009年至今，戏博已成功申报国家二、三级文物及江苏省珍贵古籍60余件(套)，其中包括清末民初苏州“宝和堂”堂名灯担等昆曲文物古籍30余件(套)。诚然，作为国家三级博物馆，较故宫博物院、南京博物院、上海博物馆、苏州博物馆等综合性的大型专业文物收藏单位而言，昆博目前的定级文物古籍数量虽不够丰富，藏品年代亦不算久远。但鉴于其“非遗”艺术类专业博物馆的双重身份和职能定位，其藏品确极富专业性和特殊性，这些馆藏文物史料在整个昆曲史上的历史意义、文物价值和艺术底蕴无疑是至关重要的。

未来，昆博将进一步积极拓展征集渠道，通过购买购拍、接受捐赠、交换分配等多种途径，努力征集能够体现昆曲各历史时期、各地域发展面貌的珍贵文物史料。

二、对昆曲相关的控保文物古迹建筑及馆藏昆曲文物古籍史料采取较稳妥的预防性、保养性、修复性保护等基础性保管措施

建于清光绪五年(1879年)的苏州全晋会馆，作为全国保存最完好的近代晋商会馆建筑群，因馆内华美精妙的古典剧场及别具风味的各色古典戏文木雕、

① 中国昆曲博物馆馆址前身为建于清代的苏州全晋会馆，1986年苏州戏曲博物馆(以下简称“戏博”)在此建馆。2003年，经文化部批准，在苏州戏曲博物馆的基础上新建“中国昆曲博物馆”，仍沿用全晋会馆馆址。

石刻、砖雕、泥塑而与昆曲、戏曲艺术结下了不解之缘，堪称苏州古典风情与山西晋商文化完美结合的建筑典范，曾被世界建筑大师贝聿铭高度赞赏。2006 年被国务院列为“全国重点文物保护单位”，现为苏州市控保建筑。2014 年 6 月 22 日，中国大运河在第 38 届世界遗产大会上被批准列入“世界文化遗产名录”。作为运河沿线唯一以“古城概念”参与申遗的城市，苏州古城申遗终于圆梦，而作为苏城七个代表性点段之一的苏州全晋会馆亦被列为“世遗”景点。对昆博而言，这一“双世遗”殊荣可谓空前！

2003 年，中国昆曲博物馆在苏州戏曲博物馆的基础上建成，至今已二十年。因原馆舍内部木结构出现白蚁侵蚀、木质门窗油漆脱落、墙体粉饰剥落、整体陈列老化过时、电器线路受潮损坏等问题，亟需对原馆舍展厅进行整体维修和陈列更新。鉴于此，2014 年昆博启动了“全晋会馆整体综合维修保护及陈列提升工程”并于 2016 年初全面完工，并重新对外开放，以崭新的面貌迎接广大昆曲爱好者。此外，昆博对“镇馆之宝”清末民初“宝和堂”堂名灯担及其他各展厅的珍贵展品配备了电子监控及安保人员实施 24 小时监控保护，文物库房配备必要的防盗、防火、防霉、防虫、防潮用品及电子设备设施等，以维护馆藏文物保存状态的安全稳定，并严格做好藏品出入库管理工作。

事实上，整体性架构、添置高科技藏品保管设备设施，做好馆藏昆曲文物的保管工作，将是博物馆一项与时俱进的常态化工作。近年来，昆博已陆续对部分馆藏文物古籍进行了修复性保护。2015 年，更成功申报启动了国家重点可移动文物保护项目“戏博馆藏纸质文物保护修复”，对数十册亟待抢救保护的馆藏文物古籍进行了修复，其中以昆曲名家手折、曲谱等为主。该项目对昆曲文物古籍的保护而言，无疑有着十分重要的意义。

三、高度重视昆曲静态、活态文物史料的合理开发利用，积极申报开展各级各类学术科研项目及课题，将别具特色的文物史料整理结集出版

这项工作涵盖了昆曲文物史料的采集、辑录、整理、开发、制作、出版等具体环节。在保护昆曲文物的同时，将这些昆曲史上的“活化石”尽可能以其原貌公之于众，以飨广大昆曲受众，拍摄、扫描等一次性技术耗损换来的将是大众的永久性资源共享。尤其值得重视的是，对目前尚健在的昆曲老艺术家、资深专家学者的口述历史访谈和活态表演艺术的影音资料采录工作。包括对老艺人学艺排演过程的记录和艺术经验的总结、关于传统剧目折目的“说戏”环节及对其

活态艺术演出传承的录音录像等。随着老艺人、老专家们年事渐高，这些工作越发受时间的限制，因此也就尤为紧迫和重要。近年来，昆博陆续整理出版（或参与编撰）了文化部《春华秋实　兰苑芳菲——“国家昆曲艺术抢救、保护和扶持工程”十年成果展示》、《国家昆曲艺术抢救、保护和扶持工程五年成果展示》、《中国昆曲年鉴（2012—2016）》，以及《（张紫东家藏）昆剧手抄曲本一百册》（荣获“苏州市第二届文化遗产抢救整理研究类优秀成果”特等奖）、《含英咀华昆谱集萃（第一辑）》、《如花美眷　似水流年——中国昆曲博物馆藏高马得戏画精选》、《民国昆曲名家珍贵唱段集粹》、《毛伟志昆曲传统唱段选》、《月明云淡露华浓——肖向平演唱专辑》等文字、书画、音像出版物，在业界颇受好评，并通过扫描等技术手段抢救保存了部分精选馆藏昆曲老照片的高清电子档。

目前，被国家新闻出版广电总局批准列入《“十三五”国家重点图书、音像、电子出版物出版规划》的“中国昆曲博物馆藏稀见昆剧手抄曲谱汇编”之扬州谢氏《莼江曲谱》也正在积极申报中。未来，昆博将继续对部分别具特色的馆藏昆曲文物史料作进一步合理开发利用，密切关注不同受众群的文化需求，扩大昆曲文化的受众面。在重视学术性、专业性，做好经典整合出版的同时，还须重点加强研究出版的通俗性、可读性、可观性、可感性，对历史上流传广远的昆曲经典剧目折目、著述等，以精华片段作为切入点，作 21 世纪新视野下的解读、发掘乃至重构（二度创作），深入浅出、古韵今风，微言大义、以管窥豹，如尝试开发适合少年儿童、外国受众、残障人士等不同受众群体的昆曲出版物，从内容、形式上双管齐下，增加出版物的感观、时尚、趣味元素，重视出版物的感官包装，走精品化的昆曲“非遗”出版开发路线。

此外，文物史料的合理开发利用还涉及昆曲文化衍生产品的设计开发、昆曲特展的布置陈设等。因本文重在探讨文物史料的研究出版方面，且此二者更多偏向展演宣教领域，另有专论。

四、引入高科技手段，密切关注昆曲藏品保管的数字信息化建设，为昆曲文物史料的高效管理和资源共享搭建技术平台

值得高度重视的是，有别于传统旧式的文物史料保管方式，当今高科技、多媒体手段的迅猛发展与普及更新，使得藏品保管的数字信息化建设已然成为一项极为重要且必要的工程。这项工作不仅在很大程度上有利于文物史料的可持续抢救保护和合理开发利用，更是一种不受时空限制、可最大程度普及昆曲

文化的高效便利的运作模式，其核心在于数字信息技术，涉及网络结构整体布局、程序编排设置、软件设计开发、数字设备采购、转录技术应用、系统操控实践、资源信息整合录入、系统调试维护等一系列具体环节。近年来，昆博在藏品保管的数字信息化领域进行了一系列创新性尝试。自 2016 年下半年起，昆博积极参与了由英国剑桥大学国王学院、江苏省文化厅联手打造的国际上首个"全球昆曲数字博物馆"项目。作为启动于 1983 年的剑桥大学"康河计划——保护即将消失的世界"中的文化品牌数字项目之一，该项目将充分借鉴该计划中目前已成功创建的几大数字平台的制作经验，为中国昆曲"非遗"在世界范围内的传播，搭建国际研究与传播平台。而作为目前全国唯一的昆曲"非遗"领域的专业性博物馆和重要学术研究机构，昆博在该项目中发挥了极为重要的作用，整合展示了昆曲文物、历史人物、服饰道具、乐器场面、昆剧院团、保留剧目、经典唱段、名家演员等精彩内容。

此外，基于文化部的大力支持，昆博正牵头"全国文化信息资源共享工程 2014 年地方资源建设项目——《中国昆曲艺术音视频资源库》"的筹备建设工作，集中多方力量投入，对馆藏珍贵昆曲音像史料及全国七大昆曲院团的音视频资源规范组织系统采集、专题整理，经数字化处理后，以期广泛传播。该项目将有效整合全国七大昆剧院团、昆博等全国现有昆曲音像资源，抢救保护大量珍贵的昆曲原始活态资料，提高资源利用效率，宣传展示昆曲的艺术魅力，促进昆曲的学术研究；服务昆曲从业人员、研究者、爱好者、社会公众，实现各方昆曲活态资源的共建共享，满足公众日益增长的文化生活需求，从而很好地填补我国昆曲"非遗"活态资源共享建设的空白。昆博 2014 年积极参与了国务院"全国第一次可移动文物普查"，将馆藏明、清、民国时期的可移动文物数据信息做了统计整合、排序编号、数码拍摄、离线录入、核对复检、登录平台，从而对本馆最具价值、最为珍贵的昆曲等藏品进行了摸底普查。昆博 2011 年建设开发了本馆专属的"馆藏资料数据库管理系统"，针对本馆藏品的专业性和特殊性，将其划分为文字、音像、实物、照片四大栏目及若干子栏目，设置相对应的索引项，从而基本实现了馆藏文物录入查询导出的数字信息化管理。从长远来说，利用高科技手段对馆藏文物进行二维、三维数字化处理，将文物实体转换为数字信息，也将使藏品查询利用更为直观与便捷，也更有利于馆藏文物的保护。

结　语

综上所述，中国昆曲博物馆在昆曲"非遗"文物史料的抢救保护领域已做了相当的实践努力。同时,也尚有许多创新设想和方法措施值得进一步探讨和尝试。本着保护弘扬昆曲"非遗"、加强文化社会服务的立馆宗旨,专业博物馆应当更好地胜任昆曲史料实证的支持者、物质载体的收藏者、"非遗"内涵的研究者、"非遗"价值的传播者、推广传承的实践者、文化空间的守护者、"非遗"项目的保护者等多重角色,以更积极、更开放的姿态迎接下一个十年。

On the Rescue and Protection of Kunqu Opera Intangible Cultural Heritage in the Context of Contemporary Museums

— Take the Kunqu Opera Museum of China as an example

Sun Yiting

Abstract: For the protection and inheritance of Kunqu Opera, a world-class intangible cultural heritage, historical materials of cultural relics and ancient books are the premise and foundation for all other works, and also determine the prospect and potential of Kunqu Opera's future development to a large extent. This paper discusses the rescue and protection of Kunqu Opera "intangible cultural heritage" in the context of contemporary museums from four aspects: the collection and rescue of historical relics, the protection and management of historical relics, the academic research and publication of historical relics, and the digital information construction of collection storage.

Keywords: museum; Kunqu Opera, intangible cultural heritage; rescue and protection of cultural relics; kunqu Museum of China; digital information technology

“演员中心制”始于北宋“杂剧色”的重大物证

元鹏飞　李宝宗

摘　要：中西戏剧走了两条不同的道路，具有两种不同的体系。一条是古希腊戏剧从原始宗教祭祀演进而来的“剧本（作家）中心制”道路和体系；一条是中国戏剧从古代礼乐文化中孕育出来的“演员中心制”道路和体系。中国戏剧没有依托作家与剧本，而是孕育诞生于乐舞表演之中。宫廷对于乐舞和优人的管理使中国的戏剧具有了组织化、体系化的特性。在唐代形成的戏剧和梨园基础上，北宋纳入宫廷管理的杂剧中出现的杂剧色，构造了中国戏剧“演员中心制”的完善机制。新近出土的北宋宣和二年石棺杂剧线刻图证实了北宋杂剧艺术的高度完备与成熟程度，北宋“露台弟子”四人组砖雕则与文献记载相呼应，证实了“演员中心制”始于北宋，也揭示了宋金是中国戏剧第一个黄金盛世的历史事实，元杂剧只是这一历史事实水到渠成的结果。

关键词：杂剧色；露台弟子雕砖；演员中心制；戏剧成熟

引　言

学界普遍认为，自清中叶“花雅之争”后出现的地方戏勃兴，标志着中国戏剧从元明清的作家中心转变为演员中心，并成为近代戏剧引人瞩目的景观。其中，梅兰芳先生蜚声中外的艺术成就堪称这一历史转折的辉煌典范。这一认识也是描述中国戏剧发展史的标准范式，使中国戏剧史的表述呈现为地方戏兴起前后作家中心和演员中心的两个阶段。

清中叶以来中国地方戏的兴起，即使有剧作家的心血浇灌和杰出贡献，也不是决定性的要素，剧作家的贡献集中体现在多数地方戏成为“大戏”“大剧种”的进程之中，这和元明清时期出现作家中心阶段的情况类似。但在多数大戏（剧种）成熟后，依然是演员（流派）中心的局面。而追溯地方戏的兴起历程，演员尤其是走向有组织班社的流动演出，班社在舞台实践基础上形成的脚色行当，从根本上决定了不同剧种的面貌和特点。这一规律，又暗合了中国古典戏曲自宋元形成到极度兴盛的历史进程。只不过，宋元时期中国戏曲的形成属于

作者简介：元鹏飞　西北大学文学院教授、博士生导师
作者简介：李宝宗　郑州市华夏文化艺术博物馆执行馆长

从无到有的"原生形成",地方戏则是各种泛戏剧形态借助宋元明清高度发展了的脚色制并以脚色制的组织机制为"路径依赖",呈现出来的戏曲多剧种的"衍生形成"。

遗憾的是,在探索中国戏曲形成的规律时,很多观点都是基于某类地方戏的形成规律而概括出来的,而没有考虑到戏曲自身从无到有的"原生形成"和这些地方戏剧种本质上是"衍生形成",属于完全不同的规律范畴的历史事实,因此其结论难免给人留下倒果为因、以偏概全的遗憾。

事实上,宋元时期戏曲的"原生形成"也是基于脚色制演化的结果,具体表现为北宋的"杂剧色"在其不断走向成熟的舞台实践中,催生出了中国戏曲脚色制的两种模式,一种是戏剧特征弱于文本形态的杂剧"一人主唱"制,一种是文本特征弱于戏剧形态的南戏七脚制,且后者最终发展成为中国戏曲脚色制的主流。两种模式的共同来源都是宋杂剧中的"杂剧色"。

一

受王国维《古剧脚色考》的影响,学界长期以来把北宋开始出现的"杂剧色"末尼、引戏、副末、副净和装孤等,直接视为戏曲的脚色名目,忽略了其在宋元文献如《梦粱录》《东京梦华录》《武林旧事》《辍耕录》等书的原始名称为"杂剧色"。

"杂剧色"的出现,标志着中国古代戏剧的发展已臻于成熟,其中伎艺类型化、服饰程式化、演员组织化是"杂剧色"出现的内在根据,随着戏剧情节的复杂和搬演规模的扩大,扮演人物的活动日益强化,极大地促进了"杂剧色"向戏曲"脚色"的演变,由此戏剧形态正式进入个人表演才能展示与提高的阶段。为适应"杂剧色"所扮的人物类型,结合演出职责的不同,"生""旦""净""末""丑"等名目被一一命名出来。结合剧本内证,可以看到"杂剧色"和戏曲"脚色"之间明显的对应关系。如南戏《张协状元》开场之末召唤"末泥色饶个踏场",舞台提示语却不是"末泥"而是"生上白",表明"生"脚系由"末泥色"发展而来;再如元刊《琵琶记》中丑扮里正,有段表白:"小人也不是里正,休打错了平民。猜我是谁?我是搬戏的副净。"表明戏曲"丑"脚源自杂剧色"副净"。相关研究进一步指出戏曲脚色"末"实际由杂剧色"引戏"演化而来,而戏曲脚色"净"则由杂剧色"副末"演化而来。[①] 因此,"杂剧色"和戏曲"脚色"的大致对应关系如下:

① 有关论述参见《国学研究》第十六卷之《明清传奇开场脚色考》、《国学研究》第二十卷《末脚新考》、《国学研究》第二十一卷《宋金杂剧"副末"兼"净"考》及《中华戏曲》第四十一辑《净脚新考》等文章。

杂剧色	末泥	引戏	副净	副末	或添一人
戏曲脚色	生(女为旦)	末(女为旦)	丑	净	外、贴

表中上栏之杂剧色,在反映当时演艺活动的文献资料《梦粱录》等书中所记为:"杂剧中……末泥色主张,引戏色分付,副净色发乔,副末色打诨,或添一人,名曰装孤。"[②]所谓"主张"即以歌唱为主,"分付"是以舞蹈动作为特点,至于"发乔""打诨"则是科白逗谑类的表演,总之表明演员由混沌的群体走向类型化伎艺演出的特点。而下栏的戏曲脚色生、旦,乃戏剧故事的男女主人公,末、净、丑则既代表了次要人物类型的分工,也有具体演出时不同表演形态的特点。上下栏的对应关系则揭示了脚色由杂剧色发展而来的历史事实。

正是在杂剧色成熟的戏剧表演基础上,戏剧艺术与诸宫调的曲唱艺术结合,也即"杂剧色"走向脚色制过程中的"戏"加"曲",就是中国戏曲艺术在宋元时期得以"原生形成"的原理与机制,这一规律又成为后世地方戏"衍生形成"的"路径依赖"机制。[③]

宋元戏曲的"原生形成"是中国戏剧从最早的"演员中心制"模式走向文本中心,在此基础上产生中国戏剧的作家中心阶段的重大转折点。也就是说宋金时期的"杂剧色",本质即是"演员中心制",其所演出的内容固然庞杂,但其中的戏剧表演已经臻于成熟。元杂剧文本的出现与诸宫调曲唱文本的悄然转换是"戏曲"得以书面化呈现的内在机理,也标志着中国戏剧进入了"文本中心"时代。只是最早的文本属于以曲唱内容为核心的记录式形态,在此基础上进一步出现了改编形态的戏剧文本,再进一步则出现了作家的剧本创作,于是中国戏剧进入了后世熟称的中国戏剧作家中心阶段。[④]

遗憾的是,中国戏剧学术研究领域对于这段历史进程的认识近乎空白。幸运的是,新近公布的两组戏曲文物,在最新发现的"杂剧色"组织机制基础上,为我们确定北宋业已存在"演员中心制"戏剧,提供了弥足珍贵的无可置辩的实物证据。

这两组戏曲文物,现珍藏于郑州市华夏文化艺术博物馆。其一为北宋宣和二年(1120年)石棺杂剧线刻图(图1);其二为见著于宋元文献的丁都赛、杨总惜、薛子小等人的画像砖(图2)。

② (宋)耐得翁:《都城纪胜》"瓦舍众伎"条,《东京梦华录(外四种)》,上海:古典文学出版社,1957年,第96页。
③ 元鹏飞:《中国戏曲原生形成论》,未刊稿,见微信公众号"梨园新视野"连载文章。
④ 元鹏飞:《中国戏曲形成模型假说》,未刊稿,见微信公众号"梨园新视野"连载文章。

图 1　北宋宣和二年石棺线刻杂剧做场图

图 2　北宋杂剧演员四人组砖雕

通过对第一组戏曲文物即宣和二年石棺线刻杂剧图的细致考察，研究者初步得出两个颠覆中国戏剧史旧有观念且符合历史实际的崭新而又重大的结论：

一是中国古代戏剧形态发展的主流是由演员而非剧作家决定的；二是宋金时期应被看作是中国戏剧发展史上的第一个黄金盛世。⑤

对于第二组即见著于宋元文献的几位杂剧色演员画像砖，虽有廖奔和康保成两位先生为之著文介绍，⑥但还缺乏对于其戏剧史意义的深入认识和理论阐发。

四人组中的丁都赛画像砖，早在 20 世纪 80 年代即已公之于世，学界也已结合有关文献进行了相关研究，但个别零星见于史载者和成组出现的杂剧演员蕴含和反映历史信息量是有很大差别的，尤其是四人组画像砖雕中的凹脸儿未见诸史载。这组四人画像砖雕的发现，对于"杂剧色"恢复其在宋元的本原称呼，以及对于其反映出的戏剧史演化规律，特别是宋元戏曲属于"原生形成"的性质的认识，将从根本上扭转我们对宋元戏剧性质的判断。

对于杂剧色具有的戏剧史价值和意义，廖文指出如下两点：一是"只有当杂剧已经成为一种为人所熟悉、所乐于欣赏的娱乐方式，才可能被容许进入墓葬为冥府中的墓主人服务，说明了杂剧日常演出在这一带的盛行"。二是"从丁都赛等人在汴京演出，到名声传播至三百里外的偃师县和温县，再到将其形象模勒造型、烧制成砖，最后在建造墓葬时砌入墓壁，这要有一个过程"。在古代资讯较为封闭，交通不甚发达的情况下，丁都赛等人能够迅速走红于地域广阔的城乡，成为迄今为止世界最早且见于历史记载的四人组戏剧演员，这种崇高的艺术声望必然由无数场成功的精湛演出所锻铸而成。

四位杂剧色中的三人名姓见于南宋孟元老的《东京梦华录》。该书卷七"驾

⑤ 元鹏飞：《北宋戏剧形态发展的重大新物证——宣和二年杂剧石棺线刻图考论》，《中华戏曲》第五十一辑，北京：文化艺术出版社，2015 年。

⑥ 廖奔：《北宋杂剧艺人肖像雕砖的发现》，《中原文物》2015 年第 4 期；康保成：《新发现的四方北宋铭文杂剧砖雕初考》，《中原文物》2015 年第 4 期。

登宝津楼诸军呈百戏”条记述上巳节时，皇帝率群臣登上宝津楼，观看百戏表演。其中，有“露台弟子杂剧一段——是时弟子萧住儿、丁都赛、薛子大、薛子小、杨总惜、崔上寿之辈，后来者不足数”的记载。“薛子小、杨总惜”二人名字又见同书卷五“京瓦伎艺”条，记载“崇、观以来”在汴京瓦舍勾栏里进行商业演出的演员，有“教坊减罢并温习张翠盖、张成，弟子薛子大、薛子小、俏枝儿、杨总惜、周寿、奴称心等般杂剧”⑦。事实上表明了宫廷杂剧艺术与民间杂剧活动的互动，就是在这样的条件下，普通民众才能近距离接触服务于皇室贵族的精湛宫廷杂剧艺术，并进而对其中的杰出代表进行狂热的追捧。若以雅俗共赏为标准，则这批雕砖中的四人就是出现于文献众人中的典范。加上未见诸文献的凹脸儿，四人恰好是一组成建制的演员群体。

我们知道，在散乐百戏时代，演员群体是不成体系、无组织而各自为战的。唐代梨园借鉴教坊管理演员的分部制，初步实现了乐舞歌唱演员的组织化，并在唐代已形成的戏剧基础上开创了乐舞演员有机构有组织地进行戏剧表演的先例，唐玄宗李隆基也由此成为了中国戏剧的“终极祖师”或者说原生戏神。北宋在将唐代形成的杂剧艺术纳入宫廷管理的同时，也借鉴了梨园将乐舞戏演员组织化管理的方式，这就是杂剧色的出现。这里的杨总惜、丁都赛、薛子小和凹脸儿分别职司末泥色、引戏色、副末色和副净色的文物新发现，比之其他同样成组出现的无名姓杂剧色雕砖，具有了更大的戏剧史价值：杂剧色组织不仅是历史存在的演员演出机制，还是经由宫廷肯定的有名有姓的明星演员示范出来的“演员中心制”戏剧组织机构。

《南村辍耕录》曾记载金代：“教坊色长魏、武、刘，三人鼎新编辑：魏长于念诵，武长于筋斗，刘长于科范。至今乐人皆宗之。”其中魏氏显然属于末泥，武氏当为副末，而刘氏则为副净。呈现出各司其职而又各有所长的综合表演艺术同步演进的历史态势，恰和这组四人雕砖杂剧色的组织机制及其表演艺术均衡化同步综合呈现的事实相呼应。所以四人组杂剧砖雕不仅典型地体现了中国戏剧艺术在宋代的发展态势，更证实了中国戏剧的成熟是可以以杂剧色的出现为标志的。

二

关于中国戏剧的成熟，在以何种标准判断和确定属于哪一时段这两个至关

⑦ 对本段材料，有不同的断句异文，我们另有辨析，此处不赘。

重要的指标方面,剧本显然是基本一致的判断戏剧成熟的标准,只是在剧本形态的判断上导致了判定戏剧成熟时段的差异。例如,"先秦说"以诗经、楚辞等为材料论证,汉魏说以《公莫舞》等材料为依据,即使在这一点上明确反对《宋元戏曲史》的《唐戏弄》也没能摆脱这一思维定式。[8] 这种思维定式又来源于缺乏审慎考察即对西方戏剧理论的直接运用,全然未考虑东西方文化的内核异质特性对戏剧形态塑造的不同作用,也没有从相干性和关联性上辨析确定东西方戏剧实践与理论运用的界限。[9] 因为西方戏剧经由原始宗教祭祀仪式顺承而来的历史脉络清晰,在此基础上由亚里士多德概括出的一套理论也主要适合于西方戏剧。即使如此,我们也还是要强调戏剧的表演艺术特质,也就是说西方戏剧剧本的产生也是戏剧表演形成和成熟过程中的产物,只是剧本作为戏剧之树上的果实,包孕着后世戏剧演出必须的故事要素和叙事框架,或者说是戏剧成熟而原生出来的剧本导致了后世戏剧的衍生,也就因此确立了"作家(剧本)中心制"戏剧的历史合理性。但这套理论虽然在某些共通本质上与中国戏剧必然关联,却和中国戏剧的形成、成熟不具有相干性。因为中国戏剧归根结底是在礼乐文化生态中乐舞表演艺术发展的产物。[10]

我们可以从中国戏剧史研究的开山之作《宋元戏曲史》中的相关论述说起。《宋元戏曲史》第七章"古剧之结构"说:"唐代仅有歌舞剧及滑稽剧,至宋金二代而始有纯粹演故事之剧,故虽谓真正之戏剧起于宋代,无不可也。然宋金演剧之结构,虽略如上,而其本则无一存,故当日已有代言体之戏曲否,已不可知。而论真正之戏曲,不能不从元杂剧始也。"[11]王国维论定戏曲形成于元的确凿依据就是存留至今的元刊杂剧。

然而,即使有此论断,《宋元戏曲史》仍表现出极大程度的自我矛盾。这可由其接下来关于"真戏曲"的论断看出。

首先,其对戏剧、戏曲的关系有如下断语:"后代之戏剧,必合言语动作歌唱,以演一故事,而后戏剧之意义始全。故真戏剧必与戏曲相表里。"[12]这个"真戏剧"其实就是"杂剧色"搬演的"古剧",也即中国戏剧史上最早成熟的戏剧。这种成熟戏剧就像后来产生的地方戏,未必一定要与"戏曲"相表里来成为《宋

---

⑧ 对此具体的论述有《摆脱找寻中国最早剧本的迷思》一文,待刊稿。

⑨ 对此详细的论述有《东西方戏剧及理论相干性和关联性述评》一文,待刊稿。

⑩ 对此详尽的论述有《世界戏剧的东方道路及其文化根性论》一文,未刊稿。

⑪ 王国维:《宋元戏曲史》,上海:上海古籍出版社,1998 年,第 61 页。

⑫ 王国维:《宋元戏曲史》,上海:上海古籍出版社,1998 年,第 32 页。

元戏曲史》所指的依托剧本的“真戏曲”。

其次，其对“真戏曲”的论述是：“元杂剧之视前代戏曲之进步，约而言之，则有二焉。……每剧皆用四折，每折易一宫调，每调中之曲，必在十曲以上；其视大曲为自由，而较诸宫调为雄肆。……其二则由叙事体而变为代言体也。宋人大曲，就其现存者观之，皆为叙事体。金之诸宫调，虽有代言之处，而其大体只可谓叙事。独元杂剧于科白中叙事，而曲文皆为代言。虽宋金时或当已有代言体之戏曲，而就现存者言之，则断自元剧始，不可谓非戏曲上之一大进步也。此二者之进步，一属形式，一属材质，二者兼备，而后我中国之真戏曲出焉。”⑬

这里所说的“形式”即“曲”，包括大曲与诸宫调的音乐结构要适应杂剧的表演情况固然有道理，但关于材质即所谓“代言体”的论断，则被后人一再证明不合实际。因为，恰恰是“剧本”自身作为证据证明了“剧本中心论”的局限。于是，《宋元戏曲史》一方面承认宋金戏剧完全成熟，一方面又受限于剧本中心论，以不知“当日已有代言体之戏曲否”否定这一事实，表现出无法调和的自我矛盾。

关键是，近年来的相关研究已经通过元刊杂剧自身内证推翻了其作为代言体戏曲的正当性。⑭ 显然，以剧本为标准提出的“真戏曲”完全没有必要。因为戏剧成熟了，剧本自然会产生。元杂剧的勃兴其实与元代科举兴废及其相关政治、经济、文化思想和社会条件的变动关系并不大，而是宋金戏剧自身发展顺理成章、水到渠成的结果，或者说元代收获了宋金戏剧发展的果实。

造成《宋元戏曲史》将立论点确立于元杂剧现存剧本的根本原因，就是王国维秉持的“剧本中心论”立场。对此，学界早有深入论证并不断予以质疑和反驳。但耐人寻味的是，王国维明明是将宋代杂剧色如末泥、引戏、副末、副净和装孤等视作“脚色”的，也就是说只要他依据其所处时代已经出现的“演员中心”的情形，看到“行当化”的脚色与宋金“杂剧色”的共通性，就可以得出“中国戏剧本质是演员中心”的结论，也就完全可以认可所谓“古剧”的成熟性质，乃至得出“北宋是中国戏剧完全成熟的开端”的结论。

需要注意的是，王国维确认了宋金杂剧的真戏剧性质，其实是认可了其完备的成熟程度，其以“古剧”命名宋金杂剧院本恰与其《古剧脚色考》的思路一致。问题是，如果《古剧脚色考》能够看出宋金“古剧”是由“杂剧色”而非“脚色”

---

⑬ 王国维：《宋元戏曲史》，上海：上海古籍出版社，1998 年，第 64 - 65 页。

⑭ 洛地：《说破·虚假·团圆》（吉林美术出版社 1999 年版）对此类现象有大量例证，并做了理论探讨，可以参看。陈建森则有专著详尽研究关于元杂剧所谓“代言”“演述”的情况。参见陈建森两部论著：《元杂剧演述形态探究》，海口：南方出版社，1999 年；《宋元戏曲本体论》，北京：人民出版社，2012 年。

扮演的事实,《宋元戏曲史》立足脚色制论“古剧之结构”的写法将大为不同。即确定“杂剧色”为中国戏剧成熟的标志,这种名为“杂剧”的成熟戏剧,又在与宋元讲唱伎艺的多种形式的结合中由于大曲与诸宫调的音乐结构适应了杂剧的表演情况。“原生形成”以唱为主的金元杂剧,以及体制更加完备,脚色制更加整饬的南戏,也就是本文开头概括的中国戏剧脚色制的两种模式。

只因王国维《古剧脚色考》以后世形成的“脚色”观念取代“杂剧色”,忽视文献原始记录,所以未能认识到杂剧色这一最早的演员组织;加上剧本中心论的立场,使他提出了不合实际且主观色彩颇浓的“代言体”观念,于是更忽视元刊杂剧剧本的形成过程。但他毕竟提出了“古剧”概念,确认了宋金戏剧成熟的性质,并且敏锐察觉出戏曲其实就是“戏”加“曲”,并指出了戏曲的形式在“曲”的方面包括大曲与诸宫调的音乐结构要适应杂剧的表演情况。

在此基础上,我们略作修改就可以描述出戏曲“原生形成”的模型:“戏曲”就是杂剧色演出的成熟戏剧与讲唱文学中的大曲尤其是诸宫调结合的产物,是中国戏剧成熟后与文学要素达到水乳交融阶段的新阶段。地方戏时期所谓“从剧作家向演员中心的历史转变”及脚色的行当化只是向杂剧色及其戏剧形态更高阶段的回归!

如果学界能够关注到域外中国戏剧研究的成果,可以看到,早在四十年前的1977年,美国哈佛大学的伊维德和亚利桑那州立大学的奚如谷已经突破中国主流学界的框架,明确提出:杂剧的分期不应该基于政治事件的历史划分;杂剧和南戏可能早在元代建立之前就已经作为完全成熟的戏剧形式存在了。他们把中国杂剧从发生到衰落的整个时期定在12世纪到15世纪中叶——作者称之为“中国戏剧的第一个黄金时期”。

根据考古发现,结合文献记载如《都城纪胜》《西湖老人繁胜录》《梦粱录》《武林旧事》中的史料。奚如谷认为:复杂的戏剧表演在北宋时期已经存在,宋金时期已经有严肃的戏剧演出;废除科举制度对元杂剧的兴起并无多大影响,但它的长期影响却是重要的和举足轻重的。奚如谷认为:中国最早的戏剧是一种“话剧(Spoken Drama)”,是活跃在北宋舞台上的通俗民间话剧。其所谓“话剧”,是指《都城纪胜》《梦粱录》《武林旧事》《东京梦华录》等文献中所载“先做寻常熟事一段,名曰艳段;次做正杂剧、通名两段”中的“正杂剧”。结合文献、文物以及杜善夫、高安道的散曲进行比较之后,他认为在这一百多年的时间里,杂剧的演出形式保持着高度的连续性,这使得他倾向于把这种连续性上推到北宋时期。河南偃师出土的北宋墓杂剧雕砖被奚如谷视为支持他观点的最有力的证据。他指出，这些雕砖的发现意义重大。因为雕砖上化妆的演员正在上演一出相当复杂的戏，而这种戏剧比戏文或元杂剧要早一百多年。

尤其重要的是，将北宋的杂剧雕砖同山西永乐宫元初的宋德方墓石棺前壁上的雕刻（此时恰值元杂剧兴盛期）相比较，在服饰化妆和表演动作上都没有发现明显的差异。这两种出土文物的相似性表明从北宋到元代的戏剧装扮和表演确实保持着连续性。这些强有力的证据表明，就“戏剧”一词的基本意义而言，即由演员身穿剧中角色的服装，以对话表演故事，面对观众在舞台上演出，且中国戏剧在元代之前很久就已经形成并存在了。鉴于文物、文献与文本材料所揭示的杂剧演出形式高度的连续性，奚如谷倾向于把这种连续性上推到北宋时期。戏曲艺人，无论是随宋室南迁，还是继续留在北方，都主要是利用北宋的传统形式来满足观众的要求。既然北宋戏剧和元代戏剧保持着连续性，那么，如果元杂剧是成熟戏剧，宋杂剧也应当是成熟戏剧。[15]

毫无疑问，从演出形态“连续性”的角度而不是单纯从剧本来看待宋元戏剧，已经可以推导出“中国戏曲剧本不过是戏剧演出的副产品”的结论。而且，事实上，王国维所据以立论的元刊杂剧之剧本形态，显然确实就是戏剧演出的记录本且以唱词为主。

此外，徐朔方先生也曾依据遗留的元杂剧剧本内部呈现的信息，即主要是故事情节的发生地域以宋金时期的政治中心汴梁、洛阳等地为主，而非文献涉及的元代大都、真定、平阳和东平等地。他提出元杂剧应该更科学地称为“金元杂剧”的主张，[16]虽对破解王国维式的论点无甚突破，但也具有“连续性”的学理意义。

此外，卢冀野关于中国戏剧“一粒橄榄”的描述及其“曲的历程”说法，就更形象了：

> 元明清三代的杂剧传奇，这是以“曲”为中心的。我们可以从曲的起源上推论到宋，到六朝。突然去掉了南北曲的关系，叙到皮黄话剧，这好像另外一个题目似的。我说过一个笑话：中国戏剧史是一粒橄榄，两头是尖的。宋以前说的是戏，皮黄以下说的也是戏，而中间饱满

---

⑮ 具体论述参见曹广涛：《英语世界的中国传统戏剧研究与翻译》，广州：广东高等教育出版社，2008 年，第 56－58 页，第 74－76 页。

⑯ 徐朔方：《金元杂剧的再认识》，《徐朔方集》（第一卷），杭州：浙江古籍出版社，1993 年，第 93－94 页。此外，车文明先生根据戏曲文物的研究，著文《也谈“金元杂剧”》（《戏曲研究》第六十二辑，北京：文化艺术出版社，2003 年）认同徐朔方先生的提法。

的一部分是“曲的历程”。岂非奇迹?[17]

在这里,卢冀野把宋金元明清看成是“曲的历程”整体,“曲”体现于剧本与文学性,即使宋代没有剧本出现,但已经被看作具有“连续性”的整体。同时地方戏的形态特征被作为不同于“曲的历程”的类型与样式,与其对应的“曲的历程”前的另一段“戏”则在宋前,约至南北朝。这个“一粒橄榄”的形象描述,其实和我们通过戏曲脚色制的研究获得的结论约略接近,也可以印证伊维德和奚如谷等美国学者提出的宋元戏剧“连续性”理论的科学性。然而“一粒橄榄”的理论模型要更早,是卢冀野于20世纪30年代初提出的,距今已有八十余年了。

遗憾的是,无论哪种具有理论模型的提法,都很少得到我们学界的回应。卢氏在政治上的经历可以作为被忽略的理由,哈佛学者的见解可以因为曾经的意识形态对立而被无视,或者可以说语言阻隔了新观念的传入。但我们进入新时期已经近四十年了,又新出了多少戏剧史?又出现了多少关于宋金元戏剧的研究论著?怎么就没人注意这些理论模型?学界不是常说提出问题比解决问题更重要吗?对这些理论模型只是假装没看见就可以了吗?

演员中心制戏剧不是一般意义的演员中心戏剧。演员中心戏剧当代较流行,但它无法呈现组织化、机制化,是可以内部交流传承的活态,卓别林就是演员中心。演员中心制还可以实现纯粹的戏剧特指,并完全排他地消除“演出—表演中心”不可避免地涉及非戏剧类型的情况。北宋四人组杂剧色演员砖雕,以文献记载的真实演员印证了北宋杂剧色组织化、机制化存在和协调发展的表演艺术,证实了中国戏剧“演员中心制”的本质,也印证了中国戏剧的第一个黄金盛世初现于北宋,汴京开封就是中国戏剧的首代中心,宋金戏曲文物大量出土的河南洛阳则是这一时期戏剧艺术的副中心,双星闪耀,城乡交融,才会有元杂剧记录本的出现,次后才有下层失意文人参与改编与创作。剧本中心来临的时代是文学史上元明清杂剧传奇时期,但由于中国戏剧自身的“演员中心制”本质,最终到了清中叶花部兴起后,剧本这根拐杖被高度发展的戏剧表演艺术毅然抛开,解放了的舞台再次升起了,可以呼应这套宋代四人组杂剧砖雕演员的梅兰芳等位明星,也由此揭开了东西方戏剧两条道路、两种体系的历史谜底。

遗憾的是,直至今日,我们的理论话语,却还一直匍匐于完全不具备相干性

---

⑰ 卢冀野:《中国戏剧概论》,刘麟生、方孝岳:《中国文学七论》,桂林:广西师范大学出版社,2007年,第361-362页。

的、总结自古希腊的西方戏剧理论脚下!

附:《中国大百科全书·戏曲曲艺》卷词条二则

《中国大百科全书·戏曲曲艺卷》词条之一

北宋杂剧演员“丁都赛、杨揔惜、凹歛儿、薛子小”铭文肖像砖雕

Beisongzaju yanyuan dingdusai yangzongxi aolianer xuezixiao mingwen xiaoxiangzhuandiao

图1 “丁都赛、杨揔惜、凹歛儿、薛子小”铭文肖像砖雕拓片

北宋戏曲文物。四方刻有12世纪初著名北宋杂剧演员丁都赛、杨揔惜、凹歛儿、薛子小戏装演出形象的铭文砖雕。在现有记录中国古代戏曲演员演出活动的文物中,是一批时代最早的形象资料,具有重要的学术价值。传与该卷另一词条《北宋彩绘大曲图砖雕》所述“大曲图砖雕”同出于河南温县的一座宋墓中。现藏于郑州市华夏文化艺术博物馆。

文化部文物保护技术上海检测站——上海博物馆文物保护与考古科学实验室(编号SB998—SB999)2014年6月18日对此四方砖雕做出的热释光年代测定报告(040号)结论是:“使用标准细粒技术或前剂量技术测定该样品烧制年代为距今1000±100年。”

“丁都赛”砖雕长26.3cm、宽10cm、厚1.8cm;“杨揔惜”砖雕长26.5cm、宽8.2cm、厚1.5cm;“凹斂儿”砖雕长26.4cm、宽9.5cm、厚1.5cm;“薛子小”砖雕长26.4cm、宽8.8cm、厚1.4cm。砖质坚实,颜色青灰。揆其制作方法,当系在磨光面浅浮雕出人物形象轮廓后,再用线刻手法将各个人物的冠饰、五官、衣裤、鞋靴、砌末等予以形象的刻画。砖雕四周无边框,在右上角浅浮雕出长方形印章式样后,又分别以楷书字体刻出“丁都赛、杨揔惜、凹歛儿、薛子小”等各位杂剧演员姓名(亦可能属于艺名)。

据南宋绍兴十七年(1147年)孟元老《东京梦华录》卷七《驾登宝津楼诸军呈

百戏》记载，“丁都赛、杨揔惜、薛子小”三位，是北宋政和、宣和年间（1102—1125年），在都城汴京（今开封）享有盛名的几位青年女性杂剧演员。她们是在民间瓦舍勾栏内演出的“露台弟子”并因演艺出众而被选拔出来，在“宝津楼”上给宋徽宗赵佶搬演过杂剧。⑱ 这四方砖雕展示的，正是她们演出时的戏装形象。

“丁都赛”头戴簪花（高簇花枝），裹以软巾，巾角自脑后朝前包抄、缚结于额顶，一端巾角下垂飘出；上身外穿圆领小袖窄袍，内有衬领；袍长过膝，袍身下摆处开衩，衩长及臀；腰系巾帕，束于腹前，背插团扇（当为掌“分付”之“引戏色”）；袍内下身着吊敦（吊敦又作“钓墪”，一种连足袜式，为契丹常见衣式），足蹬翘头短筒靴；双手合抱胸前作拱揖状。

“杨揔惜”头戴簪花（高簇花枝），裹以软巾，巾角自脑后朝前包抄、缚结于额顶；上身外穿圆领窄袖长袍，内有衬领；腰系巾帕，束于腹前；袍长及踝，足蹬翘头靴；右手持“竹竿子”（当为“戏头”，即“末泥色”），左手抬至胸前，似作“主张”状。

“凹歛儿”头戴簪花（高簇花枝）介帻，身着圆领窄袖长袍，袍长及膝；肩颈处围有肩巾，系结于袍前领部；袍内下身着吊敦，其上口的系带自腿后绑缚于前，束结于膝下；腰系帕带，背插葫芦形扇（当为掌“发乔”之“副净色”）；足蹬翘头短筒靴，脚作丁字舞步，叉手回看，姿态恰与偃师酒流沟宋墓砖雕打唿哨之副净色相同。

“薛子小”头戴簪花（高簇花枝）平巾帻，身着圆领窄袖长袍，袍长及膝，袍身下摆处开衩，衩长及臀；袍身前胸两侧饰有缘边，缘饰顺衩至袍摆处；袍内下身着吊敦，其上口的系带自腿后绑缚于前，束结于膝下；腰系帕带，足蹬翘头短筒靴；右手持“皮棒槌”（当为掌“打诨”之“副末色”），左臂上举，拇指与食指分开作数落状。⑲

需要指出的，一是“凹歛儿”虽然不见于《东京梦华录》，但从与其他三位“同台演出”的情况看，也应为北宋杂剧名角儿——并因此而具有补阙文献之特殊价值。二是上述四方北宋杂剧演员形象铭文砖雕，演出瞬间动态形象活灵活现，面部刻画逼真传神，当系根据画师稿样，精心雕刻而成。

廖奔先生、康保成先生、元鹏飞先生，对这四方铭文砖雕的发现，都给予了极高的评价。

廖奔先生认为“这四方作为迄今为止世界上最早且见于史载的四人组戏剧

---

⑱ （宋）孟元老：《东京梦华录·卷七·驾登宝津楼诸军呈百戏》记载：“驾登宝津楼，诸军百戏呈于楼下……后部乐作，诸军缴队杂剧一段，继而露台弟子杂剧一段，是时弟子萧住儿、丁都赛、薛子大、薛子小、杨揔惜、崔上寿之辈，后来者不足数，合曲舞旋讫……”。

⑲ 参见廖奔：《北宋杂剧艺人肖像雕砖的发现》，《中原文物》2015年第4期。

肖像雕砖的发现，不仅对中国戏曲史研究，其意义特别重大，也必将在世界戏曲史研究界，产生重大影响”。康保成先生认为这组砖雕“印证和补充了文献记载及以前发现的戏剧文物，对于进一步研究北宋杂剧的脚色装扮和演出形态，提供了可供研究与比较的实物资料，具有很高的价值”。

元鹏飞先生认为这组“堪称国宝级的北宋戏曲文物，提供了见于《东京梦华录》的丁都赛、薛子小和杨揔惜，以及可以补充文献记载之不足的凹歛儿，这是世界上年代最早且数量达四人之多的，一代著名演员的栩栩如生的扮饰图像，对于确立开封‘中华戏曲之都’的历史地位，对于论证中国古代戏曲不同于西方的，不是以剧本为中心的‘剧本制’，而是以演员为中心的‘角色制’，在北宋时期即已得到奠定的重大学术问题，具有无可比拟的，难以替代的，巨大而独特的价值”[20]。

最后，还需要指出的是，尽管在这四方北宋著名杂剧演员肖像砖雕发现的意义上，各位学者的看法高度一致，但在这四位杂剧艺人所扮演的角色上，意见却是不尽一致。譬如，廖奔先生认为“杨揔惜为末泥，丁都赛为引戏，薛子小为副末，凹歛儿为副净”。而康保成先生则认为“杨揔惜扮演引戏，丁都赛扮演末泥，薛子小扮演副末，凹敛儿扮演副净”[21]。当然，这种情况，在学术研究领域是经常出现的，随着研究的深入，最终是会趋于一致的。

《中国大百科全书·戏曲曲艺卷》词条之二

北宋彩绘“大曲”图砖雕

Beisong xiquwenwu caihuidaqutu zhuandiao

图 1　北宋彩绘大曲图砖雕拓片效果图

---

⑳ 参见元鹏飞:《开封“中华戏曲之都”历史地位的论定与研究》,《宋文化研究》(第三辑),2017 年。

㉑ 参见康保成:《新发现的四方北宋铭文杂剧砖雕考》,《中原文物》2015 年第 4 期。

图 2　北宋彩绘大曲图砖雕

北宋戏曲文物。一方刻有 12 世纪初大曲图的砖雕。在现有记录中国古代戏曲演员演出活动的文物中，是一个时代较早的形象资料，具有重要的学术价值。传与该卷另一词条《北宋杂剧演员“丁都赛、杨揔惜、凹歛儿、薛子小”铭文肖像砖雕》所述“砖雕”同出于河南温县的一座宋墓中。现藏郑州市华夏文化艺术博物馆。文化部文物保护技术上海检测站——上海博物馆文物保护与考古科学实验室(编号 SB998—SB999)，2014 年 6 月 18 日对此砖雕做出的热释光年代测定报告(040 号)结论是：“使用标准细粒技术测定该样品烧制年代为距今 1000±100 年。”

该砖雕高 27cm、宽 34cm、厚 1.8cm；砖质坚实，颜色青灰。揆其制作方法，当系在磨光面浅浮雕出人物形象轮廓后，再用线刻手法将各个人物的冠饰、五官、衣裤、鞋靴、砌末等予以形象的刻画。

大曲，为中国古代的一种大型歌舞乐曲。它对戏曲音乐的形成具有重要影响。这种乐曲形式在汉代已经出现，到隋唐时期，由于广泛吸收了国内外各民族的音乐文化而发展成熟。

大曲的音乐结构可分为三部分。每一部分又由若干段落组成。这种段落，古人称之为“遍”，或“片”“叠”。第一部分称为“散序”，全是散板性质的曲调。第二部分称为“中序”，也作“拍序”或“歌头”。“中序”的各“遍”，都是板眼分明节奏较慢的四拍子曲调。第三部分称为“破”，或“入破”，其中也包含若干“遍”，为二拍子的曲调。上述三部分，虽然节拍形式不同，速度亦各有差异，但实系同一曲调在反复运用中的不同变化。

大曲的表演形式，是器乐演奏与歌唱、舞蹈的综合。它需要一支庞大的乐队、歌队和舞队进行表演。第一部分“散序”，纯系乐队演奏的器乐曲，这时歌者、舞者都不出场。第二部分“中序”，歌队开始唱歌，由乐队伴奏，舞队仍不出场。第三部分“破”,纯系舞曲,由乐队伴奏,而无歌唱,它以逐渐加快的速度,把音乐与舞蹈的情绪推向高潮。

该砖雕刻画的表演状态,处于第三部分“破”的阶段。砖雕共线刻人物七个。后排左起第一人为大鼓色,第二、三人为筚篥色,第四人为拍板色,第五人为横笛色;前排左侧为腰鼓色,右侧身躯矮小者为舞色。

大鼓色为一长须老者,头戴圆翅短脚幞头,身穿窄袖圆领袍服,腰系大带,束以革带,双手执捶在击鼓表演。

左二筚篥色头戴方顶硬裹展脚幞头,身穿圆领袍服,双手持筚篥在吹奏表演。

左三筚篥色头戴方顶硬裹展脚幞头,身穿圆领大袖袍服,袍身下施横襕;腰束革带,脚蹬短筒靴,双手持筚篥在吹奏表演。

拍板色头戴方顶硬裹展脚幞头,身穿圆领大袖袍服,袍身下施横襕;腰束革带,脚蹬短筒靴,双手执拍板在拍奏表演。

横笛色头戴方顶硬裹展脚幞头,身穿圆领大袖袍服,袍身下施横襕;腰束革带,脚蹬短筒靴,双手持横笛在吹奏表演。

腰鼓色背对观众,头戴圆顶直脚幞头,身穿窄袖圆领袍服,腰束革带,脚蹬短筒靴,右手持捶在击奏表演。

舞色头戴黑色圆顶交脚幞头,身穿窄袖圆领袍服,腰间扎带,系束于前,脚蹬短筒靴,双手舞动于加长的袖管之内,作表演状。

参阅《中国大百科全书·戏曲曲艺》卷何为先生所撰《大曲》词条,可加深对该大曲图砖雕的理解:

> 大曲是一种曲体,常因曲调的不同而冠以不同的标题,如《六幺》大曲、《薄媚》大曲等。也有些大曲是以地名标题的,如《甘州》大曲、《梁州》大曲、《胡渭州》大曲等。从这些标题中,也可以看到民间音乐与少数民族音乐的关系。
>
> 大曲在唐代还是纯粹的歌舞乐曲,发展到宋代,逐渐与故事情节相结合。在宋代的杂剧中,就有一部分以大曲演唱的节目。这种节目具有以下特点:其一是利用大曲的形式咏唱故事,在大曲原有的标题之上往往再冠以故事性的标题。如唐有《薄媚》大曲,宋有《西子薄媚》《错区薄媚》《郑生遇龙女薄媚》等;唐有《六幺》大曲,宋则有《莺莺六幺》《崔护六幺》等等。其二,宋代所有大曲,并不拘泥于唐代大曲的完

整形式，而是按照实际需要，只摘取其中的若干片段，称为“摘遍”。宋代所有的大曲，多是“摘遍”的形式。

作为古代歌舞音乐的大曲，对戏曲音乐的形成，具有重大的影响。但其演变为戏曲音乐的过程，却是十分复杂的。这一方面表现在大曲的不少曲调进入戏曲音乐，成为传统的曲牌被广泛运用，有的剧目甚至还保留了宋代大曲的“摘遍”形式，例如《琵琶记·丹陛陈情》一折就是。至于单支曲牌如〔八声甘州〕〔梁州第七〕〔水调歌头〕等，在戏曲中的应用更为广泛。另一方面，大曲所用的节拍——节奏变化的方法，对戏曲音乐的影响则更为深远。后世南北曲乃至昆曲所采用的曲套形式，虽然并非一曲反复变奏，但不同曲牌的前后排列顺序，却仍是按照散→慢→中→快这一节奏变化原则进行的。至于梆子、皮簧这些以板式变化为特征的剧种，在上下乐句的基础上通过各种节拍——节奏的变化来发展各种唱腔的方法，也是继承了唐宋大曲的传统。

（撰稿：李宝宗）

Significant Material Evidence that the "Actor-centered System" Began in the Northern Song Dynasty with"Zaju Actor"

Yuan Pengfei　Li Baozong

Abstract: Chinese and Western operas have taken two different paths and have two different systems. One is the "script (writer) center" system of ancient Greek drama which evolved from the primitive religious sacrifice; the other is the "actor-centered system" of Chinese drama, which grew out of the ancient ritual and music culture. Instead of relying on writers and scripts, Chinese drama is born from music and dance performances. The palace's management of music, dance and the actors gave Chinese drama the characteristics of organization and systematization. On the basis of the drama and Liyuan formed in the Tang Dynasty, the Zaju actors appeared in the drama which was incorporated into the palace management in the Northern Song Dynasty, and constructed the perfect mechanism of the Chinese drama "act-centered system". The line engravings on the newly unearthed sarcophagus of the second year of the northern song dynasty confirmed the achievement, the completeness and the mature degree of the art in the Northern Song Dynasty. The brick carving of the four members of the Northern Song

Dynasty "Terrace Disciples" echoed the documented record, confirming that the "actor center" began in the Northern Song Dynasty, and also revealing that the Song and Jin dynasties were the first golden age of Chinese drama, while the yuan drama is the result of this historical fact that follow.

Keywords: zaju actor; terrace disciple carved brick; actor-centered system; mature drama

生生不息：乡土景观模型的建构性探索

彭兆荣

摘 要：我国正在进行空前的变革，“城镇化”使得传统乡土社会面临艰难的转型和命运的抉择。以农耕传统为背景的中华文明正在接受挑战。而拯救和抢救快速消失的乡土景观也考验着当代学者的责任与能力。据此，我们尝试着“生生不息的乡土景观模型”的建构。我们的目的是：在社会变迁中保护和保持传统乡土景观的形制。

关键词：生生不息；乡土社会；城镇化；景观模型

引 言

我国正在进行各种各样具有“运动”特征的工程项目：城镇化、新农村建设、特色小镇等；出现了城市雷同、耕地消失、文化遗产失落等问题。不可接受的是，当我们对乡土社会大动干戈之时，没有对乡土社会做细致的调查，没能充分听取乡土家园主人的意见。鉴于此，便有了这个“重建生生不息之中国乡土景观”的计划。一大批受过训练的学者、学生、志愿者分赴到广大的农村，到乡土的“原景”中去调查、去发现，去编列一个具有传统特色的“中国乡土景观的保留细目”。同时，去倾听主人对自己家园过去、现在和将来“景观”的生命史故事。

一、窘迫的形势

今天，我们所面临的形势是：举国正在进行着一场大规模的现代化建设，仿佛是一个巨大的“工地”。各种各样名目的“工程”“项目”“计划”“规划”“设计”，打着各种各样的旗号和名目，大兴土木。对此，评论、批评声已不少。这些“工程”都存在一个根本的问题：乡土社会的主体性缺失，大量耕地丧失，传统乡土景观消失。广大农民对自己家园的未来没有发言权。

四年前，文化部、教育部在北京举办了一个小型的专家会议，笔者有幸在受邀之列。会议其实是“命题作业”：“在城镇化进程中如何保护传统的乡土遗产”。

作者简介：彭兆荣　厦门大学教授、博士生导师

当笔者问及什么是“城镇化”时，得到的回答是：“在2020年我国城市人口占总人口的60％，城市户口占总户数的40％”。而当笔者追问我国城镇化的原因、根据、模式等问题，皆无人回答。现实的情形是：我国每日消失的村落何止以单数计量。

近来笔者在《中国城镇化》一书中看到这样的定义：“所谓城镇化是指农业人口向非农业人口转移和生产、生活方式集约程度的提高。”[①]而且，我国的城镇化是“政府主导与市场力量对城镇化进程的影响并存”[②]。换言之，现在“城镇化”完全是以城市为主要导向、主体价值规划、执行的。一部洋洋近二十八万字的著述，没有涉及如何尊重农民的意愿，听取他们对自己家园未来的看法，没有关照制定城镇化的乡土依据，没有注意到中国传统村落的历史概貌和形态的多样。这样的城镇化规划如何不令人担忧？

政府的相关部门、组织、机构正在进行一些相关的村落保护的政府工程，比如“中国古村落抢救性普查计划”，但由于“家底不清”，中国民间文艺家协会决定于2008年至2010年在全国实施中国古村落抢救性普查工作，目的是编纂《中国古村落名录》。调查内容包括：1.村落概貌——包括历史沿革，地理环境、人口、民族、生产、生活等；2.物质文化遗产——包括民居、街道、桥梁、景观、塔亭、祠堂、庙宇、戏台等；3.非物质文化遗产——包括民间习俗、节日表演、各类民间文艺等。[③] 在类似的项目推行中，村落的保护工作取得了一些重大的成绩。与此同时，也出现了严重的问题。

我们并不排斥城市化的演进，只是强调，中国的城市原本就是乡土性附属产物，传统的城市与乡村保持着亲缘、地缘、业缘等关系。我国古代也有城市建设问题，却从未以损毁乡土社会为代价。根本上说，“中国”的形成与五服的关系，皆以乡土为根本，这在《禹贡》中就定下了基调。即使是当代世界，也没有任何理论、证据和逻辑表明，经济的发展只是“城市的产物”，“国力的强大”受阻于传统的乡土性。

于是，我们甚至对当下大规模的“城镇化运动”都产生了质疑。从世界历史发展的规律来看，如果有城镇化，那也是一个自在的过程，不是“运动”搞出来的。反观我国当代的城市化建设之所以发展快速，没有“农民工”，哪来的这般奇迹？没有乡土的滋养，哪有今日之城市景观？从根本上说，中国的城市从原生到演变，都以乡土为背景、为底色、为依据，这与西方城市独立生成的模式，即

---

① 楚天骄、王国平、朱远等：《中国城镇化》，北京：人民出版社，2016年，第5页。
② 楚天骄、王国平、朱远等：《中国城镇化》，北京：人民出版社，2016年，第10页。
③ 向云驹：《草根遗产的田野思想》，北京：中华书局，2011年，第121－122页。

城邦(city-state)有着根本的差异。而当下之“城镇化”却恰恰正在进行“弑父”的行为。我们宁可相信,“城镇化”是一个社会发展中局部性自然的演进过程;它不是全局性的,不是人为以“运动”的方式加速推进的工程,更不是以耗损乡土为代价。

在这些工程项目中,规划师、设计师、工程师等成为冲在运动前列的“急先锋”,大量的图纸复制造成了我们的乡镇出现“千城(村)一面”令人作呕的景观。传统的乡村景观迅速改变了“新面孔”。家园为“主人”所不熟悉,甚至不认识。人们甚至找不到自己“故乡”的面貌,失却了文化认同……这不是危言、虚言,住建部于2017年7月21日的发文可以为证:

住建部首次发文斥责特色小镇建设中的重要问题(三做三不)

党中央、国务院作出了关于推进特色小镇建设的部署,对推进新发展理念、全面建成小康社会和促进国家可持续发展具有十分重要的战略意义。保持和彰显小镇特色是落实新发展理念,加快推进绿色发展和生态文明建设的重要内容。目前,特色小镇培育尚处于起步阶段,部分地方存在不注重特色的问题。各地要坚持按照绿色发展的要求,有序推进特色小镇的规划建设发展。现就有关事项通知如下:

一、尊重小镇现有格局、不盲目拆老街区

(一)顺应地形地貌。小镇规划要与地形地貌有机结合,融入山水林田湖等自然要素,彰显优美的山水格局和高低错落的天际线。严禁挖山填湖、破坏水系、破坏生态环境。

(二)保持现状肌理。尊重小镇现有路网、空间格局和生产生活方式,在此基础上,下细致功夫解决老街区功能不完善、环境脏乱差等风貌特色缺乏问题。严禁盲目拉直道路,严禁对老街区进行大拆大建或简单粗暴地推倒重建,避免采取将现有居民整体迁出的开发模式。

(三)延续传统风貌。统筹小镇建筑布局、协调景观风貌、体现地域特征、民族特色和时代风貌。新建区域应延续老街区的肌理和文脉特征,形成有机的整体。新建建筑的风格、色彩、材质等应传承传统风貌,雕塑、小品等构筑物应体现优秀传统文化。严禁建设“大、洋、怪”的建筑。

二、保持小镇宜居尺度、不盲目盖高楼

(一)建设小尺度开放式街坊住区。应以开放式街坊住区为主,尺度宜为 100—150 米，延续小镇居民原有的邻里关系，避免照搬城市居住小区模式。

(二) 营造宜人街巷空间。保持和修复传统街区的街巷空间，新建生活型道路的高宽比宜为 1∶1 至 2∶1，绿地以建设贴近生活、贴近工作的街头绿地为主，充分营造小镇居民易于交往的空间。严禁建设不便民、造价高、图形象的宽马路、大广场、大公园。

(三) 适宜的建筑高度和体量。新建住宅应为低层、多层，建筑高度一般不宜超过 20 米，单体建筑面宽不宜超过 40 米，避免建设与整体环境不协调的高层或大体量建筑。

三、传承小镇传统文化、不盲目搬袭外来文化

(一) 保护历史文化遗产。保护小镇传统格局、历史风貌，保护不可移动文物，及时修缮历史建筑。不要拆除老房子、砍伐老树以及破坏具有历史印记的地物。

(二) 活化非物质文化遗产。充分挖掘利用非物质文化遗产价值，建设一批生产、传承和展示场所，培养一批文化传承人和工匠，避免将非物质文化遗产低俗化、过度商业化。

(三) 体现文化与内涵。保护与传承本地优秀传统文化，培育独特文化标识和小镇精神，增加文化自信，避免盲目崇洋媚外，严禁乱起洋名。

各地要按照本通知要求，加强特色小镇规划建设的指导和检查。我部已将是否保持和体现特色作为特色小镇重要认定标准，将定期对已认定特色小镇有关情况进行检查。④

住建部的发文证实，目前的一些政府性村落和古镇保护的“工程”出现了同质性的严重问题。为了改进相关的工作，住建部于 2017 年 7 月 28 日发文：“住房城乡建设部办公厅关于做好第五批中国传统村落调查推荐工作的通知”⑤，要求进行调查推荐工作。说明造成目前的严重问题是因为对传统村落的性质认识不足，对村落的实情了解不够。

我们相信行政部门主导“工程”的有效性，但同时也注意到类似的“普查”本

④ http://www.mohurd.gov.cn/wjfb/201707/t20170710_232578.html 发文单位：中华人民共和国住房和城乡建设部。生成日期：2017 年 07 月 07 日，文件名称：《住房城乡建设部关于保持和彰显特色小镇特色若干问题的通知》。文号：建村[2017]144 号。

⑤ http://www.mohurd.gov.cn/wjfb/201708/t20170801_232807.html.

身就存在着“同质性”的弊病。村镇的“同质性”等问题或许并非最重要的，致命的问题是地方和村落民众的“自愿放弃”，——放弃传统的建筑样式，丢失传统的手工技艺，放弃传统的服饰……其中的原因很多：有盲目趋从城市时尚，有为了拆迁补偿，有迎合大众旅游，有服从行政领导等。笔者认为，根本的症结在于：对于自己的村落传统不自信、不自豪、不自觉。乡土景观属于文化遗产，何以千百年来得以依存、延续的景观，到了当下却要放弃？是现时的价值“教”他们、“让”他们、“使”他们放弃？所以，以笔者愚见，政府的当务之急，是设立一个新的“工程”：重建村民对自己家园的“三自”：“自信心、自豪感和自觉性”。自己的东西最终要自己来守护，任何的“其他”（人、组织、资本、项目）都不能代为行使这一权力，无法最终完成这一工作。

此外，保护工作除了不同的行政主管部门纷纷“介入”这一重要遗产的保护工作，各自为政，缺乏协同性和专业配合等原因之外，还有一个重要的因素：规划师、设计师、工程师们的方案闭门造车，复制相同、相似的设计模板、图纸用于原本景观多样的传统村落和古镇。对此，社会各界出现了各种批评的声音。

问题的出现不是推责任。设计师、工程师如果反诘：你们这些文化学家、历史学家、人类学家、民俗学家都干什么去了？你们并没有告诉我们什么需要保留，哪些元素需要保留，什么东西不能覆盖。反诘的逻辑是成立的。都知道要保护“乡土”，但是哪些需要保护？本质上说，这项造福于民、于子孙后代的事业并不是简单的规划、设计，是建筑性部门、专业、行业的事情，它需要许多相关专业的协同配合。而人类学、民族学、民俗学、地理学等，从学科性质来看，是最熟悉乡土社会、村落形制的。由他们“交出”一份乡土景观保护的“名录清单”便责无旁贷地落到了他们的身上。

如果说西方的城乡关系是城市中心、乡村边缘的权力话语结构，中国的城乡关系则完全不是。这种差异首先是认知上的。具体地说，我们有自己的一套看待生活各种关系的价值、观念和看法，并且形成了自己的分类原则。费孝通《乡土中国》中的“差序格局”作如是说：“为什么我们这个最基本的社会单位的名词会这样不清不楚呢？在我看来却表示了我们的社会结构本身和西洋的格局是不相同的，我们的格局不是一捆一捆扎清楚的柴，而是好像把一块石头丢在水面上的、发生的一圈圈推出去的波纹，每个人都是他社会影响所推出去的圈子的中心。被圈子的波纹所推及的就发生联系。”⑥其实，费先生只讲到了差

⑥ 费孝通：《乡土中国：生育制度》，北京：北京大学出版社，1998年，第26页。

异性认知的问题。就人类认识论而言，认知当然也包含着共通性。这就是：我们迄今并未找到世界上任何一种城市文明的发展必然以损毁乡村文化为代价的认知逻辑。

如果我们认为不同的群体分享着自己的文化类型，那么，其文化类型与其他文化类型的不同的基本原则就是来自不同的认知原理。“一种适应社会的文化类型始于自我认知的发展——确认自己作为一个真实存在的能力，藉以反映自我、判断自我和评价自我。”⑦所以，当我们寻找和重建传统乡土景观时，当我们要对乡土景观的系统元素等进行分类、编列纲目时，我们也带入了认知人类学和分类原理。原则是：每一个村落都是一个个不同的文化物种，就像生物物种一样。如果中华民族的基本构成为“多元一体”，不同民族、不同族群、不同区域、不同文化基层的说明性在哪里？正是我们的乡土村落。它们与大熊猫、藏羚羊、金丝猴一样，属于文化物种。以城镇化的“刻板指标”和“数据目标”去处理和对待传统村落文化物种的多样性，无疑是一种戕害。

乡土景观的基础是村落，“无论出于什么原因，中国乡土社区的单位是村落”⑧。认知(cognition)也译为“影响因子”。据此，我们也可以这样质问：我国的“城镇化”评估过乡土社会的“影响因子”了吗？如果换一种解释方式：我国当世之伟大成就，正是传统的农耕文明智慧中所具有开拓性、务实性的产物。那么，我们就再也找不到“城镇化”必须、必然以耗损乡土传统为前提的理由。相反，我们找到了反面的依据：传统的乡土景观原本具有生生不息的适应和实践价值；值得我们深入调查、躬身体习。

二、模板的形制

我们之所以要制作一个乡土景观的模板，是为了尽可能地将“景观”有形化、视觉化，以适合当下快速社会变化的需求性应用。同时，突出乡土景观的特点和特色。因为，中国传统的乡土景观与其他文明和国家在类型上差异甚殊。我们希望能够通过模板的形式一眼便能够识别。即不仅具有明快简洁的视觉和适用效果，而且包含着深刻的文化基因。就像中国人和西方人，一站出来便能够辨识。模板的设计总称为：“天造地设：‘生生不息’乡土景观模型。”

中华文明概其要者：“天人合一”。天、地、人成就一个整体，相互依存。其

---

⑦ Haviland, William A. *Cultural Anthropology*, Holt Rinehard and Winston, 1986, p. 134.

⑧ 费孝通：《乡土中国：生育制度》，北京：北京大学出版社，1998 年，第 9 页。

中，“天”为至上者。这不仅为我国乡土景观的认知原则，亦为中华文化区隔“西洋”“东洋”之要义。西式“以人为本”、以人为大、为上。东瀛以地、海为实，虽有“天皇”之名，实罕有“天”之文化主干。我中华文明较之完全不同。天、地、人一体，天（自然）为上、为轴心。“天”化作宇宙观、时空观、历书纪、节气制等，融化于农耕文明之细末。如示：

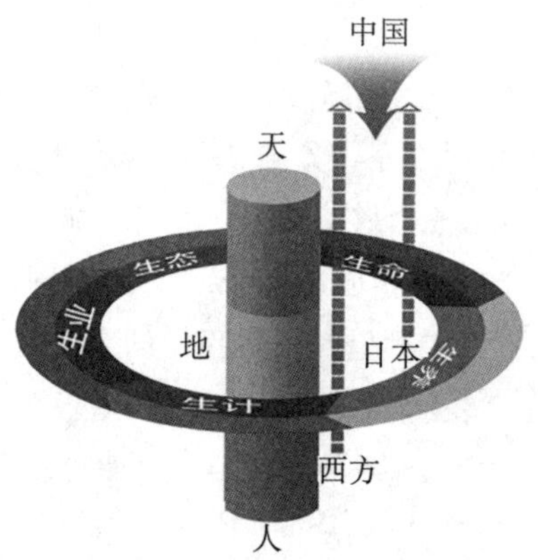

图1　中式天人合一景观图

如此，我们建立乡土景观的模型的出发点，即以此为基础。尤其讲究“天然”——天启生生，庇佑中华。《黄帝四经·果同》其势如云：“观天于上，视地于下，而稽之男女。夫天有恒干，地有恒常。合此干常，是晦有明，有阴有阳。夫地有山有泽，有黑有白，有美有恶。地俗德以静，而天正名以作。静作相养，德虐相成。两若有名，相与则成。阴阳备物，化变乃生。”

中国的乡土景观以贯彻“天人合一”为原则。仿佛“景”之造型，如日高悬，如影随形。“景”之本义，由“日”而来。由于它用来观天计时，[9]故所观之“景”涉及到我国传统的时空制度——宇宙观，即通过“天象”（空间）以确定“地动”（时间）——契合哲学上的宇宙论，正如《淮南子·原道训》所云：“纮宇宙而章三光。”高诱注：“四方上下曰宇，古往今来曰宙，以喻天地。”

这一圭旨也成为乡土景观的基本构造：中轴表示以天、地、人为主干的宇宙观、价值观和实践观。“五生”围绕着主轴形成相互支撑、支持的协调关系。同时，这一构造也昭示着中华之乡土景观在本质论、认识论、方法论上与其他文明之重要区别。

⑨ 潘鼐：《中国古天文图录》，上海：上海科技教育出版社，2009年，第9页。

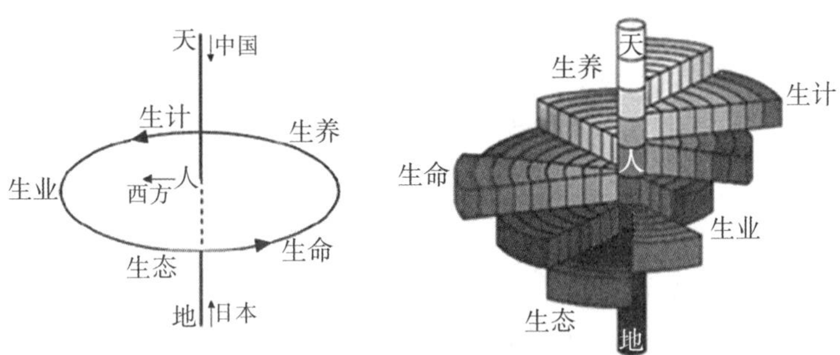

图2　乡土景观构造主圭图

以笔者观之，中国之“景观”：“天地人”所系也。“景”之最要紧者乃“天”。古时凡有重要的事务皆由天决定，形同“巫”的演示形态。中华文明之大者、要者皆服从天——自然。首先，“天”，空（空间）也。其次，“日景”时也。我国之时间制度，皆从“日”。《说文》：“时，四时也。”传统的农耕文明最为可靠的二十四节气与之有涉，时序、季节、时令等与之相关。故，“日”为古代时间的记录。实地也。地之四时实为天象之演，《书·尧典》：“敬授人时。”“地”者从“时（时间）”也。再次，“天地”之谐者：人和。中国传统文化之景观可概括为“天地人和”。

“生生”为笔者在国家重大课题“中国非物质文化遗产体系探索研究”提出的总称。乡土景观作为文化遗产之一类，亦包囊其中。“生生”一词取自周易。《周易·系辞上》：“生生之谓易，成象之谓乾，效法之谓坤，极数知来之谓占，通变之谓事，阴阳不测之谓神。”合意“生生不息”。日、月为“易”，它也是“易”的本义。日、月的永恒道理存在于“通变”之中。“生生不息”乃天道永恒，若天象瞬息万变。

由是，“生生”即“日月（易）”，乃天造地设。包含所列基本之“五生”：

● 生生不息，恒常自然。《易·系辞上》：“蘖息不绝，进进不已。”后世言生生不已，本此。孔颖达疏：“生生，不绝之辞。”指喻生态自然。

● 生境变化，生命常青。“生生”第一个“生”是动词，意为保育，第二个“生”是名词，意为生命。“生”“性”“命”等在古文字和古文献中，这几个字的演变是同根脉的。[10] 指喻生命常态。

● 生育传承，养生与摄生。《公羊传·庄公三十二年》：“鲁一生一及，君已知之矣。”注：“父死子继曰生，兄死弟继曰及”，即指代际间的遗

⑩ 傅斯年：《性命古训辨证》，上海：上海古籍出版社，2012年，第83页。

产传承。又有通过养生而摄生，即获得生命的延长。[11] 指喻生养常伦。

● 生产万物，地母厚土。“生”之生产是其本义，而“身”则是生产的具身体现。“身”与“孕”本同源，后分化。身，甲骨文[illegible]([illegible])，象形，如母亲怀胎生子。[12] 地母厚土。指喻生产万物。

● 生业交通，殖货通达。《史记·匈奴传》：“其俗，宽则以随畜田猎为生业，急则习战功以侵伐，其性也。”“生业”即职业、产业、行业等意思，包含古代所称的“殖”(殖货)。指喻生业通畅。

“生生”内涵丰富且深邃。首先，“生生”强调所有生命形式的平等和尊严，而非西方“以人为本”的傲视与狂妄，更不是人与生态“你死我活”的拼斗。在“生生”体制中，人并未上升到“宇宙的精华、万物的灵长”的高度，而是将宇宙万物的生成和生长置于自然规律(道)的生养关系之中。“生生”概念除了表明“孳息不绝，进进不已”的意思外，也包含着“五生”的纽带关联。

根据“自然生态孕育生命，生命需要生养，生养依靠生计，生计造成生业”这一基本关系，形成“生生不息”的闭合系统，即“五生”的所属因素相互契合，它们之间形成了关联性互动关系。

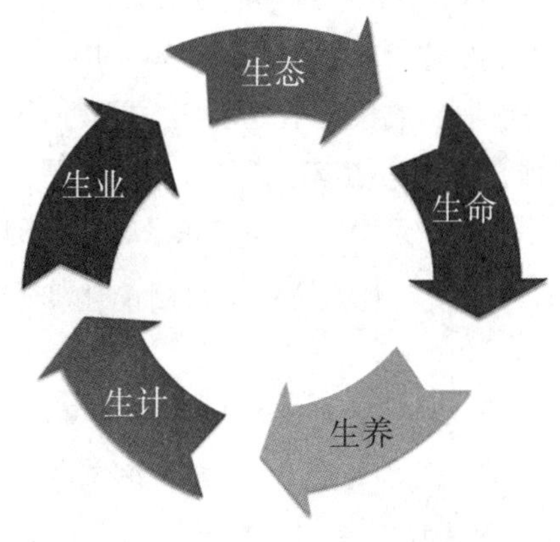

图 3 “生生不息”连带关系图

“天地人三才之道”[13]贯穿于中国乡土社会的人伦日常之中，培育了乡土群

[11] 胡孚琛：《丹道仙术入门》，北京：社会科学文献出版社，2009 年，第 54 页。

[12] 白川静：《常用字解》，苏冰译，北京：九州出版社，2010 年，第 235 页。

[13] 钱耕森、沈素珍：《〈周易〉论天地人三才之道》，山东大学易学与中国古代哲学研究中心编：《易学与儒学国际学术研讨会论文集(易学卷)》，2005 年，第 201 - 207 页，未刊稿。

体与自然和谐的精神，造化了乡土社会“生生不息”的图景。具体而言，乡土社会的人居环境都是由天、地、人共同作用的结果。“天，由经度、纬度以及海拔高度三维坐标系决定的某场所的空间、位置以及该空间位置所具有的天象变化与气候特征。”包括由气候、气象、风雨雷电、自然灾害等，构成了生态景观要素。地，由“天”所决定的某场地的具体地形地貌等，包括地理位置、地形地貌、山川河流、自然物产等，综合构成生态景观及生命景观，呈现了生态孕育生命的逻辑关系。“人，在由天、地所形成的自然环境中进行适应自然、改造自然的活动和主体。”⑭由“天、地、人”圭旨可以归纳出“乡土景观构成要素体系”以及“乡土景观构成要素”形成的逻辑。

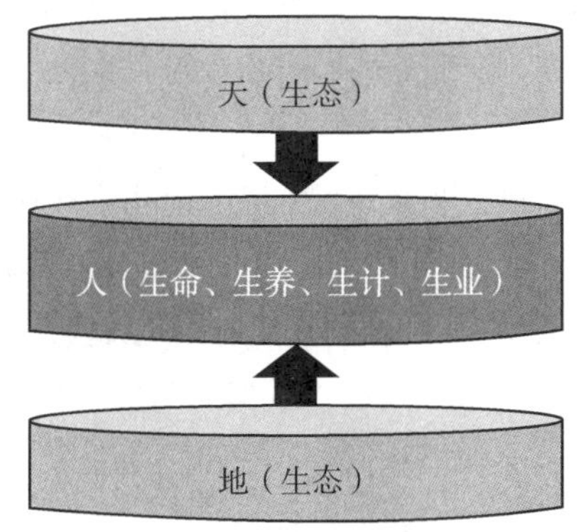

图 4 “天地人”乡土景观构成要素及相互关系图

三、乡土景观要素基本构造

“乡土景观构成要素”的区域性、差异性包含在乡土景观的类型之中。“要素和类型”以及内部运转逻辑共同构成了“乡土景观系统”。系统运转的本质联系是通过系统要素相互组合、相互供养来实现，仿佛生态系统中食物链和食物网构成了物种间的营养关系组合、供养孕育新生，生生不息。

“一方水土养一方人，一方人群育一方风情”，这既是地理环境和文化传统造就景观的总结，也是乡土景观作为文化多样性的照相。这些地理和文化要素的空间性、丰富性、联系性、变化性决定了景观的地域性、差异性、综合性和系统性。总体上说，乡土景观模板包含着“共有要素”和“特有要素”。共有要素指每

⑭ 李树华：《“天地人三才之道”在风景园林建设实践中的指导作用探解—基于“天地人三才之道”的风景园林设计论研究(一)》，《中国园林》2011 年第 6 期，第 33 - 37 页。

个村落都有的基本要素。特有要素指每个村落独特的景观要素。每个村落都由两部分构成。

我们注意到，一些学科、学者的乡土研究，包括尝试编列乡土社会的景观细目。比如日本的乡土景观研究历经近百年(以柳田国男编《乡土志论》为标志)。日本学者进士五十八等学者开列了如下乡土景观的构成要素：⑮

①农家、村落：正房，收藏室、仓库、门，房前屋后树林，绿篱；②农田：农田，菜地，村头集会地，畦、篱笆、分界树木等；③道路：农用道路，参拜道路；④河川：自然河流，水道，池塘；⑤树林：神社树林，城郊山林，杂木林；⑥其他：石碑、石佛、祠堂，石墙、堆石，清洗场、井，木桥，观赏树木，水车小木屋，晾晒稻子的木架、赤杨行道树，生活风景。

以美国学者杰克逊的“三种景观”为参照，俞孔坚教授认为中国传统的乡土景观，包括乡土村落、民居、农田、菜园、风水林、道路、桥梁、庙宇，甚至墓园等，是普通人的景观，是千百年来农业文化“生存的艺术”的结晶，是广大草根文化的载体，安全、丰产且美丽，是广大社会草根的归属与认同基础，也是民族认同的根本性元素，是和谐社会的根基。⑯

也有学者将乡土景观分解为“生态景观”“生产景观”“生活景观”“生命景观”四类，每一类别又细分若干子项，所归纳的“四生乡土景观”体系如下图所示：

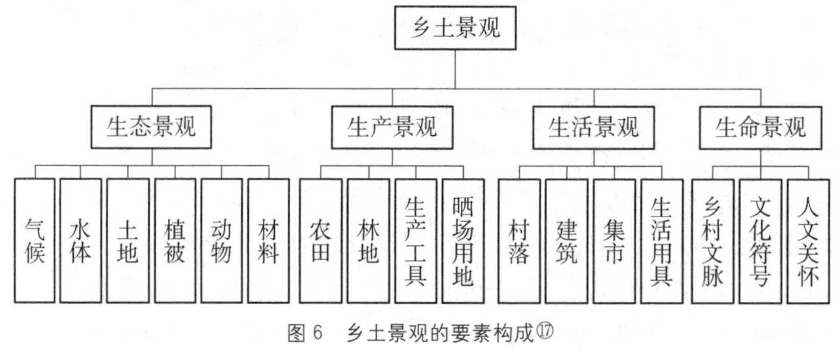

图 6　乡土景观的要素构成⑰

⑮ [日]进士五十八、铃木诚、一场博幸编：《乡土景观设计手法：向乡村学习的城市环境营造》，李树华、杨秀娟、董建军译，北京：中国林业出版社，2008 年，第 25 页。

⑯ [美]约翰·布林克霍夫·杰克逊：《发现乡土景观》之“译序”，俞孔坚等译，北京：商务印书馆，2015 年，第 2-3 页。

⑰ 李鹏波、雷大朋、张立杰、吴军：《乡土景观构成要素研究》，《生态经济》2016 年第 7 期，第 224-227 页。

以上三种对乡土景观要素构成的阐述，主要从视觉感官出发，依据乡土景观中的可见物件，以归纳总结的方法，对乡土景观进行形象表达。此外，还有将乡土景观"基因"化图式。⑱ 此不赘述。⑲ 不过，我们认为，要真正了解和认识中国的传统乡土景观，两种维度必须同时坚守：一是村落共同拥有的品质和元素；一是每一个(类)村落的特点与特色。也因此我们选择一批具有共性和特性的村落进行深度调研，在此基础上形成既可依据，又可调适的模板。

这样，我们可以进行田野作业，在此基础开始编列乡土景观的"名录"。

天象　确立天为主轴的天人合一的宇宙观价值实践观
(天象、时空认知、二十四节气、天气因素)
环境　乡土社会中适应自然所形成的景观原理和要件
(山川河流、村落选址、农作物、植物等)
五行　金木水火土在乡土景观中的经验和构成因素
(阴阳、五行、风水、宅址、墓葬等)
农业　传统的农业耕作、生产、农业技术、土地因素
(农作、家具、耕地、灌溉、农业节庆)
政治　乡土社会与政治景观有关的遗留、事件、形制
(组织、广场道路、乡规民约、纪念碑等)
宗族　村落景观中宗族力量、宗族构件，如宗祠遗留
(宗祠、祖宅、继嗣、族产、符号等)
农时　农耕文明的季节、地理、土地仪典等景观存续
(时序节庆、农事活动、作物兼种等)
性别　男女性别在生活、生产和生计中的分工和协作
(男女分工　男耕女织、女工、内外差异)
审美　乡土景观中所遗留的建筑、遗址、器物、符号
(教育制度、建筑、服饰、视觉艺术等)
宗教　民间信仰、地方宗教、民族宗教的遗留景观等
(儒、释、道及地方民间宗教信仰和活动)
规约　传统村落的乡规民约及村落自然法的管理系统

---

⑱ 刘沛林：《家园的景观与基因：传统聚落景观基因图谱的深层解读》，北京：商务印书馆，2014 年，第 33 页。
⑲ 另参见巴胜超、纪文静：《乡土景观的形象识别系统》(待刊)。

（自然法、村规碑文、习惯法、家族规矩）

非遗　各种活态非遗、医药、生活技艺、村落博物馆

（金、银、石、木、绘、刻、绣、染等）

区域　村落与村落之间以及区域经济协作的社会活动

（集市、庙会、戏台等村落间合作与协作）

旅游　大众旅游与乡民、传统村落景观之间协调关系

（乡村客栈、旅游商品以及城市化倾向等）

在现代社会，无论是在世界上的任何地方，古村落（聚落、集落等）的保护都将愈来愈成为社会的重要事务，也涉及人们对待文化遗产的态度。虽然绝大多数都停留在口头层面，但也有少数学者已经开始在专业方面行动。比如我国的刘沛林教授所进行的传统聚落景观的基因与图谱研究，而且在分类上已经非常细致。[20] 但由于过于专业，而且面相对窄小，使得多数读者难以理解，操作性要么不强，要么由于标准化而导致同质性。

结　语

中华文明的基础、基石和基本是“乡土”。这是具有共识性的认知。我们所有生计、生产和生活都离不开它。所有的道德伦理、经验价值、观念认知、礼仪传统、政治制度、生活习俗都建立在其上。所以，我们无论“创新”什么，“发展”什么，都根基于传统的乡土土壤。极而言之，再“革新”也不至于去刨祖坟，再“革命”也不应该去拆祖厝。因为祖先的“魂”在那儿，祖宗的“根”在那儿。

对于人类学者而言，习惯性的动作就是回到乡土本身去做深入的“田野作业”。我们现在做的，就是到乡土的“原景”中去寻找、去调查、去登记、去造册。特别是去倾听主人对自己家园原有、现在和将来“景观”生命史的故事，然后编列一个具有中国特色的“中国乡土景观的保留细目”。

我们正在行动。

【鸣谢】这是一个团队协作的产物，将有近百名学者、学生、志愿者参与其中。这也是一个由不同学科参与协同的尝试。特别感谢张颖教授、巴胜超教授、纪文静教授、杜韵红教授，刘旭临、何庆华博士候选人等。

---

⑳ 刘沛林：《家园的景观与基因：传统聚落景观基因图谱的深层解读》，北京：商务印书馆，2014 年，第 38 页。

Endless Life: A Constructive Exploration of Rural Landscape Models

Peng Zhaorong

Abstract: China is undergoing unprecedented changes. Urbanization makes the traditional rural society face a difficult transition and a decision of destiny. The Chinese civilization, which is based on the farming tradition, is being challenged. Saving and rescuing the rapidly disappearing rural landscape also tests the responsibility and ability of contemporary scholars. Accordingly, we try to construct an "endless rural landscape model". Our purpose is to preserve and maintain the traditional forms of rural landscapes in the midst of social changes.

Keywords: endless life; rural society; urbanization; landscape model

乡村振兴战略视域下传统村落“空心化”对策探讨

蒲 娇 陈天凯

摘 要:传统村落作为中华民族农耕生活遥远的源头与根据地,是农业文明的重要载体,其中凝结着历史的记忆,反映着人类文明的进步。然而,在城镇化进程中,越来越多的村落(寨)日益凋敝与衰败,纵然是已进入国家保护视野的传统村落也难免出现“空心化”的趋势。实施乡村振兴战略是党的十九大作出的重大决策部署,是决胜全面建成小康社会、全面建设社会主义现代化国家的重大历史任务。在此视域下,如何协力而为制定科学、合理、可持续发展的对策来应对日益严重的传统村落“空心化”现象,是社会各界需要持续探讨的问题。

关键词:乡村振兴战略;传统村落;“空心化”现象;对策

作为一个拥有悠久农耕文明史的国家,中国广袤的土地上遍布着众多形态各异、风情各具、历史悠久的传统村落。传统村落体现着当地的传统文化、建筑艺术和村镇空间格局,反映着村落与周边自然环境的和谐关系。可以说,每一座蕴含传统文化的村落,都是活着的文化遗产,体现了一种人与自然和谐相处的文化精髓和空间记忆。[①] 早在2013年12月召开的中央城镇化工作会议上,习近平总书记就作出了要让村落“望得见山、看得见水、记得住乡愁”的重要指示。在传统村落得到中央政府和学术界重视的同时,不容忽视的是中国高速城镇化的社会大背景。随着劳动力大量外流,农民的主要经济生产方式由农业转变为非农业,不少地区撤村并点,大量村落出现空心化、农业土地闲置的现象。乡村振兴战略的提出,对于传统村落“空心村”而言,是机遇也是挑战。如何更好地发现其内在价值,发挥其“新动能”,就需要对“空心村”的价值进行再认知与再探讨。

一、“名录后”时代“空心村”价值再认知

党的十八大以来,以习近平同志为核心的党中央高度重视弘扬中华优秀传统文化。党的十九大报告提出乡村振兴战略总目标,即“产业兴旺、生态宜居、

作者简介:蒲 娇 天津大学冯骥才文学艺术研究院副教授
作者简介:陈天凯 天津大学研究生院学科规划与评估科助理研究员

① 仇保兴:《深刻认识传统村落的功能》,《人民日报》2012年11月29日第7版。

乡风文明、治理有效、生活富裕”。[②] 此战略明确了指导思想、方针原则、目标任务，为制定意见提供了理论指导和重要遵循，强调农村是我国传统文明的发源地，乡土文化的根不能断，农村不能成为荒芜的农村、留守的农村、记忆中的故园。并明确指出要实现“望见山看到水，记得住乡愁”，构建社会主义新农村、建设美丽乡村的美好愿望。传统村落是中国五千年农耕文明的载体，凝结着中华民族的历史、文化和礼俗。随着各界对传统村落价值认知的不断加深，国家高度重视并实行了一系列保护举措，传统村落保护在全国吹起了号角。

自 2012 年开展“中国传统村落保护名录”评选以来，已有五批共计 6819 个具有重要历史文化价值、多彩多姿的村落进入了国家的视野与保护范畴。国家围绕乡村振兴战略的全面实施，先后印发《农村人居环境整治三年行动方案》(2017 年)、《乡村振兴战略规划(2018—2022 年)》(2018 年)、《关于实施乡村振兴战略的意见》(2018 年)、《中共中央 国务院关于全面推进乡村振兴加快农业农村现代化的意见》(2021 年)、《关于实现巩固拓展脱贫攻坚成果同乡村振兴有效衔接的意见》(2021 年)等文件，将传统村落保护与发展列为其中重要内容。

然而，传统村落作为农村社会生产、生活的基本单元，是农耕文明的重要见证。随着我国城镇化进程的加快，传统村落正在发生着巨大的变迁。原住民纷纷背井离乡，致使人口不断递减，村舍荒芜走向空村。据相关数据显示，“20 世纪 50 年代初期，中国的农民占总人口的 88%，现在这一比例约为 42%。自 1978 年至 2018 年，我国城镇常住人口从 1.7 亿增加到 8 亿人，城镇化率从 17.9%增加到了 58.52%，至 2030 年城镇化水平将推进到 70%，也就是说要使 10 亿人口进入城镇生活”。推进城镇化的同时，村落处境并不容乐观。自 2000 年至 2010 年的十年间，中国自然村落由 360 万个锐减至 270 万个，消失 90 万个。平均每年消失 9 万个，每天消失 245 个。这些已然消失或正在面临空心化的村落中，不乏已入选名录并确定为保护对象的传统村落，传统村落的“名录后”时代已经来临。

(一) 兼顾却不等同物质与非物质文化的“另一类文化遗产”

《关于实施乡村振兴战略的意见》(以下简称《意见》)指出：将坚持乡村全面振兴，挖掘乡村多种功能和价值，统筹谋划农村文化建设，注重协同性、关联性，

---

② 习近平：《决胜全面建成小康社会　夺取新时代中国特色社会主义伟大胜利——在中国共产党第十九次全国代表大会上的报告》(2017 年 10 月 18 日)，北京：人民出版社，2017 年，第 81 页。

整体部署。传统村落作为中国五千年的农耕文明的优良集结与代表，建设美好家园，必须做好民族根性文化的保护。冯骥才曾言："中国最大的物质遗产是万里长城，最大的非物质文化遗产是春节，而最大的物质和非物质文化遗产是古村落。"[③]传统村落的消失不仅使灿烂多样的历史创造、文化景观、乡土建筑、农耕时代的物质见证遭遇泯灭，大量从属于村落的民间文化——"非遗"也随之灰飞烟灭。[④] 联合国教科文组织对"非遗"评定的标准是，它必须扎根于有关社区的传统和文化史中。如果村落没了，"非遗"——这笔刚刚整理出来的、承载着国家文化财富中的许多项目便要重返绝境。而这种伤害是灭绝性的又连根拔起的。对于"名录后"时代传统村落"空心化"现象，需要建立在对村落中不可再生"物"和可再生"物"之间关系的深刻认知之上，且对于两者需要采取不同的保护理念和方法。同时，对于传统村落的保护不应只重视"有形"，还需更加重视历史和传统此类"无形"文化的保护，这不仅仅是文化遗产的简单复制和外形修复，还要考虑对非物质文化遗产的有效保护与传承，如口头传统、传说和表达、表演艺术、社会实践、仪式、节日活动和传统工艺等方面。制定村落保护规划时，不能忽略物质文化与非物质文化的有机整体，同时还应重视民众的社会活动，以确保社会的稳定和可持续发展。

（二）民族文化多样性的表达方式与有效载体

传统村落存在的另一层重要意义是诸多少数民族的聚居地。在乡村振兴战略中，少数民族聚居地区和多民族混居地区的振兴与发展占据着十分重要的地位。实现民族地区的乡村振兴，首先考虑到的是其民族与地域性特征，文化多样性与差异性需要得到重视。大多数少数民族没有文字及精英文化，仅存口头传承及民间文化，少数民族村落（寨）往往就是民族原始的聚居地，民族全部的历史、文化与记忆都在世代居住的村落（寨）里。如果传统的村寨瓦解了，民族可能就名存实亡，不复存在了。因此，针对少数民族村落（寨）的保护，并不等同于一般意义上的村落保护，对于加快民族地区发展步伐，优化民族地区社会治理、尊重和保护民族地区的文化遗产，推动民族团结进步皆具有重要作用。而对于少数民族一些根基性的原始聚居地与核心区域，应考虑成片保护，以及历史环境与自然生态环境的保护。针对少数民族村落（寨）"空心化"问题，既应

③ 冯骥才：《请不要用"旧村改造"这个词》，《新湘评论》2010 年第 24 期。
④ 冯骥才：《传统村落的困境与出路——兼谈传统村落是另一类文化遗产》，《民间文化论坛》2013 年第 1 期。

该重视文化的、区域的、族群的多样性，也不能忽略在乡村的景观及民众的生活方式、生计方式上表现出的多样性，最终体现在多元文化并存及民族和谐共生之中。

图1　冯骥才先生在苗寨与传承人做深入交流

图片来源：作者自摄

（三）文明乡风的发源地与传播地

“乡村振兴，乡风文明是保障。必须坚持物质文明和精神文明一起抓，提升农民精神风貌，培育文明乡风、良好家风、淳朴民风，不断提高乡村社会文明程度”，文明乡风的重要作用在《意见》中得到明确体现。传统村落世代聚族而居，讲究合乎礼治的行为规范，乡规民约、宗族传衍及家规家训，其中蕴含的思想观念、人文精神和道德规范，发挥着凝聚人心、教化群众、淳化民风的重要作用。乡村振兴不仅要实现村落的产业振兴，同时也要满足村民日益增长的精神需求，保障村民的文化自尊与自信。诸多已经濒临“空心化”的村落，在历史上或许正是一座充满人文情感及严格乡规乡约之地，在当下却因人口稀少，行政力量相对薄弱，不良习俗、风气、陈规陋习有所抬头。正因如此，我们更不能忽视、放任、放弃，反之应该将其作为实践及传承文明乡风、良好家风、淳朴民风的重点观察区。良好的家风直接影响着每个家庭的精神追求，决定着家族的兴旺，村落的发展变化，甚至关系到空心村能否重回活力。营造文明乡风，必须有“破”有“立”，“破”就是要向不良习俗和风气开战，“立”就是要树立新风。从而提升村民精神新风貌、乡村文明新气象，为乡村振兴注入强大思想文化力量，为乡村振兴提供源源不断的精神动力。与此同时，还要充分发挥村规民约的约束作用，将清风正气融入村规民约，使法治精神在乡村落地生根。总之，家风的传承作为深入培育和践行社会主义核心价值观的有效抓手，通过各种形式倡导树立文明家风，不断提高人民群众的文明素质和社会文明程度。

二、"空心村"原住民的主体性与自治实践

村落的核心是那些承载着农耕文明脑海记忆与身体记忆的原住民，原住民一旦离去，文化的魂与生命也随之消失，徒留村落空壳。原住民作为村落的建造者和村落文化的生产者、传承者与享用者，是村落真正的主人。住房和城乡建设部、文化部、国家文物局、财政部等部门出台的《关于切实加强中国传统村落保护的指导意见》(建村〔2014〕61 号)中曾明确规定建立保护管理机制，并"鼓励村民和公众参与"。目前，在村落保护与未来发展方向上，村民的主体性发挥和话语权表达仍不够凸显，作为保护行动顺利开展并最终成功的决定性因素有所忽略。因此，乡村振兴中对原住民主体性的找寻、调动和发挥，重视探索村民自治实践的制度与方法，实为有效推动农业、农村、农民问题的重要切入点。

(一) 重视文化自觉意识培养，增强主人公精神

就政府宏观管理和引导的角度而言，保护传统村落的根本目的是基于当前农村经济、社会、文化全面快速的转型过程中，及时保护可能被毁坏、丢失或遗忘的村落文化传统，以此增强全体中国人的文化自觉，为中华传统文化的继承发扬，为中国城乡社会的均衡与长远发展提供必要条件。原住民作为村落传统文化遗产的创造者和传承者，留住原住民，围绕传统村落及其环境开展整体性保护，才能真正实现见人、见物、生活的目标。在发展中探寻传统，尊重村落在地缘、血缘、人缘、业缘等方面的独特个性，开展与村落相关的主题教育、民俗活动及培训讲座，以此重新唤醒原住民的文化自觉。鼓励村民参与传统村落保护行动，以此提高村民在保护行动中的主体性和话语权，重塑其文化身份感，增强文化自觉，增进参与村落事务的能力与信心，从而对传统村落的保护以及可持续发展产生积极而深远的影响。在传统村落"空心化"问题的解决过程中，还要充分尊重村民自治的权利，增强主人翁精神，以村民为中心对传统村落的保护和发展提供约束和引导，不以任何形式取代村民参与权和决策权，保证村民主

体的全面参与。

（二）加强思想道德建设，提升精神风貌

《意见》中指出，实施乡村振兴战略要“切实增强责任感使命感紧迫感”。对作为振兴主体的原住民来说，增强责任感、使命感、自豪感尤为重要，村落的自治传统，最终要实现乡村德治、法治、自治的三治合一。当然，其中要坚持以自治为基础，同时加强原住民思想道德建设，这在乡村精神文明整体建设中具有举足轻重的作用，也是实施乡村振兴战略的强大精神支撑。具体而言：首先，健全和完善村党组织领导的充满活力的村民思想道德建设机制，已经成为空心村展开有效互动的引擎。加强村落中民众的思想道德建设，关键是要弘扬社会主义核心价值观，使社会主义核心价值观内化为民众的精神追求、外化为民众的自觉行动。其次，要不断加强思想道德建设方面的宣传教育，依托村落各个历史时期中具有优秀道德表率作用的楷模，注重对优秀道德品行进行表扬宣传，对失德行为进行批评教育，以此推进乡村社会公德、家庭美德、个人思想道德、职业道德建设。最后，对于村落中传承中华优秀基因的传统文化，要注重挖掘其内在深层价值，加强宣传力度，扩大影响力，充分发挥地方特色文化对民众的凝聚和教化作用。

图 2　地处山西省阳泉市盂县梁家寨乡的大汖村，2021 年约剩 13 名村民居住

图片来源：中国传统村落保护与发展研究中心

（三）完善培养机制，加快人才梯队建设

实施乡村振兴战略，必须破解人才瓶颈制约。在《意见》中提出要“汇聚全社会力量，强化乡村振兴人才支撑”的开宗明义。传统村落在其漫长的形成、发

展过程中，孕育了大量德才兼备、急公好义的人才，其中也不乏大量衣锦还乡、造福乡梓的乡贤群体出现。然而，随着农村与城市二元发展之间不均衡的境况出现，城市对农村人才“虹吸”效应的日渐加重，具备一定素养的人才外出选择更大机遇的城市发展，因此在大量空心村中，出现无当下人可用、无念可想、无计可施的窘境。人才流失严重，已成为传统村落发展中的瓶颈。要破解此类问题，其一要改变人才由农村向城市单向流动的局面，积极吸引走出去的人才把在城市里积累的经验、技术以及资金带回本土。其中关键要做好人才的培养、引进工作，充分发挥农民的主体作用，调动广大农民群众的积极性、主动性、创造性，激活乡村振兴的内生动力。其二，要将人力资本的开发放在重要位置，强化乡村振兴的人才支撑，加快培育新型农业经营主体，完善原住民人才梯队建设。让愿意留在乡村、建设家乡的人留得安心，让愿意上山下乡、回报乡村的人更有信心，创设环境引力，着力吸“引”外出人才返乡创业。最后，在迎接农村人才的“返乡回流”过程中，还须为人才返乡创造良好的乡村创业机遇与发展空间，注重人才梯队建设，提升基层人才配套待遇，着力为人才解决后顾之忧，实现人才振兴。

三、“空心化”的经验探讨

毋庸置疑，村落的“空心化”问题是一个世界性的问题。西方社会自工业革命始，乡村社会便逐渐走向瓦解，现代城市的崛起急需大量乡村的劳力与人口，村落的空心化成为必然。村落“空心化”是全世界各民族生产力提高、社会进程快速发展中的正常现象，贯穿着一百多年来人类的历史发展。纵然各个国家意识形态、国情政策、地域文化及民族性格均有所不同，但探究村落保护发展过程中的理论性向导，却是全世界人民面临的共同难题。国外关于文化遗产的保护，起初多集中在关于市镇内建筑遗产、历史见证物、乡土景观、文化空间等方面的考察，最早可以追溯到18世纪Merimee在科西嘉岛旅行笔记中提及的法国纪念碑保护，开启了文化遗产保护的先河。

（一）抢救性记录，制定村落规划及清单

对于文化仅仅有科学理性是不够的，如果只是不自觉地注入人文情怀和人文精神，那么就等于将文化主动抛弃。[⑤] 针对于传统村落的保护，目前刻不容缓

⑤ 冯骥才：《到民间去》，《灵魂不能下跪——冯骥才文化遗产思想学术论集》，宁夏：宁夏人民出版社，2007年，第417页。

的首要使命便是抢救。随着村落空心化程度的不断加快，承载着村落记忆的原住民大多分散居住或已不在人世，大量有价值的记忆、历史、情感，再难找寻到其传承与维系的时空。因此，普查、抢救与记录已经成为一项时不我待的工作。普查首先展开学术性较强的调研工作，随后为甄别、记录与整理工作。至于更深入、更广泛的研究，则要在抢救之后，若不及时抢救，后世的研究便没有资料与凭借。因此，对于村落中选择为保护对象的调研，应该建立在一套明确的标准之上，在具体操作时要按照一份复原调查的结果进行。而这份所谓的复原性调查报告就是针对保护主体最开始的状态，如果是建筑，就是根据它的原迹所绘制记录的资料。一旦建立了原始的记录，村落的复原与尺度就极好把握了。而任何项目和任何领域的调查，首先都要做一份统一标准、统一规格的规划与提纲，在此之下的调研成果才具备严格性、科学性与系统性。村落有价值的物品哪些丢失、损坏、走样，若没有相应的核实材料，就无法进行对应式检查，因此迫切地需要摸底式调查，并开列一份档案式的传统村落遗产清单。村落普查不仅仅是建筑普查，还要做非物质文化遗产的普查，之后要确定村落的发展规划，且不仅包括建筑、生活设施、旅游方面，还应重视文化方面的规划。

（二）跨领域合作，形成多维保障体系

中央农村工作会议明确指出，必须“举全党全国全社会之力，以更大的决心、更明确的目标、更有力的举措推动农业全面升级、农村全面进步、农民全面发展”。这是以习近平同志为核心的党中央带领人民群众为实现中国梦而进行的一场攻坚战，涉及面广、参与者众，只有身份明确、职责清楚，才能步调一致、协同作战。村民是这场攻坚战的主体力量，既是乡村振兴的主体目标，也是乡村振兴战略的主体实施者。但村落目前所面临的问题并不是简单的问题，这项时代的命题，还需涉及方方面面的人群，共同努力跨领域合作助力完成，比如需要由历史、人文、建筑、农业、经济、文物与非遗等各方面学者集体参与，反复论证，以此慎重制定长远与近期规划，防止规划性破坏。在人群方面，需要产、官、学多位一体，注重人和环境、人和人、人和资金、人和制度、人和文化之间的关系。同时不能忽略的是乡贤与民间组织在乡村振兴中的带动和组织作用，尤其受过高等教育的年轻人，更应该引导其关注家乡，关注村落价值。

（三）出台法律法规，建立健全保护机制

传统村落的科学保护必须有法律保障。没有法律保障，国家确定的传统村

落就可能得而复失。在《意见》中指出:坚持法治为本,树立依法治理理念,强化法律在维护农民权益、规范市场运行、农业支持保护、生态环境治理、化解农村社会矛盾等方面的权威地位。纵观人类历史,早在18世纪前叶,国际上已有多国传统村落保护实践的经验,对于我国现阶段传统村落的保护与发展具有重要借鉴意义。在目前国内传统村落“空心化”严重的地区,大量村落已成“弃村”“孤村”“空村”。部分人烟稀少、疏于管理的村落中,大量隐存其中具有极高历史见证的有形文化遗产正在被肆意盗取。目前大部分“空心村”作为生产生活社区,依然处于动态的变化中,保护难度较大,只有通过长期、不懈的责任监督才能为其保驾护航。纵观人类历史,国外关于历史文化遗产、村镇的保护早已起步,并主要通过法律路径实现。而目前我国针对物质文化遗产保护有《中华人民共和国文物保护法》,非遗保护有《非物质文化遗产法》,但传统村落却没有相关的法律法规,因此《中国传统村落保护法》的出台已经迫在眉睫。具体而言,《中国传统村落保护法》要以《中华人民共和国宪法》为依据,既要尊重《中华人民共和国物权法》《中华人民共和国文物保护法》,也要充分尊重财产权的受遗赠权理论、公物理论,国家和地方政府在农村,特别是传统村落中的个人产权房产上,也应该承担着一定的管理监督职责和引导职责。法律一旦制定,要将监督与执法紧密结合起来,还要明文确定保护范围与标准以及监督条例。管辖村落的地方政府必须签署保护承诺书,地方官员是指定责任人,其中必不可少的是建立监督与执法的机制。在进行法律推广和制定时,要加强对民间力量的广泛吸收,鼓励公共参与,提高民众整体的历史文化保护意识,倡导民众

图3　贵州省黔东南苗族侗族自治州雷山县郎德镇郎德上寨村民通过歌舞表演增加收入

图片来源:中国传统村落保护与发展研究中心

自发成立保护团体(协会)对传统村落和街区进行保护。总而言之,法律法规的制定不应成为约束村落发展的枷锁,相反应为村落的未来发展及村落中的原住民保驾护航。

四、全面践行乡村振兴战略

乡村振兴战略是党和国家的重大决策部署,各级党委和政府要加强对乡村振兴战略重大意义的认识,切实把实施乡村振兴战略摆在优先位置,把党管农村工作的要求落到实处,让乡村振兴成为全党、全社会的共同行动。科学完善的乡村综合治理体系,应该由社会各领域、各专业、各层面的人员集体参与,有关于传统村落历史、文化、科学、艺术、经济、社会、生态等全方位的科学发展规划。通过建立健全党委领导、政府负责、社会协同、公众参与、法治保障的现代乡村社会质量体系,确保自治、法治、德治相结合,确保村落发展充满活力,避免出现空村化现象。

(一) 维护农民群众根本利益,促进农民共同富裕

乡村振兴,生活富裕是根本,这是最低要求,也是最高要求。把维护农民群众根本利益、促进农民共同富裕作为出发点和落脚点,促进农民持续增收,不断提升农民的获得感、幸福感、安全感。冯骥才认为:对于传统村落保护,应该坚持四道底线不能变,第一道是传统村落的原始格局,第二道是经典民居和公共建筑,第三道是非物质文化遗产的原生性,第四道是地域个性特征。但是他也强调,在守住底线的同时,必须变的一定要变,比如"老百姓的生活设施,硬件等,这些问题就是现代科技给人们带来的恩惠和方便必须要注入村庄,这是防止村庄空巢化的一个重要方式"[⑥]。因此,解决传统村落"空心化"问题必须坚持以村民为中心的发展思路,解决村民特别是贫困村民的就业问题,依靠村民的智慧和力量打造传统村落适宜产业。比如,多渠道拓宽城乡公共就业服务体系,促进民众多渠道转移就业,提高就业质量。拓宽农民增收渠道,鼓励农民勤劳守法致富,增加农村低收入者收入,扩大农村中等收入群体,保持农村居民收入持续增加。因此,在保护过程中既要促进经济发展,提高农民收入水平,恢复村落活力,同时兼顾社会层面,为村民提供更多的就业机会,改善生活居住条件。

---

⑥ 冯骥才:《守住底线,遵循科学,和谐发展,来保护住中华民族的文明家园——在首期中国传统村落保护发展培训班上的讲话》,《工作通讯(内部)》2016 年第 4 期。

（二）坚持农业农村优先发展，实现多产业联动互动

党的十九大报告第一次明确提出"要坚持农业农村优先发展"的思想，这是对工农关系、城乡关系认识上、观念上、工作部署上的重大创新，产业兴旺成为乡村振兴的首要任务。传统村落作为农耕文明的重要载体，千百年来依托农业劳动完成生产与生活。随着农业供给侧结构性改革的深入与调整、农业技术的革新与进步，传统农业逐步式微于现代农业。然而，乡村振兴最终是要实现资源的最优化利用，实现农民生活富裕、产业均衡、人与自然和谐相处的共赢格局。就现状而言，部分传统村落生产力水平较低、劳动者素质欠缺，多地存在"靠天吃饭"的现象，致使地域经济呈现发展缓慢趋势。因此，顺利实施乡村振兴战略的前提保障是加强农业基础设施建设，提高农业综合生产能力的基础，坚持农业农村优先发展和城乡融合发展。具体而言：第一，围绕村落一二三产业融合发展主线，引导和推动更多的资本、技术、人才等要素向农业农村流动，优化各要素在产业之间、地区之间、农业主体之间的合理配置，提高资源利用效率和劳动生产率。第二，发展现代农业是产业兴旺最重要的内容，其重点是产品、技术、制度、组织和管理方面的创新，通过提高良种化、机械化、科技化、信息化、标准化、制度化和组织化水平，推动农业、林业、牧业、渔业和农产品加工业转型升级。第三，推进多产业联动互动，促进农业产业链延伸，为农民创造更多就业和增收机会。最后，通过整合资源，实现部门联动，统筹推进，加快农业与教育、科技、体育、健康、养老、文化产业等领域深度融合，尝试培育新产品、新业态、新模式，最终实现农业增效、农民增收、农村增美。

图 4　浙江省丽水市松阳县四都乡西坑村的"过云山居"民宿

图片来源：中国传统村落保护与发展研究中心

（三）合理利用旅游资源，树牢绿水青山理念

2018 年 12 月 10 日，文化和旅游部等 17 个部门联合印发《关于促进乡村旅游可持续发展的指导意见》，此文是贯彻落实《意见》及《规划》后的又一重要举措。乡村旅游是旅游业的重要组成部分，作为实施乡村振兴战略的重要力量，能够促进乡村旅游向市场化、产业化方向发展，全面提升乡村旅游的发展质量和综合效益，为实现我国乡村全面振兴做出重要贡献。2019 年 9 月 16 日，习近平总书记在河南考察传统村落时指出："发展乡村旅游不要搞大拆大建，要因地制宜、因势利导，把传统村落改造好、保护好"，以此确定传统村落旅游发展要遵循其自身规律及科学利用原则。因此，传统村落的旅游发展需要以村落本身资源为基本依托，尊重原住民意愿，并调动其参与的积极性与创造性，分享旅游发展红利。通过加大政府的支持和引导力度，吸引更多的社会资本和经营主体投入到乡村旅游的发展中。在旅游发展过程中，需提升乡村旅游基础设施，如实施乡村绿化、美化、亮化工程，提升乡村景观，改善乡村旅游环境。完善乡村旅游公共服务体系，如加强配套设施建设，完善网络信息服务平台等。总之，要以践行"绿水青山就是金山银山"的理念，统筹考虑资源环境承载能力和发展潜力，不能一味追求收益的最大化。

（四）露天博物馆式的保护方法尝试

对于空心村中部分具有珍贵价值的传统民居建筑、公共建筑与历史见证物散落乡野、孤单难保的存在现状，重要的一种尝试就是露天博物馆式的保护方式。冯骥才指出："露天博物馆是一种收藏和展示历史民居建筑及其生活方式的博物馆，即把这些零散而无法单独保护的遗存移到异地，集中一起保护，同时还将一些掌握着传统手工的艺人请进来，组成一个活态的历史空间。"这种博物馆不仅遍布欧洲各国，韩国、日本、泰国、马来西亚等亚洲国家也广泛采用，已成为许多国家和城市重要的旅游景点。毋庸置疑，历史建筑只有在它的原址上才最有价值，不能为搜集它而搬走它。然而"皮之不存，毛将焉附"，如果其赖以存在的文化空间早已不在，也根本无法实施原地保存。在一个大部分民居已翻新，却还残留着为数不多的具有历史文化价值建筑的村落，最适合的方式正是露天博物馆式的保护方式。零散又珍贵的建筑保存需要花费大量人力与物力，但若将其收集一处，并加以集中保护与展示，既能留存下来，也可供人欣赏传统和认识历史。我们需要认识到的是，虽然露天博物馆有很高的旅游价值，但不

能只为旅游效益而妄加“改造”,最终要满足村落所蕴含的三方面价值——精神价值、文化价值、经济价值。

图5 浙江省绍兴市诸暨市龙凤县东白湖镇斯宅村华国公别墅内还留有考取功名的捷报

图片来源:中国传统村落保护与发展研究中心

(五) 弘扬乡贤文化,发挥道德张力

2015年和2016年,中央一号文件两次将“乡贤文化”列入农村思想道德建设中,并指出:“创新乡贤文化,弘扬善行义举,以乡情乡愁为纽带吸引和凝聚各方人士支持家乡建设,传承乡村文明。”新时代下,植根乡土的乡贤文化在乡村振兴的机遇下被赋予了新内涵,垂范乡土、崇德向善的文化情怀,潜移默化地引领着文明乡风的形成,推动着和谐社会的发展。乡贤文化作为一种“软约束”“软治理”,在健全乡村居民利益表达机制,激发村民参与乡村事务的积极性、凝聚力和自治能力等方面均发挥着重要作用。当代乡贤文化的构建,应摒弃传统乡贤文化中等级森严、尊卑有别等糟粕,弘扬民主法治、平等公正等社会主义核心价值观思想。在充分发挥新乡贤具有人熟、地熟、村情熟优势的同时,为乡村公共空间提供精神支撑与道德导引,发挥沟通官民、扶翼政教的双向功能。通过组建乡贤议事会、乡贤参事会、乡贤理事会,充分发挥乡贤的亲缘、人缘、地缘优势,积极引导乡贤参与乡村治理,增强乡村振兴的内生动力。鼓励支持乡贤积极参与农村公共建设和公益事业,让乡贤以多种形式助力乡村建设,实现乡贤自身发展与乡村建设的良性互动;对于提升传统村落“空心村”的治理手段而言,推进新乡贤文化和乡村社会结构有机融合,能有效促进公共服务普及与公序良俗的形成,构建兼具乡土性与现代性的乡村治理有效机制。

图6 全国政协委员潘鲁生在央视节目中发表"非遗赋能乡村振兴"观点

图片来源：中国传统村落保护与发展研究中心

农业、农村、农民问题是关系国计民生的根本性问题，是关系到全党工作的重中之重。乡村兴，则农民富；乡村旺，则国力强。传统村落作为农耕文明的重要载体，其保护与发展不但关系到村民在其中的参与度和受益面，也成为解决乡村振兴战略实施最为基础的现实要求。然而，针对传统村落"空心化"现象需要有科学认知，这既是城镇化所带来的结果，也是人们基于经济理性的自然选择，并且是人类发展史上共同面临，却又不可逃避的全球性问题。传统村落"空心化"现象的破题之路，既是对农耕文明、民族基因的尊重与珍视，同时也是践行乡村振兴战略，决胜全面建成小康社会、全面建设社会主义现代化国家重大历史任务的重要途径。

Discussion on the Countermeasures for the Hollowing out of Traditional Villages in the Perspective of Rural Revitalization Strategy

Pu Jiao　Chen Tiankai

Abstract: As the remote source and base of Chinese agricultural life, traditional villages are the important carriers of agricultural civilization, in which the historical memory is condensed and the progress of human civilization is reflected. However, in the process of urbanization, more and more villages are withering and decaying, and even the traditional villages which have entered the national protection field of vision are inevitably "Hollowing out". The implementation of the rural revitalization strategy, as a major decision-making made by the state, is a major historical task for the country to complete the building of a modern socialist country in an all-round way. In this view, how to make scientific, reasonable and sustainable development countermeasures to deal with the increasingly serious phenomenon of "hollowing out" of traditional villages is a problem that needs to be continuously explored by all sectors of society.

Keywords: rural revitalization strategy; traditional villages; "the hollowing out" phenomenon; countermeasures

古镇古村古堡中自然与人文价值的当下意义
——以对闽北地区八个村落的调研为例

靳颖超

摘　要：利用自然和人文资源发展乡村产业，为当地经济发展培育增长点，是传统村落保护进入可持续发展的重要步骤，也是城市化发展到一定阶段的必然。以福建北部地区的八个村落为例，在充分肯定已取得成绩的前提下，又分别提出了养生、养老、特色种养殖和传统文化教育基地等项目，为这些村落经济发展提供了一些新的契机。古镇古村古堡不是闽北地区的独有，但是，独特的自然环境和历史经历，使这一地区的古镇古村古堡不仅形成了独特的营造技艺，还形成了特有的历史经验，构成了闽北地区独具一格的人居环境。在乡村振兴的大背景下审视闽北的古镇古村古堡，其中自然生态方面的魅力、人文精神方面的积淀，让我们从这些古镇古村古堡中，体会闽北地区千百年中积累起来的生存智慧，寻找这些智慧与乡村振兴之间的关系。

关键词：闽北地区；村落；文化价值；旅游开发

一、闽北地区区域概况

闽北地区临近北回归线，属中亚热带季风湿润气候区，四季较分明，年平均气温 17.9℃，气候宜人。在距今约 6500 万年前，受构造运动的影响，这一地区的地面产生许多断层和节理，后来又受到喜马拉雅运动影响，这一地区的南北地面逐渐抬升，形成了武夷和玳瑁两大山脉，局部地区还形成了由红色砂砾岩组成的丹霞地貌。充沛的雨量，适宜的气温，使这一地区形成了茂密的植被，是我国东南现存面积最大、保留最为完整的中亚热带森林生态系统，至今仍保持着雄浑、古朴、俊秀的原始景色，有“中国绿都”“中国南方生态乐园”的美号。

闽北地区历史遗迹也十分丰富。《山海经》记载“闽在海中，其西北有山”，准确地描述了福建的地理方位和特征，也指出了闽北地区的地理环境。从远古到战国时，古闽族便从滨海江口沿江内迁到这里，打渔捕猎，聚族而居，开始接受中原文化，建立了附庸于周王室的“古闽国”。“筑六城以拒汉”的历史遗留，

作者简介：靳颖超　中国营造文化研究中心副主任兼秘书长

证明着当年闽文化的强大；汉代的皇帝加强了对闽地的统治，一面派遣使者在闽北地区的大王峰南麓设坛，用乾鱼祭祀“武夷山君”，一面采取将闽越移民到“江淮间”的政策。魏晋开启了“衣冠南渡”“入闽”的移民大潮，闽汉文化进入高度融合时期。唐天宝年间，朝廷“天下名山”的册封，更确立了武夷山的正统地位。宋代，以理学家朱熹为代表的鸿学大儒曾在这里著书立说，聚徒讲学，奠定了这一地区重视耕读的民风。

因传统村落保护工作的不断深入开展，笔者调研了闽北地区的下梅村、邵武市和平古镇、泰宁县杉城镇胜一村、泰宁县新桥乡大源村、建宁县溪源乡上坪村、永安县槐南镇洋头村、沙县凤岗街道水美村、尤溪县洋中镇桂峰村（图 1）。尽管考察的时间有限，所到之处也很难遍览全貌，但是八个村镇特有的自然风光、浓郁的文化遗存，以及由此汇集而成的村容村貌，让人难忘，催人反思。

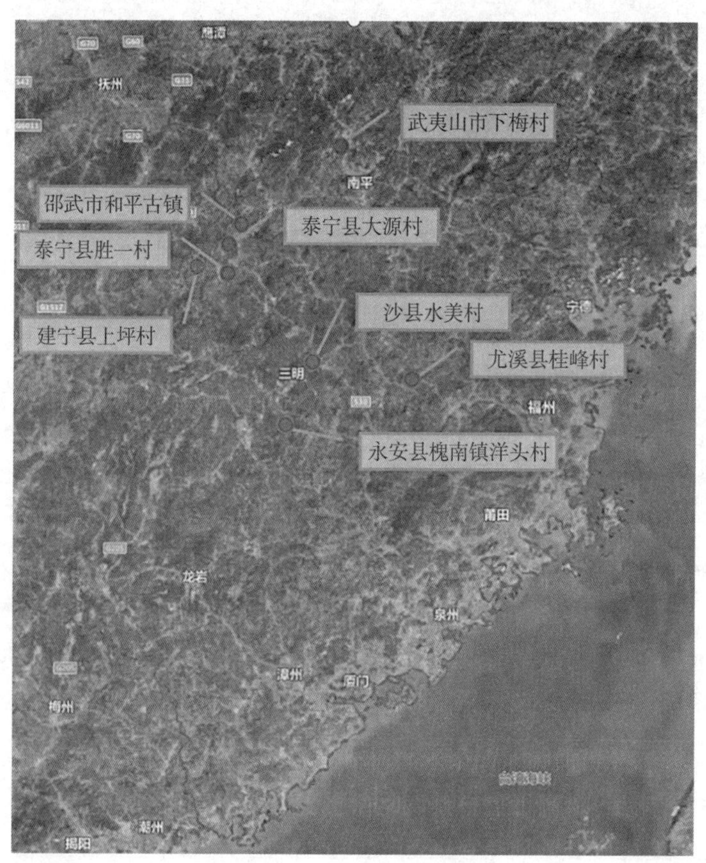

图 1　八个村的区位情况

二、闽北地区村镇分布情况

在自然环境方面，八个村镇主要分布在闽北地区的西北和东南部，武夷山和玳瑁山构成了这里的丘陵地貌：沙溪、金溪、尤溪、大源溪等闽江支流给这里带来了充沛的水源，在滋养了丰沛植被的同时，也为村民休养生息提供了良好的自然环境，像沙县凤岗街道的水美村，森林覆盖率达到74%；建宁县溪源乡的上坪村的森林覆盖率高达84%。（图1）

在人文历史方面，八个村镇大多历史悠久。不仅有像泰宁县新桥镇大原村那样被列为了“国家历史文化名镇名村”，还有像泰宁县杉城镇胜一村的“尚书第”、永安县槐南镇洋头村的“安贞堡”等国家重点文物保护单位。

由此不难看出，这八个村镇虽然在闽北地区村镇的总量中很不起眼，但却是典型的自然与人文景观的荟萃之地。

以下笔者将结合乡村振兴战略，分析在八个村镇考察过程中所发现的问题以及初步的解决对策。

三、八个村镇调研发现的问题及对策

作为福建省区域性中心城市，闽北地区的社会发展和经济建设已经取得了不错的成绩。截至2019年，国内生产总值连续九年保持两位数的增长，第三产业所占比例达到45.3%。不过，仅就第三产业而言，闽北地区的发展空间还很大。得出这样的结论，不仅是因为区域内有自然遗产、地质公园两个世界级旅游品牌和永安石林、将乐玉华洞两个国家4A级旅游景区，还因为有尤溪县的宋代理学家朱熹诞生地遗址、泰宁杉城镇胜一村的国保单位明代“尚书第”、永安县槐南镇洋头村的清代“安贞堡”等人文景观，更是因为这里优美的自然风光、适宜的居住环境，以及遍布山野的竹、木、菇、笋、莲、橘、猕猴桃等土特产品。

下面就本次考察所到的八个村镇，从建筑文化与旅游产业关系的角度，分析这些村镇尚有哪些可以进一步开发的空间。

（一）武夷山市下梅村

村落距离武夷山风景区仅八公里，因处在梅溪水系的下游而得名。这座村子历史十分悠久，商周时期就有先民在这里活动。整村建于隋，兴于宋。尤其是在清康熙、乾隆年间，下梅村曾是武夷山的茶市，兴盛一时。直到现在，村中仍留有清代古民居30多座。远眺下梅村，清水穿村，房屋相对，鳞次栉比，人来

人往。加上远山相衬托，一幅水光天色的淳朴景象。（图 2）

图 2　下梅村

下梅村的房屋之所以能使用到今天，与材料和结构有很大关系。这里的房屋主体或夯土，或砖砌，厚度一般都在六十公分左右，坚固结实。房屋多为上下两层，全木结构，前后通透，具有很好的通透性。房屋临河的一面出檐很大，既扩大了屋子的空间，也可以作为廊道，晴天遮阳，雨天挡雨，方便出行。

另外，这里的民居多合围而建，形成套院。院子中间是“天井”。天井既具有采光、集雨、通风的实用功能，四周摆设的花草盆景，更为主人提供了一处观赏之地。

砖雕、石雕、木雕为下梅民居增加了艺术气息。每户的大门上的石鼓、门柱无一例外地用石雕装饰，门楣上方和大门两侧是精美的砖雕，在浑然一体中体现着主人的生活理念。邹氏家祠是村中集大成的地方。这里的雕刻以浮雕为主，也有镂空雕。内容多取自历史人物、神话传说、民间吉祥风物花卉等，精雕细刻，造型逼真，展现出丰富的文化韵味。

下梅村目前正在开展旅游业，但仅停留在“绕村一看”的水平上，留不住游客。造成这种情况的主要原因是村子里缺乏体验性的活动。组织村民开发具有当地特色的家庭产业，是改变这种情况的重要途径。比如，在饮茶基础上开发以“茶”为主的饮食产品，使游客能在这里吃到别样的美味；开发以木砖石为主体的雕刻产品，使游客能在这里买到别致的旅游纪念品；利用保存较完好的院落，对内部进行装修，在保持乡土特色的基础上体现舒适性，为有意体验水乡生活的游客提供居住之所。

（二）邵武市和平古镇

和平镇位于邵武市南部，是一座有四千多年历史的文化古镇。据考古发现，新石器时期的古越先民就开始在这里繁衍生息。有文字记载的历史始于唐代。(图 3)“和平”古称“禾坪”意为地势平坦，盛产粮食。是古代邵武通往江西、泰宁、建宁的咽喉要道，福建出省三道之一的“愁思岭”隘道就在和平境内，历代为兵家必争之地。自唐代以来，这里先后设立过乡、里、分县，自然留下了不少文物古迹，不仅有城堡、谯楼、分县衙门，还有明末著名军事家、民族英雄袁崇焕题写塔名的“聚奎塔”，闽北历史上最早的书院，还有许多庵庙宫观、祠堂义仓，更有近三百余幢明清民居建筑，仅建筑技艺雕饰精美、结构完好的“大夫第”就有五座，是我国保留最好，最具特色的古民居建筑群之一。六百多米的古街造于唐代，鹅卵石的光滑与青石板的严整，印证着历史的沧桑，素有“福建第一街”之称(图 4)。和平古镇素有读书求学的传统，文风炽盛，人才辈出。两宋至清，和平出了进士 137 名，其中上官家族就有进士 70 余名，还有一名“榜眼”，素有“进士之乡”的美誉。当地特产武夷岩茶、香菇、蛇宴、蛇酒、武夷冬笋、武夷薏米、武夷香蕈、桐木香榧、野生红菇、天然花菇、冬笋炒底、菊花鱼、双钱蛋茄、豆浆粉等都很有历史。其中最富传奇色彩的是“碎铜茶”。

图 3　和平古镇

图 4　福建第一街

近年来，和平古镇已经有所修复并开始涉足旅游业，除了对村落的护墙和门楼进行了整修，还专门设立了村博物馆。但是，在旅游业态上还亟须进一步挖掘。比如：利用“和平书院”的空间环境召开一些学术会议，扩大书院的社会影响力；与省市县域内的学校及科研院所联系，建立相应的“实习基地”，弘扬古镇的重学之风；另外，可以对“碎铜茶”做进一步研究，寻找其中的科学原理，并开展与养生美容有关的产业，这将是一项非常有潜力的事情。

(三) 泰宁县杉城镇胜一村

泰宁县是世界地质公园所在地，有着得天独厚的自然旅游资源。境内有千姿百态的丹霞地貌与浩瀚湖水完美结合，有“天为山欺、水求石放”的上清溪大峡谷，福建境内第二高峰金铙山以及被誉为“峡谷大观园”的金龙谷等。胜一村位于泰宁县杉城镇，是典型的“城中村”，面积 34.3 平方公里，现全村人口 1520 人，400 户，全村规划全部按现代化建设，条条街道实现水泥路面硬化。

该村现有耕地面积 1230 亩，林地 2200 亩。村民大多将自己土地租赁给别人，同时在本县做各种生意，以家庭宾馆、土特产经营、服装饮食和物流运输为主。客观地说，胜一村的生产方式、居住环境已经完全融入了城镇。耕读持家、重学入世曾是胜一村的传统。“一门四进士，隔河两状元，一巷九举人”曾是胜一村的骄傲。尚书第建筑群、江日彩进士门楼、欧阳租屋、梁家祖屋、别驾第等古建筑群，已经有五百年的历史。尚书第建筑群达 1.3 万平方米，不仅建筑的主体保存完好，木砖石雕也十分精美，已列为国家重点文物保护单位，并已对外开放。由于缺乏吸引游客的内容，来尚书第参观的游客停留时间很短。紧邻的仿古街道出售的商品也多是当地哪儿都能买到的土特产品，与“尚书第”，尤其是当地耕读传家、重学入世的传统没有多少关系。与这里的自然资源比较，泰宁的书院文化以及书院文化在当地的历史影响，并没有受到应有的重视(图 5)。

图 5　尚书第

福建文明的起源在闽北山区。就儒学而言，闽北儒学的兴起，始于唐中叶，宋代达到高潮。宋代闽北境内建有书院 38 所，前所未有。整个宋代，福建中进士者 7000 多人，闽北仅建宁县进士就达 994 人。儒学的普及对闽北人的思想观念产生了深刻的影响。今天，闽北地区成为国宝单位的书院仅胜一村一处，是开展人文旅游的重要场所。发掘当地耕读持家、重学入世方面的优秀文化的大成之地 265 处，在尚书第中或展览、或塑像、或讲坛，都是吸引中外游客的重要途径。

（四）泰宁县新桥乡大源村

大源村位于新桥乡东北部，处闽赣交界，接江西黎川县，距乡政府所在地 8

公里，总人口693人，耕地面积1090亩，林地14215亩，生态公益林2265亩。(图6)

图6　大源村

大源村建于北宋，历史悠久，文物古迹丰富，村中的戴氏、严氏两座宗祠已有280余年的历史，石拱桥群、戴氏官厅一并被纳入县级文物保护单位；文昌阁、南溪圣殿、州司马第、茶花隘、古驿道及清乾隆、道光年间修建的“永安殿”“隆兴社”等古迹至今保存完好；有历史活化石之称的“傩舞”和“赤膊龙灯”是福建省非物质文化遗产。2010年大源村被国家命名为“中国历史文化名村”，成为闽北地区唯一拥有两项省级非物质文化遗产的中国历史文化名村。

大源村山清水秀，原始植被保存完好。为了进一步美化家乡，村子里新建了镇安桥、鹿林两个休闲公园，并对村民的房前屋后、古建筑旁的环境进行绿化。目前，全村森林及绿化面积达1.43余万亩，森林覆盖率达90%，成了名副其实的绿色家园，也是一处非常适宜生存的地方。鉴于此，由住建和民政部门牵头，利用这里的自然环境发展养老产业，无疑是一件既利国利民，又惠及当地的好事情。

(五) 建宁县溪源乡上坪村

上坪村位于建宁县西北部，武夷山脉中段，海拔760米，四面环山，植被茂盛，森林覆盖率达84%，距县城30公里，西与江西省黎川县交界。上坪村有155户，635口人，村域面积16786亩，耕地面积1646亩。现存的古建筑有七叶衍祥牌坊、杨氏宗祠、大夫第、司马地、赵公庙、得水源、古香园等。上坪村多以“客家民居”为主，就地取材，土木结构。由于地广人稀，民居多单独择地而建，背山面水，植被环绕。这里主要以农业生产为主，重要的产品有莲子、明笋、红菇、米酒和油茶，至今仍维持着“日出而作，日落而息”的生活节律，经济比较落后。

图 7　上坪村

地广人稀、山清水秀、四季分明是上坪村的突出特点。鉴于此,可以在这里开展一些适合当地环境的特种养殖行业,供应城市餐饮。形成一定规模后,可以招商引资,建设深加工企业,将产品推向全国。另外,作为第一批入选“中国传统村落”的上坪村,可以利用国家专项资金对村域内的古建筑、古园林进行维修,形成一定的接待规模,开展旅游。

(六) 永安县槐南镇洋头村

洋头村距槐南镇政府 6 公里。这里以丘陵地貌为主,境内的红色土壤十分肥沃,加之年平均 18.7 摄氏度的温度和 1688 毫米的降水,使这里的粮食作物可以一年两熟,水果和蔬菜的品种也很多,是个富庶的地方。境域内植被茂盛,嘉禾遍野,林木覆盖率达 85%。当然,洋头村最为著名的还不是这些,而是安贞堡。(图 8)

图 8　安贞堡

安贞堡建于清末光绪年间,当时匪患四起,乡绅池家父子建此土堡以抵御土匪,历时 14 年完工。据说池家父子建堡前曾多次进京观摩皇城的建筑风格,回来后有所借鉴,亲自设计了这个巨大的工程。此堡坐西朝东,前部呈方形,后部为半圆，依山而建，逐次增高，远远望去层次分明，气势不凡，称其为城堡毫不夸张。

安贞堡墙厚宅深，外墙用厚石垒砌加土夯制。堡前有一块可容数千人的露天练兵场；堡正面两侧有凸出五米的角楼，内墙四壁布有180个射击孔和90个眺望窗；正门则有木板门和铁门前后两重，顶上设有两处灌水孔，防范火攻。几近完美的防御设计使这座建筑在当时固若金汤。堡正面用巨石砌成丈余高拱形大门，上有“安贞堡”三个大字，两旁书有楹联：“安于未雨绸缪固，贞观沐风谧静多”，体现了主人未雨绸缪、居安思危的人生观。堡内为二进，左右对称，随地势逐次升高，远眺其屋顶层层叠叠，错落有致。这里的房屋分为上下两层，每层有内走廊，厅、堂、卧室、书房、粮库、厨房、厕所齐全，还有水井和下水道，可容千余人居住。安贞堡内还有华丽的装饰，雕刻、彩绘、泥塑和壁画随处可见。堡内石阶梯层级皆为单数，被视为阳数；楼梯和窗棂条数目必为“九”的倍数；堡内前天井大、后天井小，两者相合，似“昌”字，象征“昌盛”；在主楼天井中部的出水处，有螃蟹形状的滤水饰件，寓意守住宅院“财气”。

总之，安贞堡将坚守防御与雅致生活完美地统一在了一起，是闽北地区最为经典的传统建筑样式，足以代表这一地区历史建筑的最高水平。古堡是三明地区特有的一种建筑遗存，主要分布在三元、梅列、沙县、永安、大田、清流六个县，曾经有明清建造的土堡（土楼）约2000余座。由于年久失修和人为破坏，境域内现存的土堡（土楼）只剩下41座，其中保存较好的15座，一般的21座，空壳的（只剩墙体）5座。鉴于此，当地政府可以组织省内外从事历史、建筑、民俗方面研究的专家，开展以安贞堡为代表的堡式建筑研究和成果发布活动，既有利于引起国家对这种濒危建筑样式保护的重视，也有利于社会各界人士对堡式建筑的关注，等于为三明地区培育一处具有鲜明地域特点的人文景观。

（七）沙县凤岗街道水美村

水美村坐落于闽江支流沙溪的西北岸和东溪的东、西两岸之间的盆地里，因水多而得名。村子平均海拔203米，土地总面积约7.77平方公里。其中林地10240亩，包括经济林591亩，毛竹林2375亩，森林覆盖率73.2%。501亩的耕地中水田占96.28%。水美村现有121户，415人，85%是张姓后裔，是乾隆三十九年从安溪县蓬莱镇岭美村迁来落户的。水美村于嘉庆十四年、清同治元年、清咸丰八年分别建有三座土堡，其中“双元”“双兴”两土堡规模较大仍保存较好，分别占地17亩和13亩，外以高厚土墙护卫，气势较宏伟，结构也较独特，是省重点文物保护单位。隔田相望，双吉堡和双兴堡内似乎已无人居住，残破围墙使古堡多了几分韵味，拱门、石雕、彩绘和满地青砖，彰显着古堡的百年风采。双兴堡大门石匾上刻有“永建乃家”，语出《尚书・盘庚》“往哉生生！今予将试以汝迁，永建乃家”。双元堡，是保存最完好、面积最大、最年轻的土堡，始建于1862年，历时13年竣工。(图9)

图9　水美村

双元堡的外墙正门一侧呈方形，边上依地势而建成圆形。四周围墙高达18米，底层由4米多高的砖石砌成，外墙的正面大门和左右两侧小门均是用花岗岩砌成的圆形拱门。堡内建有三厝，厅堂居室共99间，大小厅堂12个，天井八个，设有客厅、起居室、书房、厨房、储藏室等。据记载，堡内住户最多时达到50户，共300多人。堡内只要储足粮食，居住的人可以几个月都不出堡。

三大古堡是祖先留给水美村的珍贵遗产，将古堡申报国家文保单位，将水美村申报由住建部、文化部、国家文物局和财政部主持的历史文化名镇名村或传统村落，是今后一段时间当地政府应该重点做的事情。另外，利用当地山清水秀、气候宜人的自然条件，开展以养生养老为主题的产业活动，也是一件很有潜力的事情。

(八) 尤溪县洋中镇桂峰村

桂峰村建于北宋，是一个地道的古村。桂峰村海拔550米，地处半高山谷地，四周群山环抱，云雾萦绕，山清水秀，气候宜人，历史上曾被誉为“山中理窟”。村口处是全村的建设重点:“石印三桥”，以扼水口，形成了典型的藏风聚气、负阴抱阳的格局。建筑是历史的镜子，即使是人去楼空，乃至毁为废墟遗址，也会把历史的影子常留在人间。村内现存明清建筑39处，其中“祖厝”和“宗祠”保存得比较完好。蔡氏是桂峰村的大户，历史悠久，至今已在桂峰繁衍34代。蔡氏宗祠是村中保存最完好的建筑，建于康熙八年，正房为二进式单檐歇山顶，是进行祭祀活动的重要场所。蔡氏承祖训以耕读传家，尤其崇文尚学，历代儒风不衰。现存明清时期的书斋有“玉泉斋”“泮月斋”“后门山书斋”等。墙上张贴的许多科举捷报，至今仍依稀可见。三十几座不同风格、不同年代的古建筑中，有一条则是相同的，那就是突出亦儒亦官亦商的文化品格，对后世进行着潜移默化的教育，影响深远。据记载，桂峰村明清两代中进士3名，中举人12名，中秀才412名。这些历史文化名人，为当地留下了丰厚的文化积淀，也传下了崇文尚学的精神财富。（图10）

图10 桂峰村

人杰地灵是桂峰村的主要特点，目前已经开展了旅游活动并形成一定影响。如何扩大规模、提升接待水平是桂峰村亟待解决的问题。在这方面，利用村周边的自然地理环境是一个重要步骤。“云霞仙境”是大自然对桂峰村的赐予，在此基础上将传统农业改造为景观农业，引进一些具有观赏价值的树木花草，设计出各种艺术造型，既为村落环境提升了美学水平，也为游客提供了新的观赏处所，无疑是一个两全其美的选择。

结　语

闽北地区的自然和历史资源十分丰富，为当地因地制宜地发展特色产业打下了良好基础。传统的以自然风光和人文景观为主导的旅游业已经在这一地区取得了良好发展。在此基础上，结合老龄化的国情和人们对健康生活的渴望，利用当地优美的自然环境和无公害的有机农业，发展养老、养生的新兴产业。发扬当地重学重教的优良传统，利用书院、祠堂、祖屋等古建筑开展以地域文化为内容的讲坛活动。在弘扬地域文化的同时，也为游客增加了新的看点。这些都将为乡村振兴下闽北地区的发展，拓展新的空间，提升新的水平。

The Contemporary Significance of Natural and Humanistic Values in Ancient Towns, Ancient Villages and Ancient Castles

——A Case Study of Eight Villages in Northern Fujian

Jin Yingchao

Abstract: The use of natural and human resources to develop rural industries and cultivate growth points for local economic development is an important step for the protection of traditional villages into sustainable development, and is also inevitable at a certain stage of urbanization. Taking the eight villages in the northern region of Fujian as an example, under the premise of fully affirming the achievements having been made, this paper also proposes projects such as health care, old-age care, special breed breeding and traditional culture education bases, providing some new opportunities for the economic development of these villages. Ancient towns, villages and castles are not unique to northern Fujian, but the unique natural environment and historical experience make them in this area not only form unique construction techniques, but also form unique historical experiences, which constitutes a unique living environment in northern Fujian. With the ancient towns, villages and castles in northern Fujian in the context of rural revitalization examined, the charm of natural ecology and the accumulation of humanistic spirit will make people experience the survival wisdom accumulated in northern Fujian for thousands of years and find the relationship between their wisdom and rural revitalization.

Keywords: northern Fujian; village; cultural value; tourism development

中国传统村落分布特征及主要集聚区价值研究

王伟英　史英静

摘　要：本研究以国家公布的五批6819个中国传统村落为对象，研究省域、市域和县域三个空间层次的传统村落分布特征，总结出中国传统村落的五大集聚区，并从自然地理情况、历史文化特征、区域经济发展水平等角度分析研究各集聚区的文化特征。而后根据传统村落聚集分布的特征提出传统村落的保护发展应采取集中连片的模式。

关键词：中国传统村落；空间分布；集聚区；集中连片发展

2012年，住房和城乡建设部、文化部、国家文物局、财政部下发《关于开展传统村落调查的通知》（建村〔2012〕58号），在全国范围内启动传统村落摸底调查工作。其后，根据《传统村落评价认定指标体系（试行）》（建村〔2012〕125号），综合建筑学、民俗学、规划学、艺术学、遗产学、人类学等多专业内容要求，组织中国传统村落认定，自2012年起，陆续公布了五批中国传统村落名录。目前全国已经有6819个传统村落进入名录，覆盖了除港澳台之外的所有省份，形成了世界上规模最大、内容价值最丰富的活态农耕文明聚落群。

一、中国传统村落具有集中分布的典型特征

（一）从省域差异看传统村落分布

研究首先对6819个传统村落进行分省排序，位居前十的省份依次为贵州、云南、湖南、浙江、山西、福建、安徽、江西、四川及广西，共有传统村落数量5126个，占全国传统村落总数的75.2%。其中排名靠前的贵州（724）、云南（708）、湖南（658）、浙江（636）以及山西（550）五省总计有3276个传统村落，占全国总数的48.0%。可见，传统村落的分布在省域层面呈现较大差异，有显著的传统村落大省。

作者简介：王伟英　中国城市规划设计研究院高级规划师
作者简介：史英静　中国城市规划设计研究院新闻编辑

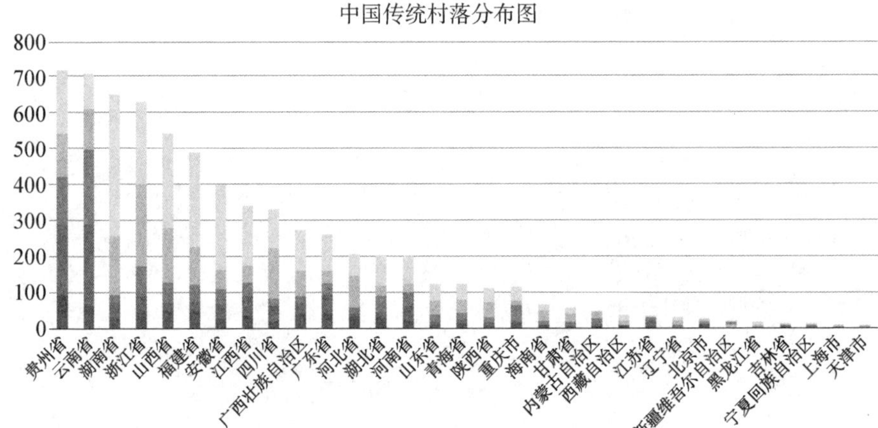

图1　中国传统村落全国省域分布数量统计图

图片数据来源：中国传统村落数字博物馆

数据统计及绘图：张海荣

（二）传统村落大省内村落进一步集中在代表市州

研究对传统村落的分布以市域为单元进行了进一步分析，发现传统村落的集中市州与传统村落大省紧密相关。传统村落大省内的村落进一步集中在本省的代表性市州。

目前，6819个传统村落共涉及299个地级市。其中，贵州黔东南州(409)、安徽黄山市(271)和浙江丽水市(257)的传统村落数量位居全国前三，占全国传统村落总量的13.7%。全国市域传统村落数量排名前十的地级市，共有传统村落1983个，即全国3.3%的地级市集聚了全国29%的传统村落。可见全国的传统村落市级层面亦具有显著的集聚特征。

对照前十位传统村落集中市与前十位传统村落大省，发现二者具有鲜明的相关性。除福建外，所有传统村落大省均有典型的传统村落集中市州。而这些市州，如安徽黄山市、湖南怀化市、贵州黔东南州等作为传统村落的主要集中区，也是该地级市所属省份传统村落数量排名靠前的主要原因。

（三）传统村落的县域集中

从全国层面看，大多数传统村落集中的县与传统村落大省、传统村落大省

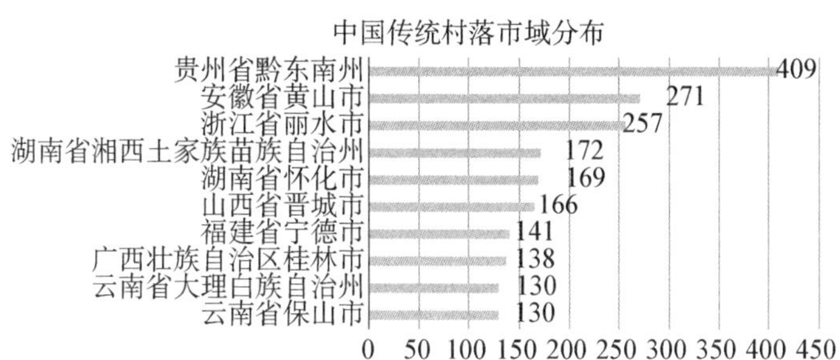

图 2 中国传统村落市域分布数量统计图，取排序前 10 名

图片数据来源：中国传统村落数字博物馆

数据统计及绘图：张海荣

的代表市州均具有紧密相关性。

全国县域数量排名前十的区县共有 775 个传统村落，分别为安徽黄山市下辖的歙县；贵州黔东南州下辖的黎平县、从江县、雷山县、三都县；浙江丽水市下辖的松阳县、景宁县；云南保山市下辖的腾冲以及山西晋城市下辖的泽州县、高平县。十个区县以全国 1.4％的占比集聚了全国 11.3％的传统村落，呈现鲜明的集聚特征。

其中，安徽歙县的传统村落数量最多，共计 148 个，其次是贵州省黔东南州黎平县、云南保山市的腾冲，数量分别是 99 个、86 个。这些传统村落大县所在的黄山市、黔东南州、保山市、丽水市和晋城市均为传统村落大省的代表性市州。

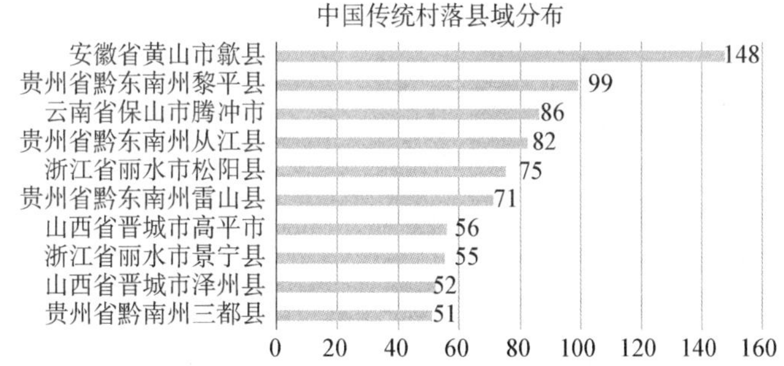

图 3 传统村落区县分布数量统计图，取数量排序前 10 名

图片数据来源：中国传统村落数字博物馆

数据统计及绘图：张海荣

（四）传统村落五大集聚区

在传统村落大省中，代表市州是传统村落的主要集中留存地，而这些市州

的自然地理格局、人文历史及发展进程又决定传统村落主要聚集在其下辖县。

因此，本研究的传统村落集聚区以县域集中情况为主要核心考量要素，综合省域和市域的村落总量排序，判断全国有五大传统村落集聚区，分别为：贵州黔东南、安徽皖南、云南西部、山西晋中和浙江丽水。

二、传统村落集聚区的突出文化价值

五大传统村落聚集地区，或是山水阻隔形成相对闭塞的区位条件，或是自然地理环境塑造了独特的村落景观风貌，又或是独特的地域文化自成系统，均使他们得以保存大量的传统村落。

根据《传统村落评价认定指标体系（试行）》，传统村落的保护价值主要体现在传统建筑、选址和格局、非物质文化遗产三方面，而传统村落的价值表现大体由年代久远性、保存的完整性和传承的延续性决定。

地域文化的丰富内涵必然要依托村落呈现，这些集聚地区的村落以灵活多变的空间形态和真实延续的生产生活阐释了各地域文化的丰富内涵。本文对各传统村落文化集聚区的研究既包含有文化特征的分析，也包括对现状遗存的评价。

（一）贵州黔东南

贵州多山，位于中国四大高原之一的云贵高原，是全国唯一没有平原的省份，“天无三日晴，地无三尺平”，起伏的山峦间上千条大小河流纵横交错。绝佳的生态环境、奇特的岩溶地貌、奔腾的瀑布、壮丽的梯田都是贵州鲜明的地理名片。而独特地理环境孕育的丰富多彩的少数民族聚落、沿江商贸古镇和省域守卫屯堡，还有遍布全省的长征红色革命遗迹则是贵州独一无二的文化代表。

封闭的区位环境和多彩的民族聚居区，使贵州成为中国传统村落数量最多的省份，拥有 724 个传统村落。这其中，黔东南苗族侗族自治州共有国家级传统村落 399 个，占全省传统村落总数的一半以上，数量多且分布密集，是支撑贵州成为全国传统村落第一大省的代表市州。

黔东南苗族侗族自治州是以苗族、侗族为主，水族、布依族等多个民族聚居的少数民族自治州，具有独特的民族魅力。市域内，传统村落主要分布在东部和南部的从江县、黎平县、丹寨县、雷山县、台江县、榕江县等县，其中的黎平县、从江县、雷山县、三都县四县均进入全国县域传统村落数量排名前十。

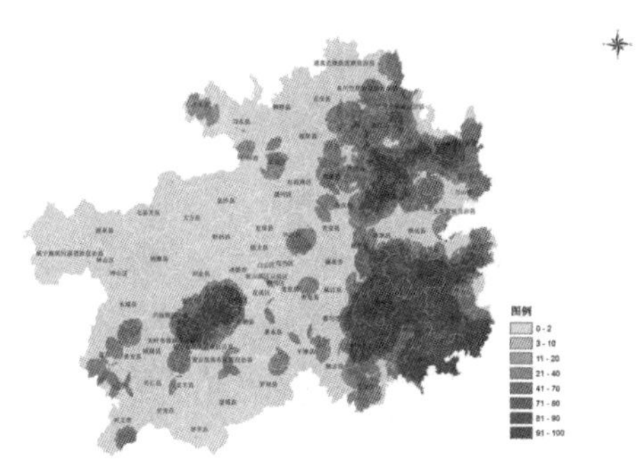

图 4　贵州省传统村落分布密度图

图片数据来源：中国传统村落数字博物馆
数据统计及绘图：张海荣

黎平县的 93 个传统村落中，有 9 个形成于元代、39 个形成于明清之际，堪称历史悠久。从江县内主要为苗族、侗族，其下辖村落历史悠久的古老侗寨、苗寨众多，比如苗寨谷坪乡五一村党苟寨、侗寨庆云镇佰你村迫面寨。三都县内主要为水族，隶属于水族自治县，在夏朝即已存在，当时属梁州东南裔。经过漫长岁月仍然保存传统村落中活态传承着苗族古藏节、苗年、姊妹节、独木龙舟节、水族端节、布依族勒尤、瑶族猴鼓舞等民间节庆活动，成为贵州最为宝贵的文化遗产。

（二）云南西南部

云南省传统村落数量位居全国第二，呈现“总体分布均匀，以滇西北、西南及滇东南部分尤为密集”的主要分布格局。省内传统村落主要集中分布在滇西南腾冲市、盈河县、梁河县，滇西北古城区、玉龙纳西族自治县、剑川县、大理白族自治州漾濞彝族自治县，滇东南石屏县、元江哈尼族彝族傣族自治县、建水县。

腾冲市作为云南的一个县级市，传统村落数量居全国县域排名第三，是云南最有代表性的传统村落集中县。腾冲位于滇西南边陲，境内多高山，当地独特的自然、人文环境孕育出了特征显著的传统村落聚落。这里有少数民族聚居村落，还有大量因政治因素、戍边政策、商业贸易等形成的中原汉族移民的聚居村落，表现出了多元文化交融并存的聚落特点。

比如，腾冲市五合乡下的传统村落联盟社区畹岭寨就是傣族聚集村；猴桥

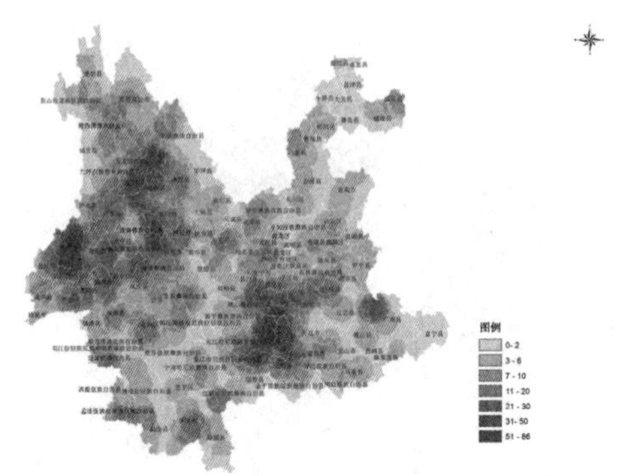

图 5　云南省传统村落分布密度图

图片数据来源:中国传统村落数字博物馆
数据统计及绘图:张海荣

社区黑泥潭国门新村是傈僳族聚集地;荷花镇肖庄社区肖庄老寨子是回、汉集聚村。而腾冲传统村落最为独特的历史存在便是"戍边移民"所创造的文化。因近麓川(古时对傣族联盟国家"勐卯龙"的译写),腾冲历来都是滇西南重要的战略要地,因此也是抵御缅泰的重要关卡。明洪武年,平定滇西后,沐英率军队停留镇守云南。其中的寸、刘等将帅便选择到腾冲和顺戍边、定居开创基业。其中,水碓村、银杏村、董关村等即是因明朝军队屯田戍边所形成的。

腾冲下辖和顺古镇本为当地佤族聚集地,原名阳温墩屯,这些屯田戍边将士到来便定居于此,带来了先进的生产技术,也使汉文化与当地少数民族文化得到了充分融合。因邻近东南亚国家,后期"走夷方"的贸易方式便应运而生,这使乡村形成了众多具有跨国贸易能力的家族商号,产生了很多大商人(如董关村的"西董"儒商)、学者、思想教育家等。财富和文化的积累,又让当地传统民居建筑具有了独特的风格"三方一照壁、四合五天井",以中原祠堂庙宇文化为核心,贯中西文化之精华,是中原、少数民族、西方建筑体制的融合和升华。

(三) 浙江丽水

浙江地处东南沿海,钱塘江蜿蜒其境,这里是典型的山水江南,也是吴越文化、江南文化的发源地。全省传统村落数位居全国第四。

浙江省共有传统村落 636 个,其中仅丽水市就有 257 个,占比 40.4%。而丽水下辖松阳县和景宁县均位列全国十大传统村落县,合计拥有 130 个中国传统村落。

丽水古称“处州府”，地处三山六江之中，为“洞天”福地。以山地地形为主，历来就有“九山半水半分田”的说法，这样的地形也从客观上促使其形成了独具特色的丽水传统聚落文化。同时，“多山”地形创造了相对安逸的环境，为不同时期的大量避难人口提供了天然屏障，成为了外来优秀文化、先进技术与丽水原生态文化的融合之所，形成了独属此地的处州文化。

松阳县地处浙西南腹地、浙江大花园最美核心区，建县于东汉建安四年(公元199年)，拥有1800多年的建县历史。境内保有100多座格局完整的古村落，其中有75个中国传统村落，高山阶梯式、平谷式、傍水式和客家古村落在松阳的山水间交相辉映，是中国农耕文明形态保留最完整、乡土文化传承最好的地区之一，被誉为“古典中国的县域样本”和“最后的江南秘境”以及“活着的清明上河图”。

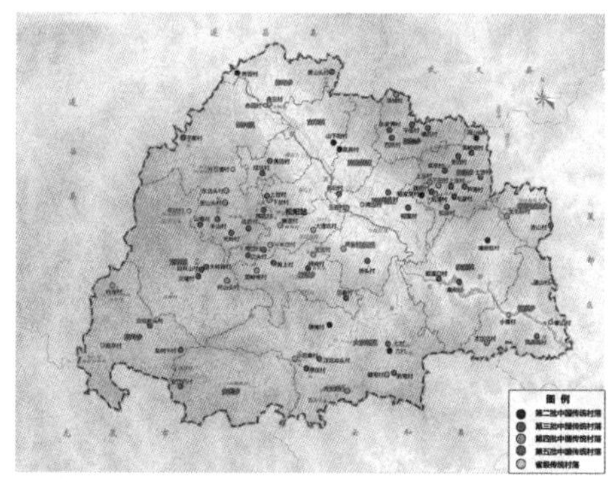

图6　松阳县传统村落分布图(图片来源　传统村落数字博物馆公众号)

景宁县则是全国唯一的畲族自治县和华东地区唯一的民族自治县，早在唐永泰二年(766年)就有畲民迁入景宁，距今已有1250多年历史，是浙江畲族的发祥地。畲族的歌舞、服饰、语言、习俗、医药等民族文化传承发展良好，畲族民歌、畲族三月三、畲族婚俗被列入国家级非物质文化遗产。

同时，作为古龙泉窑遗址的广泛分布地，浙江丽水市辖的松阳、景宁县等地仍遗存着众多龙泉窑址。

(四) 山西晋中

山西省位于中部地区，古称“三晋”，地处黄河中游的中原腹地，东部蔓延着贯通南北的太行山脉，省内山地偏多，是中华文明的发祥地之一，被誉为“华夏文明的摇篮”。

全省传统村落总量是550个，全国总量排名第5。省域传统村落主要分布在晋中及晋南地区，省会太原以北的大同、忻州、朔州市下辖的传统村落共有56个，占比全省的10%；晋中及晋南地域传统村落总数达494个，占比全省的90%，其中晋城市辖内传统村落数量最多，高达166个，在全国所有地级市中排名第六。古时与长治均属上党地区，为晋东南文化区。这里地处太行山南麓，以太行南麓古道接通河南，不仅是各种神话传说、遗迹的聚集地，更是宋金元以来古建筑的宝库。壁画、彩塑、石刻、寺庙林立，它是全国同时期古建筑遗存最多的地方。高平县在陶唐时期尧分天下九州时，被命为“冀州之城”，美名为“炎帝故里”，也是战国“长平之战”的发生地。

山西传统村落凭借着独特的自然景观、深厚的文化积淀而使知名度得到大幅提升。比如吕梁临县碛口古镇李家山村，依托周围的黄河景观，明清商业重镇碛口古镇等全域旅游资源，借著名画家吴冠中的一幅画而远近皆知，成为节假日大学生写生、游客观赏的旅游目的地。

（五）安徽皖南

安徽省传统村落主要集中分布在原古徽州的范围内，包括黄山市的歙县、黟县、徽州区、祁门县、休宁县、屯州区，宣城市绩溪县、泾县。作为古徽州“一府六县”，皖南地区是全省传统村落分布密度最大的地区。

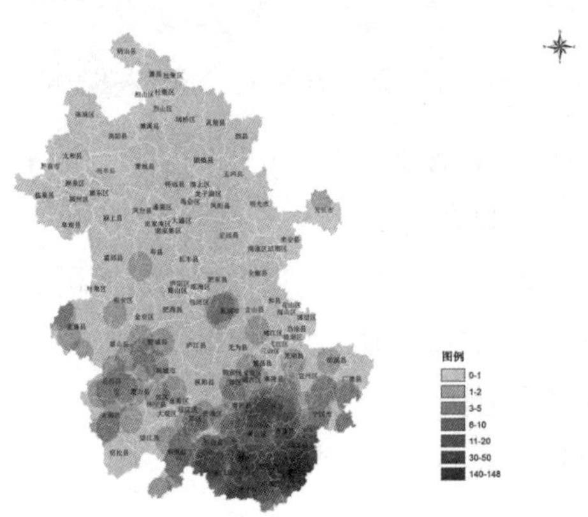

图7　安徽省传统村落分布密度图

图片数据来源：中国传统村落数字博物馆
数据统计及绘图：张海荣

皖南徽州居于群山间，境内名山有黄山、九华山、齐云山等等，奔腾东流的水有新安江等，不同县域村落间更是以山做天然屏障，以水作为互通媒介，彼此分隔十分遥远，却又共用一河之水。独特的地形山水格局造成了“世外桃源”，成为了历代隐士、名士的向往之所，致使在战乱之时，积聚了大量的文化移民。

这里是中原文化与本土山岳文化的融合地，也是名扬全国的徽文化发源地。迁徙至此的中原衣冠士族不仅带来了先进的文化、生产生活工具，也将“宗法制度”“文化理念”等延续于此，形成了宗族、宗谱、祠堂、牌坊等一系列文化体系和历史信息；同样“耕读传家”的教导也造就了一大批文化的先行者——新安学派、文人墨客、书画大师、制墨大师等，留下了辉煌灿烂的文化。

明清商品经济的发达，使“地狭人多”的“徽州”放下锄头，改农为商。名噪一时的徽商足迹遍及天下。徽杭古道、河口码头串联起的诸多传统村落都留下了他们曾经的印记。在“落叶归根”的观念下，徽商与精美的徽派建筑、极为精湛的砖、木、石三雕便画上了等号。

得天独厚的自然山水、山环水绕的选址格局、中原衣冠迁徙至此留下的厚重历史文化，让盛极一时的徽商秉承“富则致家业”的观念造就了精美的传统建筑和时至今日仍在活态传承的非遗与民俗，这些要素共同构成了传统村落得以存在的基础。

三、传统村落应探索集中连片发展模式

传统村落的形成和保留得益于地理、历史、经济等多方面的原因。因此，某一地区中的地理文化条件如果相对接近，传统村落更易成规模地保留，因而也更容易形成传统村落集聚区。

传统村落集聚区内，如果各村落采取单打独斗的方式发展，体量较小，难以形成具有竞争力的产业类型。同时，村与村之间由于相似的地理文化背景，很容易陷入恶性的同质化竞争。因此，对于传统村落集聚区而言，应探讨集合保护发展的模式，以地域文化为核心竞争力，结合各村的区位特征、地形特点、村民特长，因地制宜寻找村落文化的特征，在同一区域内，塑造不同村落的亚文化标签，打造文化层次感，规避同质化发展，从而形成传统村落集中连片式的发展模式。

参考文献

[1] 熊梅:《中国传统村落的空间分布及其影响因素》,《北京理工大学学报(社会科学版)》2014 年第 5 期。

[2] 姜贵和:《乡村振兴背景下黔东南州传统村落文化遗产保护研究》,贵州大学硕士论文,2020 年。

[3] 浙江省丽水市松阳县人民政府编:《浙江省松阳县 2022 年传统村落集中连片保护利用示范工作方案》,2022 年。

[4] 景宁畲族自治县人民政府编:《浙江省景宁畲族自治县 2022 年传统村落集中连片保护利用示范工作方案》,2022 年。

Research on the Distribution Characteristics of Traditional Chinese Villages and the Value of Main Agglomeration Areas

Wang Weiying　Shi Yingjing

Abstract: The research takes five batches of 6819 Chinese traditional villages announced by the state as the object, studies the distribution characteristics of traditional villages at the three spatial levels of province, city and county, summarizes the five gathering areas of Chinese traditional villages, and studies the cultural characteristics of each gathering area from the perspectives of physical geography, historical and cultural characteristics, regional economic development level and so on. Then, according to the characteristics of the aggregation of traditional villages, it is proposed that the protection and development of traditional villages should adopt the mode of continuous development.

Keywords: Chinese traditional villages; spatial distribution; agglomeration area; concentrated and continuous development

说园

张朋川

【编者按】:2018年12月11日,苏州大学艺术学院博士生导师张朋川教授带领艺术学院硕士研究生在赴扬州考察何园的大巴上,做了一场有关江南园林艺术的即兴讲座。以下正文内容由录音整理而成,已经本人审阅。

关键词:狩猎园;园林;达观园;文人园;豪门园

我们从苏州坐长途汽车到扬州去看园林,司机说车子要开两个半小时,凑这个时间给大家谈谈我对中国园林发展情况的看法。苏州以园林出名,那么与扬州园林有什么不同呢?大家可以带着这个问题去看扬州的"何园"。

我小时候,住在北京。6岁那年的中秋夜,是在北海公园赏月。那时,公园里人不多,我又幼小,显得月亮又圆又大。晚上的湖水在月光下特别漂亮。我第一次对园林的印象——它是有水的、有树木花草、有建筑(有塔、有桥、有亭),还有很有名的照壁叫"九龙壁"。童年时期,记不了那么多,记得的大概就是这么几项东西。

后来,到了苏州以后,有事没事都会去园林。去园林,就成了平常事。去园林不一定有什么目的,因为赏心悦目而感到很放松,像鱼在水中自由地游一样。所以,中国人到园林玩,称作"游园"。我到外国公园去玩,很少有"游园"的感觉。我曾自己掏钱去国外玩,到过法国巴黎凡尔赛宫,还到凡尔赛宫后花园去玩。从高台上往前看,就是一条笔直的大路,一眼就从大路的这一端看到了那一端,所谓"一览无余"。路旁边的树被修得整整齐齐的,就像理过发一样的。他们的园林是一眼能够看穿的,树木被修剪成几何形状的,我想从这几点就足够说明我们中国的园林和外国的园林是不一样的。他们有水的,都是水泥做成的喷水池中蓄的水,池中要有雕像的。我们园林中的池水中,大多会有鱼游来游去。池是不规则的土岸,岸边种着垂下的花草,我从小觉得中国园林很亲切。

2000年,我从西北调来苏州大学,参加了苏州大学艺术学院设立设计学博士点的工作。我们有了博士点以后,我院硕士的招生人数也增加了。以前没有

作者简介:张朋川　苏州大学艺术学院教授、博士生导师

多少硕士，一下子就扩充了好多。扩充以后，就开始有了环境艺术的硕士方向。当时“园林”这门课程没有老师来讲，就让我来教，于是赶鸭子上架，我就担任了《中国园林史》这门课程的老师。教了两年后，我感觉我带的课程越来越多了。后来，我就想起一个人，她就是苏大文学院的曹林娣老师，她是研究苏州园林的专家。我说：“曹老师，你把我这门课接过去吧！”于是，曹林娣应艺术学院之邀来上这门课。所以讲起来，我已经十几年没有上过这门课了。

今天呢，因为听说这个班学环艺的人比较多，所以我借坐车去扬州看“何园”的时间，给大家讲讲“中国园林”。“中国园林”，我概括起来分几个阶段：第一个阶段叫“狩猎园”——打猎；第二个阶段叫“皇家园”；第三个阶段叫“官员的园子”；第四个阶段叫“文人园”；第五个阶段就是“豪门园”。这个“豪门”比较复杂，其中包括做生意的，后来还包括资本家。那么，一共是五个阶段。

一、狩猎园

先讲第一个阶段——“狩猎园”。因为很长一段时间我们人类是狩猎的，尤其北方狩猎是很长的一段时间。因此，把狩猎（打猎）和练武是结合起来的。你们看清朝的戏里，他们到一定的时候，就去“木兰场”去狩猎、练武。这是第一个阶段。这个狩猎的人很多需要有一个地方，就像我们现在在高速路上长时间开着汽车，需要到一个固定的地方休息，在那里吃喝拉撒，这是定点的。狩猎人每年都会去，人也很多。于是，就要做几个固定的点，让大家在这儿休息或者住一住的，这就是最早的。比方说，殷纣王在牧野那个地方搞的是“酒池肉林”。现在，我们说他很奢侈，池子里都是酒，把肉都挂在树上。实际上，那个地方就是大家打了猎以后，要聚一聚，歇一下，吃喝一番的地方。这里要有建筑，要有房子，并且有饮用水。所以，这样的形式慢慢发展为没有围墙的“园林”。这样的狩猎园的发展有个高潮，就是汉武帝时候有个“上林苑”，这是最有名的。实际上“上林苑”是没有围墙的。因为它是供打猎、休息的地方。但是呢，汉朝的这种休息的地方就比较讲究了，不是一般的吃吃饭，可能还要住一住，就有了一点布置，就有了一点环境的布置，这就是“园林”的开始。讲究的，要盖比较高一点的楼，可以站得高一点，看得远一点。最早的楼是怎么盖呢？就是就地取土，夯土——在夯成的土台上面再去盖楼。取过土的地方不浪费，把水灌进去就变成池塘了。这种“园林”从周代开始，叫作“囿”。最早的想法——取土盖一座高的台，取完土之后做一个池塘。现在我们“拙政园”也是这样的，“北海”也是这样的。“北海”就是挖湖。本来北京城内没有湖，没有山，挖湖的土堆成为了山，取土挖低的凹坑放进水，就成为了湖。苏州拙政园也是这样的，园中有假山，就是挖了湖以后把它堆上去的。基本上，这是我们中国园林营造假山和水池的一个原理。这个取凹堆高的营造原理早到史前就运用了，就是距我们现在 6000 年的时候，湖南有一座城，这个城是圆的，不像后面都是方的。他们挖一条沟，把这个土就堆成夯土城墙，这个沟里灌上水，就变成护城河了。我就讲了，我们中国人“造园”的最早的基本元素，怎么去做这个园子，怎么让它有高有低的，这是第一个阶段。我讲它是狩猎的、不讲究的、没有墙的，但是有一些建筑，有一些水。因为休息也得有些水补给。

二、皇家园林与寺庙园林

第二个阶段是“皇家园林”。“皇家园林”是一个什么样的背景？我们从秦始皇开始，他是相信神仙的。所以秦始皇想自己长生不老，要去求仙。传说，就从我们江苏连云港出发，由徐福带队，三千童男童女，于是东渡过去，听说再也没有回来。有的人说，日本人有一部分是他们的后代。那么，这样一种求仙的思想，一直影响着汉朝的几个皇帝——汉高祖、汉文帝、汉景帝，包括汉武帝，都是有一部分是信道家的，相信神仙的，相信在东海的里面是有“仙山”的。东海的“仙山”，根据我们的传说，我们现在有一本很古老的书叫《山海经》。《山海经》里讲我们海上有三座“仙山”：一座叫“蓬莱山”，我们现在山东还有蓬莱县；一座叫“方丈山”，一座叫“瀛洲山”，三座“仙山”。于是，汉代的皇家园林在前面是有一座东西向的宫殿，后面就挖了一个很大的池子，池子里有岛，岛就象征海里的“仙山”。这是我们最早的“皇家园林”的格局——前面有宫殿，后面有池子，池子当中有“仙山”。实际上，我们北京现在还是这样的格局，只是把前面放大了。前面是故宫，后面是北海，北海里那座白塔就代表“仙山”。所以，“皇家园林”的这样一个思想，历朝历代都是继承的。比如说，武则天修的大明宫，大明宫也是有一个池子，也是有一个“仙山”，这是我们皇家园林一般都会有的。像大一点的颐和园，都是这样的一种格局。那么，很明显的就是说，从根子上，我们的造园是从道家思想开始的。道家思想有四个字，你们记住，叫“道法自然”。这是不是非常重要？“道法自然”——我的老师是谁？我的老师是大自然。把大自然看得比人还要高，对大自然有敬畏之心，这是非常重要的。这样的思想发展到我们中国园林很重要的时期，就是北魏。北魏发生了一件事情，就是佛教比较兴盛。原来我们是"道",这时进来了"佛"。"佛"给我们带来了什么?带来了一个东西,本身来自印度的,就是"塔"。"塔"在印度原来叫"窣堵坡"(stūpa),是底下一个柱子是方的,上面是一个半圆形的,再上面是一个相轮,这是印度的"塔"。到中国以后,慢慢变成我们的楼阁式塔,木构建筑的或是土木建筑的叫"楼阁式塔"。这种楼阁式塔的出现,最近我发现我们一些汉代的楼阁最高的是五层。古诗十九首:"西北有高楼",最高的不超过五层,我们的楼有三层的、五层的。这次我到河南焦作,有个焦作博物馆,他们这次"南水北调"挖出了好多汉代的陶楼,最高的两米高,也就是五层,有三层的。上面有很多的建筑图案。我这次和研究生班班主任李旸一起去河南,她也是学环艺的。我说,你们把汉代陶楼上的图案好好整理一本,就成为"汉代建筑图案集"。所以,我们要做的事情很多。这样的"楼阁式的塔"是印度的"塔"被我们中国化了。这样的"塔"的一种形式,作为一个新的元素,进入到我们园林中来了。为什么这样的东西会进入到我们园林中来?当时北魏的一些官吏要信佛,信到最后就把家产捐给寺院。这样说呢,就出现了贵族把家产捐给寺院也成为了一座园林,这是新的一件事情。我们苏州出了一个人叫"顾野王",他在苏州建了一座自己的园林。顾家是苏州的一个大族。在干将路上苏州的"过云楼",是苏州最大的一个私人藏书楼(我们的学生现在承包下来了过云楼)。现在有位研究昆曲的老先生是顾家的后人,这是苏州的一个望族,他们做了苏州的第一个园林,这是南方的。北方最早的(园林)是洛阳的,叫"华林园",是皇家的。"华林园"中出现了非常重要的东西,就是里面出现了"假山"。当时不叫"假山石",是"假山",这是两个概念。"假山"和"假山石"是两个概念。当时出现了"假山",是仿照河南的崤山,老子出关就是出的崤山的崤关。实际上还是道家的思想,他觉得崤山是一座有仙气的山,是模仿崤山。所以不是假山石,是做一座假的山。这就是从北魏的皇家园林开始,因为小的园林不可能去做一座假的山,面积比较大。这里有一件事情是和印度不一样的。你看,我们中国的佛寺院是一定有花园的,这和印度的其他地方是不一样的。苏州有一座西园寺,西园寺里就有一座园林,我们很多寺院里是有园林的。北寺塔也有的,这是我们的一个特点。我讲的这几种是贵族的,这是北魏的贵族的园林。

三、达官园与文人园

再下来到了唐代,开始有了文人造园,最有名的是白居易。文人造园其实和当时在洛阳大官造园是联系在一起的。当时洛阳有两个大官：一个叫李德裕，一个叫牛僧孺。李德裕世袭当官，唐代做官是双轨制，一种是皇帝封的，老子做官儿子继续做官，世世代代做官；另外一种是科举制，考上来的。到了中唐，朝廷里就有了两股势力：一派是靠爹娘老子做官的；一派是靠自己的本事考上来的。他们在朝廷中的观念会有区别。但是，他们都有一点，我现在还没有搞清楚为什么？就是他们都喜欢自己做园子，而且都喜欢在园子里放石头。摆弄石头应该是从中唐开始的，喜欢奇怪的石头。最早应该有灵璧石这样的石头。李德裕园子里放满了奇石（奇怪的石头），这种石头我估计不会太大。因为我记得在唐代的壁画里，我记得可能是懿德太子墓壁画里，手里拿着一个盆，盆里就有一块奇石。就是说，赏石之风从盛唐就开始了，开始是赏小石头。后来有了一个变化，有一个宰相叫牛僧孺，他做官是考上的，是甘肃的陇东人。这个人很有文艺范儿，我们中国的第一本玄幻小说就是他写的。他会写小说，也喜欢石头。后来，有一个人在苏州当刺史，当时人称"李苏州"，到底叫什么搞不清楚。当时在苏州，有两个很有名的诗人在苏州做过太守。第一个是白居易，我们现在的山塘街的河堤有一部分就是白居易当太守时修的。第二个是刘禹锡，有名的用民歌体写诗的，"东方日出西方雨，道是无情却有情"。他们两个都是考上来的，是寒门子弟。这三个人在牛僧孺的园子里推崇一个重要的东西就叫"太湖石"。当时"李苏州"就从运河里运了很大的石头到洛阳，当时运河是通到洛阳的，运河的终点在洛阳。运到洛阳以后，牛僧孺就请了很多诗人为假山石（"太湖石"）作诗，牛僧孺自己带头写了好几首，接下来白居易、刘禹锡，很多人都跟着写，这一下子就把我们苏州的太湖石炒作出来了。原来赏的是小石头，现在变成假山石。原来是"假山"，现在变成是"假山石"了。你们要看假山，就要好好念他们当时这十几个人写的太湖石的诗，不要忘记他们最初看到太湖石想的是怎么样的，你才能搞懂太湖石。

我也很有幸，到了苏州以后，苏州虎丘有一座斜塔——灵岩寺塔，一般人是不让上去的。这是全国文保单位，文保单位的人告诉我说这里有灰塑，灰塑还有假山石，我一听觉得这个重要啊！有一天得到了机会，与文保所的同仁去登塔了。上去了以后，发现上面有灰塑，其中一幅塑成卷轴画的样子，上面有天杆、下面有地杆，当中有画心。画面塑了两类题材：一类是花卉，主要是牡丹，牡丹是全株牡丹——有树干、树枝、花朵，基本上是左右对称的。这是我们五代花卉的重要样式。第二个就是"假山石"，这个"假山石"是什么样的？我就拿来和白居易写的太湖石来比较。现在，我们形容"假山石"是北宋晚期米芾的"瘦、漏、透、皱”，这种对假山的看法已经晚了，这是宋朝人对假山石的看法。唐朝人不是这样的。那么我归纳起来，唐代人对假山石的看法是什么呢？假山石底下要有根，要有根基，有个底盘这么上去的，接上去要收，在腰的部分要收，变小了，变小以后再上去就形成了假山石的主体，在主体里面要有孔洞。白居易认为，有孔洞的石头是有窍，开窍的，洞和窍是有区别的，“脑洞大开”和这个人开窍了这是有区别的表达。在白居易的描述里，太湖石是一个能够吸收灵气的，也能够吐纳的，这叫“窍”。鼻子称为“窍”，是能够呼气吸气，是能够吐纳的。这是唐朝人的看法。再接下来，要求假山石每个面都能看。这个要求很高，我活了那么长到处去看假山石，最多只能看三面，四面能看的假山石，我一座也没有找到。那些有名的“四大假山石”最多只能看三面，你们到留园看冠云峰，背面不能看。四面能看的假山石就像服装模特一样，正反面都要展示。四面能看的假山石，我到现在没有碰到。你们有没有碰到？看到了告诉我。所以唐代人对假山石的要求是很高的。还有一点，我们后来做假山都忽略了，他说假山石到了顶上要出“峰头”，这个“峰头”要像仙人掌一样的。为什么要出“峰头”？这样的假山石是有势的，有气势的，没有这样的东西就没有气势了。这样看完以后，唐朝人比宋朝人对假山石的要求要高。宋朝人就变成了“瘦、漏、透、皱”，唐朝人看到的假山石是精神，宋朝人看到的假山石是肉体，这两个有很大的区别。就是说又有一个元素进入到园林了，叫“假山石”。后来，到了宋朝，河南郑州有一个大的园林叫“金谷园”。在这类“金谷园”里，包括白居易的园子，强调的一点就是种树。文人中，白居易自己造了一座园子，自己描写自己的园子强调种树，宋代人强调种花。种花从武则天开始，在洛阳时喜欢牡丹花，于是洛阳的人家养成了在家里养花的习惯。这个习惯被后面的人一直延续下来，到了宋朝有的园子的描写很注意种花。这就使我们园林里又多了一个元素——花。

近年来，考古发掘了一些北朝的墓，其中一些是有粟特人石棺床的墓、石棺床的后部和左右有刻有图像的石围屏。围屏里有一些图像还没有引起大家的关注。大家有兴趣的话，可以搜一下这些图像里面的园林。有几个图像我觉得值得注意：一是里面有一条河，河上面有一个圆弧的桥过去。这样的一个图像好几张里面都有这样的桥，这样的桥后面就发展为在天安门前的金水桥，一个弧形的桥，我们现在看到很多寺庙前面也有这样弧形的一座桥，它是有根据的，是从这儿来的。这样的桥不知道和波斯有没有关系，因为他们的主人是粟特人，里面画了波斯人，所以这种桥的形式是我们自己的还是从波斯过来的，这是值得注意的第一个问题。第二个问题，在天水，出土了石棺上的屏风，上面也有园林，这里有一个东西特别值得注意，出现了“水榭”。这样的屋子盖在水面之上的，这叫“水榭”。水榭也是我们所有园林里只要有池子的，就有水榭，这是我看到的最早的水榭。也就是说这个水榭的形式有多久？我可以讲，起码在北朝晚期就有了。我们现在这个园林的成熟不是一天成熟起来的。它是像一个大砂锅，不同时代往里面加东西，逐渐、逐渐地把我们园林里的元素弄全了，不是一朝一夕把它弄全的。每个时代都往里填了一些东西。大家如果有兴趣，这里的材料不少，足足可以写一篇硕士论文的。

另外，是你们看园林的一本必读书叫《洛阳伽蓝记》，这是基本的修养。这本书讲了洛阳城里的寺院，这寺院里都是有园林的，这本书对于园林的描写是非常重要的。这本书的重要性在于，是当代人写当代人，不是后代人写的。你们作为基础的东西，《洛阳伽蓝记》是一定要看的。到了宋朝的时候，是分门别类地对园林进行了研究。比如，宋代人对石头的研究是非常深入的。那么，宋朝人对石头的研究和我们的绘画是相辅相成的。我们绘画里画山水，它的技法是“皴、擦、点、染”，实际上“染”比较早，“点”晚一点，然后是“皴”。宋朝开始有“皴法”，宋朝以前是没有“皴法”的。正是因为宋代山水开始有皴法，所以米芾里面有“瘦、漏、透、皱”，就出现一个“皱”。实际上“皱”和“皴”在字形上是有点共通的。所谓“皱”，不仅要看石头的表面还要讲石头的肌理。这点是很厉害的。我们中国人的东西不仅仅要看表面，石头也好，木头也好，还要看肌理。这是宋朝人给我们培养出的一个东西，看砚台要看肌理。肌理是怎样的，广州的端砚要看肌理，假山石要看肌理，木头也要看肌理，这是我们中国工艺美学里面非常重要的一条东西，是远远要胜过西方人的。从宋朝开始，把具象的审美升华成抽象的审美，这在理论上是这样的。现在我有个博士生正在做这方面的文章，这很重要。宋代把具象的审美升华成抽象的审美，这是在我们园林史里非常重要的问题。所以，我们做中国的园林学不能做得很浅薄，现在听到有人讲得太浅了，都要和中国的哲学思想联系在一起，从美学的高度上去理解它。那么，这里有一个东西是要继承的，《洛阳伽蓝记》里有这么一句话“有若自然”，宋朝还有一句话“宛若天开”，都是讲我造这座园林千万别露出人工营造的痕迹，都是讲做园林是要非常含蓄的，不是露筋露骨的。像西方那样树木修剪成几何形的样子，我们要看不出修过树了，看不出人工营造的痕迹，这是最高级的。所以叫“有若自然”。“有若自然”有一个前提条件，园子要很大，有足够的可以让人去绿化的面积。这点在宋朝是可以的，比如苏州的沧浪亭。

当时有一个大官叫苏舜钦，被人告发后要归隐苏州。沧浪亭在苏州文庙的东北边，当时苏舜钦看到是很空旷的，于是花了银子4万钱，亭子的楹联刻着“清风明月本无价，可惜只卖四万钱”。当时可以看出，亭子是很主要的，亭子的位置有的在山头，有的在水边。水边也不能一进门就是亭子，一般在水的接近中间的位置会放一座亭子。还有，如果一条长长的路，路的中间也有亭。宋朝“亭”的位置是比较重要的，很多音乐娱乐活动弹琴都放在亭子里，不是放在房间里的。

宋朝以后，出现了很大的变化，元朝取消了科举制，因为元朝蒙古人很少有人认识汉字，没法搞科举制。这就不得了了，知识分子没有科举做不成官了，读书没有用了，当个教书匠也当不成了。所以元朝十种人里知识分子是第九位，比乞丐高一位，妓女是第八位，为什么比妓女还要低呢？因为元朝的妓女是不卖身的，像日本的歌舞伎，是卖艺不卖身的。元朝蒙古人看不懂汉人的书，但也要娱乐，爱看戏、听曲儿，所以我们有唐诗、宋词、元曲。妓女能唱曲、演戏，比教书匠吃饭的本事（教书）大得多。所以有的文人要归隐到一些小庄园里去了，这样的话就有两个人在元朝很有名，住在湖州，是赵孟頫、钱选（字舜举）。他们有一点点小钱，第一个把园林作为画画的主题的是钱选（字舜举）。他画的园林里基本没有什么建筑，围着墙里面种了一些树、一点花，外头有一片水，要过一座桥才能到园子里，大体上是这样的。这可以说是“文人园”的开始。

真正的“文人园”的兴起是在明代中期。明成化以后，苏州成了中国最大的商业城市，也是东亚最大的商业城市。苏州这个城市在宋朝时叫“平江府”，当时出了一个很了不起的人叫范仲淹，他是中国第一个办府学的人。以前办学都是皇家，叫“太学”。地方办学、府里办学，苏州是第一个。所以，苏州的文庙里供的不是孔子，而是范仲淹。范仲淹就给苏州留下了文风，苏州的教育在全国是领先的，所以在明朝的时候，全中国状元考得最多的地方是苏州。这些状元出去以后是要去做官的。明朝对做官的不是高薪养廉的，薪水不高，而且贪污的话惩罚是很重的，要连累到家人。所以明朝的官员回乡以后都会给自己造个园子，苏州做官的人特别多，回乡后基本都会给自己造一个园子。还有不做官的，他的园子就造得比较远一点。比如“吴门四家”里两个人是有园子的，一个叫沈周，一个叫文徵明。他们的园子在相城区，当时的相城区是苏州的郊区，和现在的房地产一样，相城区属于郊区便宜一些。他们的园子叫“文人园”，而且也把自己的园子画在图里，当时有一个风气，有些文人喜欢把自己的园子画进手卷里。因此，可以讲“文人园”在吴门画派中是一个很重要的、重点的题材。这些“文人园”总结起来有这些个特征，一个讲环境，苏州是个水城，门前离河道比较近。这些人聚会，比如说文徵明造的园林，唐伯虎要去看他就从城里面划船去，所以要求园林离河边不能远。还有这样的描写，还没有到他的园子就远远地看到一片竹子，一看到竹子就知道文徵明的园子快要到了。他们讲究种树，主要有一道墙，差一点的就是篱笆墙，就是“柴门”。讲究的是石头墙、土墙，前面一定要有条河，桥不是正对着门。如果是外国人那桥要对着门，开着车直接走进去。我们桥一定不对着门，要走过一段弯弯的路，这段路很讲究，这段路两边是要有高一点的树，再进去又像一个小广场一样，再进门，进门的时候就会见到三间房连在一起，中间是主屋，两边两个厢屋，一边是喝茶的、煮茶的，另外一边是书房，是这样的一个结构。房子后面是卧室，这就形成了园林里的中心，后面讲究要有竹林，前面是梧桐、芭蕉，所以种树是非常地讲究。因此，明成化时期有一个园林的代表作，就是文徵明的《拙政园记》，文徵明的《拙政园记》讲他营造拙政园。实际上他的“关键词”就是种草种树。亭子跟前种什么树，路边种什么花，水边种什么，假山上种什么，满篇都是讲的种草种树。所以“达官园”的早期著作是《洛阳伽蓝记》；第二篇是“文人园”的著作，就是文徵明的《拙政园记》；第三篇是“文人园”成熟期的著作，就是计成的《园冶》。刚刚讲了“有若自然”，计成是跨了晚明到清代的一个人，是清初的一个人。他的“序”是后来的所谓奸臣阮大铖写的。写“序”的时候还不是奸臣，还是明朝的官。《园冶》后来我们中国没有保存了，是陈植从日本带回来的。这本书专门讲怎么“造园子”。在日本，这本书的原名叫《夺天工》，原来才叫《园冶》。造园的思想发生了重大的改变，以前叫“有若自然”，现在叫“巧夺天工”。这时的造园人要“巧夺天工”，去改造自然，前头是顺应自然，现在是改造自然。所以造园的思想是一个完全不同的改变，这是决定了我们“上半部园林史”和“下半部园林史”的两种不同的造园思想。

这种不同的造园思想是怎样产生的？（原因）这是我们城市的人口增加，地皮紧张了，没有那么多种树的地方了，晚明（文人）笔记中记载苏州买不到造园的空地了。所以，当时这样的现状一定会让造园思想发生改变：“我”在一个小的面积里要把以前“我”在大的面积里的东西容纳进去，这样的话就会把直的造成弯的，把平的路修成高高低低的路；把一目了然的东西看成左一个遮挡、右一个遮掩，对这样园子的一种区域的划分比之前更加明确了；以前是散漫的，现在要做成有区域的规划。

一般来讲，这时分成三大区域。第一是进门的这块“过厅”，也叫“轿厅”。就是这些人到主人这儿来，先把轿子放下来，有几排凳子在这里，你先在这里等着，有家丁会进去禀报，某某来了你见还是不见。过去不叫“名片”叫“名刺”，递进去，告诉在哪里见面。隆重一点的一进门有照壁，上面有砖雕，有题字。第一道门上面的题字像写文章的序言，讲究一点的照壁上面有砖雕，有题字，一般是四个字。进去以后会有一个院子，院子的底下是石头，上面是砖头。房子的话，下面是石头，上面是木构建筑。木构建筑两边是砖头，也就是说是石、砖、木几个部分构成的。清朝以后，一进门，外面有一副对联。这副对联比较重要，从这副对联可以看到主人的想法。再进去，是我们中间的一间客厅（大厅），上面有一块匾，这块匾是一篇文章的“关键词”，表明主人的一个想法的地方，表明园子的主题。这样的地方后面有六块板，拙政园也好，网师园也好，这六块板是活动的，是可以打开的。这六块板是怎么回事？我写过一篇文章的。明代成化以后，苏州率先使用了砖瓦，用砖头盖房，以前都是木头的。为什么苏州率先用砖来进入到民居的房屋？有两个原因：第一，苏州有几个很大的烧砖的地方。我们讲很有名的烧砖的地方——相城区，从明朝永乐就开始烧金砖的陆慕。昆山还有陈墓，也是一个很大的砖窑。苏州是一个烧砖很重要的地方，所以有建筑材料的优势。第二，是苏州是当时人口比较密集的城市，密集程度甚至超过了北京，因为是商业城市。“四世同堂”，慢慢家族里的人越来越多，如果没有隔墙，都是木板，那是很糟糕的事情。砖起两个作用：一是砖砌墙可以根据人的地位，严格地把人隔开，区隔开；二是起到承重的作用，以前靠柱子承重，现在除了柱子承重以外，砖墙也可以承重，所以房子盖得高了。南方比较潮，房子盖得高了一点，这样住起来就比较舒畅，于是房子普遍都往高里盖了。盖了以后，以前我们的木板房没有墙，用屏风来分隔，屏风就是活动的墙。吃饭的时候，用若干屏风围成一个餐厅，吃完饭，屏风一撤，就可以做别的了。唱戏的时候，隔起来，当中唱戏，两边可以看戏。所以，屏风是一面活动的墙。我们中国是木构建筑，这是一个很特殊的东西。一般是六条屏，从唐朝开始，我们的画，画在屏风上，书法写在屏风上，后来一些名人名家的画在屏风上旧了，画拆下后，不舍得扔掉，就用卷轴收藏起来，于是成为了“卷轴画”。所以，“屏风画”早于“卷轴画”。原来是屏风，在屋子里，比例恰当。屏风上的画高 1.2 米，宽 0.6 米，裁开是“斗方”，是我们现在“四尺宣”的四分之一，这是我们屏风画心的长度。我们的房子高了，屏风就显得矮了。怎么办？就把六扇屏风做成六个板，推到后面了。当中可以挂一张很大的画，这张画就叫“中堂”。我们现在一进大厅，就可以看到

"中堂",有了砖房以后,才出现了"中堂"。这么大的六扇屏,开始只挂一个"中堂"。我查了所有当时明朝的画,从晚明开始,3 米以上的大画就很多了。3 米多的画肯定就是"中堂画",就是挂在后面的。所以,画的尺寸是要与建筑相匹配的。《长物志》里讲了书房里面是不能挂"条幅"等,书房最好挂"斗方",书房挂"中堂"是不对的。什么样的空间挂什么画是讲究的。我们现在很多人啥也不懂,就去给人家布置了。基础的都不懂,是很糟糕的。这样的地方是会客的,会比较重要的客人。在这样的地方,"中堂"的下面,放一个长的条案。开始,一个"中堂"太少了,这么大一个面积,挂一个"中堂"。后面的人,配"对联","对联"要晚一点。光挂一个"中堂"撑不住,所以把门口的"对联"也放到里面了。案子的前面,摆两张椅子。一是主人的椅子,一是客人的椅子。面对面,放六张椅子,这是次要一点的客人。溜墙根的、没有扶手的、玫瑰椅啊这些椅子,是辈分更加低的人坐的。所以,大厅里体现的儒家思想,会客区体现的也是儒家思想。有的房子,后面一进是带楼房的,楼房是住人的。在明朝,好多女子是住在"绣楼"上的。为什么叫"绣楼"?因为女子不出门就在家绣花,能不能嫁出去要看手工活儿(女红)怎么样。住的房子很严格,要按照辈分。当时,还是一夫多妻,大房、二房、三房……这就是按照房子的不同级别来定的。所以,我们讲的会客厅、住宅厅,都是按照儒家思想来做的。但是,后花园是按照道家思想来做的。在处理人的关系时按照儒家的东西,玩的时候则按照道家的。实际上,园林思想里,就是后面园林思想里,既有儒家的,又有道家的。但真正体现我们园林思想的,还是道家的思想。

我们可以对比一下文徵明写的《拙政园记》与计成的《园冶》的不同地方。我刚刚讲过,文徵明讲的是种草种树,计成讲的是盖房子。《园冶》讲"造园子"要先定厅堂的位置,这和文徵明有很大的区别,后期建筑比较多。对比一下,明代拙政园包括亭子只有七座。现在,你看看我们的拙政园中有多少座建筑?我告诉你们个秘密:实际上,拙政园中的建筑都是(清)同治以后盖的,好多建筑都是在太平天国时期毁掉了。拙政园其中有一部分曾经是忠王府。他们讲,其中有一座楼叫"见山楼",是太平天国时盖的。最晚的一座是"卅六鸳鸯厅",民国时期的,有彩色玻璃的。

四、豪门园

我们园林发展的最后,就是我们现在要去看的"何园"。何园是江南园林最有名的、最后的，就是时间最晚的一座园林，是全国重点文物保护单位。它和“文人园”不同的地方在哪里？有一些商人的审美进入了，雅致气息略欠一些，向好看、华丽转化了。西洋风开始传进来了，里面建筑有一些“混搭”的情况。民国园林有一个最大的特点就是“混搭”，这样的情况在何园中出现了。在这样的情况中，有一些新的创造。比如廊道，它讲究要“通”。我们“文人园”，要“隔”。各自为政，各有各的区域。因为有的地方，下人不能去，有等级制度。但何园没有，等级思想不是那么重要了，各个地方都尽量要“通”起来，这是社会思想发生变化了。“假山石”也分几个层次：一种是主题性的假山石，一种是靠着墙上的假山石，根据不同的地方找不同的石头。现在小区的景观可以借鉴何园的做法，搞环艺的人去做小区景观，何园是非常值得借鉴的。我的学生李旸的硕士论文写“园林里的桥”。因为园林里没有大的桥，园林里都是小桥。所以，她抓住这个主题，最后这篇论文被评为优秀论文，也在核心刊物上发表。所以，你们现在更多地碰到在小区里的布置，这会成为你们做这行经常碰得到的事情。现在很多是借鉴西方的做法，其实我们中国在小的园子的营造方面是胜过西方的。所以，你们注意要好好地去学。光假山石就提供给你很多不同的做法。很多假山石靠墙的，何园里也有，这些给我们提供了案例。苏州的小区我去看了很多，很多地方都没有处理好，其中有些还是不及格的。那么，这些都给我们提供了一个范例。还有就是“一个区域和一个区域的连接”：园林好比是一个交响乐，“每一个”和“另一个”过渡的部分，园林是处理得很巧妙的。如果说贝聿铭的苏州博物馆有缺点的话，就是“过渡部分”没有处理好，显得简单。在这点上，在“一个部分”和“一个部分”的“中间地带”没有好的过渡，没有交代。好的园林一定要注意“当一个区域转换到另一个区域的时候”怎么过渡。在这方面，需要我们非常细心地沉下心去做。其实，园林的高明之处不只是在总体设计上，而是在若干的细节上。谁能在细节上做得好、做得精，你才能最后成为一个大家。我们就是要咬住细节不放松，为什么我们看杭州的园林不如苏州，他就是每一个细节都比较粗糙，每一个细节都很粗糙。总的下来，就不行。我们看日本，是值得学习的。日本人特别注意细节，我们好多东西太糙了。

我们要进入隧道了，我就不讲了。今天是在大巴上讲的园林，就讲到这儿。

（本文由苏州大学艺术学院环境艺术设计系孟琳副教授整理）

Talking about Gardens

Zhang Pengchuan

Editor's Note: On December 11, 2018, Professor Zhang Pengchuan, PhD supervisor at the School of Art of Soochow University, gave an important lecture on garden art in Jiangnan to all graduate students on a bus trip to Yangzhou to inspect the "He Garden". The following text is compiled from the recording and has been reviewed by myself.

Keywords: hunting garden; garden; daguan garden; literati garden; giant garden

独乐园造园思想的文献分析

史鹏飞

摘　要:《独乐园七咏》是宋司马光所作的七首诗,以其私人园林独乐园中七个建筑的名字为题:《读书堂》《钓鱼庵》《采药圃》《见山台》《弄水轩》《钟竹斋》《浇花亭》。七首诗分别以西汉大儒董仲舒、东汉隐士严光、韩康、东晋诗人陶渊明、唐代诗人杜牧、东晋名士王徽之、唐代诗人白居易的故事为典故,表明了自己以修学著书为上,仍旧心怀国家、兼济苍生的政治愿望,间以种竹浇花、交友乐游的乐趣。由是,造就了独乐园简素典雅的园林风格。

关键词:《独乐园七咏》;隐逸著书;避奢就简

宋神宗熙宁年间,司马光因不满王安石所主导的"熙宁新政"中青苗法、募役法等政策对百姓带来的不良影响,谏言、辩论无果,请判西京留守御史台一职,于熙宁四年(1071 年)退居洛阳。两年后,他置田宅二十亩,辟以为园,名之独乐园。

独乐园旧址位于今洛阳伊滨区诸葛镇司马村(原为偃师市辖地)。由于年代久远,独乐园已不可见,今村中司马文正公祠内,还留有一些独乐园的相关记述,但十分简陋,一些重要碑刻也都遭到破坏,只留祠堂内墙上悬挂的碑刻拓片。

独乐园中,首要的建筑是读书堂,其他的六个建筑都围绕它而展开:其中为堂,聚书五千卷,命之曰读书堂。堂南有弄水轩,堂北为钓鱼庵,再往北有种竹斋。钓鱼庵向东有二十畦的采药圃,圃南为浇花亭。为了能看到洛阳南部的万安山等山脉,司马光还在园中筑台构屋,称之为见山台。李格非在《洛阳名园记》中对独乐园的描述是"卑小不可与他园班"。同时还提到了"温公自为之序,诸亭台诗,颇行于世。所以为人欣慕者,不在于园耳"。"诸亭台诗"说的就是《独乐园七咏》,通过对这七首诗所讲典故的分析,可以从中看出司马光在营造自己园林的时候,是以修学著书为主旨,兼以其他活动,由是而形成了简素的园林风格。

一、隐逸著书

钓鱼庵

吾爱严子陵,羊裘钓石濑。万乘虽故人,访求失所在。三公岂非

作者简介:史鹏飞　西安美术学院博士研究生

贵，不足易其介。奈何夸毗子，斗禄穷百态。

严子陵，是曾与东汉光武帝刘秀共同游学，后归隐富春山的严光。严子陵在光武帝即位以后，便改名易姓，归隐山林。刘秀念其贤能，四处寻找他。后来有人提供线索说，看到了一位披着羊皮衣在水泽中垂钓的人，刘秀觉得应该是严光，便派人去找。往返三次，严光才到。刘秀想让严光和他一起治理国家，但是严光却说："昔唐尧著德，巢父洗耳。士故有志，何至相迫乎？"之后刘秀授他谏议大夫一职，严光并不接受，便归隐富春山，直到去世。严光最重要的主张是"怀仁辅义天下悦，阿谀顺旨要领绝"①，最反感阿谀奉承之人。司马光在退居洛阳之前，和王安石一派争论的过程中，就曾遇到过一个阿谀奉承的典型吕惠卿，此人因王安石得势而对其变法的主张极为附和。司马光在修建自己园林的时候，特意修建钓鱼庵，以严子陵的故事警示自己。

若是归隐，山中更适合，但是司马光并没将自己的园子修建在山中，而是建在城中，名曰归隐，实则是为自己找一个安静的处所，著书修学，且看《读书堂》一诗。

读书堂

吾爱董仲舒，穷经守幽独。所居虽有园，三年不游目。邪说远去耳，圣言饱充腹。发策登汉庭，百家始消伏。

《史记》载董仲舒在汉景帝时期，因治学《春秋》被招为博士。讲学的时候，要悬挂一帷幕，他在帷幕后面讲，学生在前面听。久而久之，弟子间转相授业，就是说入学早的向入学晚的讲授知识。有的学生根本就没有见到过董仲舒。那么董仲舒干什么呢？"盖三年董仲舒不观于舍园，其精如此"。后董仲舒为朝中任职，为人廉直。当时，公孙弘也在治《春秋》方面有所成就，但是比不上董仲舒。可公孙弘善用世事，位至公卿。董仲舒觉得他是个阿谀奉承之人，公孙弘就和董仲舒起了争执，当时正是外攘四夷的关键时期，公孙弘上书说，只有董仲舒能够到汉景帝之子胶西王刘端那里辅佐。刘端为人暴戾，但知道董仲舒的才学，极为善待董仲舒。可董仲舒心里明白，在刘端这里任职时间久了，是一定会

① 许嘉璐主编：《二十四史全译・后汉书・卷一百十三・列传七十三・严光》，北京：汉语大辞典出版社，2004 年。

摆脱不了获罪的。于是董仲舒“疾免居家。至卒，终不治产业，以修学著书为事”。[②]

司马光推崇董仲舒，当年七岁的他，听人讲《左氏春秋》，非常喜欢，在转述给家人的过程中，就已经能够掌握其中大意了。他修建读书堂，也是为了潜心修学著书。《宋史·司马光传》中记载：“光常患历代史繁，人主不能遍览，遂为《通志》八卷以献。英宗悦之，命置局秘阁，续其书。至是，神宗名之曰《资治通鉴》。自制《序》授之，俾日阅读”。[③] 司马光编纂《资治通鉴》一事，发于个人之愿望，而后受到两位皇帝的重视。在他避朝退隐之后，并没有放弃此事，而是将其作为最重要的事情去做。居洛十五年，几乎所有的时间都在从事《资治通鉴》的编纂工作，当时参与编纂工作的还有奉议郎范祖禹，副主编之一，主修唐代部分；秘书丞刘恕，负责三国南北朝部分的编写；中书舍人刘攽专门负责汉史部分的编写；[④]其子司马康负责文字检校工作。最终在元丰七年（1084 年）完成，呈现神宗。元丰八年（1085 年）重行校订，次年十月十四日，奉圣旨送至杭州雕版刊印。

二、心怀民众　尤忧君国

编著《资治通鉴》本就是他担心君主读历史不便而做的事情。这是他任职朝中时就有的想法。退居洛阳以后，修建独乐园，他依然没有忘记对国家的责任。《采药圃》与《见山台》二首，便是这一思想的体现。

> 采药圃
>
> 吾爱韩伯休，采药卖都市。有心安可欺，所以价不二。如何彼女子，已复知姓字。惊逃入穷山，深畏名为累。

以卖药为生，后归隐山中的韩康，曾采药于山林之间，然后拿到长安市中去卖。因为是自己亲手采自山林，所以绝不会有欺骗消费者的意图，因此，他也不接受讨价还价，三十年不曾改变。有一天，一位女子到他这里来买药，想要还价，韩康不让。女子便讲：你难道是韩伯休啊，不让还价？此时，韩康意识到，虽

---

② （汉）司马迁：《史记·卷一百二十一·列传第六十一·董仲舒》，北京：中华书局，2013 年。

③ 许嘉璐主编：《二十四史全译·宋史·卷三百三十六·列传九十五·司马光》，北京：汉语大辞典出版社，2004 年。

④ 许嘉璐主编：《二十四史全译·宋史·卷三百一十九·列传七十八·刘攽》，北京：汉语大辞典出版社，2004 年。

然自己采药卖药，极力避世，却还是免不了被人们所知晓。于是，便不再卖药，彻底遁入山林之中。后来，汉桓帝征召他为博士，连续多次未能成行。桓帝便想了一个办法，派人“备玄纁之礼，以安车聘之”。韩康迫不得已答应了，但是没有跟随他们准备的车马一块儿走，而是自己乘坐牛车提前出发了。途中被一个亭长没收了牛车，原因是他接受了上级的指示，要迎接韩康的经过，因此正派人手修路及桥梁呢。正好看到了韩康坐牛车路过，不认得韩康，便没收了他的牛。待到使者到了这里，问清状况，使者欲报呈上级杀了亭长。韩康为亭长辩护，说是自愿给他的，亭长并没有罪。就这样，继续往前走，走到半路的时候，韩康便逃走了，从此隐逸直到终老。⑤

司马光借韩康之故事，也表明自己不愿为名望所累，希望能够在这园中潜心著书。但是他怎么能够做得到呢，当时的洛阳城中，“田夫野老皆号为司马相公，妇人孺子亦知其为君实也”。那么种药圃的修建，是寄托了他怎样一种情怀呢？可从他的《酬赵少卿药园见赠》一诗中，略知其详。诗为：“鄙性苦迂僻，有园名独乐。满城争种花，治地惟种药。栽培亲荷锸，购买屡倾橐。纵横百余区，所识恨不博。身病尚未攻，何论疗民瘼”。药，是用来治病的。当时洛阳满城皆种花，而司马光却独种药。他是为了给人们提供药材？显然不是的。最后两句“身病尚未攻，何论疗民瘼”点明主旨，自身的毛病还没有攻克，怎么能够去论说民众的疾苦呢？这也是在侧面抨击着当时朝廷中的一些弊病。而北宋宗泽的《题独乐园》诗中“种药作畦医国手”一句，似乎也在说明采药圃之用意并不单纯在种药方面，更深层次的是通过他潜心儒学，而找到治理国家，兼济苍生的好策略。

一方面是对普通民众的关心，另一方面也未曾放松对朝廷的惦念和牵挂。见山台的修建便是这一思想的体现。

见山台

吾爱陶渊明，拂衣遂长往。手辞梁主命，牺牛惮金鞅。爱君心岂忘，居山神可养。轻举向千龄，高风犹尚想。

陶渊明作为东晋时期的一名隐士，种豆南山，诗酒田园。这种看似逍遥安逸的生活状态，隐含着他内心对晋室衰败的痛心。他的曾祖父曾是晋朝宰辅，

⑤ 许嘉璐主编：《二十四史全译·后汉书·卷一百十三·列传七十三·韩康》，北京：汉语大辞典出版社，2004年。

是东晋的开国元勋，他的祖父在朝中为人严肃正直，慎终如始，可以说是朝中的典范。而他的父亲，则稍显恬淡无为，虽然在朝中有过任职，但却是一种不喜不怒的静默的处世态度。陶渊明的家世显赫，先祖都为官辅政，但随着东晋社会及政治形态的演变，到他生活的年代，已经是岌岌可危了，虽然他也有过几次出仕为官的经历，但终究还是选择了退隐山林的生活。⑥

晋室衰微，政权更迭。陶渊明曾写《拟古九首》，来表达自己内心的愁苦和无奈，其中第九首诗写道："种桑长江边，三年望当采。枝条始欲茂，忽值山河改。柯叶自摧折，根株浮沧海。春蚕既无食，寒衣欲谁待。本不植高原，今日复何悔！"桑树在晋代的时候，被当作一种祥瑞植物。当年西晋武皇帝司马炎曾植桑树一棵，三十年茂盛不衰，因此陶渊明在此写"种桑长江边，三年望当采"是说借桑树之名，企望王室能够中兴。但是在东晋最后的几年里，刘裕立司马德文为晋恭帝，仍期望在三年内国家状况有所改善。但是司马德文为帝后的第二年，便禅位为刘裕，刘裕称帝，改国号为宋。自此东晋便亡了。陶渊明此时也垂垂老矣，只能够将自己对晋王室的愤懑与悲痛寄托在诗词之中。虽远居田园，却心系王室，这便有了司马光"爱君心岂忘"的诗句。

司马光从朝廷离开，就决心不谈政事，不论国政。但是他根本做不到，"而求言下，光读之感泣，欲嘿不忍，乃复陈六书，又移书责宰相吴充"。吴充是神宗朝的宰相，他的儿子是王安石的女婿，但他的政见与王安石不和，多次向神宗上书言变法中的不利，甚至建议召回司马光等人。而司马光只是写信给吴充，阐明了自己的政治主张，虽然在野，他并没有完全失掉对朝廷的关心。

三、避奢就简　耆英会聚

钟竹斋

吾爱王子猷，借宅亦种竹。一日不可无，潇洒常在目。雪霜徒自白，柯叶不改绿。殊胜石季伦，珊瑚满金谷。

弄水轩

吾爱杜牧之，气调本高逸。结亭近水际，挥弄消永日。洗砚可抄诗，泛觞宜促膝。莫去濯冠缨，红尘污清质。

浇花亭

吾爱白乐天，退身家履道。酿酒酒初熟，浇花花正好。作诗邀宾

⑥ 许嘉璐主编：《二十四史全译·宋书·卷九十三·列传五十三·陶潜》，北京：汉语大辞典出版社，2004 年。

朋，栏边常醉倒。至今传图画，风流称九老。

这三首写的是东晋王徽之和唐代杜牧、白居易的故事。王徽之是王羲之第五子，性格卓荦不羁，但偏爱竹子。早年也曾做官，但与性格不甚相符，便辞官归隐。有一次，他借住于别人的空宅子，见宅中无竹，便令人种竹。有人就问他，你只是暂时住在这里，何必这么麻烦呢？过了很长时间，王徽之才回答道："怎么能一日没有此君呢？"竹子，向来为文人逸士所喜爱。东坡居士有"无竹令人俗"的感叹。而司马光的《钟竹斋》中写"雪霜徒自白，柯叶不改绿"，竹子凌霜而不改颜色，恰如他现阶段的人生境遇，虽遇坎坷，然不改自身本色，坚持自我。诗中最后两句提到这简单的修竹，远胜于西晋洛阳巨富石崇金谷园中的珊瑚。这也就奠定了独乐园简单朴素的园林风格，也就有了李格非所说的"卑小不可与他园班"。

白居易晚年谪居洛阳，酿酒浇花，作诗邀友。早年的官场经历，使得他结识了很多朋友，也看惯了官场的勾心斗角。会昌年间，白居易请求辞归。居洛期间，白居易曾作《池上篇》表明自己期望闲适无扰的生活状态，在《池上篇》的序中他写到了自己在洛阳城之东南方的履道里之西北方向，修建了一所园子："地方十七亩，屋室三之一，水五之一，竹九之一，而岛池桥道间之"。在这里他酿酒、种花，集石、交友，生活闲适恬淡。会昌五年，白居易同几位道友同游香山，并邀人作画描绘此次集会的盛况，名之为《九老图》。白居易写诗以记录该事件。到了北宋元丰五年，在洛阳又有了一批退隐士大夫的一次集会。此次集会由富弼、文彦博发起，参与集会的人员除了司马光以外，其他都是年过七旬的老人。他们因为政治上的纷争而选择避朝退居，但他们都有同样的乐趣。司马光在《洛阳耆英会序》中写道："潞公（文彦博）谓韩公（富弼）曰：'凡所为慕于乐天者，以其志趣高逸也，悉必数与地之袭焉'。一日悉集士大夫老而贤者于韩公之第，置酒相乐"。参与集会的人有富弼、文彦博、席汝言、王尚恭、赵丙、刘几、冯行已、楚建中、王慎言、王拱辰、张问、张焘、司马光。另外，司马光还写了《会约》⑦，规定了"耆老会"的集会制度，参会人员不论官职大小，以年龄长幼为序，一切从简。几位老人轮流举办集会，会前由东道主写好通知单，派人逐家传递，参会者在上面签字，届时按时赴约即可，若迟到的需罚酒一巨杯。

⑦《司马氏源流集略》载：一、序齿不序官；二、为具务简素；三、朝夕食不过五味，菜果脯醢之类，共不过二十器；四、酒巡无算，深浅自斟，主人不劝，客亦不辞；五、逐巡无下酒时，作菜羹不禁；六、召客共用一简，客注可否于字下，不别作简；七、会日早赴，不待速；八、右有违约者，每事罚一巨觥。

这是一种气氛极为轻松的集会，会上饮酒畅谈，因为都曾是朝中权臣，畅谈过程中，不免聊到政事之弊病，自身之无奈。可又不好直说，便写诗以做寄托。司马光有《和君贶题潞公东庄》一诗："嵩峰远叠千重雪，伊浦低临一片天。百顷平皋连别馆，两行疏柳拂清泉。国须柱石扶丕构，人待楼航济巨川。萧相方如左右手，且于穷僻置闲田"。诗中以萧何晚年退居不与曹参相对的故事⑧，暗喻这几位士大夫们在政治上的境遇。因此，耆英会的意义不仅仅在于几位老人的诗酒相乐，而是他们相互倾诉政治愿望及不满的一种方式。

结　语

独乐园是其忠君忧民之情感的产物。独乐园之谓独乐，是司马光政治理想不被人们理解的一种无奈。

他在《独乐园记》中写道："叟愚，何得比君子，自乐恐不足，安能及人。况叟之所乐者，薄陋鄙野，皆世之所弃也。虽推以与人，人且不取，岂得强之乎。必也有人肯同此乐，则再拜而献之矣。安敢专之哉。"他平日多在读书堂中读书，上师圣人，下友群贤。窥仁义之原，探礼乐之绪。身体倦乏时，就钓钓鱼，浇浇花，登高纵目远眺。他自言"行无所牵，止无所柅"，真的没有牵挂吗？

元丰五年，司马光得了说话困难的病，怀疑自己将要死了，便写了份遗书，并嘱托身边的人，如有变故，将此遗书上奏皇上。从这件事上，可以看出他对政局还是有所牵挂。而《资治通鉴》的完成，更能表明他对神宗的忠心。未完成之前，宋神宗曾赞扬他的《资治通鉴》比荀悦的《汉纪》要好。司马光退居洛阳，用了十三年的时间，终于在 1084 年完成并呈交神宗，加封资政殿学士。翌年，神宗驾崩，哲宗即位。请司马光重回朝中主政，他欣然接受。直至次年去世，他一直专心于政治的改革和朝廷政务。

参考文献

[1]（宋）司马光：《司马文正公传家集》，北京：商务印书馆，1937 年。
[2]（宋）李格非：《洛阳名园记》，北京：中华书局，1985 年。
[3]（汉）司马迁：《史记》，北京：中华书局，2013 年。

⑧《史记·卷五十三》记载："何素不与曹参相能，及何病，孝惠自临视相国病，因问曰：'君即百岁后，谁可代君者？'对曰：'知臣莫如主。'孝惠曰：'曹参如何？'何顿首曰：'帝得之矣！臣死不恨矣！'何置田宅必居穷处，为家不治垣屋"。

[4] 许嘉璐主编:《二十四史全译·宋史》,北京:汉语大辞典出版社,2004年。
[5] 许嘉璐主编:《二十四史全译·后汉书》,北京:汉语大辞典出版社,2004年。

An Analysis of Literature on the Gardening Ideology of Solitary Paradise

Shi Pengfei

Abstract: *The Seven Chants of The Solitary Paradise* is a collection of seven poems written by Sima Guang of the Song Dynasty, with the names of seven buildings in his private garden Solitary Paradise: Reading Hall, Diaoyuan, Caiyao Garden, Seeing Mountain Terrace, Lengshui Xuan, Zhongzhu Zhai, and Watering Flower Pavilion. The seven poems take the stories of Dong Zhongshu, a great scholar of the Western Han Dynasty, Yan Guang and Han Kang, hermits of the Eastern Han Dynasty, Tao Yuanming, a poet of the Eastern Jin Dynasty, Du Mu, a poet of the Tang Dynasty, Wang Huizhi, a famous scholar of the Eastern Jin Dynasty, and Bai Juyi, a poet of the Tang Dynasty, as allusions. to show that Sima Guang's political aspirations of cultivating and writing books, while still thinking of the nation and benefiting the common people, as well as the pleasure of planting bamboo, watering flowers and making friends. Thus, the simple and elegant garden style was created.

Keywords: *The Seven Chants of The Solitary Paradise*; hermitage and writing; avoiding luxury and simplicity

写仿山水
——南宋早期皇家园林营造中的西湖景与境

何晓静

摘　要：南宋造园活动从中原地区转移到了以西湖为中心的江南湖山环境里。此时园林营造手法的改变，可以说是皇家以及上层文人原有造园思想应对于西湖湖山环境的转变。湖山成为可见、可参照的园林模板；同时也成了被改造的对象。通过微缩景观意象入园或借景西湖入园，园林营造出类似西湖的场景；或直接引用能象征西湖的元素入园，如引西湖水入园或用西湖周边的水体、树、石等辅助造景；另外在象征手法的运用上，在园林中引用前代驻留西湖文人，如白居易、苏东坡、林和靖等的诗文意象造景。

关键词：写仿山水；皇家园林；西湖；景意

一、园林兴造背景

南宋园林发展的转折首先发生在南宋这一大的历史背景下，外交环境积弱，国内工商经济的高度发展。文人士大夫转向对游历自然、感怀山水的追求。内向化、意象化艺术的出现正是这一诉求的表现形式。就园林而言，这种情况显性表现在规模缩小、内部活动趋向于文人小团体间的交流以及用诗词语言来为园林景观及构筑题名等。

改变最初发生在以皇家为中心的上层文人团体之间。虽然宋代出现了较以往任何年代更广泛和更深刻的阶层间融合，园林活动的受众面扩大至后人所认为的普通文人及市民阶层，但这很大程度归因于皇家、公家园林定期对市民开放的举措，这使园林文化得以传播。真正的造园活动仍仅局限于非常小范围的人群中，这项活动很大程度上需要较高社会地位和强大经济基础，绝非普通文人所能承担。再者，在信息传播不发达的年代里，掌握主流话语权的始终是以皇家为中心的上层文人团体，他们拥有书写和发行的双重权利。而在此过程中对市民，以及村落文化的吸收和传播，只是对非主流文化有意识的个别吸收。

周维权认为，在封建时期的园林虽然有许多不同风格，但有四个共同特征。

作者简介：何晓静　中国美术学院设计艺术学院副教授

首先，绝大多数直接为统治阶级服务，或者归他们所有。第二，主流是封闭、内向的。第三，以追求视觉的景观之美和精神的寄托为主要目的，并没有自觉地体现所谓社会、环境效益。第四，造园工作由工匠、文人和艺术家完成。[①] 南宋出现了中国古典园林史上的转折，皇家园林的转向是关键。这也是本文论述的重点。

作为南宋的造园主体，皇家造园林营造手法发生转变还需要一个契机，那便是宋室南渡。政权中心的转移，使整个造园活动从中原地区转移到了以西湖为中心的江南湖山环境里，此时园林营造手法的改变，可以说是皇家以及上层文人原有造园思想应对于西湖湖山环境的转变。湖山成为可见、可参照的园林模板；同时，也成了被改造、被借鉴的对象。临安的园林建设首先从模仿汴京的形制开始。[②] 杭州直到明代都保留着汴京的遗风，足以见影响之大。作为国都的汴京在北宋对四方都有极大影响，但不会对远隔千里的杭州造成这么大的影响；正常的迁都也不会有此影响。这里就存在着一种回归、收复的心态在，“再现东京”也即“不忘复国”。这在园林建设上也有明显的仿效行为的存在。

但是园林作为一种艺术形式区别于其他艺术的最大特点是对地理环境的依赖，这是因缘于对自然渴求和企图占有而形成的艺术形式，因此也要以其可获得的自然作为生存的依托。南宋造园场所的改变导致原有以京洛为中心的园林型构发生巨大的改变而影响后世园林。

皇家园林从以下几个方面发生了变化。首先，在整体上营造出类似西湖的场景，具体手法有通过微缩景观意象入园或借景西湖入园。其次，直接引用能象征西湖的元素入园，如引西湖水入园或用西湖周边的水体、树、石等辅助造景。另外在象征手法的运用上，最直接的是在园林中引用前代驻留西湖文人的诗文意象造景，以白居易、苏东坡、林和靖等为代表。

二、城市园林中心的确定

在权衡杭州与南京哪个更易于安稳发展，以及其之于整个国土关系的地域性考虑后，南宋王朝在绍兴十一年，确定以杭州为临时都城，定名临安，开始了一系列的都城化建设。《夷坚志》称：“金人南侵，高宗奔杭，有人题诗吴山子胥

---

① 周维权:《中国古典园林史》(第三版)，北京:清华大学出版社，2008 年，第 3 页。

② 程民生:《汴京文明对南宋杭州的影响》，《河南大学学报(社会科学版)》1992 年第 4 期。

祠云：'迁杭不已思闽广，牛角山河日如尖。'"[③]有学者认为，南京和杭州是宋代经济最发达的地区，都能供养政府和军队，都具有长江这样的天然屏障。定都江宁有利于北上；定都杭州有利于开拓海外贸易，且一旦发生战争还有东奔明州下海逃生的余地。[④] 但是直到他们真正身历其境才知道当时汴中之人的歌咏实际上多有夸妄。高宗称："汴中呼余杭百事繁庶，地上天宫。及余邸，寓山中深谷，枯田林莽塞目，鱼虾屏断，鲜适莫构，惟野葱苦瓜。红米作炊，炊汁许许，代脂供饭。"[⑤]可见南渡最初生活条件的艰辛。杭州之真正繁华富丽，实在高宗驻跸以后，或驻跸五十年百年之后。[⑥] 虽然杭州的地势条件对于发展来说有诸多限制，但在当时似乎没有更好的选择了。一经确定，皇室及南渡官员便对杭州城市进行了一系列的评估，最后以原杭州州治的位置扩建皇宫，再以此为中心配置其他行政机构。

临安都城的兴造开始于绍兴十七年，在与金达成互不干扰的媾和条件之后，以皇家为中心，由北南渡而来的宗室、富民开始改善居住环境。在唐之后，南宋之前，西湖虽早以胜赏之地闻名天下，但围绕西湖造园之事并未有多见。五代之前，正史地理志对于西湖及其杭州的记载，仅介绍其为东南地区临水傍山的城市"钱塘"，有山有水曰："武林山、武林水。"[⑦]至唐，白居易任杭州刺史，开始对杭州风物作微略记载，如："乐天罢杭州刺史，得天竺石一、华亭鹤二以归。"[⑧]白居易开启了历代文人对于偏远东南城市杭州及西湖的遐思。

位于凤凰山的杭州行政中心位置最早是隋代建杭州府所确定的府治所在地。[⑨] 从此之后历代因之。五代由于偏安之势，以及钱王室把它作为一国之都治理，使杭州在各地混乱的局势下，持续稳步地发展成为东南大都会。《旧五代史》记："钱塘江旧日海潮逼州城，镠大庀工徒，凿石填江，又平江中罗刹石，悉起台榭，广郡郭周三十里，邑屋之繁会，江山之雕丽，实江南之胜概也。"[⑩]五代杭州的建设可以认为是日后成为南宋国都的基础。《宋史·高宗本纪》称，高宗为钱

---

③ (清)厉鹗等：《南宋杂事诗》卷六，杭州：浙江人民出版社，2016 年，第 372 页。

④ 李裕民：《南宋时中兴？还是卖国——南宋史新解》，转自何忠礼主编，《南宋史及南宋都城临安研究(上)，北京：人民出版社，2009 年，第 16 页。

⑤ (宋)袁褧：《枫窗小牍》卷上，《武林掌故丛编》。

⑥ 徐益棠：《南宋杭州之都城的发展》，《中国文化研究会刊·第 4 卷(上)》，1944 年，第 242 页。

⑦ (汉)班固撰：《汉书·卷二十八上》，北京：中华书局，1962 年，第 1591 页。

⑧ (后晋)刘昫等撰：《旧唐书·卷一百六十六》，北京：中华书局，1975 年，第 4354 页。

⑨《十国春秋·卷七十八》，《吴越二·武肃王世家下》载："是岁，广杭州城，大修台馆，筑子城，南曰通越门，北曰双门。按：隋开皇九年建杭州府，治于凤凰山柳浦西，唐因之，吴越国治即在此，后宋高宗以为行宫。"

⑩《旧五代史·卷一百三十三》，《钱镠传》。

王转世，由此定都杭州为顺应天命。鬼神之语必不可信，却也显示南宋为彰显定都的合理性所假托的意愿之恳切。

岳珂在描述行都之时称：

> 行都之山，肇自天目，清淑扶舆之气，钟而为吴，储精发祥，肇应宅纬。负山之址，有门曰朝天，南循其陕为太宫，又南为相府，斗拔起数峰，为万松八盘岭，下为钧天九重之居，右为复岭，设周庐之卫止焉。⑪

此处有可以作为都城依靠背景的凤凰山，自有“清淑扶舆”的气候。山体“复岭”、有“周庐卫之”的防御之势，而几百年来储蓄精力就是为此时作为行都之备。从传言的角度来称高宗的南渡早在五百年前都已被预料到而非人力所能抗衡。毕竟君王之事仅靠传言不足以为信，岳珂文中又借苏轼作表忠观碑一事来称前代谶语彰显。

> 钱氏有国，世臣事中朝，不欲其语之闻，因更其末章三字曰“异姓王”，以迁就之，谶实不然也。东坡作表忠观碑，特表出其事，而谶始章。建炎元二之灾，六龙南巡，四朝奠都，帝王之真，于是乎应。⑫

高宗建炎开始至孝宗淳熙结束的两朝六十余年是南宋偏安以来兴造建设的阶段。这一时期园林建设的特点是从最初的提倡简朴到不可避免的大兴土木。这个不可避免，不单是皇家及士族贪图享乐的追求，同时也是因为政权稳定，工商经济的发展，作为国都的临安土地因日益增长的人口，不可避免地被开发和兴建。

陈植称“自迁都临安后，宋室群臣靡不竞为园林之建置，盖已咸求苟安，绝无进取志矣。南宋园林之不可考者，即就京畿已达三十余所，他处犹不胜计。”⑬这三十余处的估算至少一半以上隶属皇家。⑭ 清代朱彭的《南宋古迹考》对宋代的皇家苑囿有较为详尽的分析。该书考证了《宋史》《武林旧事》《梦粱录》《乾淳

---

⑪ (宋)岳珂撰，吴启明点校：《唐宋史料笔记——桯史》，北京：中华书局，1981年，第13页。

⑫ 同上。

⑬ 陈植：《造园学概论》，北京：中国建筑工业出版社，2009年，第37页。

⑭ 据(清)朱彭《南宋古迹考》下统计，皇家别苑有15个，诸王贵戚园林有11个。《杭州掌故丛书》，杭州：浙江人民出版社，第26－47页。

起居注》[15]，并互为论证。其对南宋园林作了以下几点的概况，首先在提取原有文献对园林活动的描述里，分解出相应的园林构造，如堂、亭、榭、馆等。其次，考证相关诗文以丰满描述。据统计，南宋临安的皇家苑囿有：

> 湖上御园，南有聚景、真珠、南屏，北有集芳、延祥。玉壶，虽真珠后归循王，集芳后归似道，而屡经临幸，仍属御园。南园始于侂胄，后即易名玉壶，创自鄜王，旋收内府，故自玉津、富景、五柳之外，即将诸园载入。至既赐后，所有题咏，别详诸臣园中。[16]

如其所称，原来的皇家苑囿真珠园后归循王，集芳园后归贾似道；南园先赐予韩侂胄，后又收回御前易名玉壶。这种赠予和收回园林行为在南宋皇室和宠臣之间经常发生，这也形成了皇室和仕宦园林趣味发生融合的要点。

三、园林举要：玉津园、聚景园、德寿宫

（一）仿效故都形制的玉津园

玉津园建于绍兴十七年[17]，是南宋定都杭州，时局得以稳定以来第一批兴建的皇家宫苑，其因以恢复"宴射""饮饯亲王"之用而被建。李心传称"皆以为讲礼之所"，是皇家为复兴北宋承平之时的礼仪制度而设置。根据下列史料记载，玉津园的位置较为清晰：

南宋王象之《舆地纪胜》记："玉津园，在龙山之北。"[18]

南宋吴自牧《梦粱录》记："城南有玉津园，嘉会门外，南四里。"[19]

南宋周密《武林旧事》也记："其在嘉会门外。"[20]

清朱彭的《南宋古迹考》考据了多重文献，得出其"在嘉会门外南祀礼，洋泮桥侧。"[21]

---

⑮ 《乾淳起居注》应是对应《武林旧事・卷七》部分，朱彭所注皆是《乾淳》，究其原因是这两部书在清代朱彭时期被分开辑刊了。

⑯ （清）朱彭：《南宋古迹考》下，《杭州掌故丛书》，杭州：浙江人民出版社，1983 年，第 45 页。

⑰ （宋）李心传撰，徐规点校：《建炎以来朝野杂记・甲集・卷二》，北京：中华书局，2000 年，第 78 页。

⑱ （宋）王象之：《舆地纪胜》，北京：中华书局，1992 年，第 38 页。

⑲ （宋）吴自牧：《梦粱录・卷十九》，北京：商务印书馆，1967 年，第 177 页。

⑳ （宋）周密：《武林旧事・卷四》，《武林掌故丛编》影印本。

㉑ （清）朱彭：《南宋古迹考》，《杭州掌故丛书》，杭州：浙江人民出版社，1983 年，第 38 页。

在《宋史》及《宋会要辑稿》内有较多皇家临幸玉津园的文字记载。有关玉津园的最后一条记载是西湖老人《繁胜录》，其中写到玉津园内安排宴射的活动：宁宗朝，金国使者来贺生辰，朝中安排使臣观潮、玉津园宴射、西湖游赏等，所召箭班“急来祇应”[22]为使臣表演射箭活动。再后便无记载了。

在南宋晚期，玉津园成了无人管理的野园。元诗人宋无的《玉津园》写道：

御爱花无主，长生树几时。
青青辇路草，尽属牧羊儿。[23]

诗歌感叹世事之无常，认为园林即便得到顶级的宠幸，寄予崇尚的理想，终归是还原了生命最原初的状态。除了主要举办宴射活动，玉津园内不常有赏景活动的记载，大部分游赏的活动安排在了西湖。但作为园林它仍有基本的园景布局和设施。

玉津园内场景意象可以从有关玉津园的诗词中大致把握。孝宗在《玉津园纵观春事，适霁色可喜，洪迈有诗来上，俯通其韵》写道：

春郊柔绿遍桑麻，小驻芳园览物华。
应信吾心非暇逸，顿回晴意绝咨嗟。
每思富庶将同乐，敢务游畋漫自夸。
不似华清当日事，五家车骑烂如花。

整首诗将“非暇逸”“将同乐”作为园林主要意义展开，园林活动也是被寄予了政治愿望和民生期待而绝非贪图享乐。洪迈应和的诗《车驾宿戒幸玉津园，命下，大雨，将晓有晴意，已而天宇豁然，进诗歌咏其事》写道：

五更犹自雨如麻，无限都人仰翠华。
翻手作云方怅望，举头见日共惊嗟。
天公的有施生妙，帝力堪同造物夸。

---

[22] 《西湖老人繁胜录》转引自《西湖文献集成》(第二册)，杭州：杭州出版社，2004年，第18页。记：“宁宗圣节，金国奉使贺生辰毕，观江潮，玉津园射。临射时，二人叉手立于垛面前，系招箭班急来祇应，专一挨箭，奉使以为神人射。射毕出山，于钱塘门外西湖边更衣。”

[23] 同上书，第467页。

上苑春光无尽藏，何须羯鼓更催花。㉔

也从“都人”“帝力”之间的互动来描述玉津园“无尽藏”的风光，是更具隐逸之思。

曹勋的《从驾玉津园》则较为具体描述了园内场景：

天子行春御六龙，五云回暖泛晴风。
和鸾宝苑梅花路，剩有香传玉座中。
花稍糁糁动朱栏，萱草侵苔色已乾。
竹阙风光随处乐，春台人物不知寒。㉕

诗文中写到的场景有“梅花路”“萱草”“苔”“竹阙”“春台”等，共同组成了园林形象，园中还有讲求嗅觉体验的“香气”的表达，体现出园林感受的多样性。

任希夷㉖《宴玉津园江楼》：

风光连北阙，景物傍西湖。
禁籞涛江上，兹楼天下无。
风静潮痕减，江空夕照多。
星星波上艇，隐隐岸边莎。
虚斋留御榻，小径近层崖。
再拜观奎画，浑疑侍玉阶。
参天官柏翠，布地杏花红。
台沼如文囿，规模有汴风。
翼翼瞻斋殿，深深步苑廊。
三人俱汉杰，一老玷周行。

给原本模糊的玉津园提供了较完整的形象。因玉津园位于钱塘北岸，在西湖景观区范围内。因其靠近钱塘江，园内很多活动联系到了观潮。诗文第一、第二

㉔ (清)朱彭:《南宋古迹考》,《杭州掌故丛书》,杭州:浙江人民出版社,1983年,第38页。
㉕ 同上。
㉖ 任希夷(1156—不详),于孝宗淳熙三年(1176年)进士及第。

句中“连北阙”“傍西湖”是对地理位置的确认。文中出现的园林构成有“虚斋”“台沼”“斋殿”“苑廊”“小径”等，植物有“官柏”“杏花”等。整个园背山面水，建筑高敞、廊道曲折，老树古翠，形制规模颇有故都汴京的气势。

玉津园是南宋定都临安后的第一批宫外别苑，这个园所具有的政治外交意味更甚于游赏。园内的活动和构造都体现出皇家“兴礼”“收复”“与民同乐”的意愿。此园虽不对外开放，但它所表达的意义却是希望能得以传播和扩散，因此，众多在朝士大夫参与园林活动时留下了得以广泛传颂的诗词。

（二）取景西湖的聚景园

南宋正史中有关嘉礼和游观的内容记载都较少，聚景园具体营建时间不详。《宋史》中最早有关聚景园的记载是在《孝宗本纪》，所记之事是乾道二年三月，孝宗陪时太上皇，即高宗，皇太后幸聚景园。㉗ 在此之前及高宗朝并无一条有关游幸聚景园的记载。由此可以推测，聚景园营建完成的时间应是在孝宗乾道初年。

有关聚景园的位置，南宋王象之《舆地纪胜》记：“聚景园：在清波门外。”㉘南宋吴自牧《梦粱录》记：“曰湖边园圃，如钱塘玉壶、丰豫渔庄、清波聚景、长桥庆乐……”㉙南宋潜说友《咸淳临安志》记：“聚景园：在清波门外。孝宗皇帝致养。北宫拓圃西湖之东。又斥浮屠之庐九以附益之。清波门外为南门，涌金门外为北门，流福坊水口为水门。”㉚

清朱彭《南宋古迹考》卷下记：

> 外御园，聚景园：在清波门外。《都城纪胜》：旧名西园。《咸淳志》：孝宗致养北宫，拓圃西湖之东，又斥浮屠之庐九，以附益之。清波门外为南门，涌金门外为北门，流福坊水口为水门，亭宇皆孝宗御扁，尝请两宫临幸。㉛

聚景园占地很广，大致囊括了现在清波门到涌金门之间的区域。清波门是其南

㉗ （元）脱脱等：《宋史·卷三十四》，北京：中华书局，1977年，第640页。
㉘ （宋）王象之：《舆地纪胜》，北京：中华书局，1992年。
㉙ （宋）吴自牧：《梦粱录·卷十二》，北京：商务印书馆，1967年，第103页。
㉚ （宋）潜说友：《咸淳临安志》，《宋元方志丛刊》（第四册），根据清道光十年钱塘汪氏振绮堂刊本影印，卷十三，北京：中华书局，1989年，第3333页始。
㉛ （宋）吴自牧：《梦粱录·卷十二》，北京：商务印书馆，1967年，第103页。

门，涌金门为其北门。

有关聚景园的记载除上述文献外，很大一部分源于《梦粱录》以及《武林旧事》中"乾淳奉亲"条。还有其他零星的宋人笔记文献，如李心传《建炎以来朝野杂记》、叶绍翁《四朝闻见录》、岳珂《桯史》等。

聚景园皇室最重要的宫外游观园林，除了高宗、孝宗，光宗和宁宗也常临幸。《武林旧事》"御园"条记载，园内的建筑构造有：殿、堂、亭、桥等，"会芳殿、瀛春堂、镜远堂(宋刻"揽远")、芳华堂、花光亭(八角)、瑶津、翠光、桂景、滟碧、凉观、琼芳、彩霞、寒碧、柳浪桥、学士桥"等。

从孝宗"奉亲"之时的游览路线，我们可见园内的基本构造情况：

> 太上、太后至会芳殿降辇，上及皇后至翠光降辇，并入幄次小歇。上邀两殿至瑶津少坐，进泛索。太上、太后并乘步辇，官里乘马，遍游园中，再至瑶津西轩，入御筵。至第三盏，都管使臣刘景长供进新制《泛兰舟》曲破，吴兴祐舞，各赐银绢。……又进酒两盏，至清辉少歇。至翠光登御舟，入里湖，出断桥，又至珍珠园，太上命尽买湖中龟鱼放生，并宣唤在湖卖买灯人。㉜

在聚景园的游园活动能持续一天。从晨间至园中到申时(即下午3至5点)"醉归"。在园内可赏景、宴息、听曲，其间还从"翠光亭"登御舟游览西湖。从西湖的南岸一直坐船行至近北岸的里湖，再登另一处御园"珍珠园"。后回到聚景园，再归大内：

> ……至申时，御舟稍泊花光亭，至会芳少歇。时太上已醉，官里亲扶上船，并乘轿儿还内。都人倾城，尽出观瞻，赞叹圣孝。㉝

聚景园的典型在于，首先，作为皇家最常被游赏的苑囿，它代表了那个时代最高的审美趣味。其次，由于园的地理位置近城，尤其在城市宅基地溢出城墙外后，西湖成为了一等宅基地的中心景观区后，皇家活动在这里能引起都人市民的大量关注，影响广泛，同时，西湖水域虽起到空间边界的作用，但视线的通

㉜ (宋)周密：《武林旧事・卷七》，《武林掌故丛编》影印本。
㉝ (宋)周密：《武林旧事・卷七》，《武林掌故丛编》影印本。

畅使得原“禁足三里”的皇家领地最大限度地与市民接触，成为了南宋早期市民文化影响皇家趣味的最重要场所。再次，占据大半西湖的皇家园林的营造对周边环境连带的改造，使皇家趣味开放地延伸。

聚景园是南宋皇家园林与文人园林产生连接的第一重关系。皇室游园时，常出现如“都人倾城，尽出观瞻”的场景。后来的德寿宫内尽效西湖场景，也起因于孝宗邀高宗游聚景园，高宗称“频频出去，不惟费用，又且劳动多少人”㉞。孝宗为表孝意，在原来园林基础上引水叠石造景像“飞来峰”和“冷泉堂”。后来由于皇帝不愿烦扰市民的正常湖居生活，游赏聚景园的活动便也减少许多。陆游《小舟过御园》二首描述了园内“刍荛”横生、“雉兔”往来，临水的露台、水殿也都冷清萧瑟的场景。㉟

南宋晚期理宗之后，聚景园由于较少打理和临幸便逐年荒芜，仅剩几座老屋了。㊱ “惟夹径老松益婆娑，每盛夏，芙蓉弥望，游人舣舫绕堤外，守者培桑莳果，有力本之意焉。”㊲到元代，这一带为僧寺道院所占有。到清代朱彭写《南宋古迹考》时则已经是遍地丘垅了。释永颐的诗歌《聚景园》描绘了此场景：

路绕长堤万柳斜，年年春草待香车。
君王不宴芳春酒，空锁名园日暮花。㊳

聚景园奢华的形制在历史中仍留下零星片段。清代《钱塘志·天逸阁》载：“聚景园亭台尚有花醉、澄澜诸名，则七十二亭即田（田汝成）《志》（《西湖游览志》）尚未能尽也。㊴ 可见里面的豪侈程度。

（三）造西湖景的德寿宫

德寿宫原为秦桧故居，绍兴三十二年六月戊辰，在高宗禅让王位给孝宗后正式以“德寿”命名，构筑新宫。孝宗禅位后也居于此，更名重华。后又更名慈

㉞ （宋）周密：《武林旧事·卷七》，《武林掌故丛编》影印本。

㉟ （清）朱彭：《南宋古迹考》，《杭州掌故丛书》，杭州：浙江人民出版社，第40页。

㊱ 《南宋古迹考》下：“按史：理宗后罕临幸，渐致荒落，故过者有“尽日垂杨覆御舟”及“空锁名园日暮花”之句。元时复为浮屠，今则遍地丘垅矣。（《杭州掌故丛书》），杭州：浙江人民出版社，第39页。

㊲ （宋）潜说友纂修：《咸淳临安志》，《宋元方志丛刊》（第四册），根据清道光十年钱塘汪氏振绮堂刊本影印，北京：中华书局，1989年，第3490－3491页。

㊳ （清）朱彭：《南宋古迹考》（《杭州掌故丛书》），杭州：浙江人民出版社，1983年，第40页。

㊴ （清）厉鹗等：《南宋杂事诗·卷五》，杭州：浙江人民出版社，第246页。

福、寿福。“凡四侈鸿名，宫室实皆无所更。”㊵德寿宫多次易名，先后居住过高宗、孝宗、宪圣太后、寿成太后。有关德寿宫的位置，南宋王象之《舆地纪胜》引《朝野杂记》记：“德寿宫，乃秦丞相旧第也，在大内之北。”㊶南宋吴自牧《梦粱录》记：“寿宫在望仙桥东，元系秦太师赐第，于绍兴三十二年六月戊辰，高庙倦勤，不治国事，别创宫廷御之，遂命工建宫，殿匾‘德寿’。”㊷南宋周密《武林旧事》记：“德寿宫，孝宗奉亲之所。”㊸

清朱彭的《南宋古迹考》记：“德寿宫，在望仙桥东。高宗皇帝将倦勤，即秦桧旧第筑新宫，绍兴三十二年六月戊辰，诏以德寿为名，乙亥内出御札。”㊹

德寿宫与凤凰山的皇宫合称“南北内”。因其位于望仙桥，大内之北方，所以称为“北内”。岳珂《桯史》对德寿宫以及其选址始末的记载最为详备。称此地“朝天之东有桥曰望仙，仰眺吴山，如卓马立顾。”在绍兴初年，望气相地者认为这里“有郁葱之符”。㊺ 秦桧便请高宗赐以为建宅第家庙之地。当德寿宫还是秦桧的宅院时，它的东侧是家庙，西侧是原秦桧受赐的“一德格天之阁”。与德寿宫屋顶相连的北面即皇家的佑圣观。绍兴二十五年，秦桧死后，朝廷便逐渐收回秦家的宅地。

南宋史研究者对德寿宫的位置和基本范围做过相应考据，这也为本文对其内园林研究提供了基础性的依据，其东，“达临安府城东边城墙下，即今夹巷”。其西，“据《咸淳临安志》卷首的《京城图》推测，跨过旧茅山河，近今靴儿河下”。其北，“包括今梅花碑一带”；其南，“靠近望仙桥直街”㊻。

德寿宫在乾道三年三月之前与普通的皇家花园几乎无异。高宗喜爱西湖湖山，在随孝宗游幸几次聚景园后他表达了：“频频出去，不惟费用，又且劳动多少人。”㊼孝宗自便“命修内司日下于北内后苑建造冷泉堂，叠巧石为飞来峰，开展大池，引注湖水，景物并如西湖。其西又建大楼，取苏轼诗句，名之曰‘聚远’”。亲笔御书且御制堂记。颇费周章地重新凿池、叠山、造景。这也使得德寿宫的园林成为了帝王园林在此时转型的典范。在此之前帝王园林所追求的

㊵ (清)厉鹗等:《南宋杂事诗·卷五》,杭州:浙江人民出版社,第246页。
㊶ (宋)王象之:《舆地纪胜》,北京:中华书局,1992年,第5页。
㊷ (宋)吴自牧:《梦粱录·卷十二》,北京:商务印书馆,1967年,第103页。
㊸ (宋)周密:《武林旧事·卷四》,《武林掌故丛编》影印本。
㊹ (清)朱彭:《南宋古迹考》,《杭州掌故丛书》,杭州:浙江人民出版社,第24页。
㊺ (宋)岳珂撰,吴启明点校:《唐宋史料笔记——桯史》,北京:中华书局,1981年,第13页。
㊻ 林正秋:《南宋都城临安》,杭州:西泠印社,1986年,第49-50页。
㊼ (宋)周密:《武林旧事·卷七》,《武林掌故丛编》影印本。

仙山圣岛、三山五岳，所表达的长生愿望和天下观念，转变成仅手边可掌握并可随时观临的自然山水园林想法是这个转型时代的最大特征。也是园林这一概念更近于山水观念的关键时期。

德寿宫内的花园以东、南、西、北四个方位进行划分。清人对园林的划分方法给出的解释是“为四时游览志所”。㊽ 厉鹗在《南宋杂事诗》里也作诗表明这一空间划分的特征。“望里楼台绕翠烟，天中帖子禁中传。平分四地来游幸，文杏春桃孰后先。”㊾“文杏”“春桃”因赏花期不同在园中分属不同季节的景致。

《朝野杂记》称宫内“气象华胜”。位于中心的是大池“引西湖水注之。其上叠石为山，象飞来峰。有楼曰聚远”。园内其他景致以此为中心分四个方位布置。

每个方位都有较为完整的园林构成。如东面，有主要的建筑作为这一景点的中心，或“香远”梅堂或“清深”竹堂；有园林地形，抬高的月台、梅坡，以及纵深的“松竹三径”以周之；再有作为点景的亭，清妍、清新。据“乾淳奉亲”㊿描述，芙蓉冈面积极广，能成为二百人一起演奏的山体背景。南、西、北同理，南区的中心是御宴处载忻堂；西区的中心是太上皇常用膳处冷泉堂；北区的中心稍不明确，应是以盘松的欣赏为主。郭黛姮认为德寿宫是依据东区赏花、南区文娱活动场所，西区山水风景观赏、北区以建各类亭榭进行划分，51似乎略有不妥。

在南宋后期度宗朝，德寿宫空出逐而废弃，一半改建为祭祀“感生帝”的“宗阳宫”，一半改为民居。原来奢华的后苑花园变成城市道路。52

四、写仿西湖的园林手法

（一）取意西湖

园林造景借自然湖光山水并非南宋初创，在此之前北宋徽宗的艮岳就已是典型。宋宗室赵彦卫《云麓漫钞》记：“政和五年命工部侍郎孟揆鸠工。内宫梁师成董役。筑土山于景龙门之侧以象余杭之凤凰山。”徽宗在其亲笔撰写的《御

㊽ （清）朱彭：《南宋古迹考》，《杭州掌故丛书》，杭州：浙江人民出版社，第 24 页。

㊾ （清）厉鹗等：《南宋杂事诗 · 卷五》，杭州：浙江人民出版社，2016 年，第 247 页。

㊿ （宋）周密：《周密集》第二册，《武林旧事 · 卷七》，《武林掌故丛编》影印本，称：“北岸芙蓉冈一带，并是教坊工，近二百人。”

51 郭黛姮主编：《中国古代建筑史：辽、宋、金、西夏建筑集》，北京：中国建筑工业出版社，第 575 页。

52 （南宋）吴自牧：《梦粱录 · 卷八》：“其时重建，殿庑雄丽，圣真威严，宫囿花木，靡不荣茂，装点景界，又一新耳目，一半改为居民，圃地改路，自清河坊一直筑桥，号为宗阳宫桥，每遇孟享，车驾临幸，行烧香典礼，桥之左右，设帅漕二司，起居亭存焉。”

制艮岳记略》中写道：

> 于是，按图度地，庀徒僝工，累土积石。设洞庭、湖口、丝谿、仇池之深渊，与泗滨、林虑、灵璧、芙蓉之诸山，取瑰奇特异瑶琨之石，即姑苏、武林、明、越之壤。……青松蔽密，布于前后，号万松岭。[53]

杭州的凤凰山是一条连接天目山脉的峰群。在此设置“凤凰山”只能说仅取其名或取意象其景。真实感从不会成为园林的评价标准，表达造景意愿才是选取象征对象的目的。徽宗纳五湖四海于苑内的心理区别前代对蓬莱仙山的想象，园林营造意境开始进入一种世俗人间可得的状态。

南宋的这种情怀较前代更甚。陈随应《南度行宫记》对南宋内苑的内部构造记载称：内苑与皇宫紧邻，是传统意义上的“前殿后寝”的构造。内苑位于后寝部分，并作为寝殿之间的过渡；内苑的园景核心是在于对西湖场景的摹写。

园内的构筑序列从“射圃”开始，虽“直通御前廊外，即后苑”，但在射圃和后苑之间有环绕“射圃”的修廊、修廊左侧的“万卉丛”，以及多个亭子设置，绕过“锦臙廊”才进入后苑。[54] 其间的廊和花丛都强调了空间之间的过渡关系。后苑首先是大片梅花种植地，“梅花千树，曰梅冈”。冈之后便是“小西湖”，小西湖的营建从名称和形制上都表达了西湖山水意境的借用，湖中有亭名为“水月境界”和“澄碧”。

围绕“小西湖”的是一片植物造景，植物的造景方式采用的是以类分区，并在每个植物区内置亭命名。“牡丹曰伊洛传芳，芍药曰冠芳，山茶曰鹤丹，桂曰天阙，……橘曰洞庭佳味，茅亭曰昭俭，木香曰架雪，竹曰赏静，松亭曰天陵偃”。[55]

此景之后便有一山，山下有溪通“小西湖”。“怪石夹列，献瑰逞秀，三山五湖，洞穴深杳，豁然平朗，翚飞翼拱”。虽也有“三山五湖”的气度，但营造出的却也只是“风帆沙鸟履舄下”的情景。这多少也透视出了皇室文化中文人沧桑渺茫的诗意，而少了豪气吞吐的气概。

德寿宫中对于西湖山水的摹写更甚于内苑。时为太上皇的高宗皇帝尤其喜爱西湖风光，他对吴郡王穿着农夫的模样游赏山林间的做法表现出极大的赏

---

[53] 《丛书集成》本，第二九七册，卷三，北京：中华书局，2010 年，第 81 页。

[54] （元）陶宗仪撰：《南村辍耕录 · 卷十八 · 记宋宫殿》，北京：中华书局 1959 年，第 223 - 224 页。

[55] 同上。

识，不仅作画以记，并称："富贵不骄，戚畹称贤。扫除膏粱，放旷林泉。沧浪濯足，风度萧然。国之元舅，人中神仙。"[56]虽是盛赞吴郡王，实则表现出了皇帝自己的品位倾向，与常人无异的山水之思。

德寿宫内在景物的设置摹仿西湖山水，甚至还让内侍和幕僚扮演市场关扑活动中的人物特征来营造西湖市集的氛围。《武林旧事》"乾淳奉亲"中称，乾道三年三月初十，孝宗到德寿宫请安的场景：

> 车驾与皇后太子过宫起居二殿讫，先至灿锦亭进茶，宣召吴郡王、曾两府已下六员侍宴，同至后苑看花。两廊并是小内侍及幕士。效学西湖，铺放珠翠、花朵、玩具、匹帛，及花篮、闹竿、市食等，许从内人关扑。[57]

除此之外，德寿宫内所凿之池，以及池内的设置舟楫，供应杂艺、买卖的场景也与西湖一致：

> 回清妍亭看荼蘼，就登御舟，绕堤闲游。亦有小舟数十只，供应杂艺、嘌唱、鼓板、蔬果，与湖中一般。[58]

在改造之前的德寿宫池沼原已尺度不凡，可容纳小舟"数十只"，并能使得载有高宗、孝宗、皇后太子，以及其他数位大臣的舟楫"绕堤闲游"。[59] 但较以改造后的池塘，却是不可同日而语，改造后的池塘尺度更大，"大池十余亩，皆是千叶白莲"。[60] 另外，位于城中东部的富景园的营造也是"规制略仿湖山"。

（二）取景西湖

园林趋于意境化的设置使园内摹写任何一处的景致都成可能。皇家园林中对西湖山水的崇尚，处处营造西湖意象，西湖也不会因为它近城而唾手可得便显得低廉。恰恰相反，对西湖的喜爱，使皇家尽占西湖湖山绝佳之地营造

---

[56] （元）陶宗仪撰：《南村辍耕录・卷十八・记宋宫殿》，北京：中华书局 1959 年，第 223－224 页。

[57] （宋）周密：《武林旧事・卷七》，《武林掌故丛编》影印本。

[58] （宋）周密：《武林旧事・卷七》影印本。

[59] （宋）周密：《武林旧事・卷七》，称在舟中"得旨令曾觌赋诗"，以及"即登舟，知阁张抡进《柳梢青》"，可知，船内有不止二位以上的陪游官员。《武林掌故丛编》影印本。

[60] （宋）周密：《武林旧事・卷七》，《武林掌故丛编》影印本。

别苑。

聚景园因西湖而建，范围从清波门至涌金门，园内景物的营造基本沿湖岸展开。西湖苍茫的水面以及朦胧的远山形象成为园林的山水背景衬托出园内场景。任希夷《聚景园宴集》写道：

晚排阊阖披云雾，身蹑仙踪游禁宇。
始知天上自清凉，不信人间有炎暑。（湖水的清凉）
庭前青松笙竽声，望处红蕖锦绣云。（望处，远景）
月卿领客意缱绻，冰盘照坐光缤纷。
薰堂尽却蒲葵扇，瑶阶细展桃枝簟。
加笾新采波上菱，如珠更剥盘中芡。（波上菱）
老罢惭无翰墨功，臭味喜入芝兰丛。
二妙不偕阿凤至，四老但许商山同。（西湖上的隐居意象）
明当入直须随仗，夕阳未下催归桨。（西湖上的湖船意象）
重城街鼓已冬冬，举头桂魄层霄上。[61]

诗文中不仅有可以直接"望"西湖景物，如"红蕖"、"波上菱"、归舟等，也有提及"二妙"[62]，以及"商山四老"[63]等隐逸人士以描绘西湖边的隐居意象。

高翥（1170—1241）《聚景园口号》从园外观看园内的场景，是为聚景园借景西湖另一个视角：

浅碧池塘连路口，淡黄杨柳护檐牙。（宫苑"檐牙"）
旧时岁岁春风里，长见君王出看花。（"君王出看花"）
竹影参差临断岸，花阴寂历浸清流。（竹影、断岸、花阴、清流）
游人谁到阑干角，尽日垂杨盖御舟。[64]（阑干角、垂柳、御舟）

---

[61] （清）朱彭撰：《南宋古迹考》，《杭州掌故丛书》，杭州：浙江人民出版社，第41页。

[62] "二妙"应是指唐代二妙，其一是宋之问，颇具才华，早年政治得意，晚年隐居家乡"越州"，不仕而享山水之乐，留下有关江南山水脍炙人口的诗文，如《江南曲》《春日山家》《江亭晚望》等。其二是韦维，唐代官员，与宋之问并称"户部二妙"。

[63] "商山四老"是指秦朝末年信奉黄老之学的四位隐逸之士。分别是东园公唐秉、夏黄公崔广、甪里先生周术和绮里季吴实。

[64] （清）朱彭撰：《南宋古迹考》，《杭州掌故丛书》，杭州：浙江人民出版社，1983年，第40页。

钱湖门外屏山御园也有借景西湖的描述,《梦粱录》称:"内有八面亭,一片湖山俱在目前。"[65]

而德寿宫虽位于万仙桥一带,距离西湖有数十里的路程,但在造西湖场景时仍"凿大池,续竹笕数里,引湖水注之。"[66]现在看来如此颇费周章的做法,在当时作为对西湖山水意象的摹写可谓极致。

(三)改造西湖

官方将西湖作为城市园林进行改造开始于五代钱氏家族,南宋时进一步发展和全面实施。《十国春秋》记钱王治理西湖称:

> 是岁(宝正二年),径山僧景文望南山有佳气,结庐山巅,大理评事俞寿因舍山为寺,发土得金铜佛像三座,名曰宝林园。王建惠因寺于玉岑山北。是时浚柘湖及新泾塘,由小官浦入海,又以钱塘湖葑草蔓合,置撩兵千人芟草浚泉。[67]

对西湖的改造源自于其地理条件,僧人望湖边"南山有佳气",钱王便于此建寺,并开浚湖面。后有置"撩兵千人"对湖面进一步清淤整理。北宋"钱塘"纳土归宋后,杭州延续前代形制而无进一步发展,且仍是为贬黜的偏远之地。

南宋之前对西湖的治理主要考虑民生水利。隋代,李泌疏淤治理,在湖底设置管井,开六井引流给市民提供水源补给以及保证运河水利交通。唐时,白居易知杭州,西湖已成为审美对象。白氏虽为西湖留下多篇诗文,但那时它仍只是山林野湖。直至北宋苏轼知任杭州,其"乞开西湖"状五条中的三条是与李泌治湖理由一致,一条为造酒之用,另一条有关"若湖渐狭,水不应沟,则当劳人远取山泉,岁不下二十万工"的民生和财政问题;以及"放生"祈福之用。

南宋继续前代的水利治理,《梦粱录》详细记载了绍兴(1131—1162 年)间,汤鹏举增置的开湖军兵,并派官吏"盖造寨屋舟只,专一撩湖,无致湮塞"。[68] 并重新修理湖底通向六井的阴窦水口,保证用水供应。乾道(1165—1173 年)间,周淙启奏重新恢复撩湖士兵,并制定禁约,不得污染和侵占湖面,违规论处。淳

---

[65] 转引自(清)朱彭撰:《南宋古迹考》,《杭州掌故丛书》,杭州:浙江人民出版社,1983 年,第 41 页。

[66] (清)朱彭撰:《南宋古迹考》,《杭州掌故丛书》,杭州:浙江人民出版社,1983 年,第 24 页。

[67] 《十国春秋·卷七十八》,《吴越二·武肃王世家下》,转引自《西湖文献集成》(第一册),第 37 页。

[68] (宋)吴自牧:《梦粱录·卷十》,北京:商务印书馆,1967 年,第 99 页。

祐(1241—1252 年)间,遇旱,湖水枯涸,赵节斋(与筹)奉命开浚,使得“湖水如旧”。咸淳(1265—1274 年)间,潜皋墅“乞行除拆湖中菱荷,毋得存留秽塞侵占湖岸之间。”[69]重申苏轼“乞开湖”状之说,并对侵占湖面的豪绅官吏实行了严厉的惩罚。一系列延续的举措使西湖水面在不断被私自侵占的情况下,保持原样。

南宋对西湖最大的改变则在于实施园林化改造,其中包括设置西湖管理部门;在营建时考虑西湖总体布局及分区(观、寺、园),进行基础设计维护(桥、路、堤);沿湖的园林定期开放等。

整个西湖景观的处理上,郭黛姮认为当时的西湖实施了三段式的划分。从南边嘉会门的玉津园开始,循包家山、梯云岭,直达南屏山一带,是为南段。由长桥环湖沿城北行,经钱湖门、清波门、丰豫门(涌金门),至钱塘门为中段,独山耸至湖中,当属此段。自昭庆寺循湖而西,经过宝石山、入葛岭,是为北段。[70] 她根据西湖山势的地理走向与历史文献同步考据而得此结论。南宋西湖园林的营造确实是依据山势地脉的走向。但从其同城市的关系上看,本文倾向于按明代田汝成《西湖游览志》的分法,将西湖分为湖南南山一带(皇室贵戚园林区)、湖北西林桥里湖一带(官贵园林区)、湖北西泠桥外孤山一带(琳宫及寺观等敬奉之地)、湖东丰豫门一带(酒楼游玩之地)以及湖西灵隐天竺一带(佛老隐士之地)。

湖南皇室苑囿一带密布皇家园林兼有贵宅宦舍,如“如钱塘玉壶、丰豫渔庄、清波聚景、长桥庆乐、大佛、雷峰塔下小湖斋宫、甘园、南山、南屏”。其地梵刹琳宫,台榭亭阁密布于湖上。水之上并列馆亭,花木奇石,影映湖山。湖北西泠桥一带诸王贵之地也是“凉堂画阁,高台危榭,花木奇秀,灿然可观”。

湖北西泠桥外孤山一带的敬奉之地,有两处皇家宫观,四圣延祥观和西太乙宫。宫观依山而建,并有皇家御圃。此地原为林和靖隐居之地,内有六一泉、金沙井、闲泉、仆夫泉、香月亭。

湖东酒楼游玩之地。最有名的为“丰乐楼”,是为缙绅士人团拜聚会的场所。丰乐楼在南宋之前为“耸翠楼”,据西湖之会。楼前千峰连环,一碧万顷;楼下柳汀花坞,历历栏槛间。湖上画舫环绕“棹讴堤唱”,也是游览胜地。淳祐年,赵与筹重新改建后更加壮观,花木亭榭映带参错,气象尤奇,是为湖山壮观。

有关西湖的欣赏方式以及营造手法的理解因人而异,各显意趣。恰如南宋

---

[69] (宋)吴自牧:《梦粱录·卷十》,北京:商务印书馆,1967 年,第 99 页。

[70] 郭黛姮主编:《中国古代建筑史》(第三卷),《宋、辽、金、西夏建筑》,北京:中国建筑工业出版社,2009 年,第 62 页。

画家首次提出西湖十景之说，分别取名“苏堤春晓、曲院风荷、平湖秋月、断桥残雪、柳浪闻莺、花港观鱼、雷峰夕照、两峰插云、南屏晚钟、三潭印月”。画家为景题名，从绘画的角度来欣赏自然风景，为风景提名。依所有者而言，是否会从绘画的角度改造自然山水也不置可否。欣赏方式的不同不仅可以从不同事物中获得不同意象的体会，还可以从同一事物中因时间和形态的不同而得到不同乐趣。以四时赏湖为例，“春则花柳争妍，夏则荷榴竞放，秋则桂子飘香，冬则梅花破玉，瑞雪飞瑶”。四时之景不同，而赏心乐事也无穷。

西湖已然成为雅俗共赏的城市公园，皇家专门设立了管理西湖的机构。其属工部，《梦粱录》引：“工部，谓之冬宫，掌工役程式、及天下屯田、文武官职田、京都衢关苑囿、山泽草木、畋猎渔捕、运漕碾硙之事。”[71]在对西湖维护上，每当元宵收灯后，官署就会派差吏雇佣工人修葺西湖南北二山，以及堤上的馆亭、园圃、桥道。重新“油饰装画”，栽种花木，“掩湖光景色，以便都人游玩”。[72]

小　结

皇家园林主导了南宋江南园林的营造，他们对园林的理解，从观念上对江南园林的构型产生影响。园林此时便不再仅强调天下观、神仙观，而成为了可获得的自然山水的再现。自皇家而始的这个变化无疑在那个时代确立了一种标准，或者说是将原本隐性的、不确定的、非主流的山水园林观念主流化了。皇家园林将以西湖山水为典型的江南山水进行园林化写照，使西湖成为普遍摹写和想象的对象，而渐形成一种固化的园林意象，有固定的模式和结构。这并不是某个具体可见的元素或物质，而是一种语言、一个符号。如对西湖十景的题名，当在园林中提及“苏堤”，便会产生对苏堤场景的想象。这想象应是跨过粼粼波面、燕飞草长的桥景意象，而不会具体关涉事物的尺寸、大小、材料等。此类园林意象在日本平安时期园林中被广泛运用。这个意象在园记、诗词、歌赋中被进一步强化、确立。在具体的处理手法上，西湖意象中湖面的形象形成了园林中大水景统领整个园景的标准。这样水体的处理方式在南宋之前并不常见。水景通常是与其他景观并置组成园景，而非一园之主角。南宋确定下的这个标准，虽无明确规定，但也成为众多士大夫对园林评价的标准。另外对飞来峰意象的运用，使得轻灵的山石成为园内的造景主体。

---

[71] (宋)吴自牧撰：《梦粱录·卷一》，北京：商务印书馆，1967年，第72页。

[72] 同上，第6页。

相较之前皇家圈地性质的造园，由于江南自然山水的形态以及局限，园林面积普遍缩小。此时的园林常以自然的山体、水流为边界，弱化了原来皇家苑囿严格边界的特性。起伏错落的自然山水景象使得借景和引景入园成为重要的营造手段。这种情况不独后来计成所说“山林园”的特征，江南城市内的山水使园林都有此特征。除了山、水为边界外，城墙也成为园林可能的边界，极大地不同于明清时期严格地以围墙为界限的特征。园林场景设置的意境化、平面化，诗词与园林意象的结合，使园林场景设置都可通过固定的元素，如山石、水、植物以及匾题产生对山水意象的想象。明清以后，皇家造园中心又回到北方，与南方自然山水形态结合的特征发生改变，或回到南渡前的样式也非不可能。但在江南，虽然主要的造园人群转移了，这由地理特征和山水类型确定下来的形式却不会因此而轻易改变。没有经历更大性质的政权以及制度的变化，业已成型的园林类型也得以长时间地延续，并在不同群体造园里得到发展。

Imitated Landscape—the Artistic Conception of Scenery of West Lake in the Greation of Royal Gardens in the Early Southern Song Dynasty

Abstract: The gardening activities in the Southern Song Dynasty shifted from the Central Plains to the environment of lakes and mountains in the south of the Yangtze River centered on the West Lake. At this time, the change of gardening techniques can be considered to change from original gardening ideas of the royal family and the upper literati to the environment of the West Lake. Lakes and mountains become visible and referential garden templates; at the same time, they have become the object of transformation. The garden creates a scene similar to the West Lake through the miniature landscape image or the West Lake; or directly introduces elements that can symbolize the West Lake to the park, such as water, trees, stones and other auxiliary landscaping around the West Lake. In addition, the previous generation of scholars stationed in the West Lake, such as Bai Juyi, Su Dongpo and Lin Hejing, are cited in the landscape as symbles.

Keywords: imitated landscape; royal garden; West Lake; Artistic conception of scenery

明代苏州造园家周廷策与常州止园叠山

黄　晓　刘珊珊

摘　要：晚明是中国古代造园的高峰，涌现出一批技艺高超的造园叠山能手。苏州造园家周秉忠、周廷策父子即属个中翘楚。周廷策设计了常州止园，周秉忠则在苏州留下东园（今留园）、洽隐园等作品。本文搜集考证周廷策的生平事迹，追溯其父周秉忠对他的影响，介绍父子两人在雕塑、绘画、制陶、造园等多个领域的成就；梳理了止园背后的交游网络，揭示晚明文化艺术的社会运行机制；并以止园飞云峰为例，探讨周廷策的叠山技艺及其所体现的浪漫主义特征，为理解中国古代的造园叠山艺术提供参照。

关键词：造园叠山；周秉忠；周廷策；止园；浪漫主义叠山

园林营造与人物密切相关，即计成《园冶·兴造论》所强调的"能主之人"。纵观历史，"能主之人"在不同时期有所变化，经历了诗人、画家和造园叠山家的演变，反映出古代造园日益专业化的过程。[①] 晚明涌现出一批技艺高超的叠山能手，以张南阳、周秉忠、计成、张南垣最为著名，合称"明代造园四大家"。本文讨论的周廷策即周秉忠之子，他继承了父亲的造园绝艺，为晚明周氏叠山的代表人物。

明代常州止园是周廷策的代表作，建于明代万历三十八年（1610 年）。园主为巡按御史吴亮（1562—1624），著有《止园集》，天启七年（1627）画家张宏绘制了二十幅《止园图册》，留下丰富的图文资料。本文搜集考证周廷策的生平事迹，并追溯其父周秉忠对他的影响。最后以止园飞云峰为例，探讨周廷策的叠山技艺及其所代表的浪漫主义叠山风格。

一、周廷策的生平事迹

明代万历四十年（1612 年），止园园主吴亮（1562—1624）作《周伯上六十》祝

作者简介：黄　晓　北京林业大学园林学院副教授
作者简介：刘珊珊　北京建筑大学建筑与城市规划学院副教授

① 曹汛《略论我国古典园林诗情画意的发生发展》将魏晋以来私家造园的主导者依次分为诗人、画家和造园叠山家："大体上从魏晋到南宋是诗人园的时代，由南宋至元明属画家园，明代以后迄于清末则以职业的造园叠山艺术家即园林建筑家为领袖了。这个变化过程，也反映了园林艺术由粗疏到文细、由自发到自觉、由低级到高级的发展进程。"见曹汛：《中国造园艺术》，北京：北京出版社，2019 年。

贺周廷策的六十大寿。诗曰:“雀门垂老见交游,谁复醇深似大周。彩笔曾干新气象,乌巾争识旧风流。每从林下开三径,自是胸中具一丘。况有晚菘堪作供,用君家味佐觥筹。”

1612年是吴亮弃官回到常州的第三年,止园已经建成。止园的总体设计,尤其是东区和外区的营造,都由周廷策主持。(图1)吴亮《止园记》写道:“凡此皆吴门周伯上所构。一丘一壑,自谓过之。微斯人,谁与矣。”

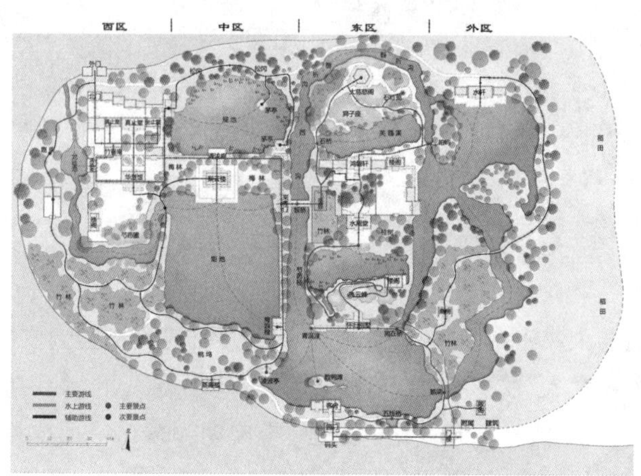

图1 止园分区及游线图。薛欣君、黄晓绘

周廷策(1553—1622后),字一泉,号伯上,是苏州的造园名家。在中国古代“士农工商”的阶层划分里,园林大多为第一阶层的士绅所有,负责营造的工匠属于第三阶层,地位较低。因此,对于早期的园林,一般只知园主,不知工匠。今人熟知的谢灵运始宁山居、王维辋川别业、司马光独乐园、倪瓒清閟阁……他们都是园林的主人,但对于主持建造的匠师,则所知甚少。

进入明代之后,状况有所改变。明代中期以前的园林,像陶宗仪的南村别墅、吴宽的东庄、王献臣的拙政园等,仍然较少提到工匠。工匠地位的大幅提升和真正改变是在晚明,他们跃升为造园最重要的主导者,成为计成《园冶》所称的“能主之人”。

晚明涌现出一大批技能高超的造园叠山能手,周廷策便是其中的佼佼者。

吴亮《止园记》并非简单地提到周廷策,而是郑重地将他引为知音。“微斯人,谁与矣?”化用自范仲淹的《岳阳楼记》——“微斯人,吾谁与归?”在这里,吴亮将士大夫的家国天下之情,换成了隐士的泉石膏肓之癖:“倘若没有周廷策,我与谁切磋这林泉之乐呢?”

晚明教育的不断普及，打破了“士农工商”的文化隔阂。造园匠师不但以其高超的专业技能赢得尊重，而且以其深厚的文化修养与园主平等对话，甚至常以其戏剧性的言行举止引发社会公众的追捧，俨然成为备受关注的艺术明星。

周廷策多才多艺，雕塑、绘画、造园等各门艺术，无所不擅。他在受聘为吴亮建造止园之前，已经名满江南。

顾震涛《吴门表隐》记载：

> 不染尘观音殿……（万历）三十二年，郡绅徐泰时配冯恭人，同男洌、法、瀚重建。得周廷策所塑尤精，并塑地藏王菩萨于后。内殿又塑释迦、文殊、普贤三像，颇伟。管志道记。

建造止园六年前的1604年，苏州士绅徐泰时（1540—1598）的妻子冯恭人携三个儿子，捐资重建不染尘观音殿。殿内原有宋代名手所塑的观音像，“像甚伟妙，脱沙异质，不用土木”，是难得的精品，可惜后来被毁。有殿不可以无像，冯恭人聘请周廷策重塑了观音像，成为镇殿之宝。后又请他塑地藏王菩萨像和释迦、文殊、普贤诸像，精美绝伦。

塑像之外，周廷策又精于绘画。清代名士沈德潜《周伯上〈画十八学士图〉记》记载：

> 前明神宗朝广文先生薛虞卿益，命周伯上廷策写《唐文皇十八学士图》，仿内府所藏本也。已又取《唐书》，摘其列传，兼搜采遗事，书之于侧。……伯上吴人，画无院本气。虞卿，文待诏外孙，工八法。此册尤平生注意者。顿挫波砾，几欲上掩待诏，盖薛氏世宝也。

沈德潜是苏州人，他看到的《唐文皇十八学士图》作于明代万历年间，是文徵明的外孙薛益聘请周廷策绘制，薛益则将相关人物的故事题写在旁。薛益书法精妙，周廷策画艺超群，两人的书画合璧，令沈氏啧啧称赞。

与雕塑和绘画相比，周廷策最精通的还要数造园叠山。晚明文人徐树丕《识小录·卷四》记载：

> 一泉名廷策，即时臣之子。茹素，画观音，工叠石。太平时江南大家延之作假山，每日束修一金，遂生息至万。

周廷策吃素念佛，善画观音，可谓建造止园狮子座与大慈悲阁的理想人选，想必深得吴亮母亲——毛太夫人的欢心(大慈悲阁是吴亮为母亲所建)。正如六年前，他为冯恭人塑观音和菩萨像一样。周廷策为人叠山，酬劳按天计算，每日“一金”，相当可观，从这种市场的认可度可想见其技艺之高超。

二、周廷策的家学渊源

周廷策的很多绝学都是得自家传。[②] 徐树丕特地提到，周廷策是“时臣之子”。他的父亲周秉忠，名声更为响亮。

周秉忠(1537—1629)，字时臣，号丹泉，苏州人，与张南阳、计成和张南垣并称为“晚明造园四大家”。其他三人皆以绘画与造园著称。相比之下，周秉忠的才艺更为多样，生平事迹也更具江湖气和戏剧性。

万历三十九年(1611)，在周廷策建造止园的第二年，嘉兴名士李日华(1565—1635)与朋友们观赏一件周秉忠制作的鞭竹麈尾。此物质坚色润，形如龙虾，又似莲花，满座惊为异珍。李日华《味水轩日记》是年正月二十三日条记称：

> 夏贾出吴氏鞭竹麈尾传观，其形如闽中龙虾，湾曲相就。其坚如石，其色如黄玉。上端受棕尾处，菌缩龃龉，有类莲花跗者五六茎，真异物也。予二十年前，目睹吴伯度以十二金购于吴人周丹泉。丹泉极有巧思，敦彝琴筑，一经其手，则毁者复完，俗者转雅，吴中一时贵异之。此物乃丹泉得于所交黄冠者。

李日华追忆，二十年前他的好友吴惟贞(字伯度，号凤山)从周秉忠手中购得这件麈尾，花费“十二金”，价格不菲。李日华由物及人，进而赞叹周秉忠的能工巧思：敦彝等古物，琴筑等乐器，一经其手，则修旧如初，变俗为雅。娴于此道的周秉忠，备受吴中士绅的追崇和热捧。

晚明文坛“公安派”名家江盈科(1553—1605)担任长洲(今苏州)县令时，曾写信请周秉忠帮忙作画。江盈科《雪涛阁集·卷十三》《与周丹泉》称：

---

② 曹汛《明末清初的苏州叠山名家》介绍了明清之交九位苏州的叠山名家，其中第二位和第三位是周秉忠、周廷策父子。见曹汛：《中国造园艺术》，北京：北京出版社，2019年。

烦为我作《姑苏明月》一图，寿太府卢公。图中景贵缥缈古淡，不在酿郁。知名笔当自佳耳。数金堪市管城君一醉，不鄙望望。

这幅画描绘苏州的月景，是为了给卢太公祝寿。周秉忠属于江盈科治下的百姓，但这位县令并无官威，而是郑重地写信委托，并附上“数金”作为酬劳，对周秉忠非常敬重。

周秉忠为浙江文士屠隆（1543—1605）画过一幅肖像。屠隆作《赠周秉忠歌》，称赞他的画技直追东晋的顾恺之和北宋的李公麟：

造化雕万物，修短妍媸无不有。周君寸管尽物态，阴阳元气淋漓走。神在阿堵中，所遇无好丑。既貌香象渡河之金仙，亦写青牛出关之李叟。蔡泽若老媪，张良如好妇。左思形寝陋，潘岳美琼玖。华元号于鬛，卢仝笑秃帚。夷光颜如花，德曜首如臼。标格风采悉俨然，见者无不为掩口。近来貌我烟霞姿，得吾之神几八九。且谓宜置丘壑中，云冠野服袭气母。周君周君，无乃虎头龙眠之后身，伟哉造化在其手。③

周秉忠更为人津津乐道的是他与常州名士唐鹤征（1538—1619）的一桩逸事。姜绍书《韵石斋笔谈》“定窑鼎记”条记载：

定窑鼎，宋器之最精者，成弘间藏于吾邑河庄孙氏曲水山庄，嘉靖间为京口靳尚宝伯龄所得。毗陵唐太常凝庵，负博雅名，从靳购之，遂归于唐。唐虽奇玩充轫，此鼎一至，诸品逊席。自是海内评窑器者，必首推唐氏之白定鼎云。吴门周丹泉巧思过人，交于太常，每谒江西之景德镇，仿古式制器，以眩耳食者。纹款色泽咄咄逼真，非精于鉴别，鲜不为鱼目所混。一日，从金阊买舟往江右，道经毗陵，晋谒太常，借阅此鼎。以手度其分寸，仍将片楮摹鼎纹袖之，旁观者未识其故。解维以往，半载而旋，袖出一炉云：“君家白定炉，我又得其一矣。”唐大骇，以所藏较之，无纤毫疑义。盛以旧炉底盖，宛如辑瑞之合也。询何所自来。周云：“余畴昔借观，以手度者，再益审其大小轻重耳，实仿为之，不相欺也。”太常叹服，售以四十金，蓄为副本，并藏于家。

---

③ （明）屠隆：《栖真馆集》卷三，明万历十八年刻本。

唐鹤征字元卿，号凝庵，其父为文武双全的一代宗师唐顺之（荆川先生）。唐氏是常州望族，富于收藏。唐鹤征有一件宋代的定窑鼎，为海内孤品，被誉为天下第一，是唐氏的镇宅之宝。他与周秉忠多有来往，周秉忠常到景德镇仿造古器，手艺精妙，足可乱真。一天，周秉忠从苏州到常州拜访唐鹤征，求观他收藏的定窑鼎。周秉忠观看得十分细致，用手量了鼎的尺寸，还在纸片上摹画了鼎上的纹样，周围的人注意到这些举动，但不解其意。此后，周秉忠便不见了踪影。过了半年，他再次来到常州，拿出一件古器对唐鹤征说："先生的海内孤品白定炉，我又搜寻到一件。"唐鹤征大惊，将两件鼎炉仔细比较，看起来一模一样。又将新炉放在旧炉底盖上，居然完全契合，丝毫不爽。他在惊骇之余，询问此鼎从何而来？周秉忠笑答："上次借观先生的古鼎，我用手测了大小和轻重，费时半年仿制了一件，不敢相欺。"唐鹤征为之叹服，花费"四十金"购下这件仿品，作为副本一并收藏。

周秉忠仿制造假的功夫可谓炉火纯青，他从年青时就精于此道。徐树丕《识小录》记载：

> 丹泉，名时臣，少无赖。有所假于淮北，官司捕之急，逃之废寺。感寺僧之不拒，与谋兴造。时方积雪盈尺，乃织巨屦，于中夜遍踏远近，凡一二十里。归寺，则以泥泞涂之金刚两足。遂哄传金刚出现，施者云集，不旬日得千金，寺僧厚赠之而归。

周秉忠年少时由于造假，甚至遭到官府的追捕，他躲进寺庙逃过一难。为了答谢寺僧，他织了双巨大的鞋子，导演了一出金刚显灵的神异事件，使寺中香火大盛，得到施舍无数。周秉忠的精灵狡黠和不拘细行，由此可见一斑。在这段逸事之后，徐树丕不忘赞叹周秉忠的巧艺："其造作窑器及一切铜漆对象，皆能逼真，而妆塑尤精。"

周秉忠烧制的窑器非常有名，称作"周窑"。朱长春《周秉忠陶印谱跋》称：

> 世宝用三品，玉、石、金皆天产，而陶埒为四。陶，人工也，致夺天焉。自甯封以来，弥巧弥古弥珍，所传代中诸窑尚哉！吴有周子，而新窑宝埒于古亡辨。然其陶印，周子倡之，古未有也。④

④ （明）朱长春：《朱太复乙集·卷二十七》，明万历刻本。

宁封子是传说黄帝时期的陶正，被视为制陶的始祖。后世鉴赏陶器，越古老越珍贵，但周秉忠制作的陶器，与古陶不相上下。他还首创了陶印，编写成谱书，为前古所未有。朱长春又称：

> 周子，吴之巧人也，百家书画，无不贯时出戏其绪，时以人夺天作貌邻刺心。为园累山如飞来，削吴治拟于木鸢，陶乃一耳。

周秉忠拥有多方面的才艺：他精通各家书画，擅长绘制肖像，咄咄逼真。他造园叠山有如群峰飞来，筑屋造楼技艺精湛，制陶不过是诸艺之一种。

在周秉忠的诸多巧艺里，造园叠山的规模最大，程序最复杂，占有不寻常的地位。他当年为屠隆画好肖像后，“且谓宜置丘壑中”，即劝说屠隆造园。不过屠隆虽中万历五年（1577 年）进士，但后来罢官，纵情诗酒，卖文为生，恐怕尚不及日进斗金的周秉忠富足，自然无力造园。目前已知周秉忠营造的两处园林，都在苏州。

一处是位于苏州临顿路南显子巷的惠荫园，是周秉忠为明代太学生归湛初所筑。园中有模仿太湖洞庭西山林屋洞叠筑的“小林屋”水假山。（图 2）清顺治六年（1649 年），此园归复社成员韩馨所有，改筑后更名为“洽隐园”。清康熙四十六年（1707 年），园林遭火灾，仅存水假山。清乾隆十六年（1751 年）修复。韩是升《小林屋记》提到：“按郡邑志，洽隐园台榭皆周丹泉布画。丹泉名秉忠，字时臣，精绘事，洵非凡手云。”在一百多年后，这座硕果仅存的水假山，仍令苏州人赞叹周秉忠的技艺非凡。

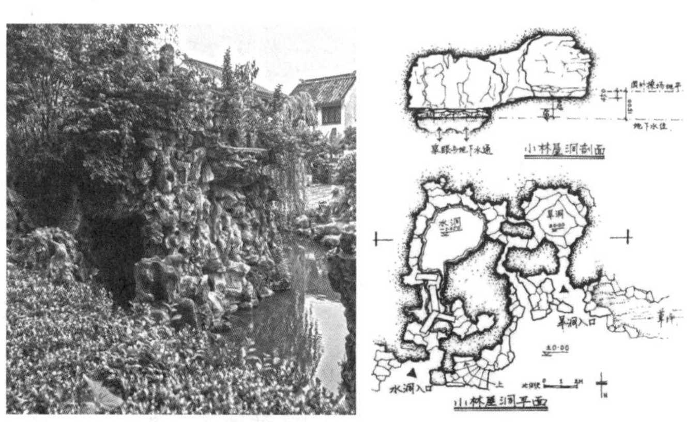

图 2　苏州惠荫园水假山及测绘图。顾凯提供

第二处是位于苏州阊门外的留园，（图 3）其前身为明代东园。万历二十一年（1593 年），周秉忠为罢官回乡的太仆寺少卿徐泰时所筑。当时，苏州的两位父母官——吴县县令、"公安派"领袖袁宏道（1568—1610）和前文提到的长洲县令江盈科都为东园写了园记，并不约而同地称赞周秉忠。

图 3　苏州留园五峰仙馆假山。边谦摄

袁宏道《园亭纪略》称：

徐冏卿园在阊门外下塘，宏丽轩举，前楼后厅，皆可醉客。石屏为周生时臣所堆，高三丈，阔可二十丈，玲珑峭削，如一幅山水横披画，了无断续痕迹，真妙手也。堂侧有土垅甚高，多古木，垅上太湖石一座，名瑞云峰，高三丈余，妍巧甲于江南……范长白又为余言，此石每夜有光烛空，然则石亦神物矣哉。

江盈科《后乐堂记》称：

太仆卿渔浦徐公解组归田，治别业金阊门外二里许。不佞游览其中，顾而乐之，题其堂曰"后乐"，盖取文正公记岳阳楼义云。堂之前为楼三楹，登高骋望，灵崖、天平诸山，若远若近，若起若伏，献奇耸秀，苍翠可掬。楼之下，北向左右隅，各植牡丹、芍药数十本，五色相间，花开如绣。其中为堂，凡三楹，环以周廊，堂墀迤右为径一道。相去步许，

> 植野梅一林，总计若干株。径转仄而东，地高出前堂三尺许，里之巧人周丹泉，为叠怪石作普陀、天台诸峰峦状，石上植红梅数十株，或穿石出，或倚石立，岩树相间，势若拱遇。其中为亭一座，步自亭下，由径右转，有池盈二亩，清涟湛人，可鉴须发。池上为堤长数丈，植红杏百株，间以垂杨，春来丹脸翠眉，绰约交映。堤尽为亭一座，杂植紫薇、木犀、芙蓉、木兰诸奇卉。亭之阳修竹一丛，其地高于亭五尺许，结茅其上，徐公顾不佞曰："此余所构逃禅庵也。"

徐泰时东园对后来周廷策营造止园颇有影响。徐氏家族是周氏父子的重要赞助人。1593 年周秉忠为徐泰时建造东园，十一年后的 1604 年徐泰时已经过世，徐妻冯恭人重建不染尘观音殿，聘请周秉忠之子周廷策为观音塑像。徐氏家族为苏州望族。记载周秉忠、周廷策事迹的徐树丕是徐氏后人，其《识小录》称："余家世居阊关外之下塘，甲第连云，大抵皆徐氏有也。"徐家在苏州除了徐泰时的东园，还有徐默川的紫芝园、徐少泉的拙政园，以及徐泰时女婿范允临的天平山庄，俨然为造园巨族。

三、止园背后的交游网络

范允临(1558—1641)，字长倩，号长白，为范仲淹十七世孙。范允临 14 岁丧父，15 岁丧母，是在徐泰时的庇护下成年，后来娶徐泰时的爱女徐媛(1560—1620)。徐媛与赵宧光之妻陆卿子并称"吴门二大家"，为晚明誉满江南的名门闺秀。

徐泰时东园的主厅后乐堂，取自范允临先祖范仲淹《岳阳楼记》的名句："先天下之忧而忧，后天下之乐而乐"。万历二十三年(1595 年)范允临中进士，三年后的万历二十六年(1598 年)徐泰时过世，其独子徐溶(1597—?)不满一岁，身后事皆由范允临操办，东园亦由其代管。⑤ 万历三十一年(1603 年)前后，范允临辞官归隐，在范氏祖墓天平山建造天平山庄，与徐媛琴瑟和鸣，逍遥于山水林泉之间。(图 4)

吴亮是范允临的姻亲好友，为天平山庄的座上客，常与范允临夫妇唱和，《止园集》收有《观梅雨阻范长倩招集虎丘晚酌》《稍霁再游虎丘有怀长倩》《天平山谒文正公祠》《和范夫人观梅有怀二首》等诸多诗作。范允临移居天平山时，吴亮作《范长倩卜筑天平携家栖隐奉讯二首》祝贺。范允临精于书法，与董其昌

---

⑤ 郭明友：《明代苏州园林史》，北京：中国建筑工业出版社，2013 年，第 177 页。

图 4 苏州天平山庄 黄晓摄

齐名，吴亮完成《止园记》后，请范允临将园记书写刻于石上。吴亮为此作《范长倩学宪为园记勒石赋谢四首》，范允临则写了《止园记跋》。⑥

范允临对东园非常熟悉，袁宏道《园亭纪略》提到两人曾一起谈论园内的瑞云峰。万历四十五年(1617 年)，范允临为岳父母作《明太仆寺少卿与浦徐公暨元配董宜人行状》(《轮廖馆集》卷五)，提到徐泰时造园时，"里有善垒奇石者，公令垒为片云奇峰，杂莳花竹，以板舆徜徉其中，呼朋啸饮，令童子歌商风应苹之曲。"这位"里之善垒奇石者"便是周秉忠。

徐泰时建造东园在 1593 年，主持其事的周秉忠 57 岁。1604 年，徐妻冯恭人重建不染尘观音殿时，周秉忠 68 岁，年事已高，因此他虽"妆塑尤精"，还是将这项任务交给了其子周廷策。

周廷策逐渐承接过父亲的各项工程。1610 年吴亮建造止园时，周秉忠已 74 岁，也是由周廷策出马。鉴于范允临与徐泰时、吴亮的亲密关系，止园建成后吴亮又请他书写园记，并在其中化用范仲淹"微斯人，吾谁与归"的名句评价周廷策，在吴亮聘请周廷策的过程中，范允临很可能起到了关键作用。

吴家与周氏父子的另一重联系，来自唐鹤征。吴亮父亲吴中行《赐余堂集》卷十有写给唐鹤征的书信——《与唐凝庵少卿》，唐鹤征答以《与吴复庵书》两封，自称"同邑年弟"。后来，他为吴中行撰写《祭吴复庵文》，为吴亮伯父吴可行撰写《翰林院检讨后庵吴公行状》(《翰墨集・卷十》)，吴亮和堂弟吴宗达则曾写作诗文为唐鹤征祝寿。唐氏、吴氏皆为常州大族，往来密切。周秉忠与唐鹤征的交往，自然会为他们父子在常州的事业打开局面。

在周氏父子和吴亮家族之间还有许多关联，如记录周廷策为徐泰时夫人塑不染尘观音殿佛像的管志道和周秉忠为之画肖像的屠隆，都为吴中行《赐余堂

⑥ 范允临《止园记跋》云："此吾姻友吴采于园记，而属不佞临书之石者也。"见吴亮《止园集》，明天启元年自刻本。

集》写了《赐余堂集叙》。这些人物交织在一起，构成一张错综复杂的社会网络，折射出当时各种文化艺术背后的运行机制。

16世纪之交的数十年间，是周氏父子纵横江南的时代。晚明造园四大家里的张南阳卒于万历二十四年（1596年）之前，张南垣首座有明确记载的造园作品是泰昌元年（1620年）为王时敏设计的"乐郊园"，计成的处女作则是天启三年（1623年）为吴亮四弟吴玄设计的"东第园"。在张南阳卒去之后，张南垣、计成逐渐崛起之前的数十年间，江南风雅背后的大匠宗师，正是周氏父子。他们以其精妙绝伦的能工巧艺，赢得士绅名流的敬重和欢迎，成为声名赫赫的艺术双星。

1610年，周廷策58岁，比当年周秉忠设计东园时仅长一岁，正处于艺术创作的人生巅峰。这位当世第一流的造园好手，无疑是吴亮打造"止园"的不二人选。

四、飞云峰与浪漫主义叠山

止园有多座假山，如湖石堆筑的飞云峰、黄石堆筑的狮子座和池土堆筑的桃花坞等，其中飞云峰造型特异，是周廷策的得意之作，最能代表他的叠山成就。张宏《止园图册》涉及飞云峰假山的共四幅，从不同尺度、距离和角度展示了飞云峰的位置、形象和姿态。（图5）据此，并结合相关文献可绘出飞云峰一带的平面示意图。[⑦]（图6）

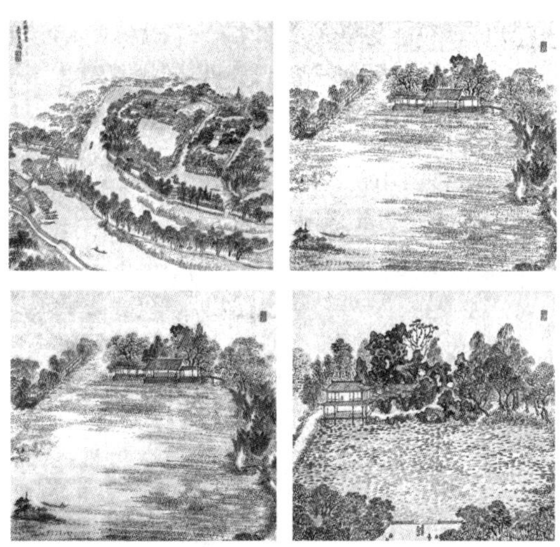

图5　张宏《止园图册》（二十选四）

⑦ 黄晓、朱云笛、戈祎迎、刘珊珊：《望行游居：明代周廷策与止园飞云峰》，《风景园林》2019年第3期。

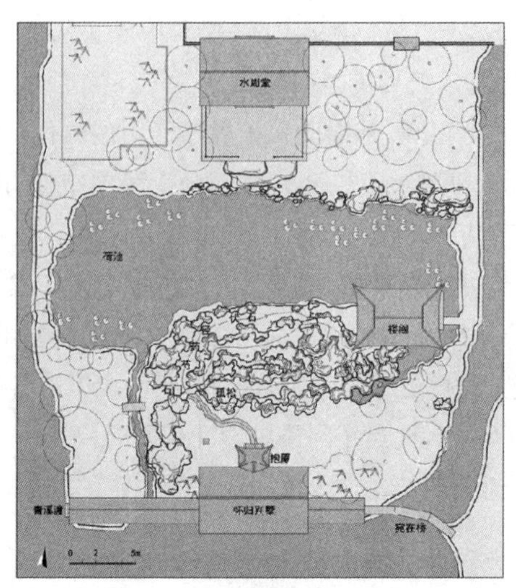

图 6　飞云峰平面复原示意图

飞云峰东西向为主山，南北向为起峰和余脉。山势从西南侧发脉，逐渐耸起，通过一道石门与主山相联。主山下部为宽阔的石台，南北皆有悬岩洞穴，南侧可居，北侧可登。穿过北侧石梁下的洞口，从东面上山，继而盘旋向西跨过石梁，来到一处开敞的台地，向西缓缓升起，设石桌石凳供人停歇；台上耸起两座主峰，峰头亦搭石梁相连，为整座假山的高潮。沿主峰西行，道路渐渐收窄；绕到峰后空间放宽，栽有孤松，供人盘桓漫步；山势向东渐趋平缓，又耸起一座小峰，作为收束。在主峰与小峰之间，有路与北侧登山之路汇合，由此向东通往楼阁二层；并有蹬道下到底层，底层西南连接飞云峰南侧的悬岩，东北俯临绕到楼阁南侧的溪水，即《止园记》提到的“石峡”。从环境关系看，飞云峰西南为起峰；中部两座主峰俯仰相望，东侧小峰介然独立，各具姿态；向东连接楼阁，延入丛林，给人余脉绵延之感。整组山峰南侧与怀归别墅及敞轩、两侧游廊和林木丛竹，构成围合感较强的静谧空间；北侧隔着水池，与水周堂及两侧的桂丛竹林，构成开阔的外向空间；居中而立的两座主峰，与怀归别墅和水周堂形成对景，为掌控全局的主体。

曹汛《略论我国古代园林叠山艺术的发展演变》将中国古代叠山概括为三个阶段和三种风格。[⑧] 第一阶段是完整地模拟真山，可称之为自然主义。第二阶段是采用象征手法叠筑小山，可称之为浪漫主义。第三阶段是艺术地再现真

⑧ 曹汛:《略论我国古代园林叠山艺术的发展演变》,《建筑历史与理论》(第一辑),南京:江苏人民出版社,1980年,第74－85页。

山局部，可称之为现实主义。这三个阶段，第一阶段是用真实尺度再造一座大山，创造出直接的“实有深境”；第二阶段是缩小比例，堆叠成模型般的千岩万壑，创造出直观的“有似深境”；第三阶段则是堆叠真山的片段，艺术地再现部分山脚，创造出真实的“似有深境”。曹汛先生用简图直观地表现出三种风格的特征。（图 7）

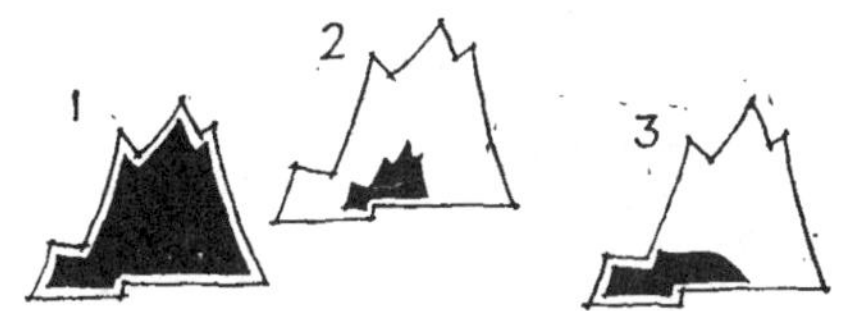

图 7　中国古代叠山三阶段的风格特征　曹汛绘

第三阶段“现实主义”叠山现存的代表作，是张南垣传人张鉽改筑的寄畅园大假山。第二阶段“浪漫主义”叠山的代表作，则要数周廷策叠筑的止园飞云峰。它们将两种风格的精髓和优点发挥到了极致。

张南垣的“现实主义”叠山，其精髓在于与周围环境的巧妙衔接。采用土石相间，以土为主的手法，叠筑“平岗小坂，陵阜陂陀”，然后错之以石，缭以短垣，翳以密篠，俨然成为自然山林的局部，“截溪断谷，私此数石者为吾有也”。同时园外还有“奇峰绝嶂，累累乎在墙外”，营造出“虽由人作，宛自天开”的境界。

寄畅园堪称此种风格的理想典范。这座园林位于惠山山脚，邻近“天下第二泉”，因此既有“山之晴光雨景，朝霞夕霭，时时呈奇献态于窗楹前”，又能“引惠山之水汇为池，破为涧，昼夜潏潏然潆洄漷泻于檐楹之下者，历寒暑不竭”，充分利用了周围山水的优势条件。

园内的布局也与周围环境充分结合。寄畅园处在无锡城市和锡惠山林之间，城市在东，山林在西。因此园内的建筑大多布置在东侧，面向山林而背对城市，向西经锦汇漪水池，过渡到池西的鹤步滩和大假山，继而延续至园外西侧的真山，使“奇峰绝嶂，累累乎在墙外”，形成从城市人间到园内建筑、再到园内山水，最终到天然山水的有机过渡。站在池东的知鱼槛眺望对岸的假山，俨然是惠山延入园内的余脉。（图 8）

周廷策的“浪漫主义”叠山，其精髓恰好相反，在于与周围环境的强烈对比。这种叠山风格与周围环境并无关系，注重取法写仿自然界的名山，而非呼应周围的山形水势。周秉忠叠筑的东园假山取法普陀、天台诸峰，洽隐园假山取法洞庭西山的林屋洞，周廷策的止园飞云峰取法杭州的飞来峰，都是采用夸张手

图 8　清代董诰《江南十六景册》中的寄畅园　水池对岸为大假山和远处的惠山　清华大学美术馆藏

法来象征自然界的真山，并与神话里的仙山联系起来。

止园飞云峰的巧妙之处，恰好来自其特殊的写仿对象——飞来峰。飞来峰的妙处正在于同周围环境毫无关系，仿佛从天外飞来，带给人惊异与震撼。曾游赏周秉忠所筑东园的袁宏道这样评价飞来峰：

> 湖上诸峰，当以飞来为第一。峰石逾数十丈，而苍翠玉立。渴虎奔猊，不足为其怒也；神呼鬼立，不足为其怪也；秋水暮烟，不足为其色也；颠书吴画，不足为其变幻诘曲也。石上多异木，不假土壤，根生石外。前后大小洞四五，窈窕通明，溜乳作花，若刻若镂。壁间佛像，皆杨秃所为，如美人面上瘢痕，奇丑可厌。余前后登飞来者五：初次与黄道元、方子公同登，单衫短后，直穷莲花峰顶。每遇一石，无不发狂大叫。次与王闻溪同登；次为陶石篑、周海宁；次为王静虚、陶石篑兄弟；次为鲁休宁。每游一次，辄思作一诗，卒不可得。

袁宏道将飞来峰誉为西湖诸峰之首。峰石高数十丈，渴虎奔猊、神呼鬼立、秋水暮烟，皆在其间。袁宏道前后五次登山，每遇一石，便发狂大叫，可见山上诸峰予人的震撼之深。

飞云峰写仿飞来峰，其原型已是精彩至极。飞云峰更是将“小中见大”的象征手法发挥到极致，同时因为写仿原型的特殊性，又产生了戏剧性的反转，使剧情更显丰富。

以往缩仿真山都是将观者带到所写仿名山中去。唐代李德裕平泉山居有诸多奇石：⑨钓台石将人带至富春江畔的严光垂钓处，日观石将人带至可眺望扶桑诸岛的泰山之巅，巫山石将人带至长江三峡，海峤石将人带至宣州的仙都山……像曹汛先生指出的，这些峰石“由此及彼，靠诗情引起遐想，像电影的蒙太奇一般，一下子缩去了山山水水的距离，就仿佛把你带到产石名山那里去了”⑩。

飞云峰则反其道而行，它将飞来峰带到所营造的园林之中。止园的这座太湖石假山，俨然是从天外飞来，降落在四面环水的洲岛上。周围并无山势可借，愈发突出了飞来之感。这座假山自带起峰和余脉，起自西南，收于东北，其他的芙蓉花台和狻猊怪石等，则有如飞来时散落在周边的石块。这组山峰与孤松、楼阁相结合，安置在怀归别墅和水周堂之间，唤起观者梦幻十足的仙境想象。

寄畅园大假山是一片供人漫游徜徉的“天然”丘壑，止园飞云峰则是一座令人惊叫绝倒的“飞来”奇峰，两者分别代表了中国叠山两种风格——现实主义和浪漫主义的最高成就。周廷策作为造园叠山家的历史地位，由此奠定。

参考文献

[1] (明)吴中行:《赐余堂集》,明万历二十八年刻本。

[2] (明)吴亮:《止园集》,明天启元年刻本。

[3] (明)屠隆:《栖真馆集·卷三》,明万历十八年刻本。

[4] (明)朱长春:《朱太复乙集·卷二十七》,明万历刻本。

[5] (民国)吴一清等:《北渠吴氏族谱》,民国十九年刻本。

[6] [美]高居翰:《气势撼人:十七世纪中国绘画中的自然与风格》,北京:生活·读书·新知三联书店,2009年。

[7] [美]高居翰、黄晓、刘珊珊:《不朽的林泉:中国古代园林绘画》,北京:生活·读书·新知三联书店,2012年。

[8] 鲍沁星、李雄:《南宋以来古典园林叠山中的“飞来峰”用典初探》,《北京林业大学学报(社会科学版)》2012年第4期。

---

⑨ 黄晓、刘珊珊:《唐代李德裕平泉山居研究》,《建筑史》2012年第3期。

⑩ 曹汛:《略论我国古典园林诗情画意的发生发展》,《中国造园艺术》,北京:北京出版社,2019年。

[9] 曹汛:《中国造园艺术》,北京:北京出版社,2019 年。
[10] 曹汛:《略论我国古典园林诗情画意的发生发展》,《中国造园艺术》,北京:北京出版社,2019 年。
[11]曹汛:《明末清初的苏州叠山名家》,《中国造园艺术》,北京:北京出版社,2019 年。
[12]曹汛:《略论我国古代园林叠山艺术的发展演变》,《建筑历史与理论》(第一辑),南京:江苏人民出版社,1980 年。
[13] 董豫赣:《玖章造园》,上海:同济大学出版社,2016 年。
[14] 顾凯:《"知夫画脉"与"如入岩谷":清初寄畅园的山水改筑与 17 世纪江南的"张氏之山"》,《中国园林》2019 年第 7 期。
[15] 顾凯:《画意原则的确立与晚明造园的转折》,《建筑学报》2010 年第 S1 期。
[16] 郭明友:《明代苏州园林史》,北京:中国建筑工业出版社,2013 年。
[17] 黄晓、刘珊珊:《17 世纪中国园林的造园意匠和艺术特征》,《装饰》2020 年第 9 期。
[18] 黄晓、朱云笛、戈袆迎、刘珊珊:《望行游居:明代周廷策与止园飞云峰》,《风景园林》2019 年第 3 期。
[19] 黄晓、程炜、刘珊珊:《消失的园林:明代常州止园》,北京:中国建筑工业出版社,2018 年。
[20] 黄晓、刘珊珊:《唐代李德裕平泉山居研究》,《建筑史》2012 年第 3 期。
[21] 刘珊珊、黄晓:《止园图册:绘画中的桃花源》,上海:东华大学出版社,2022 年。
[22] 魏向东:《明代〈长物志〉背后,原来文震亨还有这样一位舅舅》,《澎湃新闻》2020 年 11 月 20 日。

Zhou Tingce, the Gardener in Suzhou in the Ming Dynasty, and the Stacking of Zhiyuan Garden Mountains in Changzhou

Huang Xiao　liu Shanshan

Abstract: The late Ming Dynasty was the peak of ancient Chinese garden building, and a group of highly skilled gardeners emerged. Zhou Bingzhong and Zhou Tingce, the father and son of Suzhou gardeners, were among the most outstanding. Zhou Tingce designed the garden of Changzhou, while Zhou Bingzhong left his works in Suzhou, such as the East Garden (today's Lingering Garden) and Qiaying Garden. This paper collects and researches the life story of Zhou Tingce, traces the influence of his father Zhou Bingzhong on him, and introduces the achievements of both father and son in the fields of sculpture, painting, pottery, garden building and so on. The social network behind Zhiyuan is sorted

out to reveal the social operation mechanism of culture and art in the late Ming Dynasty. Taking Feiyunfeng as an example, this paper discusses Zhou Tingce's art of stacking mountains and its romantic characteristics, so as to provide reference for understanding the art of stacking mountains in ancient China.
Keywords: garden; Zhou Bingzhong; Zhou Tingce; Zhiyuan garden; romantic stacking mountain

清初寄畅园的改筑与17世纪江南园林山水营造的转变

顾　凯

摘　要:清初寄畅园的改筑奠定了天下名园的地位和今日园林山水的格局,当时园主人秦松龄"园成,向之所推为名胜者一切遂废"的表述却不同寻常。本文进入17世纪明末清初江南园林山水营造转变的具体历史情境,揭示清初寄畅园改筑背后的特定观念,并通过改筑前后的对比及对相关文献的分析,认识清初寄畅园山水改筑的具体做法。在理解秦松龄特殊表述原因的同时,深化对寄畅园的山水营造特色及园林史上"张氏之山"杰出成就的认识。

关键词:寄畅;江南园林;山水营造;改筑;明末清初

引　论

寄畅园历来为江南名园,自明代中期建园后,便多有文人赞誉。晚明以来,名声日隆,清代康熙、乾隆二帝的多次临幸,尤其是乾隆帝的大量诗作吟咏,并在北京清漪园加以写仿,更增其名望。虽然历经沧桑,今日遗存的寄畅园仍然具有极高的造园艺术水准,许多专家推其为现存江南园林之首。① 关于寄畅园的历史演变,近年来随着一些历史资料(如《锡山秦氏寄畅园文献资料长编》)的出版和相关学者(如黄晓)的努力,有了许多新的进展。尤其是寄畅园营建史上的数次改筑,得到了时间标定、观念梳理和特色总结,②为进一步的研究打下了重要基础。寄畅园的最后一次重要改筑,发生在清初,直接奠定了今日所见的山水格局面貌,对理解当代园景特点最为关键。同时,这次改筑是明末清初最杰出的造园家张南垣委派其重要传人、其侄张鉽主持。寄畅园假山是今日江南所见"张氏之山"的唯一遗存,对理解张氏山水营造乃至明末清初造园最高水准特色,也有着不可替代的重要意义。因而,对于此次改造,值得在已有研究基础

作者简介:顾　凯　东南大学建筑学院景观学系副教授

① 如朱有玠先生说:"我在诸多明清遗存的江南名园中,最赞赏无锡的寄畅园"(见秦志豪主编:《锡山秦氏寄畅园文献资料长编》的题词,上海:上海辞书出版社,2009年);潘谷西先生主编的《中国建筑史》教材,已历七版,寄畅园一直为"明清江南私家园林"案例之首(潘谷西编著:《中国建筑史》(第七版),北京:中国建筑工业出版社,2015年);曹汛先生称他评选中国的"五个金牌园林",排第一的就是寄畅园(2017年10月14日在"寄畅园建园490周年研讨会"上的发言);董豫赣先生则"许无锡寄畅园为生平所见第一"(见(清)王士祯:《居易录谈》,上海:商务印书馆,1936年,第3页)等等。

② 黄晓:《锡山秦氏寄畅园考》,北京大学硕士论文,2010年。

上进行更为深入而仔细的探讨。

对于清初寄畅园改筑的进一步认识，我们以一个特殊的问题切入。康熙《无锡县志》有"寄畅园"条，应当是作为主撰人的当时寄畅园主秦松龄所作。其中，有这样的描述："园成，向之所推为名胜者一切遂废"。③ 此句常被引用来说明园林面貌的巨大改观。然而，如果进入园林文化史的背景中，秦松龄对家族旧园重修的这一表述是很不寻常的，在传统观念中也有着颇为令人费解之处。一方面，此前的寄畅园已是声望卓著的一时名园。其中，多有"推为名胜"的佳景。对于前世名园，传统文化中一般报以尊重的态度，即便是从外姓处购入，一般也不作大幅改动，即使改造也不会大肆宣扬对前人的推翻，④更何况是本家先人的得意之作，对其改造理应更加尊重旧貌、谨慎行事才是。另一方面，更重要的是，自从李格非在《洛阳名园记》中表达了园林兴废与天下盛衰的密切关系，⑤园林就一直被赋予了游观场所本身之外的象征意义。对于私家园林，也有着作为家族兴衰象征标志的作用。历史上，常有家道中落、园林易主，后世复兴、重获旧园，从而令其具有重大意义而被大书特书，因为保持先祖之园，有着社会所最为推崇的"孝"的伦理意义。⑥ 寄畅园自秦氏先祖开创以来一直为秦氏所有，非常难得。尤其经明清易代，虽然历尽艰辛却仍然存留，为当时世人所乐道，这是秦氏家族自豪的来源。⑦ 而且，之前的寄畅园已是名园，经过世道变故又重新进入太平盛世。按照历史上常见做法，此时的修复往往会被称为"复旧观"⑧——不管是否真的恢复到旧貌，最重要的是表达家族实力的恢复、先前荣光的延续。秦松龄也正是作为锡山秦氏在入清后的第一个进士而使家族门楣大振，而"恢复先业"也确实是他的父亲秦德藻将此前已经分裂的寄畅园进行重新合并的重要动机。⑨

---

③ (清)徐永言修，秦松龄、严绳孙纂：《无锡县志》卷七，康熙二十九年刻本。

④ 如曹汛对网师园沿革的讨论中，瞿兆骙购入宋宗元旧园后的整修，"尊重历史，尚友古人，因而颇受时流舆论的敬赏"，而后来李鸿裔妄加改建则受到指责。参见曹汛：《网师园的历史变迁》，《建筑师》2004 年第 6 期。

⑤ 李格非《洛阳名园记》原文："予故尝曰：园圃之废兴，洛阳盛衰之候也。且天下之治乱，候于洛阳之盛衰而知；洛阳之盛衰，候于园圃之废兴而得。"见陈植、张公弛选注：《中国历代名园记选注》，合肥：安徽科学技术出版社，1983 年，第 54 页。

⑥ 顾凯：《明代江南园林研究》，南京：东南大学出版社，2010 年，第 51，97，183 页。

⑦ 康熙《无锡县志》："盖自端敏迄今二百余年，虽中更盛衰而未尝易姓，故论者以为难焉"。见黄晓：《锡山秦氏寄畅园考》，北京大学硕士论文，2010 年。

⑧ 许亦农：《苏州园林与文化记忆》，见童明、董豫赣、葛明编：《园林与建筑》，北京：中国水利水电出版社、知识产权出版社，2009 年，第 221 - 237 页。

⑨ 严绳孙为秦德藻所作的《海翁秦先生传》中有："年未四十，以子宫谕先生贵，遂绝意仕进，栖息林泉垂五十年，于佳胜之地必有精舍，而皆恢复先业。"见秦志豪主编：《锡山秦氏寄畅园文献资料长编》，上海：上海辞书出版社，2009 年，第 94 页。

可以看到，在这样一种传统久远、深入人心的以保守先人之园为荣的文化氛围中，秦松龄却并没有让寄畅园“复旧观”，而是放手让张鉽尽废先人造园之法，全盘推翻先人的精心构筑，使“向之所推为名胜者一切遂废”。这按常理是相当令人诧异的，似有着背上“狂妄”与“不孝”骂名的重大风险。但秦松龄不仅做了，且敢于书之于方志、公之于天下，似颇为自得，就更加不可思议。而事实上，秦松龄不仅没有因此受到任何指责，改造后的寄畅园还获得了比以往更大的赞誉，甚至两代帝王都青睐有加。那么，这究竟是一次什么样的成功改筑，能够让社会伦理让位于美学评价？

对此，我们通过这样两个问题来进行分析：为何要进行改筑？又是怎样进行改筑的？本文将在已有相关研究的基础上，以更宽广的园林史视野来考察清初寄畅园的改筑，尤其是进入 17 世纪明末清初江南园林山水营造转变的具体历史情境来考察造园观念，并重点结合对中国园林史上最著名的叠山流派——张南垣所开创的“张氏之山”的关注来考察造园内容，从而对清初寄畅园山水改筑的原因和做法进行更为深入的理解。这样，不仅能够解开秦松龄的特殊表述所引发的困惑，也能更进一步认识寄畅园山水的艺术成就。与此同时，又可以反过来通过这一“张氏之山”的唯一存世杰作，来深化和丰富对园林史的理解。

二、为何改筑——江南园林营造文化之变与寄畅园之改

清初寄畅园之所以要进行大幅改造，且以推翻前人名胜为耀，需要结合明末清初江南园林文化氛围的特点进行理解。而理解这一时期之前，还要对寄畅园从创建以来的历次改造与当时江南园林营造文化情境的关系进行认识，以期在更长时段的考察中，能够更为准确地把握清初寄畅园改筑背后的观念特点。

（一）明末清初之前的江南园林文化与寄畅园变迁

寄畅园自创建之后，进行了多次改造。每一次改造都与当时江南园林文化的新发展密切相关，鲜明地呈现着当时造园意匠的潮流。

大致处于 16 世纪上半叶的正德、嘉靖时期，被学术界普遍认为是明代江南社会的重要转折时期。其经济趋向兴盛，社会由俭入奢，园林营造是作为这种社会风气的重要组成部分，开始逐渐兴起。[⑩] 如在南京，正德三年(1508 年)中

---

⑩ 顾凯：《明代江南园林研究》，南京：东南大学出版社，2010 年，第 72 页。

山王徐达六世孙徐天赐造“东园”（今白鹭洲公园）；[11]在苏州，约在正德八年（1513年），王献臣建“拙政园”；[12]在上海，约在嘉靖三年（1524年）陆深建“后乐园”（今陆家嘴一带），[13]这些都成为影响后世一时的名园。正是在这样的氛围中，嘉靖六年（1527年）秦金致仕回乡后，建“凤谷行窝”，成为寄畅园的前身。[14]

“凤谷行窝”的营造，主要是据地形、理土阜，开涧听泉，种树布石，疏点亭阁，景色自然幽朴。[15] 如秦金《和韵一鉴亭》的“苍筠翠柏东西路，鱼跃鸢飞上下天”所示，[16]是以水木之景为主，这也与当时江南园林的一般营造方式一致。如拙政园就被称为“背廨市，面水竹”“旷若郊野”。[17] 从秦金的诗句“曲涧盘幽石，长松罥碧萝”（《筑凤谷行窝成》），[18]“曲涧”已是重要造景特色。从“半亩方塘沸槛泉”（秦金《和韵一鉴亭》），曲水汇入方池，这也是当时江南造园常用方式。如王鏊（1450—1524）在《天趣园记》中就有“曲水流数十步，潴以大池，广可数亩，曰方池”的记述。[19]

秦金创建“凤谷行窝”后三十多年，江南园林进一步发展的风气更盛。至秦瀚、秦梁父子时，有了进一步的建设需求。秦瀚对“凤谷行窝”的修葺改筑是在嘉靖三十九年（1560年）[20]，这一时间点附近，嘉靖三十八年（1559年）上海潘允端开始建“豫园”；[21]同年，上海顾名世中进士后，建“露香园”；[22]嘉靖四十五年（1566年），太仓王世贞开始建“小祇林”（即后来的“弇山园”的前身）。[23] 这些园林后来都成为一时名园。

秦瀚对“凤谷行窝”的修葺改筑，也与当时的造园风气一致，对山水景致的要求进一步提高。根据黄晓总结，“秦瀚对行窝的改筑主要体现在凿池、叠山

---

⑪ 顾凯：《明代江南园林研究》，南京：东南大学出版社，2010年，第87页。

⑫ 魏嘉瓒：《苏州古典园林史》，上海：上海三联书店，2005年，第219页。

⑬ 顾凯：《明代江南园林研究》，南京：东南大学出版社，2010年，第82页。

⑭ 黄晓：《凤谷行窝考——锡山秦氏寄畅园早期沿革》，《建筑史》2011年第00期，第112页。

⑮ 黄晓：《凤谷行窝考——锡山秦氏寄畅园早期沿革》，《建筑史》2011年第00期，第117页。

⑯ 秦志豪主编：《锡山秦氏寄畅园文献资料长编》，上海：上海辞书出版社，2009年，第11页。

⑰ 顾凯：《明代江南园林研究》，南京：东南大学出版社，2010年，第77页。

⑱ 秦志豪主编：《锡山秦氏寄畅园文献资料长编》，上海：上海辞书出版社，2009年，第10页。

⑲ 顾凯：《明代江南园林研究》，南京：东南大学出版社，2010年，第117页。

⑳ 黄晓：《凤谷行窝考——锡山秦氏寄畅园早期沿革》，《建筑史》2011年第00期，第118页。

㉑ 顾凯：《明代江南园林研究》，南京：东南大学出版社，2010年，第114页。

㉒ 露香园的始建时间未有明确记载，一般认为是在嘉靖后期，建成后“胜擅一邑”，为上海园林之冠；王世贞万历十五年（1587）来游时，主人顾名世已经老病不堪，园林也已经相当荒芜了，也可以反映其盛期要早很多。见顾凯：《明代江南园林研究》，南京：东南大学出版社，2010年，第143-144页。

㉓ 王笑竹：《明代江南名园王世贞弇山园研究》，清华大学硕士论文，2014年，第40页。

两方面”。[24] 凿池方面，将曲涧之水引入大池，即后来锦汇漪的前身。对此，秦瀚有《山庄凿池口占》一诗描述。[25] 叠山方面，除了园中原有的山林地形，又叠石为假山，“强支卷石作岩嶤”（秦瀚《假山和答方泉见赠》），[26]而且还叠石成洞，如茅坤《过惠山秦氏园三首》有“洞花迷日月”[27]、《重游慧山寺并过秦给谏顾尚书二园感赋》有“洞借金仙烟雾多”的记述。[28] 这些改造所形成的效果，可通过与当时最著名的露香园进行比较而得到一定的认识。根据《露香园记》，其中山水主景亦有大池（“大水可十亩”“澄泓渟澈”），池畔为石假山景区（“万石交枕，谽谺轇葛，路盘旋，咫尺若里许”），山中也有曲涧和山洞（“走曲涧入洞，中可容二十辈”）等等。[29] 当然，露香园的总体规模和景点尺度比“凤谷行窝”要大得多，但仍能看出秦瀚的改筑与当时最优秀园林的风格追求是一致的。

秦瀚修葺后又过三十多年，在万历二十至二十七年（1592—1599），秦燿又再次改筑，并易名“寄畅园”。此时，社会经济更为繁荣，江南园林文化也登上新的鼎盛高峰，营造精美华丽的名园迭出。其中，最为闪耀的是太仓王世贞的“弇山园”。该园在之前小祇园的基础上，于隆庆五年至万历四年间（1571—1576）得到大力扩建。占地七十多亩地，其中有三座大型假山，被称为“泉石奇丽甲郡国”，是公认的江南名园之冠和造园标杆，对其后的诸多江南园林营造产生巨大影响。[30] 上海潘允端的“豫园”也在万历五年至十年间（1577—1582）拓展兴造而“冠绝一时”。陈所蕴认为它可与“弇山园”并称。[31] 在苏州城内，徐廷祼约于万历六年（1578）在前代吴宽“东庄”的基础上建“东园”。“巧丽”而“甲于一城”，袁宏道认为其可以同“弇山园”媲美。[32] 在镇江，张凤翼于万历十一年（1583 年）在原正德年间靳戒庵所创的“小西园”基础上改建出“乐志园”，景致丰富，尤其大型石假山“奇瑰搏人”。[33] 而在无锡，邹迪光约于万历十七年（1589 年）在惠山之麓旧日“龙泉精舍”兴建“愚公谷”，与“凤谷行窝”相邻。但其完全建成则是在万

㉔ 黄晓：《凤谷行窝考——锡山秦氏寄畅园早期沿革》，《建筑史》2011 年第 00 期，第 120 页。
㉕ 秦志豪主编：《锡山秦氏寄畅园文献资料长编》，上海：上海辞书出版社，2009 年，第 22 页。
㉖ 黄晓：《锡山秦氏寄畅园考》，北京大学硕士论文，2010 年，第 38 页。
㉗ 秦志豪主编：《锡山秦氏寄畅园文献资料长编》，上海：上海辞书出版社，2009 年，第 25 页。
㉘ 秦志豪主编：《锡山秦氏寄畅园文献资料长编》，上海：上海辞书出版社，2009 年，第 26 页。
㉙ 陈植、张公弛选注：《中国历代名园记选注》，合肥：安徽科学技术出版社，1983 年，第 119 页。
㉚ 顾凯：《明代江南园林研究》，南京：东南大学出版社，2010 年，第 128 页。
㉛ 顾凯：《明代江南园林研究》，南京：东南大学出版社，2010 年，第 144 页。
㉜ 顾凯：《明代江南园林研究》，南京：东南大学出版社，2010 年，第 129 页。
㉝ 顾凯：《明代江南园林研究》，南京：东南大学出版社，2010 年，第 164 页。

历三十三年(1605)左右。[34]

正是在以王世贞"弇山园"为引领的这种江南各地兴建、扩建、改建的造园热潮中,秦燿对旧日的"凤谷行窝"进行了大手笔的改造。秦燿曾居显宦,却在壮年被诬解职。回乡后,他寄情于园林。对于造园,他的能力、财力、精力兼具,大刀阔斧地精心改筑了所谓"构列二十景"(秦燿《寄畅园二十咏》序)。[35] 改园景之外,又改园名为"寄畅园"。改造之后,多有文人在此唱和,并邀名士王穉登作园记、宋懋晋绘五十景园图。根据这些材料,可以大体了解改造后的具体园貌。[36] 总体而言,园中景点丰富、营造精美。与秦燿同时、同乡的谈修这样形容此次改建:"今皆撤而新之:华堂栉比,高阁云齐,飞梁若虹,修干拂霄,密竿迷径,即丹丘金谷,曷以尚焉。"[37]总体效果之华美,令人心驰神往,可与神话中仙人居住的"丹丘园"、历史上西晋巨富石崇的"金谷园"相媲美,而建筑之多、之美令他印象最深。当时建筑营造之精致考究,也得到了当代考古的印证。[38] 其实,不仅是堂阁,园中廊的大量运用以及主景空间中的突出效果,在当时的江南也是比较罕见的。而这正是该时期造园风气中兴起不久、后来得到广泛运用的造园方法,[39]这里可谓引领一时风气之先。而就其山水特色而言,王穉登《寄畅园记》称"其最在泉""而淙而涧,而水而汇",[40]水的特色最为突出。而假山效果也极为显著。如屠隆《秦大中丞寄畅园记》中有"峨然奇拔者为峰峦,窅然深靓者为岩洞",[41]包汝楫《南中纪闻》甚至说:"假山如真山者奇,庶几锡山秦园、华亭顾氏东园乎?秦园临水石滩,灌木高荫,莓藓鳞缀,真是天铲,岂落人工"等语。[42] 可见,在时人眼中,他们制作假山的成功。

总之,经过秦燿改建,寄畅园景致大为丰富、营建极为华美、酬唱亦更频繁,而跃上时代造园浪潮之尖,跻身于江南名园之列。

(二)明末清初之时的江南园林文化与寄畅园改筑

从前面的叙述可以看到,寄畅园在16世纪的创建及之后的两次改建,每次

---

[34] 顾凯:《明代江南园林研究》,南京:东南大学出版社,2010年,第148页。
[35] 秦志豪主编:《锡山秦氏寄畅园文献资料长编》,上海:上海辞书出版社,2009年,第30页。
[36] 黄晓、刘珊珊:《明代后期秦燿寄畅园历史沿革考》,《建筑史》2012年第1期。
[37] 黄晓:《锡山秦氏寄畅园考》,北京大学硕士论文,2010年,第86页。
[38] 冯普仁、蔡卫东:《寄畅园东南部遗址发掘简报》,《无锡文博》1999年第3期。
[39] 顾凯:《重新认识江南园林:早期差异与晚明转折》,《建筑学报》2009年第S1期。
[40] 陈植、张公弛选注:《中国历代名园记选注》,合肥:安徽科学技术出版社,1983年,第183页。
[41] 秦志豪主编:《锡山秦氏寄畅园文献资料长编》,上海:上海辞书出版社,2009年,第37页。
[42] 秦志豪主编:《锡山秦氏寄畅园文献资料长编》,上海:上海辞书出版社,2009年,第255页。

都是园主极力追随着时代的造园风尚而精心营构，而 17 世纪的清初再次改建其实仍然呈现着这种对时代的紧随，且更为显著。

自明代万历年间秦燿改筑寄畅园，至清初康熙年间秦松龄再次改筑，历近七十年。在明末清初的这段时期，江南园林的营造文化发生了极为重要的转变。这一时代风气的转变，正是寄畅园在清初得到大规模改造的深层动因。而对当时最杰出造园能手张南垣的推崇，则是秦松龄大力改筑的直接动力。

关于晚明江南造园的重要转变，笔者在其他研究中已经有所阐明，具体体现在多个方面。[12] 由于山水营造是江南园林的核心，也是寄畅园的最突出特色所在，这里就这一方面作更深入的说明。

对于晚明园林山水营造潮流的变化，有一则文献给出了很好的提示。明末文坛领袖钱谦益曾提到王世贞及其子王士骐之间的造园差异：

> 冏伯（王士骐）论诗文，多与弇州（王世贞）异同。尝语余曰：先人构弇山园，叠石架峰，以堆积为工。吾为泌园，土山竹树，与池水映带，取空旷自然而已。㊸

王世贞的弇山园中有三座叠石而成的大型假山，正是“叠石架峰，以堆积为工”的体现。㊹ 然而，到了他儿子王士骐这里，其“泌园”营造，竟然已经不再欣赏其父的园林假山营造方式，而是推崇迥然不同的“土山竹树，与池水映带，取空旷自然”。这里可以看到两层重要转变：一是，具体山水营造的方式从奇峰积聚的巨型营构转入山林烘托的山水相依；二是，深层美学欣赏的取向从展示人力的华美与繁复转入追求天然的雅朴与简洁。

这一转变是极具标志性且意义深远的。王世贞是受人尊敬的一代文化领袖，影响力巨大。其“弇山园”作为江南第一名园，为人津津乐道、并广受追随效仿。其后的江南各地的名园是否成功，每每要拿来与“弇山园”作比较，以可相媲美为最高荣耀。㊺ 然而，仅过了一代人，造园风气即已发生剧烈变化。即便在以遵循父道为孝行的社会伦理氛围中，王世贞之子已经不再认同其父的造园方式与审美趣味，而转入新的造园文化潮流中去。

就具体营造而言，以往流行的“叠石架峰，以堆积为工”在进入 17 世纪后受

㊸ （清）钱谦益：《列朝诗集小传》，上海：上海古籍出版社，1983 年。
㊹ 顾凯：《明代江南园林研究》，南京：东南大学出版社，2010 年，第 217 页。
㊺ 顾凯：《明代江南园林研究》，南京：东南大学出版社，2010 年，第 128 页。

到抛弃。这在计成的《园冶》中也有所体现。在“自序”篇中，他所描述的自己第一个叠山作品就是源于对以架峰石为假山的否定。[46] 在“掇山”一章中，对“排如炉烛花瓶，列似刀山剑树，峰虚五老”的叠山旧法予以了批判。[47] 以往如“弇山园”那种以堆架奇石而取胜的做法，在计成看来已经完全不适用了。

吴伟业《张南垣传》对以往以“弇山园”为代表的假山营造之法的批评最为详细：

> 百余年来，为此技者类学崭岩嵌特，好事之家罗取一二异石，标之曰峰，皆从他邑辇致，决城闽，坏道路，人牛喘汗，仅得而至。络以巨絙，锢以铁汁，刑牲下拜，劖颜刻字，钩填空青，穹窿岩岩，若在乔岳，其难也如此。而其旁又架危梁，梯鸟道，游之者钩巾棘履，拾级数折，伛偻入深洞，扪壁投罅，瞪眄骇栗。南垣过而笑曰：是岂知为山者耶！今夫群峰造天，深岩蔽日，此夫造物神灵之所为，非人力所得而致也。况其地辄跨数百里，而吾以盈丈之址，五尺之沟，尤而效之，何异市人抟土以欺儿童哉！[48]

文中的“为此技者类学崭岩嵌特”正是以“弇山园”为代表的堆架奇峰而构设假山的传统方法。为运输峰石而“决城闉，坏道路”等劳民伤财做法也正是当年流传的兴造“弇山园”时发生的故事（如谢肇淛《五杂俎》提到“王氏弇州园，石高者三丈许，至毁城门而入，然亦近于淫矣”[49]）中的描述。即这一类假山的典型做法及效果。而最后，张南垣本人的一段对其嘲笑的文字，也说出了新取向下以往山水营造呈现出的根本问题：用叠石架峰旧法来效仿真山，是无论如何也达不到对真正大自然效果的欣赏需要的。

而对于新的造园方法，吴伟业《张南垣传》中还有这样的描述：“平冈小阪，陵阜陂陁，版筑之功，可计日以就，然后错之以石，棋置其间，缭以短垣，翳以密案，若似乎奇峰绝嶂，累累乎墙外。”这正与王士骐所推崇的“土山竹树”完全一致，同时也清晰展示了一种新的审美方式——迥然不同于以往对奇特、宏丽的大型石假山的崇尚，而以简明之法、天然之趣、象外之韵为追求。

---

[46] （明）计成著，陈植注释：《园冶注释》（第2版），北京：中国建筑工业出版社，1988年，第42页。

[47] （明）计成著，陈植注释：《园冶注释》（第2版），北京：中国建筑工业出版社，1988年，第206页。

[48] （清）吴伟业：《吴梅村全集》，上海：上海古籍出版社，1990年。

[49] （明）谢肇浙：《五杂组》，上海：上海书店出版社，2001年。

可以看到，明末的园林营造和欣赏的风气有了重要转变。之前以王世贞"弇山园"为代表的山水营造已经不再适应新的时代审美。这一深刻的转变也延续至清初的造园氛围。此前，秦燿"寄畅园"的营造是以"弇山园"为榜样的江南造园浪潮的产物，而在历经一甲子之后，造园风气已经大变。旧的营造方式已经不合时宜，对其进行深刻改造以适应新时代的要求，正是秦松龄要重新葺筑、复兴家族旧园时所面对的迫切任务。

秦松龄是秦燿的五世孙。他少年得志，十九岁即中进士，成为入清后家族中的第一个进士。他的父亲秦德藻也父以子贵而受封。父子俩担负着光大门楣的重任。正是在秦松龄中进士的顺治十二年(1655 年)，秦德藻将分裂已久的"寄畅园"归并合一，使寄畅园的复兴有了基础。顺治十八年(1661 年)，秦松龄落职回乡。此后，家中又有一系列变故。直到康熙五年(1666 年)，秦松龄终于可以改筑旧园。[50] 对于可以主持改筑的匠师，秦松龄心目中的最佳选择无疑是张南垣。

张南垣(名涟，字或号南垣，1587—1666)正是作为新的山水营造风气的引领者而名满江南。秦松龄在康熙《无锡县志》中提到："云间张南垣琏，累石作层峦浚壑，宛然天开，尽变前人成法，以自名其家"。他认为张南垣是这一变革的始创者。张南垣年轻时即因叠山而小有名气，泰昌元年(1620 年)开始为太仓王时敏"乐郊园"筹划造园并叠山，以其新意而更为声名远扬。[51] 正是基于这一事实，夏丽森认为"园林风格的一些变化于 1610—1620 年期间在江南地区产生"。[52] 社会风气的转折不会一蹴而就。此前，应该也已有变化发生，但张南垣作为风气变革的标志性领袖人物则毫无疑义。

而张南垣的新法不仅仅是通过"叠石架峰"到"平冈小阪"这种材料、形式上的变化以达到"宛然天开"的极佳欣赏效果。它还在于深层指导思想的转变：以"画意"为更根本的营造追求和原则。吴伟业《张南垣传》在开头就提到："少学画，好写人像，兼通山水，遂以其意垒石，故他艺不甚著，其垒石最工，在他人为之莫能及也"，将他的垒石成功与绘画技能紧密关联，后文"初立土山，树石未添，岩壑已具，随皴随改，烟云渲染，补入无痕"之语则描述了以"画意"叠山的具体做法。文章又这样描述时人对他的评价："华亭董宗伯玄宰、陈征君仲醇亟称之曰：江南诸山，土中戴石，黄一峰、吴仲圭常言之，此知夫画脉者也。"董其昌和

---

[50] 秦志豪：《清初寄畅园的归并和改筑》，《寄畅园建园 490 周年研讨会论文集》，2017 年。

[51] 顾凯：《明末清初太仓乐郊园示意平面复原探析》，《风景园林》2017 年第 2 期。

[52] 夏丽森：《明代晚期中国园林设计的转型》，《风景园林》2010 年第 5 期。

陈继儒以“知夫画脉”为对他叠山成就的最高赞誉；而这里也可以看到，元代画家的简洁清新风格成为其假山营造的重要取向。随着张南垣的成功实践及文化领袖的充分肯定，“画意”在晚明造园中确立为宗旨和原则，在《园冶》等大量文献中被反复提及。(53)

张南垣的“画意叠山”新法获得极大成功，在当时和后世一直被广为称颂。陆燕喆《张陶庵传》称：“南垣先生擅一技，取山而假之，其假者，遍大江南北，有名公卿间，人见之，不问而知张氏之山。”(54)可见，在当时甚至出现了“张氏之山”的专称。曹汛称他“开创一个流派，创新一个时代……把我国的造园叠山艺术推到巅峰，对当时和后世造成了极大的影响”。(55) 张南垣在世时，“群公交书走币，岁无虑数十家。有不能应者，用为大恨，顾一见君，惊喜欢笑如初”“游于江南诸郡者五十余年”（吴伟业《张南垣传》）。黄宗羲《张南垣传》则称“三吴大家名园皆出其手”。[23]可见，他当时受欢迎的程度。

正是在这样近乎“非南垣、不名园”的背景下，为了能使家园继续名园地位乃至更上层楼，对于寄畅园的重修，张南垣无疑是最理想人选。况且，“数十年来，张氏之技重天下而无锡未之有也”（康熙《无锡县志》）。能将名满天下的张氏造园引入无锡，不仅是本族的荣耀，也是为本地增辉。

秦松龄于康熙五年（1666年）春前往嘉兴拜访邀请张南垣。(56) 然而，此时张南垣年老体弱，(57)遂委托得其真传的其侄张鉽前往。秦松龄在《无锡县志》中言，“至是以属琏从子名鉽者，俾毕其能事以为之。”正是在主人完全信任的情况下，张鉽放手大改，并于康熙七年（1668年）竣工。(58) 这一改筑，以“张氏之山”的真谛将旧时秦燿时期的华美转变为新风所尚的清丽。这也就是“园成，而向之所推为名胜者，一切遂废”——彻底告别了旧时的观念与做法，呈现新时代的气象，令时人有焕然一新之感，从而一举成为最为人所赞美的艺术精品、名园。在明末清初的新风尚中，这不仅不是有违祖制的悖逆，而是推陈出新、使家族更为荣耀之事。

康熙《无锡县志》中紧接着还有这样一段表述：“厅事之外，他亭榭小者，率

---

(53) 顾凯：《画意原则的确立与晚明造园的转折》，《建筑学报》2010年第S1期。

(54) 曹汛：《造园大师张南垣（二）——纪念张南垣诞生四百周年》，《中国园林》1988年第3期。

(55) 曹汛：《张南垣的造园叠山作品》，王贵祥主编：《中国建筑史论汇刊·第2辑》，北京：清华大学出版社，2009年，第327页。

(56) 黄晓、刘珊珊：《寄畅园：一座园林背后的文明轮回》，《中华遗产》2014年第6期。

(57) 根据近年新发现的张南垣墓志，张南垣于当年去世。参见：黄晓、刘珊珊、秦绍楹：《张南垣的生平、家族与交游——乔莱〈张处士墓志铭〉考略》，《风景园林》2020年第4期。

(58) 黄晓：《锡山秦氏寄畅园考》，北京大学硕士论文，2010年，第96页。

易其制而仍其名，若知鱼槛之类是也”。园名以及诸多建筑的名称加以保留，这也是秦松龄对先祖旧园的尊重的表达：虽然园林的景致得到极大改变，但深层的精神则加以精心呵护；外在园貌的变化，是为了更好地彰显先人“寄畅山水阴”的园林营造的内在精神。

由此可见，“园成，而向之所推为名胜者一切遂废”确实是真实而合理的表述。它不仅不是狂悖的忤逆，而是为家族增添荣耀的必要。在明末清初的造园新风中，早先的营造已显得落伍，只有大手笔的改造才能使旧园重新焕发光彩、重新跻身一流名园之列。而聘请作为造园新风引领者的张氏来负责，则是保证这一重大改造得以成功的关键。

不过随着时间的推移，至清代中后期，人们已经不太清楚明末清初造园风气变革的时代情境。原先“园成，而向之所推为名胜者一切遂废”的说法逐渐不被理解和接受。这段话在嘉庆《无锡金匮县志》对“寄畅园”的描述中被改成“园成，果益胜”。[59] 再后来的光绪《无锡金匮县志》基本沿袭此说，仅稍作改动为“园成，而益胜”。[60] 它表达的是增光添彩，回避了前述引论中的伦理问题，更符合传统观念，但失去了清初改筑的真实历史意义。

三、如何改筑——“张氏之山”与清初寄畅园山水营造的成就

“寄畅园”自清初成功改筑后，盛名远播而为天下名园，那么这次改筑究竟是如何进行的、怎样使旧日名胜一切遂废而脱胎换骨？或者说，改了些什么，又好在哪里？

由于张南垣与张鉽的造园特色主要在于山水营造，“张氏之山”的说法也可见其擅长，而“寄畅园”也正是以山水之景闻名。在此，主要就山水营造方面进行探讨，其他方面相对次要且材料欠缺，因而暂不作讨论。

根据历史文献及研究，从晚明秦燿之后至今，除了清初这次改筑，作为“寄畅园”核心主景的山水格局并未进行过其他重要变动。因此，清初改筑前的山水状况主要是基于对秦燿所筑寄畅园的认识，而改筑之后则主要借助各种文献（包括清中期的图像）以及今日所见的遗存面貌。尽管历史上确实屡有破坏和修缮，建筑、植物的变动相对频繁，但就基本山水面貌而言，寄畅园的今日所见仍然为清初改筑所奠定。因而，对此次改筑成果的认识也可以很大程度上通过

---

[59] （清）韩履宠等修，秦瀛纂：《无锡金匮县志》，嘉庆十八年刻本。

[60] （清）斐大中等修，秦缃业等纂：《无锡金匮县志》，光绪七年刻本。

当代平面图及现状照片作大体了解，尽管也会有不尽准确之处。

根据对比分析，清初寄畅园对山水的改筑，可以从两个重要位置区域来认识：一是作为主景的山池结合区；一是作为特色的山中谷涧区。

（一）山池的画意经营

首先，来看主池“锦汇漪”及相邻假山一带。这里作为全园主景，山与池的大体格局，奠定着全园中最基本的山水关系。

主景假山与水体的建设，工程浩大。许多著名园林在这方面的财力和时间投入都是巨大的，如“弇山园”“豫园”等。[61] 然而，清初的财力与明代盛时差距极大。“寄畅园”的全园改筑仅用一年多即已完成。如何能在短时间内、运用少量的人力、物力、财力代价进行改造，而能做到脱胎换骨般的效果提升？

这一神奇任务的完成，无疑来自改筑者的巧妙构思。总体而言，在改筑前后，假山部分和水池部分各自的位置、体量及相对关系都没有很大改动，然而组织的方式却有非常大的变化。

对于晚明秦燿改筑后的寄畅园面貌，当时存留的大量文字与图像资料已有黄晓等学者深入研究，并有平面复原图来加以较为清晰的呈现。从这些材料和研究中可以看出，晚明“寄畅园”的山水主景区总体而言有着较为复杂的营构。景点较多，建筑分量较重。在假山部分，有曲涧、悬淙亭、爽台等景点设置，并且在假山之上树立多处显著石峰加以欣赏，即屠隆所谓“峨然奇拔者为峰峦，窅然深靓者为岩洞”。在水池部分，则更与建筑密切联系。最显著的营造是贯连的长廊并穿越于水面之上。长廊在水中央设“知鱼槛”，成为整个水域的中心位置，能在最佳位置欣赏两侧水景，类似现在杭州郭庄“两宜轩”的作用。“知鱼槛”及相连长廊，将池面大体划分为南北两个区域：在南区，在北侧的“知鱼槛”与西侧长廊所连的“先月榭”和“霞蔚斋”、东侧的“蔷薇幕”，围合出一片水面。从“先月榭”之名可知此处能欣赏初升之月的倒影。在北区，则以水中岛上的涵碧亭为核心。此处能欣赏西侧假山及涧水飞瀑，本身也能作为戏台，可在其南侧的“知鱼槛”、西侧岸边廊中“清籞斋”等处加以观赏。

这样以较丰富的建筑营造来进入山水的安排，游赏者可以在较为舒适的行进与休憩中从容欣赏多样景致，整个园林也可以因建筑的精致营造而显得富丽堂皇。如前所述，这种追求符合当时造园风气，与假山的“峰峦”“岩洞”一道，建

[61] 顾凯：《明代江南园林研究》，南京：东南大学出版社，2010 年，第 183 页。

筑的“华堂栉比，高阁云齐，飞梁若虹”是寄畅园所为人赞叹效果的重要组成部分。

然而，在17世纪造园风气的变革中，这些曾受到赞赏的营造则显现出问题。既有假山的方式，也有山水中的大量建筑营造带来的问题：长廊及其连接的建筑不仅割裂水面，使水景不够突出，还使山水相对分离而严重削弱山水之间的关系。这便导致了山水自然的整体感知仅存在如涧水飞瀑的局部，而对山水景致的欣赏则显得过于涣散，而不够整合统一。总体而言，在更追求天然山水的雅朴简洁和整体“画意”的明末清初，这种分量过重的人工建筑及其造成的对自然感知的支离破碎，已经严重不合时宜。

再来看清中叶的“寄畅园”图像以及与之较为一致的当代“寄畅园”的山水格局：假山已经不再有“峰峦”“岩洞”，而是以土山为主，点缀叠石，其上植物丰茂，似真山坡麓。正如清初顾景星对邵长蘅《惠山游秦对岩太史寄畅园六首》中的点评：“垒石不作峰峦，而多陂陀漫衍之势”。[62] 池面空间旷朗，池面之上与山池之间不见任何建筑营构，仅在池面东侧形成亭廊，可以隔水观山，另于池面北部架设桥梁，以通两岸。

通过山池面貌的前后对比，我们大致可以看到清初对此改造的要点：一方面，对于假山，以典型的“张氏之山”进行改造，形成土山为主、错之以石的“平冈小阪，陵阜陂陁”，起伏有势，配以林木，辅以石径，宛若天然；另一方面，对水池区域，变动最大，池中、及池西与假山相接的一侧，所有建筑被去除，甚至涵碧亭所在的岛屿也消失了，仅在东侧形成亭廊，在池西岸则营造出山水相接（如鹤步滩）的自然效果。总体效果上，大片水面得以完整呈现，水景尤为突出。而山水关系上，不同于此前仅以涧水流瀑为山水的结合，山与水得以完整地密切配合。

这一改造确实形成了与此前差异极大的强烈景观效果。我们可以从池面横、纵两个方向来考察。

首先，在东西横向上，形成了鲜明的隔水看山的格局：位于池东岸的“知鱼槛”等亭廊，成为重要的山水景致观赏场所，游人在此对望池西山水。在此观景的效果，最大程度地利用了位于惠山东麓的地理位置条件——从此处隔水西望，惠山位于假山之后。园中“多陂陀漫衍之势”的假山，不仅本身如真山岗阜，而且更似惠山的坡麓余脉。它从后往前绵延而达水池西岸，使园中山水与

---

[62] （清）邵长蘅：《邵子湘全集》，《四库全书存目丛书·集部二四七》，济南：齐鲁书社，1997年。

园外真山有一气相连、一体延展之感，从而形成绝妙“借景”——从园中望去，园林山景顿时延伸至远方惠山之上，园林景象空间大大拓展，园景突破了用地的局限而真正与园外天地之景融为一体。这正是一个优秀园林所追求的崇高境界。清中期著名文人袁枚《秦园》之诗的开篇即为“为高必有因，为园必有藉。美哉秦家园，竟把惠山借”，[63]袁氏将此视为“寄畅园”的最大特色。而这一借景效果，正是通过巧妙利用园址形势、形成隔水观山的格局而最有效地引导获得。

在东岸，西望获得真山绵延景致效果的同时，这种隔水观山还呈现出强烈的“画意”效果。“张氏之山”的“平冈小阪，陵阜陂陁”，本身就以富于“画意”而著称。前述董其昌、陈继儒称赞张南垣的作品“知夫画脉”，王士祯《居易录》更具体地描述他的“画意”营造：“南垣以意创为假山，以营丘、北苑、大痴、黄鹤画法为之，峰壑湍濑，曲折平远，经营惨淡，巧夺化工。”[64]在“寄畅园”的实例中，张鉽除了对假山本身形态的改造，还以山与水的配合，以及建筑作为赏景场所来获得“画意”效果。从“知鱼槛”西望，隔水山景，正似元代画家倪瓒所常用的“一河两岸”式构图风格。虽然实际距离不远，却以滩、矶、湾、桥、树、坡等形成多样层次。清代文人杨抡《芙蓉湖棹歌百首》中有“秦园妙处知鱼槛，一笔倪迂画里秋”之句，[65]以及乾隆年间状元石韫玉《游梁溪秦氏寄畅园》诗中“留得云林画意多”的称颂，[66]这正是对该园具有倪瓒画风效果的称赞。

与此同时，水畔山景也因狭长池面而沿南北长向延展。如果左右转目而视、或在池东廊中行进游观，对岸山水则如一幅手卷横呈、徐徐展开，颇像引人作《富春山居图》长卷般的遐思。邵长蘅《惠山游秦对岩太史寄畅园六首》中“陂陀子久画”的比喻，[67]正是将隔池山景与这种黄公望的画风相联系。这里也可以看到，“张氏之山”的画意并不拘泥于某一位画家的风格，即非某种画面形式的直接模拟，而是更在于能引发多种联想，在妙不可言的“画意”效果中获得杰出山水画所追求的“象外之境”的意蕴。

其次，除了东西横向的隔池观赏，南北纵向上也可以获得平远丰富的层次效果。水池中段伸出“鹤步滩”及其上向水面伸展之树，[68]与东岸伸向水中的“知

---

[63] 秦志豪主编：《锡山秦氏寄畅园文献资料长编》，上海：上海辞书出版社，2009 年，第 126 页。

[64] (清)王士祯：《居易录谈》，上海：商务印书馆，1936 年。

[65] 秦志豪主编：《锡山秦氏寄畅园文献资料长编》，上海：上海辞书出版社，2009 年，第 131 页。

[66] 秦志豪主编：《锡山秦氏寄畅园文献资料长编》，上海：上海辞书出版社，2009 年，第 129 页。

[67] (清)邵长蘅：《邵子湘全集》，《四库全书存目丛书・集部二四七》，济南：齐鲁书社，1997 年。

[68] 鹤步滩之树在清中期的各图像中即可明显看到，并非只是今日景象。

鱼槛”相呼应，使池面在此收缩，形成有分有聚、有收有放的层次变化，景象呈现得格外生动有致。而在北侧，又有“宛转桥”斜向跨水而划分池面，并使池面在此稍作弯折。[69] 从而在水池南北两岸处观景，亦可有某种层次丰富的画意。且由于池面收束与划分并非均一，大致南侧以聚为主、北侧则着重于散。从南北两侧对望而得的远近效果又有差异，景色的层次和深度更显丰富。在欣赏纵远水景的同时，一侧山景与之又能密切结合，形成山水共生的画面。而在北岸屋前平台，沿水面南望，还可以远眺锡山及山上的龙光塔。如华硕宣《春暮同曾梅峰游秦园》中“青川塔影浮”的效果，[70]是另一极佳借景，甚至成为今日寄畅园的标志性景观。

可以看到，清初张鉽改筑中，对于山池主景删繁就简，去除了以往晚明时作为重点主景的大量建筑亭廊，仅以池东少量亭廊与池西假山相对，再辅以桥梁、滩矶等些许变化，而使山池主景从繁复而离散变为简练而整体。同时，以横、纵两个方向的配合将“山高水远”的效果展现得淋漓尽致，[71]又以园外借景的巧妙获得大大拓展了园中景象，更以山水相依、人景相对而获得丰富而强烈的画意。可谓用笔极简而成效极佳，大气磅礴而意蕴丰富，而与晚明时的效果迥异。

（二）谷涧的游观体验

在张鉽改筑完成后的诸多寄畅园诗文中，常见对园中两处景象作重点以及并列描述。如邵长蘅诗中有“扑帘苍翠逼，罅石洑流涓”，[72]余怀《寄畅园闻歌记》中则有“循长廊而观止水，倚峭壁而听响泉”。[73] 从中可见，当时文人对园景有这样两大关注：其一是主景山池区，可以在池东亭廊观“止水”池景及隔池扑面而来的“苍翠”山景；其二，则是山中的涧泉。前者已经得到详述，此处关注后者。

“寄畅园”历来以引入二泉之水、形成溪涧泉瀑之景，作为园中一大特色。秦金时期，前述《筑凤谷行窝成》诗中有“曲涧盘幽石”之句，可见曲涧之景。秦

---

[69] 在康熙十五年吴绮《寄畅园杂咏》九首中其八为“宛转桥”。见黄晓：《锡山秦氏寄畅园考》，北京大学硕士论文，2010 年，第 123 页。在《清高宗南巡名胜图》和钱维城《弘历再题寄畅园诗意卷》中现在“七星桥”的位置都是三折曲桥，可见早期并非如现在的直桥。另外，清中期图像中都尚未出现今日水池东北角的跨水廊桥。

[70] 秦志豪主编：《锡山秦氏寄畅园文献资料长编》，上海：上海辞书出版社，2009 年，第 88 页。

[71] 正如董豫赣所言：“寄畅园池形的狭长，一笔而两得山高水远——以其狭长之狭，横对逼山则山高；以其狭长之长，纵观水长则水远。见董豫赣：《双园八法——寄畅园与谐趣园比对》，《建筑师》2014 年第 6 期。

[72] （清）邵长蘅：《邵子湘全集》，《四库全书存目丛书・集部二四七》，济南：齐鲁书社，1997 年。

[73] 秦志豪主编：《锡山秦氏寄畅园文献资料长编》，上海：上海辞书出版社，2009 年，第 82 页。

瀚、秦梁父子时期，秦梁《山居赠答》中有“白知泉瀑泻”的泉瀑之景叙述。[74] 至秦燿时期，由各种文字、图像，我们对此景的了解更为详细。尤其是王穉登《寄畅园记》的描述：

台下泉由石隙泻。沼中，声淙淙中琴瑟……引“悬淙”之流，甃为曲涧，茂林在上，清泉在下，奇峰秀石，含雾出云，于焉修禊，于焉浮杯，使兰亭不能独胜。曲涧水奔赴“锦汇”，曰“飞泉”，若出峡春流，盘涡飞沫，而后汪然渟然矣。[75]

对此，我们又有宋懋晋的绘图，“曲涧”及“飞泉”是重要园景所在，后者也成为“涵碧亭”的主要对景。可以看到，园外的泉水引入之后先汇于小沼，然后在假山之上设宛转曲涧，最后形成飞瀑而入“锦汇漪”。对于涧瀑的欣赏，除了可观景，也可听音。如秦燿《园居》诗中“静听水淙淙”，[76]王穉登《寄畅园》“泉声虢虢石磷磷”，[77]邹迪光《寄畅园五首》中的“流泉代鼓弦”等等。[78] 如王穉登《寄畅园记》所言，当时寄畅园的特色“其最在泉”，这股涧泉成为此园特色的最重要体现。

在清初张鉽的改筑中，这一特色景观也得到了大刀阔斧的改造。在保留涧泉特点的同时，更增加了新的内容：将山上的“溪涧”改造为山中的“谷涧”。将秦燿时的复原平面图与当代寄畅园平面图进行对比，可以看到涧泉入池的位置发生了明显改变。这表明，这一涧泉得到了重大改造，有新的涧道得到开辟，而非仅是旧涧的整修。这一结论也可以得到文献的支持。如与张鉽同时代的许缵曾《宝纶堂稿》中提到这次改筑：“吾郡张鉽以叠石成山为业，字宾式。数年前为余言，曾为秦太史松龄叠石凿涧于惠山。”[79]这是张鉽对“寄畅园”改筑活动的自述。“凿涧”正是这里的涧泉营造。一个“凿”字形象地说明了这一工程的要点：在以土为主的假山之中新开凿出一条新的谷涧。类似的还有黄与坚《锡山

---

[74] 秦志豪主编：《锡山秦氏寄畅园文献资料长编》，上海：上海辞书出版社，2009 年，第 24 页。

[75] 陈植、张公弛选注：《中国历代名园记选注》，合肥：安徽科学技术出版社，1983 年，第 182 页。

[76] 秦志豪主编：《锡山秦氏寄畅园文献资料长编》，上海：上海辞书出版社，2009 年，第 33 页。

[77] 秦志豪主编：《锡山秦氏寄畅园文献资料长编》，上海：上海辞书出版社，2009 年，第 34 页。

[78] 秦志豪主编：《锡山秦氏寄畅园文献资料长编》，上海：上海辞书出版社，2009 年，第 42 页。

[79] 曹汛：《张南垣的造园叠山作品》，王贵祥主编：《中国建筑史论汇刊 · 第 2 辑》，北京：清华大学出版社，2009 年，第 374 页。

秦氏寄畅园》一文"引慧山之水汇为池，破为涧"[80]，也说明这一改筑是将假山新"破"开而"为涧"的重要工程。在将山体"破"出涧道、"凿"出空间的同时，还有在谷道两侧叠石的工程。前述余怀《寄畅园闻歌记》中"倚峭壁而听响泉"、乾隆时张英《南巡扈从纪略》的"叠假山为溪谷"，[81]都是说明这一溪谷的形成还伴随着峭壁假山的营造。从今日遗存的"八音涧"，可以看到这一工程的规模和效果。随曲涧延伸的一人多高的岩壁营造，在整座以土山为主的假山中有着规模巨大的用石量。从工作量角度看，它甚至很可能成为整个改筑工程的重心。

另一则新近发现的史料进一步表明了这一改造的意义。钱肃润《夏日雨后秦子以新招过寄畅园观涧水》诗后的一段说明中有："南垣治奉常东园，创用黄石，朴素自然，为累石开天之祖。然娄东无山，不能致飞瀑潺湲，耳根为一大恨。今小阮补之寄畅，遂称完美。"[82]其中，将"寄畅园"改筑与张南垣早年对太仓王时敏("奉常")的"乐郊园"(即这里"东园")进行了对比。当年的"乐郊园"改筑是张南垣年轻时的成名作。[83] 这里"创用黄石，朴素自然，为累石开天之祖"的赞誉可见其地位之高。然而，因为太仓的平坦地势无法营造出涧泉飞瀑之景，成为遗憾。现在寄畅园的优越地形条件，完全可以将新的造园叠山理念用于其中。由于当时张南垣已经年迈，于是派其侄儿张鉽("小阮")[84]前往，终于营造出理想的山水涧瀑效果，弥补了张南垣长久的遗憾，"完美"地实现了此生的夙愿。

那么通过这番改造，与寄畅园此前已有的涧瀑之景相比，这一新凿的涧道有何优越之处？

康熙《无锡县志》中，秦松龄本人对此景的描述为："引二泉之流，曲注层分，声若风雨，坐卧移日，忽忽在万山之中。"这里语句不多，却值得仔细分析。"引二泉之流"为以往一直有的特色，这里得到沿用，是水景的基本来源。前述对此处涧泉水景的欣赏有两方面：一是视觉之态、一是听觉之音，二者在改造后都得到了加强。

"曲注层分"是景观形态。其中，又可分为两方面——"曲注"，可视为平面

---

[80] 秦志豪主编：《锡山秦氏寄畅园文献资料长编》，上海：上海辞书出版社，2009年，第81页。

[81] 秦志豪主编：《锡山秦氏寄畅园文献资料长编》，上海：上海辞书出版社，2009年，第92页。

[82] 秦志豪：《清初寄畅园的归并和改筑》，《寄畅园建园490周年研讨会论文集》，2017年。

[83] 顾凯：《明末清初太仓乐郊园示意平面复原探析》，《风景园林》2017年第2期。

[84] "小阮"即侄儿。魏末晋初"竹林七贤"中的阮籍与阮咸为叔侄，世称阮籍为"大阮"，阮咸为"小阮"，后人便以"大小阮"作为叔侄关系的代称。

上的弯曲形态设计，以前就以“曲涧”为景名，这里对此承袭，而从李念慈《奉陪杨退庵中丞夜集梁溪秦留仙太史园林酣畅达晓，明日重过，遍观池涧亭榭诸胜即事赋赠》诗中“曲折回岩坳”之句，[85]则显示出在两侧石壁高出的“岩坳”空间中的一种幽深感，呈现出与普通涧流所不同的新意；而在“曲”的同时，从姜宸英《惠山秦园记》“中叠石条为细涧分流”[86]以及清高宗《寄畅园再叠旧韵》“瀑出峡分数道潺”之句[87]还可以看出，其中又有分为数道细涧的变化，这是平面形态的新发展。“层分”，则是竖向上的层次形态设计，这一改造后的泉涧又被称为“三叠泉”。[88] 见于吴绮《寄畅园杂咏（九首）》[89]和秦道然《寄畅园十咏》等，[90]由此看出，与以往“曲涧”之名相比，“三叠泉”更突出竖向变化特点，可见通过“层分”营造，形成了新的标志性特色。

“声若风雨”与以往的“虢虢”“淙淙”形容相比较，说明在声景方面更加突出——这也容易理解，由于谷涧空间对水声的汇聚，效果得到加强。这也并非主人的自夸。钱肃润《夏日雨后秦子以新招过寄畅园观涧水》诗中“飞泉喷激响潺潺，万顷波涛一涧间”更有“万顷波涛”般轰鸣的夸张形容。[91] 而从邵长蘅《游慧山秦园记》中“泉虢虢石罅中，鸣声乍咽乍舒，咽者幽然，舒者淙然，坠于池潨然淵然”[92]一句还可以看出，除了声景效果的放大，在涧流的各段还通过多样化的处理而使泉声产生细腻多样的效果。

而这一改造最重要、最精彩的效果，则是“坐卧移日，忽忽在万山之中”。对此句的理解，需要结合对“张氏之山”新理念的深入认识。如笔者在此前研究中所论，在以张南垣为引领的17世纪江南造园的巨大变革之中，游人对于在园林山水中的动态游赏体验越发看重，加入游观体验、由“景”上升到“境”，成为山水营造更为重要的目的，这也是画意造园的另一个重要方面。《园冶》中的“拟入画中行”成为“画意”追求下对空间性园林山水动态体验关注的最贴切形容。[93] 在后人对张南垣的评价中，这一方面也正是其中要点。如戴名世《张翁家传》中

---

[85] （清）李念慈：《谷口山房诗集》，《四库全书存目丛书·集部二三二》，济南：齐鲁书社，1997年，第794页。

[86] 秦志豪主编：《锡山秦氏寄畅园文献资料长编》，上海：上海辞书出版社，2009年，第85页。

[87] 秦志豪主编：《锡山秦氏寄畅园文献资料长编》，上海：上海辞书出版社，2009年，第120页。

[88] 当代此涧名为“八音涧”，人们往往认为此名称自清初即有，然而遍查寄畅园史料，“八音涧”的称谓要到20世纪的民国整修时才出现。

[89] 黄晓：《锡山秦氏寄畅园考》，北京大学硕士论文，2010年，第118页。

[90] 秦志豪主编：《锡山秦氏寄畅园文献资料长编》，上海：上海辞书出版社，2009年，第123页。

[91] 秦志豪：《清初寄畅园的归并和改筑》，《寄畅园建园490周年研讨会论文集》，2017年，第1—9页。

[92] 秦志豪主编：《锡山秦氏寄畅园文献资料长编》，上海：上海辞书出版社，2009年，第84页。

[93] 顾凯：《拟入画中行——晚明江南造园对山水游观体验的空间经营与画意追求》，《新建筑》2016年第6期。

“君治园林有巧思……虽在尘嚣中，如入岩谷”，[94]兰瑛、谢彬纂辑《图绘宝鉴续纂》中有“张南垣……半亩之地经其点窜，犹居深谷”[95]，“如入岩谷”“犹居深谷”之语，都表明了“张氏之山”对身体浸润其中的浸入式真山水体验的极大重视及成为其标志性的成果。[96]

由此看来，晚明“寄畅园”的涧瀑之景尽管出色，却仍只是外在之“景”——虽然溪涧可以到达，但主要还是通过悬淙亭赏涧、涵碧亭观瀑，而缺乏人在景中游观体验之“境”的获得。而通过新凿高谷深涧，将游人置身其内而游赏，可以到达前所未有的身临其境的峡谷山水之感。这里的“坐卧移日”表达了游人在内的动态游观，“忽忽在万山之中”则正是所要追求的真山水境界。秦松龄在《无锡县志》中所归纳的张氏造园“宛然天开”的效果，也得到了极好的诠释。

从而我们可以理解，为何以往的涧瀑已经相当动人，却仍要花费大气力进行新的大规模改造。经过张鉽改筑的谷涧，确实可谓脱胎换骨。不仅在形态和声景方面的效果更加显著，更是前所未有地达到“忽忽在万山之中”的真山水内游观体验。这一时代造园新意的一大标志性追求，在“寄畅园”中得到了完美实现，这一谷涧之境也与主景山池画意一起成为“寄畅园”的两大标志性园景。

在“寄畅园”成功得到时代造园新法改造的同时，也为我们进一步理解“张氏之山”及17世纪江南造园变革提供了极佳范例。以张南垣为代表的17世纪造园新法中，不仅仅是“平冈小阪，陵阜陂陁”的富有新意的山水形态，更在于深层的“画意”追求。而这“画意”又不仅仅在于视觉上对山水的美妙品赏，还在于“拟入画中行”的真山水游观体验——通过“寄畅园”改筑，这在山池的“画意”和谷涧的“游观”中得以神奇实现。正因如此，“寄畅园”虽然是江南仅存的“张氏之山”所在，却也可以成为“张氏之山”的代表作，乃至最高的成就之一。无怪乎时人会将此园与作为张南垣开创时代造园新意的“乐郊园”相提并论，以“遂称完美”来表达赞美之情。

今日“寄畅园”的“八音涧”与清初改筑后的效果有所差异。入池飞瀑已基

---

[94] (清)戴名世:《南山集》,《续修四库全书・一四一九・集部》,上海:上海古籍出版社,2002年,第143页。

[95] 曹汛:《造园大师张南垣(二)——纪念张南垣诞生四百周年》,《中国园林》1988年第3期,第4页。

[96] 有论者仅根据《张南垣传》认为,张南垣的叠山“重视假山的观赏效果,而少及攀登趣味”。见毛茸茸:《与君犹对秦楼月——惠山秦氏寄畅园研究》,中国美术学院博士论文,2016年,第96页。将张氏叠山仅从视觉角度归纳而未关注其中游观效果,是不完整的。

本消失，[97]水平向的“细涧分流”和作为“三叠泉”的竖向“三叠”“层分”也已几乎不见，声景上更与“万顷波涛一涧间”的汹涌与轰鸣相距甚远。这些既是由于所引入二泉之水流量的不足，更与此后的历代维修有关。陈从周先生在《续说园》中对近世的不当修缮感到遗憾：“无锡寄畅园八音涧失调，顿逊前观，可不慎乎？可不慎乎？”[98]但总体而言，还是保留了相当多的当年效果。这道长三十余米的黄石涧峡，空间上大体保持了曲折高下、阔狭旷奥的变化，仍有不绝于耳的汩汩潺潺之声，游观中还是颇有深山幽谷之趣。

结　语

在17世纪江南造园文化发生急剧变革的大背景下，清初“寄畅园”亟须一场重要的改筑来继续紧随时代潮流、以重获名园地位。张鉽作为当时最负盛名的张氏造园的传人，在山水营造中以简驭繁，以假山的改造、水面的整合与建筑的重新布局而获得山水画意，并彰显园外借景。同时，他又通过假山之中新凿谷涧以获得“忽忽在万山之中”的真山水游观境界，从而使“寄畅园”成功地脱胎换骨而成为第一流的天下名园。园主人秦松龄的“园成，向之所推为名胜者一切遂废”之语，既是改筑之实的呈现，也是自豪之情的流露，表达出与旧法造园的告别和对新时代园林文化的拥抱。

作为17世纪江南造园新风引领者的张南垣及其传人的高超山水营造技巧成就了寄畅园这一杰作。而“寄畅园”的优越条件也为张氏造园成就了一件可与张南垣早期成名作“乐郊园”并称的代表作品。经过时光的冲刷，原先明末清初广布于江南的“张氏之山”，今日竟在“寄畅园”中硕果仅存。根据相关文献仅能模糊认识的张氏造园特点，在今日“寄畅园”中仍能真切感受，尤其是其中两大杰出之处——视觉效果上的真山之隅与山水画意，以及游观体验上如入岩谷的真山之境，从中所呈现的17世纪中国园林山水营造的高超艺术水准至今仍是未被逾越的高峰。

（本文初稿完成于2017年12月；后经大量删减改写，更名为《“知夫画脉”与“如入岩谷”：清初寄畅园的山水改筑与17世纪江南的“张氏之山”》，发表于

---

[97] 清初改筑后的文献中仍多有瀑景提及，如余怀《寄畅园宴集放歌》之“忽闻瀑布声潺潺”、吴绮《寄畅园杂咏·石径》之“飞瀑四时秋”、清高宗《寄畅园》之“不尽烟霞飞瀑潺”等；清中期的图像中也可见入池之瀑的形象。

[98] 陈从周：《说园》，上海：同济大学出版社，1984年。

《中国园林》2019 年第 7 期；此处基本保留原稿面貌，仅作少量修改。）

Reconstruction of Jichang Yuan in Early Qing and the Transformation of Landscape Creation in Jiangnan Gardens in the 17th Century

Gu Kai

Abstract: The great fame and landscape structure of Jichang yuan today is based on the event of reconstruction in the early Qing period, for which the owner Qin Songling had an unusual statement that "When the garden (reconstruction) is accomplished, all those previously regarded as famous spots are discarded". This paper is to uncover the idea behind the reconstruction with the historical context of the great transition of garden making in the Jiangnan area in the 17th century, and to demonstate the details of the garden reconstruction with the comparison of garden conditions before and after the event, as well as the analysis of related historical materials. In this way, together with the reason of Qin Songling's narration recognized, the features of Jichang yuan's landscape creation and the outstanding achievements of famous "Zhang's Mountain" in Chinese garden history can be further understood.

Keywords: Jichang yuan; jiangnan garden; landscape creation; reconstruction; late Ming and early Qing dynasties

园林文化　科技赋能
——世界文化遗产狮子林的假山保护策略

张　婕

摘　要：苏州古典园林艺术中，假山是重要的组成部分。元代名园狮子林，以大型太湖石洞壑式假山群著称于世。历经六百八十年的假山遗产，文化积淀深厚，同时，也面临着沧桑岁月的多重考验。时至今日，怎样运用现代科技手段，赋能文化遗产保护传承？本文介绍了近年来狮子林管理处在假山原真性保护、无损伤检测、安全性监测方面做的探索与尝试，分享了现代科技在文物预防性保护应用上的经验。

关键词：园林遗产；假山保护；检测；监测

文化遗产作为人类文明的结晶和最宝贵的共同财富，是人类社会得以延续的文化命脉。在"世界文化遗产——苏州古典园林"这一璀璨的文明珍宝中，元代名园狮子林闪耀着熠熠光彩。

创建于元代至正二年(1342)的狮子林，至今已历经六百八十年的风雨。经过天如维则禅师和弟子的创建、清代黄氏家族的修建和民国贝氏家族的扩建，含纳了元代、明代、清代以及民国时期的历史风貌，具有极其丰富的文化内涵。园内叠山理水、构亭筑屋，栽花植木，融文人意象、禅宗法理、皇家风范、民俗风情、西洋装饰于一体，又将寺庙、花园、住宅、祠堂、义庄、族学合而为一，是苏州古典园林中雅俗共赏、内涵丰富、风格多样、个性突出、趣味性与知识性完美结合的一座园林。2000 年，狮子林跻身世界文化遗产名录，2006 年成为全国重点文物保护单位，受到世人的青睐和中外游客的喜爱。

数百年来，狮子林能在众多江南古典园林中独放异彩和久盛不衰的一个重要原因，就是其"石品洞天、假山王国"的特色。狮子林假山是狮子林文化遗产最为突出的部分，具有极为重要的历史价值、艺术价值、科学价值、社会价值和文化价值。园内保存了历史最悠久、规模最大、形制最复杂的洞壑式太湖石假山群，系国内仅存，世界唯一。元代建园之初的假山景象，至今仍是全园精华主

作者简介：张　婕　苏州市狮子林管理处主任

景所在，对认识早期的造园与叠山极有价值。当代游客仍然能在盘旋曲折、洞壑回环的假山群中真切感受到六百八十年前，天如维则禅师在诗中描述的“人道我居城市里，我疑身在万山中”的景象。

一、历史悠久，禅意独存

狮子林假山约占全园面积的五分之一，面积达2300平方米。元代至正二年(1342年)，狮子林正式作为“寺院”开院。据史料记载：“其地本前代贵家别业”，[①]园中尚有假山峰石遗存。狮子为佛国神兽，维则禅师借形似狮子的假山石峰，表达了面对“世道纷嚣”，其禅意可以“破诸妄，平淡可以消诸欲”[②]；以“无声无形”托诸“狻猊”以警世人。[③] 狮子林假山以佛经狮子座为立意，园内各具情态的狮峰、狮吼、狮石，隐符五百罗汉，仿佛名山深处的佛教圣地，空灵悠远。狮子林也因此成为江南临济宗山林禅的孑遗。

狮子林洞壑式假山群的史料自建园起，至元、明、清三代均有记载。1918年，“颜料大王”贝仁元购得狮子林。他在其《重修狮子林记》中称：

> 园以山石著，故为吴中名胜之一。自有元至正以迄于今，中更两代，垂四百余祀，而诸峰如旧，丘壑依然，鲁殿灵光，若有呵护，师林之名，所以不致湮没者，惟而已。[④]

19世纪30年代，著名园林学家童寯先生在其《江南园林志》写道：

> 元末僧维则叠石吴中，盘环曲折，登降不遑，丘壑宛转，迷似回文，迄今为大规模假山之仅存者，即狮子林也。[⑤]

20世纪50年代，贝氏后人将狮子林捐献给国家，假山部分仅略经修缮，主体部分仍是历代遗存风貌。

狮子林现存主假山峰峦起伏，气势雄浑，有上、中、下三层，共有九径、二十

---

① (元)欧阳玄：《师子林菩提正宗寺记》，《师子林纪胜集·卷上》。
② (元)欧阳玄：《师子林菩提正宗寺记》，《师子林纪胜集·卷上》。
③ (元)欧阳玄：《师子林菩提正宗寺记》，《师子林纪胜集·卷上》。
④ 贝仁元：《重修师子林记》，《狮子林志》，上海：文汇出版社，2015年，第139页。
⑤ 童寯：《江南园林志》(第二版)，北京：中国建筑工业出版社，1984年，第17页。

一个洞口，迂回曲折，回环起伏，左右盘旋，如入深山峻岭。山上奇峰突兀，怪石嶙峋，状如狮子。假山洞穴连环，忽而开朗，忽而幽深，蕴含禅意佛理，给游人带来一种恍惚迷离的神秘趣味。

二、沧桑变迁，时代挑战

历经数百年的风雨侵蚀，沧桑变迁，尤其在当代，公众游览、城市建设等都为古典园林的假山群带来影响，假山面临一定程度的残损危机，园林保护管理部门面临新的挑战。

狮子林部分假山峰石出现裂缝，偶有驳岸松动等情况。其主要原因有五个方面：一是由于假山的地基承载力随着时代的推移发生改变，出现一定程度不均匀沉降；二是假山上的树木随着生长发展，根系不断侵蚀假山；三是雨水的侵蚀，特别是酸雨，导致山石间隙侵蚀和石质表面受损；四是由于假山自重巨大，加上游客攀登造成的活荷载，使假山结构承受压力；五是驳岸区域在水体中长期浸泡，易造成山石松动。加之随着城市建设的发展，临近道路正启动轨道交通施工建设，在施工建设及后期运营过程中，可能会对周边地区产生沉降、震动等影响，造成狮子林假山裂隙增大等问题。

由于叠山置石为传统技艺，古人叠山，造园师自出手眼，“运石为笔”，堆叠时，造园师往往因时因地因势因材创作，指挥匠人付出艰辛的劳动。可能经过多次尝试与重复创作，才最终成就这宛如天成的“地上文章”。因此，叠山造园并无精细的施工图留存，且狮子林假山更是多维度、洞壑回环的复杂结构，充满着古代造园师与匠人们的智慧与汗水。即使用当代技术，对其构造进行全面再现也非易事。由此，假山保护的难点就在于，我们对假山机理构造、峰石裂隙残损信息等掌握不全面，动态变化不明晰，缺少对残损部位信息的科学研究和分析。

在假山保护的过程中，很长一段时间，都采用人工方式进行，定期邀请掌握苏州传统技法的假山工对假山进行观测，发现问题及时保养。这种传统的经验式做法，非常宝贵，在园林假山保护上发挥了重要的作用。但随着社会的发展，矛盾与挑战与日俱增，需要运用更科学精准的技术手段开展假山保护，尤其需要对残损状况进行检测，调查残损情况。在此基础上，分析研究，并提出相应的保护策略。

三、与时俱进，科技赋能

近年来，在上级主管部门指导下，狮子林管理处与专业院校合作，共同开展了"苏州狮子林假山检测、监测项目"。自2018年开始,项目组充分运用多种技术手段,开展了一系列假山原真性保护、无损伤检测、安全性监测等工作。并在此基础上分析研究,充分实现了现代科技在文物预防性保护的合理应用。

首先,工作团队经过前期实地调研、科学规划,综合考虑遗产园林监测施工的隐蔽性、安全性和有效性,确定了合理的监测方案。

其次,项目采取多种技术手段,发挥多种技术的综合、互补,以实现预期目标。一是在狮子林假山峰石检测中使用了三维激光扫描、超声波探测、全景摄影等技术,无损记录假山峰石的裂隙残损情况,做到数据采集精准、展示立体全面;二是在水下驳岸检测中使用水下光纤成像等技术,对山石驳岸、池底情况进行扫描;三是在假山动态监测中使用了可视化数据平台、传感器、物联网等技术。各种技术在使用中效率、精度、数据处理的复杂程度各有不同,通过综合运用,能够达到假山检测、监测工作的需求,为狮子林假山保护提供了更加科学的方法。

最后,经过连续多年的持续检测、跟踪监测,工作团队陆续完成了狮子林卧云室南部假山、花篮厅对岸水假山、西部假山和建筑的数字化扫描、监测传感器安装、地铁施工前监测数据采集,包括常态化数值确定、临界报警值预设等工作,对有可能对园内假山建筑造成的沉降、位移、倾斜、振动等情况给予有效监控。从目前的"体检"结果来看,有着六百八十年历史的狮子林假山,整体稳定,状态良好。

对石质假山进行无损检测和监测,在苏州古典园林中尚属首次,并无经验可循。通过一系列技术性监控,可以获取实时数据,为量化分析提供基础。在专门构建的"苏州狮子林古建筑监测系统"平台上,工作人员可以在线实时查询一系列包括环境类、变形类、振动类三部分的假山监测数据。以科技手段加持的世界遗产保护,大大减少了人工观测的工作量,提高了检测和监测结果的科学性、有效性,提升了遗产园林的科学管理水平。

保护文化遗产既是对历史的尊重,更是对未来的交代。狮子林以卓然独立之姿立于苏州众多古典园林之中,气质独特,底蕴深厚,作为保护和传承者,唯有将现代科技与传统人文不断结合,以更加规范、科学、有效的方式呵护好珍贵的历史文化遗产,守护好这里独一无二的假山遗存,才能使狮子林的丰厚内涵和艺术魅力更好地传播。

Science and Technology Supporting Garden Culture

—Preservation Strategies for the Rockey of

the Lion Forest, World Heritage Site

Zhang Jie

Abstract: In suzhou classical garden art, rockery is an important part. The Lion Forest Garden, a famous garden of the Yuan Dynasty, with large Taihu stone cave-style rockery group is well-known in the world. After 680 years of rockery heritage, it has a profound cultural accumulation. At the same time, it is also facing a variety of vicissitudes of life. Nowadays, how to use modern scientific and technological methods to help protect and inherit cultural heritage? This paper introduces the exploration and attempts made by The Lion Forest Garden Management Office in the protection of authenticity, non-damage detection and safety monitoring of rockery in recent years, and shares the experience of modern technology in the application of preventive protection of cultural hertitage.

Keywords: garden heritage; protection of rockery; detection; monitoring

核雕记

王稼句

【编者按】本篇《核雕记》系苏州著名书画家、散文家王稼句先生撰写的民间工艺美术札记之一。该文被编入作者2020年出版的《考工新记:民间工艺之美》一书中。该文旁征博引,夹叙夹议。是作者多年关注核雕技艺,对明清时期苏州、潍坊、广州三地有史料记载的著名核雕艺人及其代表作品的艺术风格特色,进行了分析和比较,对于研究民间核雕技艺的发展具有重要的参考价值。

关键词:核雕技艺;核工;核舟

小小核雕,二十多年前开始时髦起来,喜欢它的男女不在少数,往往将它作为时兴的装饰,腕缠一串,甚至不止一串,摩挲玩弄,一枚枚泛出包浆的亮色来。

施雕于果核,起于何时,颇难稽考。早期有两个事例,在技术层面上应该是行合趋同的。一是后蜀后主孟昶所得之蟠桃杯。《广群芳谱》卷五十四引《野人闲话》:"蜀文谷好古之士也,于中书舍人刘光祚处见桃核杯,杯阔尺馀,纹彩灿然,真蟠桃之实也。"又引《后蜀纪事》:"孟昶二十年十二月,中书舍人刘光祚进蟠桃核酒杯,云得于华山陈抟。"二是北宋徽宗赵佶所得之西王母半爿蟠核桃。宋濂《奉制撰蟠桃核赋序》说:"洪武乙卯夏五月丁丑,上御端门,召翰林词臣,出示臣桃半核,盖元内库所藏物也。其长五寸,广四寸七分,前刻'西王母赐汉武桃'及'宣和殿'十字,涂以金,中绘龟鹤云气之象,后镌'庚子年甲申月丁酉日记',其字如前之数,亦以金饰之。所谓庚子,实宣和二年,字颇疑祐陵所书。"从两者的造型来看,桃核既如此硕大,又作如此的雕琢和刻画,与后世所说的核雕,不是一回事,但若然要对核雕追根寻源,大概可以算个例子。

今所知最早的核雕名工,已是明宣德年间的夏白眼。张应文《清秘藏》卷上说:"又宣德间夏白眼,能于乌榄核上刻十六哇哇状,半米粒,眉目喜怒悉具,或刻子母九螭、荷花九鸾,其蟠屈飞走绰约之态,成于方寸小核。"所谓"哇哇"即孩儿,此词颇见于元曲。夏白眼不但能在一枚核上雕刻十六个孩儿,每个仅半粒米大小,却神情毕现。他还能在一枚核上雕刻"子母九螭"或"荷花九鸾",两者都是传统吉祥题材,大小九条龙腾驾于云雾之中,大小九只鸾翻飞于荷花之间,

作者简介:王稼句 《苏州杂志》编辑,古吴轩出版社副总编辑

栩栩如生，雕工之精，让人叹绝。与张应文同时代的高濂，在《遵生八笺·燕闲清赏笺上》中称他的制作“可称一代奇绝，传之久远，人皆宝藏，堪为往世一物”。夏白眼的生平，惟文震亨《长物志·器具》提到一句：“至于雕刻器皿，宋以詹成为首，国朝则夏白眼擅名，宣庙绝赏之。”他能被宣宗直接赏识，应该是宫中的匠作。文震亨是带有贵族气息的鉴赏家，虽然推崇夏白眼的雕工，但认为不当施雕在果核上。他说：“第所刻必以白玉、琥珀、水晶、玛瑙等为佳器，若一涉竹木，便非所贵。至于雕刻果核，虽极人工之巧，终是恶道。”这种工艺思想，在当时有一定代表性，奇技淫巧本来就并非正道，而材料的采用，更分出雅俗的不同。这个问题，或就牵涉到传统工艺思想史上的分野来。

夏白眼之前，应该已有不少核雕者，惜已不能具体知道。夏白眼之后，自然有更多核雕者，但文献记载都已在嘉靖以后了。

嘉定竹刻家朱缨，字清甫，因父朱鹤号松邻，故以小松自号。其能世家业，技艺视乃父益臻妙境，刀锋所至，不但肌理肤发细入毫末，而且神爽飞动，恍然见生气。他曾作核雕罗汉念珠。毛祥麟《墨馀录·卷十五·嘉定朱氏竹刻记》称其“尝仿唐吴道子画，镌刻罗汉像，作念珠一串，其刀锋细若蚊睫，无不须眉欲动，各具情态”。朱缨正德十五年生人，万历十五年卒，年六十八，其所雕念珠，或在中年。

万历前期，苏州出现了不少核雕名工。钱希言《狯园·卷十六》说：

> 吴中雕工，凡数十家，余所见昔有陆子需，一名小贺。今有顾师云之子小顾，名未详；沈其材子宗彝，字子序，两人并有巧思，皆名工也。其所刻檀梨、乌木、象齿、犀角，以为卮盂罂缶诸器，备极精巧，有得心应手之妙矣。此不足奇也，曾见沈生刻桃核作小舸子，大可二寸许，篷樯舵橹綷索，莫不悉具。一人岸帻卸衣，盘礴于船头，衔杯自若。一人脱帆，袒卧船头，横笛而吹，其旁有覆笠。一人蹲于船尾，相对风炉，扇火温酒，作收舵不行状。船中壶觞饤案，左右皆格子眼窗，玲珑相望。窗楣两边有春帖子一联，是“好风能自至，明月不须期”十字。其人物之细，眉发机棙，无不历历分明。又曾见一橄榄花篮，是小章所造也，形制精工，丝缕若析，其盖可开阖，上有提，当孔之中穿条，与真者无异。又曾见小顾雕一胡桃壳，壳色摩刷作橘皮文，光泽可鉴。揭开中间，有象牙壁门双扇，复启视之，则红勾栏内安紫檀床一张，罗帏小开，男女秘戏其中，眉目疑画，形体毕露，宛如人间横陈之状。施关发机，

> 皆能摇动如生，虽古棘刺木猴无过。此巧岂物之妖者乎？沈生又取桃核刻作竞渡龙舟，爪牙鳞鬣，状欲飞举。龙口衔夜光珠，一人执小旗立于龙首，一人荷关刀立于龙尾，两旁据舷而坐者各四人，细桨轻撶，运动如驶，其舟像水中行也。又于蒲桃壳上镂出“草桥惊梦”一段，屋宇人物精绝无论，间以疏柳藏鸦，柴门卧犬，悠然夜景，亦思致之最妙者。又用橄榄核雕“碧云天”一段，描写出围夫持鞭整镫，崔、张两人作徘徊顾盼之态，奇幻出于意表矣。其景即“车儿投东，马儿向西”两句也。又用文犀雕百花篮为酒杯，种种花草具备，工致尤极。又橄榄核上镂出贡宝波斯四人，褰鼻卷发，袄子裲裆，形饰无不毕肖焉。如斯之妙，能于灯月下成之，皆若自然，巧夺造化。二子之技，今古罕俦。

钱希言提到的陆子需，张凤翼《处实堂集·卷七》有《小贺传》，说他本是浙江乌镇酒家子，名恩，因从北京良工贺四学雕刻，技艺精湛，青出于蓝，故人称“小贺”，随师居肆于苏州郡城，“子需居吴中，若锡山，若云间，若太仓，诸右族争迎子需造器物，而吴中趋市者又争待子需所造器物举火。故舟来迎子需者多不得泊，及泊，竞扶子需登舟而咸不得解维。顾子需不乐为富人作，而喜给趋市者”。可见他是一位纯粹的民间工艺家。可惜张凤翼几乎未提到他的制作，按钱希言“昔有陆子需”一语来看，核雕也是他涉猎的范围。钱希言列举沈宗彝的五枚核雕，一是“小舸子”，二是“竞渡龙舟”，三是“草桥惊梦”，四是“碧云天”，五是“贡宝波斯”。又举了小章雕镂的花篮，小顾雕镂的秘戏。记录是翔实而具体的，堪称核雕史的珍贵资料。《狯园》成书于万历四十一年，钱希言四十一岁，所记见闻，当在万历中。

沈宗彝的“小舸子”和“竞渡龙舟”，都是利用橄榄核中间大、两头尖的原本形状，赋之于船的造型，精雕细镂，可供细细玩赏。这个题材，早在成化时已有。黄暐《蓬轩吴记》卷上说：“南京一乐工，能刻木为舟，大可二寸，篷桅橹舵咸具，两人对酌于中，壶觞饾饤满案，一人挽篷索，一人握橹，一人运舵，皆有机能动，置之水中，能随风而行，略无欹侧。一舟必需白金一两，好事者竞趋焉。”是否是沈宗彝首先尝试以核代木，今已不得而知，但至少从这时开始，核舟成为核雕的一个重要题材。

继沈宗彝之后，以核舟闻名的，就是常熟人王叔远，其名毅，号初平山人，万历、天启间在世。《槜李诗系·卷十九》有“王布衣毅”条，称其“天启初自常熟来寓秀水杨家村，天怀旷迈，作诗懒于近名”，所著有《雪崖集》。但他的诗名不传，却以精于镂刻的余事，为后人所熟知。他曾以所制核舟，先后分送李日华和魏学洢，两位都留下了记录。

李日华《六研斋笔记·卷一》说：

> 虞山王叔远有绝巧，能于桃核上雕镌种种，细如毫发，无不明了者。一日，同陈良卿、屠用明顾余春波新第，贻余核舟一，长仅捌分。中作篷栊，两面共窗四扇，各有枢，可开合，开则内有栏楯。船首一老，皤腹匡坐，左右各一方几，一书卷，右几一炉，手中仍挟一册。船尾一人侧坐，一橹置篷上，其一旁有茶炉，下仍一孔炉，上安茶壶一，仍有咮有柄。所作人眉目衣褶皆具。四窗上每扇二字，曰“山高”“月小”“水落”“石出”。船底有款“王叔远”三字，仍具小印章，如半粟，文云“王毅印”。奇哉！余闻古人有棘端沐猴之技，意谓托言。弱冠时，得见项子京先生所藏芝麻一粒，一面书“风调雨顺”，一面书“国泰民安”，各四字，云出南宋宫中异人所献者。当时惊诧，舌挢而不下。今见叔远此技，则又游戏出没，恣取万象于一毫，而无不如意者。

魏学洢《核舟记》说：

> 明有奇巧人曰王叔远，能以径寸之木为宫室、器皿、人物，以至鸟兽木石，罔不因势象形，各具情态。尝贻余核舟一，盖大苏泛赤壁云。舟首尾长约八分有奇，高可二黍许。中轩敞者为舱，箬篷覆之。旁开小窗，左右各四，共八扇。启窗而观，雕栏相望焉，闭之，则右刻“山高”“月小”“水落”“石出”，左刻“清风”“徐来”“水波”“不兴”，用石青糁之。船头坐三人，中峨冠而多髯者为东坡，佛印居右，鲁直居左。苏、黄共阅一手卷，东坡右手执卷端，左手抚鲁直背；鲁直左手执卷末，右手指卷，如有所语。东坡现右足，鲁直现左足，各微侧，其两膝相比者，各隐卷底衣褶中。佛印绝类弥勒，袒胸露乳，矫首昂视，神情与苏、黄不属，卧右膝，诎右臂支船，而竖其左膝，左臂挂念珠倚之，珠可历历数也。舟尾横卧一楫，楫左右舟子各一人。居右者，椎髻仰面，左手倚一衡木，右手攀左趾，若啸呼状；居左者，右手执蒲葵扇，左手抚炉，炉上有壶，其人视端容寂，若听茶声然。其船背稍夷，则题名其上，文曰“天启壬戌秋日，虞山王毅叔远甫刻”，细若蚊足，钩画了了，其色墨。又用篆

章一，文曰"初平山人"，其色丹。通计一舟，为人五，为窗八，为箬篷、为楫、为炉、为壶、为手卷、为念珠各一，对联题名并篆文，为字共三十有四，而计其长，曾不盈寸，盖简桃核修狭者为之。

两位对王叔远的制作，都赞叹不已。就刻工无论，尺寸是大大缩小了。沈宗彝的"小舸子"，长度超过二寸，而他的核舟，长度仅八分上下。而核舟这个题材，至王叔远而得以发扬光大。但对这种精雕细琢的工艺，也有人不以为然。郑元勋《媚幽阁文娱》就说："今之刻核舟者多，而未必尽出王叔远手，真赝之间，巧拙大异，非识者谁与解之。虽然，人心日雕日甚，作无益，贵异物，岂佳兆乎？"

与王叔远同时，还有一位核雕名工，即宜兴人邱山。陈贞慧《秋园杂佩》说：

邱山，邑人，雕刻精工，所制胡桃坠，人物，山水，树木，毫发毕具。余见其有渔家乐、东坡游赤壁、百花篮，诗意有"夜半烧灯照海棠""春色先归十二楼"数事，窗阁玲珑，疏枝密树，掩映斐亹，即善绘者，无逾其精巧。他有效者，便见刀凿痕，终不及其雅镕矣，虽一小技耳，前后莫有工者。且胡桃大不逾寸，幻如许狡狯，令人目境迷离，亦一奇也，故记之。

邱山取材似比王叔远更广泛。"渔家乐""东坡游赤壁"都属核舟，"百花篮"与钱希言所记小章所刻的花篮是一脉的。他还镌刻古人诗意，体味意境，构思场景，将之化作立体的形象。比沈宗彝镌刻"草桥惊梦""碧云天"等戏文，似更有创造性。

古人诗意题材的核雕，明末清初仍有不少佳制。宋起凤曾见到一枚，刻得精工而有意境。《核工记》说：

魏子述核舟详矣，余更得其异焉者记之。季弟获桃坠一枚，五分许，横广四分。全核向背皆山，山坳插一城，雉历历可数。城巅具层楼，楼门洞敞，中一人，类司更卒，执桴鼓，若寒冻不胜者。枕山麓一寺，老松隐蔽三章。松下凿双户，可开合。户内一僧，侧首倾听，户虚掩如应门，洞开如延纳状，左右度之无不宜。松下东来一衲，负卷帙，踉跄行，若为佛事夜归者。对林一小陀，似闻足音仆仆前。核侧出浮屠七级，距滩半黍。近滩维一舟，篷窗短舷间，有客凭几假寐，形若渐寤然。舟尾一小童，拥炉嘘火，盖供客茗饮也。舣舟处当寺阴，高阜钟阁踞焉。叩钟者，貌爽爽自得，睡足徐兴乃尔。山顶月晦半规，杂疏星数点。下则波纹涨起，作潮来候。取诗“姑苏城外寒山寺，夜半钟声到客船”之句。计人凡七，僧四、客一、童一、卒一；宫室器具凡九，城一、楼一、招提一、浮屠一、舟一、阁一、炉灶一、钟鼓各一；景凡七，山、水、林木、滩石四，星、月、灯火三；而人事如传更、报晓、候门、夜归、隐几、煎茶，统为六，各殊致殊意，且并其愁苦、寒惧、疑思诸态，俱一一肖之。语云“纳须弥于芥子”，为佛法言也，为文心言也，今乃知为匠心言矣。又闻之尺绡绣经而唐微，水戏荐酒而隋替，器之淫也，吾兹惧矣。先王著《考工》，盖早辨之焉。

这枚核雕既有舟楫，又有城楼、僧舍、佛塔，更将人物的活动和各自的神情作了刻画，体现出张继《枫桥夜泊》的诗意。惜乎作者已不能知道，物存名亡，在工艺史上是屡见不鲜的。

清初苏州人金老，已失其名，也是核雕名工。钮琇《觚剩》续编卷四说：

姑苏金老，貌甚朴而有刻棘镂尘之巧，其最异者，用桃核一枚，雕为东坡游舫。舫之形，上穹下坦，前舒后奋，中则方仓，四围左右，各有花纹。短窗二，可能开阖。启窗而观，一几，三椅，巾袍而多髯者为东坡，坐而倚窗外望；禅衣冠坐对东坡，而俯于几者为佛印师；几上纵横列三十二牌，若欲搜抹者然；少年隅坐，横洞箫而吹者，则相从之客也。舫首童子一，旁置茶铛，童子平头短襦，右手执扇，伛而飏火。舫尾老翁，椎髻芒鞋，邪立摇橹。外而柁篙篷缆之属，无不具也；舷槛檐幕之形，无不周也。细测其体，大不过两指甲耳。康熙三十七年春，江南巡抚宋公家藏一器，左侧窗败，无有能修治者，闻金老名，赠银十两，使完之。金老曰：“此亦我手制也。世间同我目力，同我心思，然思巧而气不静，气静而神不完，与无巧同。我有四子，惟行三者稍传我法，而未得其精，况他人乎！”

从这段记载来看，当时核雕已被大收藏家珍视。江苏巡抚宋荦所藏一枚，既坏便修，无非为了把玩而已。由此可见，收藏与把玩的关系。也无怪乎清宫旧藏的多宝格盒、多宝格箱如此之多了。

康熙时，嘉定竹刻家封锡禄，也善作核雕。金元钰《竹人录》卷上说：

锡禄字义侯，晚号廉痴。性落拓不羁，天姿敏妙，奇巧绝偷。康熙癸未闻于朝，与弟锡璋字汉侯，同侍直养心殿，旋以病癫归里。

按道：

又善镌桃核舟，大不过两指甲，中坐三人，袒而多髯，坐而倚窗外望者为东坡；禅衣冠，对东坡坐而俯于几者为佛印；少年隅坐，横洞箫而吹者，则相从之客也。两面共窗四扇，各有枢可开合。船首两人，一老皤腹匡坐，左右各有酒具；船尾一人执扇烹茶，有茶炉，腹一孔，炉上茶壶仍有咮有柄。舟底镌“纵一苇之所如，凌万顷之茫然”两行细字。又于橄榄核上镌“草桥惊梦”，屋宇人物，位置天然，间以疏柳藏雅，柴门卧犬，夜凉景色摹绘逼真，奇幻出人意表矣。

另一位嘉定竹刻家赵学海妻吴氏，“所制桃核舟与封氏并传”。这是最早见于著录的女性核雕作者。

清初，核舟已相当流行，并大都出自苏州工匠之手，高士奇《苑西集·卷四》有《榄核船》一首，题注：“吴人以橄榄核为船，诸物俱备，且极工巧，得价亦无多耳。”诗云：“蓑笠渔家具，篷窗野客航。未谙浮巨浪，聊取置坳堂。茶灶闲相伴，纶竿手自将。雕镂心太苦，曾否足赀粮。”记下了核舟上的基本器物元素。由于当时核舟较为常见，其他诗人也有咏唱。如吴伟业《桃核船》诗云：

汉家水战习昆明，曼倩偷来下濑横。三士漫成齐相计，五湖好载越姝行。桑田核种千年久，河渚槎浮一叶轻。从此武陵渔问渡，胡麻饭里棹歌声。

彭孙遹《和吴梅村咏物诗八首》之《桃核船》亦云：

度索春秋记未明，至今山下一舟横。问津旧觅秦人种，采实新疑汉使行。内殿贮来杯竞渡，御筵怀得叶同轻。东园桃梗犹漂泊，并载中流有棹声。

于核舟本身几乎未曾描绘，只是借之追述典故而已。

以罗汉为题材的核雕，由来已久。明嘉万时朱缨就刻罗汉念珠，至清初似更多见了。不但苏州工匠精于制作，其他地方也有。康熙四十七年，吴振臣游福建，他在《闽游偶记》中说："漳浦镇出核桃素珠，每粒镂空，镌刻罗汉三五尊，须眉毕肖，亦绝技也。"念珠的枚数有十八、二十七、五十四、一百零八之分，高士奇曾得一串，一百零八枚，合五百罗汉，慢工细活，累年方成。他在《记桃核念珠》中说：

> 得念珠一百八枚，以山桃核为之，圆如小樱桃。一枚之中，刻罗汉三四尊或五六尊，立者，坐者，课经者，荷杖者，入定于龛中者，荫树趺坐而说法者，环坐指画论议者，袒跣曲拳和南而前趋而后侍者，合计之为数五百，蒲团、竹笠、茶奁、荷策、瓶钵、经卷毕具，又有云龙风虎，狮象鸟兽，狻猊猿猱，错杂其间。初视之，不甚了了。明窗净几，息心谛观，所刻罗汉，仅如一粟，梵相奇古，或衣文织绮绣，或衣袈裟水田絺褐，而神情风致，各萧散于松柏岩石，可谓艺之至矣。

高士奇举唐王氏笔管、宋詹成鸟笼的雕镂之精后说："今余所见念珠，雕镂之巧，若更胜于二物也。惜其姓名不可得而知。"

其他题材的核雕，也屡见于名家制作。如康熙时苏州人沈君玉，褚人穫《坚瓠癸集·卷四》说：

> 予旧藏沈君玉橄榄核雕驼子一枚，棕帽，胡须，直身，肩有补顶，手持一扇，扇有诗四句云："一世无骄色，常年只鞠躬。对人能委曲，随处笑春风。""君玉"图书一方。

其又擅用杨梅核雕猢狲，《坚瓠补集·卷二》说："吾吴沈君玉善于雕刻，以杨梅核雕猕猴，色苍毛短，厥状酷肖。"

当时还有在胡桃壳上雕刻造型的，如高淳人邢献之、白之兄弟。民国《高淳县志·卷二十》说："邢献之，读书能文，善雕镂，于一胡桃壳上刻十八罗汉，宛有生气，且屋宇、松竹、题咏，无所不有备。弟白之亦工其技。"虽然胡桃壳比一般桃核要大得多，但在上面雕十八罗汉，其精湛程度亦可想见。当然它不算核雕，却不妨视作核雕的另类。

乾隆初，苏州核雕以杜士元为代表，他不但技艺精湛，且性格独立，乃是一位奇人。钱泳《履园丛话·艺能》说：

> 乾隆初年，吴郡有杜士元号为鬼工，能将橄榄核或桃核雕刻成舟，作东坡游赤壁。一方篷快船，两面窗槅，桅杆两，橹头梢篷及柁篙帆樯毕具，俱能移动。舟中坐三人，其巾袍而髯者为东坡先生，着禅衣冠坐而若对谈者为佛印，旁有手持洞箫启窗外望者，则相从之客也。船头上有童子持扇烹茶，旁置一小盘，盘中安茶杯三盏。舟师三人，两坐一卧，细逾毛发。每成一舟，好事者争相购得，值白金五十两。然士元好酒，终年游宕，不肯轻易出手，惟贫困极时始能镂刻，如暖衣饱食，虽以千金，不能致也。高宗闻其名，召至启祥宫，赏赐金帛甚厚，辄以换酒。士元在禁垣中，终日闷闷，欲出不可。忽诈痴逸入圆明园，将园中紫竹伐一枝，去头尾而为洞箫，吹于一大松顶上。守卫者大惊，具以状奏。高宗曰："想此人疯矣。"命出之。自此回吴，好饮如故。余幼时识一段翁者，犹及见之，为余详述如此。余尝见士元制一象牙臂搁，刻十八罗汉渡海图，数寸间有山海、树木、岛屿，波涛掀动翻天之势，真鬼工也。

杜士元的核雕，今常熟博物馆藏有两枚。一枚是双桃核"十八罗汉"，长三厘米，宽二点二厘米，高一点二厘米，乃利用蝶形连体双桃核雕刻而成。桃核两面以高浮雕和镂雕手法刻十八罗汉，形态各异，生动有致，且祥云笼罩，松枝盘绕，整个画面呈现出悠闲祥和的气氛。上有"天生双桃核，人间士元刻"款识，笔画细如蚊足，勾画清晰。另一枚是核舟"渔乐图"，核呈深枣红色，舟上舱、篷、楫等俱全，篷上有镂空的鱼篓，船窗开阖自如。船首有桌椅，桌上有杯盘，三人围坐，饮酒高谈，船尾有一童蹲于炉前煮茶，一艄公撑船，另有一童匍伏篷顶上。全船六人大如米粒，五官草草数刀，神情宛然。舟底有刻款"乾隆乙丑年造，仙传杜士元"。另附有波浪形象牙底座，以承核舟，底座刻俚语四句："皮肉生来有益长，其中将他造船行。网船家家多子孙，渔翁得乐尝端阳。"这枚核舟装在紫檀雕刻的仿橄榄形盒中，据说是苏州过云楼旧物，如何辗转而归常熟博物馆，就不得而知了。

苏州还有一位核雕家，陈子云，年代不详，疑乾嘉间人。北京故宫博物院藏其核舟一枚，窗篷桅楫俱全，窗棂镂空，舱顶竹篾编织纹路清晰，船头一老翁翘足而坐，持杯品茗，小童捧壶侍立，舱中一老翁凭桌而坐，饮酒观景，悠然自得，一小童凭栏而望，船梢又一小童正在搬弄酒瓮。全船五人，刻画细腻，动态逼真。底部有牌记，刻诗一首，款署“丙寅菊月望后，苏台陈子云制”。据清室善后委员会接收文物时所编千字文号，为昆字第一六九号，原藏体和殿。台北故宫博物院藏其扇坠多枚，题材有花篮、松下高士、松阴渔乐扇等。松阴渔乐高仅三厘米，以通景式构图，溪岸松阴下，渔船两艘泊于岸边，渔人与岸上之客正对饮言欢。上有刻款“庚辰孟夏望前，陈子云制”。人物表情生动，富有动态，松树、渔船等细节处理极为讲究，且用斧披皴刻山石肌理，阴刻细线描绘远山空间，层次分明，备极工巧。苏州博物馆编《苏·宫》（故宫博物院藏明清苏作文物展），将陈子云之作列入“特制进贡”，可见他是一位民间工匠。

广州有牙雕艺人陈祖章。雍正七年由粤海督关祖秉圭选送宫中造办处，曾领衔制作象牙雕“月曼清游册”十二开，乃属广东、江南工匠合作的精品。他也间作核雕，有一枚“东坡夜游赤壁”，高一点六厘米，长三点四厘米，宽一点四厘米。舟上门窗可开合，桅杆绳索等俱备，舱内置几案杯盘，苏轼峨冠博袖，凭窗而坐，另有客人、艄公、书僮等七人，个个刻画精细，神情逼现，舟底刻《赤壁赋》全文，款署“乾隆丁巳五月，臣陈祖章制”。这枚核舟作于乾隆二年，本养心殿旧物，置于紫檀多宝格提梁长方盒中，今藏台北故宫博物院。值得一说的是，陈祖章虽属广东派雕刻家，但这枚核舟与后来出现的广州花舫迥异，反倒更接近苏派核雕，或正是受苏州工匠的影响。

广州增城一带自古盛产乌榄，其核圆润饱满，表面无褶襞，且核壁厚实，最适宜深雕细镂，但当地向无此艺，只是将它作为居家燃料而已。光绪《广州府志·卷十六》说：

> 山居家，其祖父欲遗子孙，必多植人面、乌榄，人面卖实，乌榄卖核及仁，百余年世享其利。番禺大石头村妇女，多以斫乌榄核为务，其核以炊，仁以油。

约至道咸间，前来采购乌榄核作核雕原料的人越来越多，当地人也开始雕镂，其中以湛菊生的成就为最大。

湛菊生，一作谷生，名茂兰，号谷山，嘉庆七年生人，道光四年中秀才。因屡试败北，遂专攻核雕。光绪二年卒，年七十五岁。光绪《广州府志·卷一百三十九》说：

湛菊生，增城新塘人，善刻榄核。增城榄核多无肉者，故可刻，菊生独精其技。所有刀凿皆自炼精铁而成，辟窗东向，朝旭初升，即取榄核向窗口雕镂，有事则口衔之，过午则不刻，云不可刻也。世所传东坡游舫，中为舱，前为船头，后为艇尾，舱中置一桌，三人据案坐，旁有僮，方扇茶，舱后有柁工把柁，计凡为人五，为桌一，为座三，为杯三，外为炉、为吊、为扇、为柁各一，舱两旁有窗，窗八扇，皆可开合，船底刻《赤壁赋》，可谓奇矣。然取价不过十金，至船头上有连环圈七者，则必需三十金云。尝见其刻十八罗汉，山石树林，布置皆极疏落，其罗汉亦各有神理。尤异者，中有罗汉手托一钵，钵上有一鸽，头向内而足在钵边，虽细如初生之虱，而头足皆具，确然是鸽，直疑鬼工矣。末有一牌，是双合而成者，其边悉用工字雕通，一边刻观音在莲花座上，左为善财，右为龙女，上边空处，左刻瓶一，上插杨枝，右刻鹦鹉一，口衔十八子念珠一串，有牌有珠，一边刻《心经》全文，后有款，图书皆阳文。牌后有二珠，一圆一尖，皆榄核所成。而珠中皆凿孔，孔内各藏一佛，观之不背，摇之则响。自言技亦人所能，惟至底皆平，看之似不假刀凿，此则有一日之长云。顾奇巧之物，成非一朝，仓猝之间，难觅售主，计其所入，仅敷中人之产而已。是知艺成而下，不若德成而上也。

湛菊生所雕核舟，形制类乎紫洞艇，那是具有广州地方特色的花舫。

今增城博物馆藏湛菊生“东坡游赤壁”一枚，长四点五厘米，高二厘米，宽一点九厘米。中舱前后有门，两侧有窗，窗门可开合，篷顶刻如藤条编织，上有白鹤欲飞，檐四周雕有梅花、如意等，苏轼等三人据案而坐，船尾一妇人正在摇橹，一幼儿依膝仰望，一童子则在扇炉煮茶，鱼篓、酒坛、炉子、茶壶及孩儿所背之大葫芦等，刻工精细。船底刻《前赤壁赋》全文，并款“增江湛谷生作”，船尾橹上刻“咸丰甲寅时年五十三”。2005 年北京翰海春拍，推出湛菊生的一挂串珠。凡一百零八枚，分刻先秦至明初的名人一百零八位，人物作高浮雕，面目清晰，神态生动，衣褶线条流畅，且皆有背景，款署“湛谷生作”“谷生作”“增城湛谷生”等，成交额达一百三十四万余元。

见于记载的核雕名家还有不少。如松江人郭福衡，字友松，尝于桃核上以烟签刻人物鸟兽，精妙非常，尤善山水；歙县人胡用中，能在桃核上雕刻人物，小如黍豆，栩栩欲活；贵州人舒文光，以人物、山水、树石为题材，法度森严，布局合理，堪称个中名手；上海人麦春华，字锦泉，每以不及径寸之核，镌楼阁、池沼、人物、器具、花鸟皆备。当然有更多核雕工匠，早已被历史风尘给掩没了，这在民间工艺史上是无法避免的遗憾。

一般制作精湛的核雕，价格并不昂贵。高士奇《榄核船》题注说："得价亦无多耳。"故有"雕镂心太苦，曾否足赀粮"之忧。至于名家之作，则价格不菲，如金老为宋荦修一核舟，宋"赠银十两"；杜士元一枚核舟，"值白金五十两"。但由于制作周期长，且买主难觅，像湛菊生这样的名家，"计其所入，仅敷中人之产而已"。

高士奇《记桃核念珠》引长洲人周汝瑚说的话："吴中人业此者，研思殚精，积八九年，及其成，仅能易半岁之粟，八口之家，不可以饱。故习兹艺者，亦渐少矣。"高士奇说：

> 世之拙者，如荷担负锄，舆人御夫之流，蠢然无知，惟以其力日役于人，既足养其父母妻子，复有余钱，夜聚徒侣，饮酒呼卢以为笑乐。今子所云巧者，尽其心神目力，历寒暑岁月，犹未免于饥馁。是其巧为甚拙，而拙者似反胜于巧也。因此珊瑚木难饰而囊诸古锦，更书答汝瑚之语，以戒后之恃其巧者。

高士奇这篇文章收入《虞初新志》卷十六。张潮按道："末段议论，足醒巧人之梦。特恐此论一出，巧物不复可得见矣，奈何！"客观的情形是，由于从业者不多，精工者相对更少，也就影响了核雕工艺的进步。

清季以来，核雕主要有三大产地：潍坊、广州和苏州。

潍坊核雕历史并不久远。清末民初，潍县人丁怀曾开始进入核雕的正途，民国《潍县志稿・卷三十二》说："怀曾，字念庭，少从学，攻篆刻，以桃核雕人物、花鸟极精工，即内府所贮之核舟亦未许独步。惟性情古直，不喜为显达人作，倘以财力迫之，则事愈不谐。巴拿马赛会开幕时，欧美人曾以重价购其桃核数枚，并予最优等奖牌。"同时，有都兰桂，从父学刻桃核，技艺日精，所刻有核舟、扇坠、念珠，代表作有"水漫金山""赤壁赋""轿车"等。他的"马拉轿车"曾在旧金山举办的巴拿马太平洋万国博览会上获奖。都兰桂的学生考功卿，考功卿的学生王绪德，一脉相承，所雕题材广泛。考功卿的代表作有"西厢记""红楼梦""赤壁夜游""九美龙舟""北京轿车"等。王绪德的代表作有"岳家将""十二生肖""八骏图""夜游赤壁"等。

广州核雕历史可追溯至道咸间。湛菊生以雕镂花舫、念珠闻名，尤其是花舫，一船之上，可雕六扇门窗和不同姿态的三十八人，这也成为后来广州核雕的一大题材。清末广州所作有十二枚手串，一面为十二生肖，一面为十二式秘戏，雕工精细，为核雕史所罕遘。另有纯秘戏题材的，或为外销品。民国初年，四会人区桂来，擅雕人物和花舫，人物以“公仔”最著名，能表现出人物的骨格，乃晚近广州著名的核雕艺人，1948 年去世。区桂来的学生江泽流，精雕花舫的十二扇门窗，均能启闭。近四十年来，广州从事核雕的工匠更多，题材不断拓展，有“双层花舫”“撒网渔船”“竞渡龙舟”“蟹笼”“宫灯”“花塔”“古鼎”“水浒故事”等；工艺更其精湛，如“双层花舫”，上下有十六扇可开阖的门窗，舫上有五十八人，前后有铁锚、铁链等物，让人有鬼工之叹。

苏州核雕历史则源远流长。清末以来，几乎都出自光福香山的舟山村。香山乃工匠麇集之地。民国《香山小志・物产》说：“又有雕工，专将竹根、竹节、黄杨、紫檀以及象牙、牛角、桃核、橄榄核刻山水、人物、花卉、鸟兽等玩品，精巧有致，雅俗共赏。”民国初年，舟山有殷根福者，初学竹刻，继学牙雕，成年后在上海城隍庙设永兴斋，主要制售罗汉、观音、八仙等核雕串货，刀法雄健，形简意赅，世称“殷派”。由于市场需求量大，供不应求，他让舟山村民批量生产，由永兴斋收购，最多时一年所耗橄榄核约十担。他还收同村人须吟笙、锺年福为徒，与自己的子女殷荣生、殷雪芸一起雕作。这就为舟山核雕在 20 世纪 60 年代的复兴，奠定了基础。今舟山已成为专业核雕村，几乎家家前店后坊，工匠云集，各逞技艺。

今三地核雕，就制式来说，仍主要为单个、成对、串活三种。单个或成对的作摆件或扇坠，串活则多作手串或念珠。就题材来说，传统的舟楫、罗汉、八仙、花果等仍为主流，但更增加了新的内容，包括戏文本事、园林建筑、山水风景、历史典故、现代人物故事、东西洋人物故事等。就工艺来说，则在传统基础上，体现了现代性，特别在立意和造型上都出现了新面貌，这一点很值得注意。

Notes on the Fruit Pit carving

Wang Jiaju

Editor's note: This article is one of the notes on the folk arts and crafts written by Mr. Wang Jiaju, a famous Suzhou painter and essayist. This article was compiled into the author's book *New Records of the Examination of Work: The Beauty of Folk Crafts* published in 2020. This article is full of quotations and discussions. The author has paid attention to the fruit pit carving technique for many years, and made an artistic analysis

and comparison of the styles and characteristics of the famous carving artists and their representative works recorded in Suzhou, Weifang and Guangzhou during the Ming and Qing Dynasties, which has important reference value for the study of folk fruit pit carving techniques.
Keywords: fruit pit carving technique; carving artists; pit-carving boat

刍议计划经济体制下传统手工艺日用产品的生产过程及相关问题
——以江苏省宜兴紫砂工艺厂为例

吴光荣

摘　要：20世纪50年代，中华人民共和国成立初期，国家极度贫困。中央政府号召有传统手工艺的一些地方，民众可组建作坊，成立生产合作社。生产一些传统的手工艺日用品，用来出口以换取外汇，为建设社会主义服务。另一方面，也可以服务大众日常生活所需。江南的一些传统手工艺人，在政府的倡导和关怀下，组建了各类生产合作社，多为集体小企业，开启了中华人民共和国依靠传统手工艺的创业之路。为了使一些传统手工艺从业者所生产的产品能有新意，国家文化部门发文委托部分艺术院校对传统手工艺人进行文化及技艺方面培训，以此来促使传统手工艺的向前发展。如何提高产品的产量？如何将传统手工艺产品进行量化生产？确保各个生产环节不出问题，且成品率高？工厂的良好管理起到了至关重要的作用。国家多个部委对传统的手工艺生产行业都非常关注，定期或不定期举办一些检查活动，使得传统手工艺行业有序发展，为社会主义建设添砖加瓦。时过境迁，传统手工艺集体生产方式已发生重大变化，集体的生产形式已基本消失，取而代之的是个体或是股份制。计划经济时代所留下的文化遗产，对于当下的传统手工艺的存在与发展还有哪些值得借鉴？

关键词：手工艺产品；生产过程；生产管理；计划经济时代

一、由“工艺卡档案”说起

在紫砂工艺厂的科技档案中，保留了过去许多年生产过的产品资料“工艺卡档案”①，将不同时期、不同类型的产品资料分类整理进行保管。这其中应该包括产品由设计环节到生产环节的多个方面，重要的产品各个环节都有比较完整的记录。

“产品技术资料卡”是工厂里的技术部门面对市场及社会需求等，技术人员所做的产品设计。从技术规范要求来说，有货号、品名、设计、制作、装饰、日期、具体尺寸、产品形态等。其所用泥色、配比、成型母模规格、艺术特点等都有详

本文系2019年横向课题“江苏省宜兴紫砂工艺厂志”阶段性成果，项目编号：2020093119001
作者简介：吴光荣　中国美术学院教授、博士生导师
① 江苏省宜兴紫砂工艺厂科技档案，档案号NT163：41－1－11，1985年。

细说明。部分设计还附有图纸，有主视、俯视、仰视图等多个角度，所有结构、细节的交代都清清楚楚。这种资料卡的背后，是过去工厂里的技术人员，按照工厂生产的需求，每年要提供若干新样，交给工厂相关部门走流程，最后进入生产环节。

新产品工艺分析和审查记录表是对“新产品技术资料”的审查记录，表中有些内容是与产品技术资料卡相同的，不同的是有审查日期，参加审查人员通常在四位左右，有鉴定（审查）意见，包括成型工艺、制模工艺及其他。审查结束后，好与不好都会有详细的文字记录。会依据此记录表进入下一个环节。

母模鉴定记录单包括货号、品名、制作者、下达日期、完成日期、产品身筒各个部位的名称及尺寸；局部模具有：身、盖、嘴、把、钮、脚等；具体工时多久，审定意见是否投入生产，具体鉴定人员签名（三名左右），加盖技术科公章。

产品生产工艺卡包括货号、品名、设计者、制作者、装饰方法、产品图片、模具（石膏模）、原料（具体何种泥料），产品的主要规格及细节名称、尺寸，还有重量。烧成会按具体泥料的烧成温度执行，这张产品生产资料卡，应该是下发给生产部门的。

可见这一整套的档案资料记录和保留了计划经济体制下，一件产品的产生到生产的整个过程。产品形态既有个人风格特点，又有技术主管部门的严格掌控，为产品生产提供了保障。

二、工厂生产计划的产生以及实施

计划经济时期，传统的手工艺行业如何制定年度生产计划，其实也是根据国家“五年发展计划”[②]来制定的。在整个计划中，首先应该抓住和突出几个方面，确定目标，再争取如何实现，这样工作会变得主动。以20世纪80年代中期为时间点，此时正是国家第六个五年计划实施的最后阶段。通常这个时间点是极为重要的，它既要完成现有的计划，又要决定如何制定第七个五年计划。在此基础上，国家也会根据已有的成果，对当时的经济体制改革和进一步如何对外开放做出调整。

对于传统手工艺的集体企业来说，首先是在中央政府的指导思想下，以改革为动力，提高经济效益为一切工作中心。强调“在加快改革步伐，提高企业素质，增强企业活力上下功夫”。面对市场变化，如何发挥传统手工艺优势，搞好

② 江苏省宜兴紫砂工艺厂行政管理档案，一九八五年工作规划、总结，档案号：1985－1－6。

新品种开发，提高产品质量，是完成生产计划的基本保证。

制定明确的奋斗目标，包括“产值、产量、利润、产品质量”。“目标”通常是根据上一年的完成情况，设定增长比例，确定一个基数及产量。“利润”则是在上一年度的实际业绩基础上增长15%以上。

如何确保上述目标完成，就需要制定严格的工作措施。面对市场的激烈竞争，计划经济的任务已不能满足生产发展的需要，这既是一种现实的压力，也是一种前所未有的挑战。好在此时人们认识到“要解放思想，立足开拓，树立起敢字当头，勇于冲破旧的传统习惯势力的束缚，加快改革的步伐”。通过改革，搞活经营。

在具体营销方面，开始提倡“实行多渠道，多网点结构”，即“广开生产经营门路，提高市场占有率，扩大产品覆盖面”。

另一方面，也可根据当时国务院批转《关于轻工业集体企业若干问题暂行规定》[3]中“一业多主，多种经营”的精神，开展多种经营模式。筹备成立综合贸易公司，充分发挥企业承包后多余人员的积极作用，为搞活企业生产，开辟多种经营门路。

通过改革“进一步搞活利益分配，真正使经济杠杆发挥作用”。调动大家的积极性。“继续突出以承包为中心，以责、权、利紧密结合为重点，正确处理国家、集体、个人三者关系为利益分配准则”开展工作。“在承包落实的基础上，积极推行多种形式的工资、基金分配制度”，“要敢于打破平均主义，敢于拉开档次”。真正体现各尽所能、按劳分配的原则，鼓励更多的人主动发挥积极性，推动企业的向前发展。

通过改革“搞活人事制度，大力开发人才”。“启用一批有专业知识，有创造才能，有改革精神、事业心强的开拓型人才”[4]，并从多个方面关心他们，让他们在实践中增长才干，发挥作用，并建立一支高素质、高水平、精技术的骨干队伍，为企业发展面对未来打下坚实基础。同时，企业还扩大了研究所结构，培养新生力量，并与外面的艺术院校联系，邀请来厂里授课、培训、指导、培养新人，并和厂里有关科研人员，联合开发新产品，共同促进创新发展工作。

安排厂里的相关技术人员外出考察，参观学习，进行交流，学习别人的长处，发现自己的不足。从客观上对各地的同行有所了解，取长补短，活跃并丰富

---

③ 国务院批转轻工业部、全国手工业合作总社《关于轻工业集体企业若干问题的暂行规定的通知》，1984年11月20日。

④ 同上。

创新能力的提高。

围绕产品质量的提高，特别强调从“质量管理入手，落实各道工序之工序的质量责任制，力争国家金质奖”。为此目标，突出要点，激发大家奋发努力，积极向上，努力完成。

三、产品生产的各个环节与保证

这里所使用的档案资料，仅涉及泥料、加工、量化生产等方面，属于规范技术管理。因紫砂陶器生产属于劳动密集型作业，⑤多以模具及独特的手工相配，从业人员较多。一件产品的完成，从泥料到坯体完工，需一人独立操作。装饰另由专门陶刻、书法、绘画等专业人员完成。

工厂在规范技术管理方面，有非常具体的要求指向，生产过程必须经技术管理、工艺标准、操作规程等，从而提高及保证产品质量以确保企业的竞争能力。

在工厂的档案中，保存着“工艺纪律管理制度”⑥，有“总则、工艺纪律内容、工艺纪律教育、工艺纪律检查、工艺纪律奖惩条例”等，希望所有员工能够严格执行工艺纪律的相关规定。这些工艺纪律既是技术管理中的一个重要组成部分，也是对员工生产环节中的约束，更是企业发展过程中利用科学的方法管理，确保经济效益的重要保证。

除“总则”外，还附有：“标准化管理制度、车间技术人员工作职责、技术管理网络系统、原料车间工艺技术管理网络、各生产车间工艺技术管理网络、雕刻车间、窑务车间工艺技术管理网络”，覆盖了全厂所有与生产相关的部门。

企业的标准化管理工作是在分管厂长直接领导下，由兼职标准化人员隶属工艺技术中心主管标准化工作。负责对正式生产的产品，执行标准化生产，对各个环节进行监督，发现不合格的半成品不能进入下道工序，不合格的产品不能按合格品出厂，符合标准的出口产品按规定由相关商检部门签发合格证书。有关标准化管理制度，会根据技术和经济的发展，适时进行修订及调整。

操作工艺标准中，关于原料是这样要求的：“原料生产工艺流程：矿源验收、风化、摊晒除杂、粉碎、球磨、粗炼、陈腐、过筛、陈腐、真空炼泥、待用”；“矿源标

---

⑤ 江苏省宜兴紫砂工艺厂科技档案·轻工业部全面质量管理奖检查评审第十一组对江苏省宜兴紫砂工艺厂申报1987年部质量管理奖的评审报告，档案号：NT1639-1·13，1990年。

⑥ 江苏省宜兴紫砂工艺厂科技档案·工艺纪律管理制度，档案号：NT163：49-1-12，1997年。

准，紫砂矿源质量的好坏直接影响生产工艺，产品质量的优劣”。

“矿源外观标准：紫泥，外观为半内块球，有光泽，黏土碎屑为片状结构，呈紫色，紫褐色，断面为细砂粒组成，无夹泥及铁质存在为合格。”烧成温度为1130℃，色泽呈紫红色。

“本山绿泥，为紫泥的拌生矿，形为块状，风化呈粒片状，色泽为青灰、青白。断面为细砂粒组成，无铁杂质及其他色泥，烧成温度1130℃，色泽呈黄白色。”

“红泥，为嫩泥的拌生矿，外观为泥状，呈黄色、蛋黄色及黄红色、深红色，质地较细密，粘性较好。”烧成温度1080℃，色泽呈红中带黄，温度1150℃，色泽呈现为红中带紫。

关于矿料的加工过程，矿料风化时间不得少于六个月。关于泥料细度，水分工艺标准，都有严格的规定要求。40目泥料、24目泥料、16目泥料均可手工成型、滚压成型。关于矿源验收工艺标准，还有一些细节，“定点矿源的化学成分分析需送省陶研所监测，新矿源还需经物化测试，小样试制，小批量试用合格后，由工艺技术中心出具标准，方可通过供应科采购，投入大生产”。加工好的泥料，入库必须保持清洁、干净。一系列的规定和要求，是确保产品生产的基本保证。

四、产品入窑前的检验及装窑、开窑

紫砂工艺厂对所生产的产品要求特别严，“一件产品的生产过程中，要经过多次检验。生产人员自己首先要认真学习并熟练掌握工厂里的验坯规定和检验标准。半成品时质检规定：检验前应该核对生产卡中的各种信息是否相同，准确无误后方可检验。所有半成品坯体含水率必须在3%以下方可检验，所有半成品入窑前需经生产人员自己逐件检查，所有工序需处理得干干净净，无任何问题，方可提交检查”⑦。

所有半成品检验都必须按规定标准进行，不合格的坯件一律报废或返修，不得擅自验收，特殊情况需经有关领导研究处理。不合格的坯件要向生产人员明确指出问题出在何处，需报废的当场报废，需返修的地方要明确标出。

验收好的坯件要按品种、泥色等分类堆放整齐，品种、泥色、数量等信息要注明清楚。检验人员必须严格把好产品质量关，不得讲人情，不可营私舞弊，不得收受贿赂。超计划坯件，必须由有关部门签署具体意见后，方可检验，不得擅

---

⑦ 同本书289页注释⑥。

自处理。

装窑前，要检查窑车及所使用的匣钵是否合格，检验好后无任何问题方可装窑。车身脚石要平稳，确保安全运行。若发现不稳定因素，必须返工，重新装窑，防止事故发生。

烧窑工操作工艺标准⑧：在接班工作前，必须做好一切准备工作。上岗后，不得任意改动数字和结定值，如温度、油压、油温、电压等。重油流量计每天检查一次，以保证流量计和喷油嘴正常工作，发现喷油嘴有问题，要及时更换，确保各类仪表工作正常，如发现仪表故障后，应把仪表拨到手动位置，由点动或手动操作喷油嘴，并及时安排仪表工更换仪表，调试正常后方可进行。

若出现长时间停电，应把仪表拨到手动位置，待来电后接通开关，手动进行烧成，待温度烧至正常后，才可把仪表拨到自动位置，方可投入工作。此时升温不可过急，并及时观察窑内射火情况。值班人员必须做好每天的工作记录，下班前，认真做好交接班的各项手续，并打扫好工艺环境卫生。（此窑燃料为重油，油压操作工艺标准省略）

成品班组操作工艺标准⑨：进入工作状态后，首先对所使用的各类工具、推车等检查好，做好一切准备工作。高档产品和细货要分装好，不能有碰撞现象出现。每天所有的高档产品都要有详细的数字记录以及日期。装篓时不能过满，按标准产品入库，做到分类、分等级堆放，要安放整齐，当天进库的货物当天出完，进出入库人员要有记录，发现问题及时反映。认真做好分库台账，做到库存有数，进出库有数，同时要保持库房的工艺卫生。

窑务装窑、开窑工作，在投入工作前，必须做好一切劳动准备工作。装开窑时，必须做到轻开、轻放、轻拿。装窑时必须严格检查坯件的质量，不得漏装。坯件入匣钵前，要把匣钵内整理干净，避免装坯时发生意外。

装窑工装窑时，必须做到："严格执行高、中、低火位搭装要求，对匣钵、坯件要安放平稳，不能有松动，匣钵底要平稳。匣钵内装坯件要注意匣钵内的空间，居中。多层匣钵堆叠要直，并形成匣钵柱，不得歪斜，钵柱之间，间隔均匀，钵柱高度要齐匀。提坯、套装要轻拿轻放"⑩。

包装操作工艺标准⑪：内销与外销的产品，须要按各自的要求标准进行包

---

⑧ 同第289页注释⑥。
⑨ 同第289页注释⑥。
⑩ 同第289页注释⑥。
⑪ 同第289页注释⑥。

装。内销产品通常包装比较简单，多将产品用草绳捆扎，但必须扎紧，不得松动，几件一组。外销产品须按照货号、品名准确无误装箱，产品数量、类型、品名要与生产单吻合，不得有误。

大捆、小捆或是装篓，包装数量和品名要清楚，不得有误，每件包装的产品要有包装工人的工号，以便检查。此时的陶瓷产品包装，比较一般。国内的普通产品大多用草绳捆扎，外销的用些纸盒包装。

五、生产过程中的各项管理

作为传统手工艺行业产品生产管理，有着多种多样的管理方法。除了工艺纪律管理制度外，工艺技术管理网络系统⑫更是将厂长、主管部门负责人、各个生产车间的主任、班组长，都落实到人，分工明确，哪个环节出了问题，很容易查出，如何解决问题，处理得都比较及时。

对紫砂陶半成品重量、成品重量及容量，经多年生产与经营管理，都已形成了企业标准，由内部实施。

标准规定了紫砂半成品重量，成品重量及容量、产品分类，重量及容量误差。引用标准 GB3301 日用陶瓷的容积，口径误差、高度误差、重量误差、缺陷及尺寸的测定方法。

容量：有盖容器的容量测定法，是将水注满容器后，盖上盖子，不溢出水为止，然后测定其容量。

重量的误差范围：小型为 8%，中型为 8%，大型为 4%、特型为 2%，注浆类产品- 2%～+5%。

容量：小型为 17%，中型为 15%，大型为 13%、特型为 11%。此标准适用于厂内多种类型器皿，上千个品种。⑬

《紫砂陶器》国家标准，由宜兴紫砂工艺厂制定，1989 年发布。后经王俊华、陈坤怀、朱荣华、鲍志强等修订，由中华人民共和国国家质量监督检验检疫总局、中国国家标准化管理委员会于 2008 年 12 月 28 日发布，2009 年 6 月 1 日起实施。中华人民共和国国家标准《紫砂陶器》GB/T 10816 - 2008 代替 GB/T 10816 - 1989。⑭

---

⑫ 同第 289 页注释⑥。

⑬《江苏省宜兴紫砂工艺厂科技档案・宜兴紫砂工艺厂产品重量、容量标准》，档案号 NT163:49 - 6，1991 年。

⑭《中华人民共和国国家标准-紫砂陶器》(GB/T10816 - 2008)，北京：中国标准出版社，2009 年。

新发布的《紫砂陶器》国家标准，对紫砂陶器的范围做了规定及“产品分类，技术要求，实验方法，检验规则和包装、标志、运输、贮存”等进行了调整。强调了该标准适用于“质地细腻、含铁量较高的特种粘土制成的，呈色以赤褐为主，质地较坚硬且透气性能好的无釉紫砂陶器。（其中壶类产品应以手工打接、镶嵌成形法制成）”为紫砂陶器的多个方面建立了标准。

为了传统手工艺的创新与发展，工厂里对年轻人的技术培训，一直都非常看重。将一些自身条件好的年轻人送去高校进修学习。也会在不同时期，将高等艺术院校的教师邀请到工厂里来，办一些专业培训班。档案室内至今还保存着“中央工艺美术学院‘紫砂设计’培训班教学计划”⑮。计划中强调了“为继承和弘扬民族文化，促进紫砂陶艺的不断发展，中央工艺美术学院陶瓷艺术系受宜兴紫砂工艺厂的委托，定于一九九三年八月开办《紫砂设计》培训班”。

培训班的教学目的是培养学员的造型能力，提高理论知识和艺术修养，开发学员的设计思维能力。开设的课程有：造型基础、造型的形体构成、传统装饰雕塑、立体形态设计基础、中国陶瓷与文化、设计课等。⑯ 每位上课教师都专门编写了课程讲义，授课老师极其认真，课堂点名、考核分数等都有存档。

工厂在自身的发展过程中对产品的品牌意识极强。1981 年 2 月 10 日成功注册了紫砂“方圆牌”商标。⑰《紫砂花瓶》《紫砂竹简壶》荣获一九八四年莱比锡国际博览会金质奖。⑱ 紫砂工艺厂生产的方圆牌《紫砂花瓶》，荣获一九九〇年第九届中国工艺美术品百花奖“金杯奖”，这是国家质量最高奖。⑲

六、对计划经济体制下的手工艺日用产品生产过程的反思

改制后的工厂，以前的员工都变成了个体。以陶为生的人们为了过日子，依然从事着过去的手艺。工作的地方可能没变，但做陶的所有环节都要靠自己去张罗。生产原料的矿被封了，得去找原料，做好的作品要去找烧窑的地方，作品要自己去销售。原有工厂里的一整套管理制度瞬间就消失了，人们期待的现象没有出现。相反，市场出现了乱象，议论最多的就是紫砂矿料。因为，没人能说清楚矿料的来源，也缺少科学或客观的硅酸盐研究机构的认证。很多喜欢紫

---

⑮《江苏省宜兴紫砂工艺厂档案存档》，无编号。

⑯ 同⑮。

⑰《江苏省宜兴紫砂工艺厂科技档案·〈中华人民共和国工商行政管理总局商标注册证〉（第 144458 号）》，档案号：NT1639－1·13。

⑱《江苏省宜兴紫砂工艺厂生产技术管理档案·关于申请国际金奖给予奖励的报告》，档案号：1984－3－18。

⑲ 同⑱。

砂壶艺的人们对传统的泥片成型方法情有独钟,但面对高档紫砂壶艺,望而却步,小心翼翼却不敢轻易出手,一壶难求的现象已很少再现。

面对这种状况的出现,我们是否应该仔细重温计划经济时期紫砂工艺厂的管理方法:工艺纪律管理制度、各生产车间工艺技术网络管理、产品质量监控、国家标准的制定与实施等,对当下的个体生产者还有借鉴的作用吗?如果有用?那又由谁来执行?由谁来实施?谁来监督?

时光荏苒,让我想起了1999年6月4日在南京参加了由江苏省工艺美术总公司、江苏省工艺美术行业协会、南京艺术学院设计艺术系共同发起的“江苏省特种工艺小型企业体制改革理论探讨座谈会”,会议邀请了北京及省内一些有关专家、领导及企业人士对下列四个方面进行座谈:

1. 结合本单位具体实际,如何评价中华人民共和国成立以来工艺美术企业体制变革的历程?

2. 如何选择新时代条件下更有利于工艺美术生存与发展的经济体制?

3. 解决目前工艺美术生存大面积滑坡的关键何在?

4. 目前有哪些适合工艺美术手工生产规律的新型管理机制值得推广?

此后,我有幸参加了《江苏省特种工艺小型企业体制改革及管理模式对策研究》这一课题小组,负责主持“宜兴地区陶瓷行业现状调查”,并完成了现状调查,写出了文字材料。二十多年过去了,课题也早已结束,但我们找到了真正有利于工艺美术生存与发展的管理模式了吗?

Rumination on the Production Process of Traditional Handicraft necessities under the Planned Economy System and Other Related Issues

—With Special Reference to Yixing Purple Clay Craft Factory in Jiangsu Province

Wu Guangrong

Abstract: In the 1950s, at the beginning of the founding of New China, the country was extremely poor. The central government has called on people in some places with traditional handicrafts to set up workshops and production cooperatives. People could produce some traditional handicrafts and daily necessities for export in exchange for foreign exchange to serve the construction of socialism. On the other hand, it can also serve the daily needs of the public. Some traditional handicraftsmen in the south of the Yangtze River, with the government's advocacy and care, have established various production cooperatives, mostly small collective enterprises, which has opened the way for new China to rely on traditional handicrafts. In order to make the products new and innovative, the National Cultural Department has issued a document to entrust some art schools to train traditional handicraft practitioners in culture and skills, to promote the development of traditional handicrafts. Many ministries and commissions of the country paid close attention to the traditional handicraft production industry and held some inspection activities regularly or irregularly, so that the traditional handicraft industry could develop orderly and contributed to the socialist construction. As time goes by, the collective production mode of traditional handicrafts has undergone significant changes, and the collective production mode has basically disappeared, replaced by individual or shareholding system. What are the lessons to be learned from the cultural heritage left by the planned economy era for the existence and development of current traditional handicrafts?

Keywords: handicraft products; production process; production management; planned economy era

展示即创造：新手工与新民艺理论

——关于“类文化”及晏阳初的思考

附：关于推进落实高层次、精品化全国“艺术家政”教育，系统设立国家级家政专业、独立技术学院暨专门大学的提案

连　冕

摘　要：民间工艺的初衷及本源乃工业时代之前为了满足社会日用等需求而进行的手工造作，它是好用、廉价、朴素及普世的。不过经历了近现代百余年的社会发展和人群演进后，手工艺一方面被毫不吝惜地抛弃，另一方面又被毋庸置疑地推上了“神坛”，个别甚至成了精致、无用且昂贵的代名词，彻底背离了“民艺”为“民”的逻辑框架。同时，原生而纯粹出于乡野的手工和艺人已不复存在，学院化教育的普及，加之标准化、中心化、权威化的艺术评鉴，让“野生”的手艺几乎绝迹。换言之，在城乡一体化发展之际，研究者、实践者必须正视民间和手艺的内涵早已发生了质的转变，所谓的固守就是落后，而新时代中的“类民间”和“类手工”恐怕才是今天我们需要重点关注的内容，这才是属于时代的新平民之美。

关键词：时代；观念；文化；生成；民间

必须说，在数字媒介狂飙突进的年代，无法完美应对新的一番启迪民智浪潮的美术馆、博物馆，已然是彻底地落伍了。

作为被赋予典守、展示使命的机构，传统意义上的公立美术馆、博物馆于日益繁盛的大众收藏活动中，多只扮演鉴定标准件提供者的角色。遗憾的是，随着购买经费也就是行政职能的受限，那些百姓把玩间、文青戏耍时往往“易得”的特色物事，更多倒成了公立机构难以跨越的搜求门槛。于是，一所重点或专门院校的此类附设机构，倘再没有政府财政的定向挹注、考古单位的热忱支援，失却校友、朋辈的慷慨捐赠，恐怕最终只得变为粗率的内部“同乐园”，而“博物”应凸显的社会启蒙价值，或要荡然无存。因为，若如此，它们甚至连标准件都难向人们胪举，以资参详……

据我观察，中国美术学院民艺博物馆（简称“国美民艺馆”）当前即处在如何更好地解决这些不大不小困局的关键阶段。国美民艺馆的核心宗旨乃“致力于

作者简介：连　冕　中国美术学院教授、博士生导师

手工艺的继承、活化和再生”，可是手工与民艺总归不在“象牙塔”内——这般“博物的土壤”在工艺人的手中和脚下，院校只能产生微量的“特殊手工艺者”，如果仅是守着这一亩三分“同乐园”耕种，其间的养料必将随着日历的翻动快速流失，遑论“在全球化语境中重建东方设计学体系和文化生产系统”。所以，我们需要有新的办法。可以这么理解，通过美术两馆（潘天寿纪念馆、美术馆）、博物两馆（民艺、国际设计）的一体复合，中国美术学院实际构造出了一种“人间艺术学”及“真‘博物学’”的高级呈现。民艺不仅是其内的重要组成，关键还在于：就一般生成论分析，其乃美术与设计行为的基础过渡或中间环节；而就创造智性论着眼，它更实现了美术同设计既巅峰又普世的极致表达，民艺由是当被解释为“人间一切艺术的创造母体”。于此，我在意以历史真实规律来确认民艺的伟岸，这自然深深得益于东瀛前贤柳宗悦等的巨大贡献，我也希望借之不单找寻到各色造物的善性，亦能透过合适的机会令“学院的艺术”实现“去经典化”，最终彻底回归人间的本源。

的确，著名高等专业院校的美术、博物馆系统更当别具一格，而国美民艺馆还是我国乃至全球高校中，少有的以民艺为核心研究、展陈对象的所在。这里说的“民艺”，本质上与公共博物馆的前身，以私人和殖民的调性炫耀先进、贬抑落后，也即同凭借旧的“人类学—东方学”体系为存在基石的近现代“博物馆学”，及其定义下的、令参观者不得不臣服的“经典”概念迥异其趣。当然，演变至今，“炫耀”本身还有了一些新形式，比如历史悠久的大型综合博物馆，在规划上以信息轰炸、库存清仓的姿态布设藏品，丝毫不顾参观者的理解力与感受力，荒疏了知识传播的核心功能，一味寻找视觉爆点和心理刺激，彻底世俗化了人类学的价值，粗糙地措置了考古学的结果，甚至漠视基本的历史学考索，仅仅扭捏于网红宣传的快时尚逗弄，全然忘却释放作品和空间上真正属于美的量能。

一、类文化的提出

当然，除了莫名地继承帝制或殖民思路外，有一些博物馆则沿袭、借鉴了近代博览会的业态，特别是欧洲主要经济体早期的商业贸易宣传以及苏联社会生产蓬勃时期的工业鼓荡逻辑。只是，现如今的网络经济氛围，所谓现代象征之一的大型超市不再是多数百姓购物的首选，十几年前人们还借着商场的展示比比、看看，随着电子商务的效能进一步释放，便捷的配套措施，物理地点的陈列、销售成了为无法使用网络的群体和有特殊采买爱好者所准备。同样的情形发生在一度辉煌的影剧院中,除了专门的需求,年轻人反复步入剧场的机会并不高,单机电脑、家庭投影等个性化欣赏模式足可迎合大量并不热衷集体消费的主顾。

换言之,现代先贤不断认为需要得到真切教化的庶众的审美力,当前已是进入了势不可挡的质的提升阶段,以及个性且精细分野的局面,而旧的面向公众的美术、博物馆作为现代主义和大工业生产居高临下的代言人,其体量和消耗之巨大,纵使如巴黎蓬皮杜国家艺术和文化中心(*Le Centre national d'art et de culture Georges-Pompidou*)透过经典的伦佐·皮亚诺(*Renzo Piano*)式建筑转向"后现代",也处处彰显着那种对珍贵资源的漠视以及对平民思想的鄙薄。而国美民艺馆从设计之初便由隈研吾(*Kengo Kuma*)引入了"负建筑""负空间"理念,本质是冀望甩脱前殖民与后殖民的缠斗,由现代走向"后现代之后"谦卑的、人与自然的共生,它有落差、有隐藏,实际是就经典和非经典进行的讨论与宣告。

不过,我们稍稍再将话题拉开一些,如"民艺"这个理念所期待的那样仔细观察生活,周遭那一间间挺立在各个社区、街角的小超市,与急速推进的城市建设恰恰形成了对照:城镇化程度愈高,小门脸的店面愈发在都会巷弄间广布。这一点在世界范围内倒有两组有趣的对照,其一是在日本、韩国和中国香港等东亚商品经济高度发达的国家与地区,主要街道两旁小型便利店、士多铺鳞次栉比,它们因经济的畅旺而挤压着微型美术馆、博物馆和新旧书店,令之在二楼以及巷尾的逼仄空间中别致地存活。粗粗想去,或许这是基于土地局囿而带来的独特选择,但重点却在于其间强调个性与差异的高效竞争策略。每个街角皆有其对应的消费、欣赏群体,也正是如此众多鲜活的"微型化""碎片化"乃至"非经典"式的连缀,方才构成一座生机盎然的人群整体,以及一个物阜民丰的血缘、国族集成。于是,同类型的景观一样能够在伦敦、纽约等街头出现,甚至剧场空间都可以是极端迷你的,这在罗马、柏林等地同样常见,而正是如此的星点构筑起了足以对抗传统迷狂信仰的现代人的精神世界。

另一对照组是"南方国家",从亚洲的泰王国、马来西亚,到南美洲和大洋洲的诸多同样有着悠久文明史的地域。确是经济条件制约了他们起造、利用大型的展示场地,而那里的小型空间又必然地相对简陋,但引人兴味盎然的别样色彩却丝毫未减。相形之下,我们的小超商却"千篇一律",至多不过是大型超市的扁平化微缩,甚至连南太平洋岛国上闽、粤、浙华人家族连锁经营着的那种颇成一派的格局都不曾见到。请勿嫌弃如此的对比,因为超商系统在那些我们看似落后的国家里,其实承担着大大小小的现代美术馆、博物馆,甚至就是一间间商品化了的民艺馆的“布道”功能。我所以不厌其烦地做出看似偏题的描述，想要说明，一个永远面向民众敞开的现代美术、博物馆系统的必然属性，便是要在全局启蒙的基础上，重新搭建起一种个性化、本土化的，同生活须臾不可割裂的真“博物学”框架，而非随波逐流地为某些怪异名词胡乱装点。

所以，我绝不否认手工之美，素来向往之、心系之。不过，历史时期遗留至今的手艺今天倒进入了它最辉煌也是最具争议的年代。若不加推广与限制，将使传统手艺彻底堕落为奢侈与小众消费的代名词，博物馆再对之进行不加干预的展示，势必将“泥古”地变为腐朽旧货和垃圾糟粕的展示区，乃至夸耀式地成了名利的镀金场。那么，作为一个处在思想极年轻又最活跃的核心教学地带内的社会化场所，我们的责任不是充当一所“病梅馆”、杂货摊，倒要通过快慢并置、长短相宜的研究性陈列，以反复宣明、彰显那种充溢着足可称为野生力量的人间法式——展示即创造。

此处，需注意一个观念上相反的问题：当前的民艺已较难觅得脱离“学院艺术”而纯粹自为发展的路径和成果了。就全球史的普遍意义上观察，属于“民艺”的个体表达与再现，还曾被定性为与精英对立着的“民间”，只是想象中的那些隔绝与原始，到今日多也不复存在了。现时，几乎所有创作者的受教经历都免不了专业院校的参与，全然的“礼失求诸野”的景致怕成了无从提起的过往。礼与野的区分一时间几乎消弭，这是去“中心主义”的好事，而刻意在手艺和民族文化中强调那些对立，难免映衬出过度刻意的企图。或者，可以说，“旧礼”已为各类人群所否定，“新礼”又在诸多层面生成，所谓“求”当是寻觅这个“新”罢了。

这正如各类院校当仁不让地成了集体化生产的必由训练渠道，当前手艺人的创造性绝大多数又与之须臾难离。简言之，在此语境下，那种传说中神启般的通灵技艺习得术，早就沦为不断被证伪且充斥矫饰的谎言诈骗史。同理，一度被理解为最基础的手工劳动，眼前更是与想象中的“经典民间土壤”彻底割裂，手艺及其制造者必须直面新材料、新客户和新问题，若再回到传统模式启发新消费和新鉴赏，则终将坐等大规模的残酷汰选，而那些顽固的守旧者则将成为最先被剔除的旧征象。只是，专门化高等院校的培养又是短促的，纵然目前攻读研究生总人数逐年攀升，也不可否认本科四年的教育仍是未来一段时间社会骨干生力军的专业主流知识来源渠道。那么，纵使算上研究生培养的六七年，院校在相对短促的时间里也极难培育出“不离地”的手艺大家。当然，我们的使命，诚如几位师长向我多番强调过的，不是要将优质的学生群体悉数塑造成某某大师的三流徒弟。所以，一座难能可贵的民艺馆的启蒙价值也就愈发凸显：它不是一个美术展览馆、一间博物胪陈区、一所少长自乐园，它必是一处真正提供匡世、升华动能的天工搬演场，必是一处活跳跳的由人间最干净双手和高妙智慧共同建筑起的交互新中枢！

近十余年来，对于中国传统文化的新崇奉成就了惹人欢喜的社会气象。基于上述讨论，从具体操持层面讲，当前常说的“国风”“国潮”，基础养分十之八九便是源自手工文化和民间艺术。不过，作为局外者，人们多只瞥见了国潮物事呈现出的光鲜面，忽视了它们背后各类艰辛锤炼的构想、造作过程，忽略了技艺、再现背后所需的大量学徒、工匠般的艰苦训练与劳作，以及与之密密牵连的趣味、规划和管理、制度诸事项。实际上，经过漫长历史时间内的生发、积淀与变革，传统民间手工造物及其成器、育美观念，早已具备了强健且深入生命血脉的上下游网络关系，只是我们方今才稍稍作出了可能的揭示。而时代又发生了巨变，一种“类民艺”化的情形出现后，大量旧规律已不适用于新趋势。由此，前文提及的不能成为“三流的徒弟”，并不意味着古典时期优秀的培养方法在现时是错的。只是，现代的教育倘若完全学徒化，其实倒真没有什么优势了，因学徒化的工作已大量为人工智能等取代，“与古为徒”起码自庄周以来已被证明绝非是个至善的了局，[①]因其终归不能实现个体的存续与超越。

再比如，我们终于开始留意微观造物的制度史问题，各类一度煊赫、鼎盛的同业行会便是典型代表，这曾令研究者们开始从较为单薄的器物考辨，转向对社会及组织的整体发展规律的探讨。当然，现实亦在催动考索者、传续者、制造者、扶持者群体清晰地转向对“类手工”组织的观察。意即一大批新的乡村建设团体出现后，人们愈发重视在大好的形势中借鉴并活用历史上已有的成功经验，使手工、民艺各组织充分发挥继承德业、凝聚同业、修习术业的重要平台效能，愈加灵活、高品质地为工艺、美术、设计在内的各相关分支领域，以及对之充满期待与兴致的普罗大众，提供更具思辨旨趣和多元共享价值的新体验。换言之，就民艺及其人群发展的内部规律看，我也并不推崇东瀛当前的“人间国宝”制度：他们已进入了强调“只有一件最好”的特殊阶段，将之以异常高的价格贩售给消费者，你如果觉得这代表着手工文化的巅峰，似乎就必须以购买宣告臣服。学理上，这实际成了利用社会学，或者社会人类学手段而介入艺术的一类需要警惕的典型场景，其希图将日常、易耗的手工成果推举为具有唯一性、排他

① (先秦)庄周等、(清)王先谦集解:《庄子集解·卷1》,《内篇·人间世第四》,北京:中华书局,2018年,第34－35页。

性的“经典艺术”。而我们现在提的“类文化”，便是面临这个现实情况展开讨论：陶瓷艺术家们也开始常把“最”字挂在嘴边，用的原料最好、机器最好、烧成工艺最好等等。事实上，民间艺术从手工和劳作的角度说，只要好用便是最好，这方能体现出那种对人间最大的开放、包纳和推动。

可以如此理解，“最”的本身是经典性的，但这样的经典性如果就“经典艺术”论，便构成了不可撼动的“经典存在”——作为强烈的“名词”以符合其独占的特色。倘落在“民间艺术”上，则往往强调的重点仍要回归其“形容词”属性，并以之修饰人间众多具体之“用”的机能，这是庶众日常的必然规律。具体到手工行为中，其之“经典性”是要在“用”上实现和升华，一旦没有使用，也宣告着丧失经典价值，而所有将其摆设起来形成一种割裂了的“观看”，只能是这种“经典之用”的低端外围和幼儿戏耍罢了。据此，我有必要提醒，关注手工文化不能只想着“扁平化”“平面化”的审美趣味问题，那些看似无趣的“百姓日用”才是真正大道。而且，此“道”往往以“类文化—类古典—类经典”的形态出现，我们要充分领悟其间智慧，非是将其草率地处理为“俗务”，要充分理解“类”的进步性、革命性。莫忘了，先辈正是如此绝不守旧地存活下来，而我则乐意将此定义为“经典的类化”。

这里提及了两个“类”——“类民艺”“类手工”，目的在于同人们理想中的那一批其实是在历史语境中不断变化着的概念展开对照，也是关于近似、类似的“去经典化”的表达。② 由此，实际承认了“民间艺术”“手工文化”确已进入了新的历史阶段，原先想象中的乡村、城市二元对立正急速崩解，村域在缩小而乡间整体的幸福指数在一部分地区甚至完美超越城市，旧的对于民艺和经典艺术之间的关系构建同样随之坍塌，这是一个全球治理下的真切情境。至于城市的边界，也在全方位地划入乡村。以中国美术学院为例，二十年的象山校区建设就是杭州城市扩大的显证，历经专门著名高等院校如此的介入和梳理，杭州西湖区转塘街道已是一处非常成功的乡建核心示范区——作为原先杭州本市与所

② 汉语研究界关于“类文化”议题有过较明确讨论的篇什，目前主要为康兆春的《间性中的文化秩序重构——以汤亭亭的“类文化”为例》一文。康氏在分析美国华裔移民第二代汤氏(*Maxine Hong Kingston*)的小说文本写作时，借用比较宗教学家雷蒙·潘尼卡(*Raimon Panikkar*)的观点，提出不同文化间起等价作用的“等价物”便是“类文化”，其乃“跨文化认知的产物，它是力求在两种文化交互的地带寻求沟通的桥梁，它是一种文化的自我解密”，“存在于两种、三种或者更多的文化之中，它强调文化的间性，它们可并行、可交叉，它是新文化秩序构建的共同基点”(《云南农业大学学报·社会科学版》第4卷第3期，2010年6月，第109、112页)。惟，当前本文的“类文化”概念，虽也带有以致接近等价物的倾向，但更多则是指“类”的基本意涵：“许多相似或相同事物的综合”，即“类似”(中国社会科学院语言研究所词典编辑室编：《现代汉语词典》(第7版)，北京：商务印书馆，2016年，第791页)。

辖富阳县的接壤地段，甚至有了艺术类包括电影、音乐在内的博士阶段高阶培养和博士后科研流动站。也恰恰基于地缘身份的转换，在社会生活和艺术表现层面因之就有了“类乡村”或者“类城市”的情境，以至于原先的“返乡”之“乡”可能已是今非昔比。再从另一个层面看，原先城市的先进机能同样可以在乡间大量寻得，我们已难说清在杭州转塘这个曾经的乡野中的创作就一定是“农民画”了。甚至夸张地理解，其内的悖论近似于美术机构训练出来的“儿童画”不能草率地被称为儿童的天性创作那样。只是，不得不追问一句，现在的父母到底能有多大的勇气接受原本那些率真、自然的儿童画呢？的确，对于乡村、儿童，以及就连对于手工、民艺等等的美好想象，都可能是被来自城市等的资源所精密训练过的，一如网络消费所促成的“淘宝村”“微店村”“抖音村”中所见的乡民生活那样，已是清晰且彻底地建诸科技至上的理念内了。

这般境遇中，“类手工”和“类民艺”也就自然迸发。尤其是当前，大量原先地域性的天然物料有了新的非本土运用，同时石油化工制成品对之还实现了堪称全面的混入和替代，跨媒介试验还悄然在旧的民艺、手工创作行为中普遍出现……必须承认，这就是“类民艺”现象，继而说明了以地方族群的人类学要素为根基的“经典民艺”大厦悉数垮塌，新“民艺学”所处的是一种“都市社会学”土壤——至少是大面积“类都市”和“类都市化”的。若荒疏了对此关系的讨论，将导致人们看不见“城中村”里的新手艺，遇不到“画家村”里的新生产，短视地只想着引流、增税，继而在一波波新浪潮竞逐中，令“空心村”尴尬地被填补为异域者的“伪原乡”。

当然，我更认为，相对于“经典民艺”，这般的发展路径其实就是“新民艺—类民艺”之下，“新手工”或“类手工”的重要现场，中国美术学院及所属民艺博物馆，正是其间一支重要的训练和启蒙力量。或者可以这样理解，高等专门院校的教育以及美术、民艺、设计诸馆的存在目标，是针对性地展开综合高级造物新旧仪节的扬弃与传习，继而提示、鉴别出真、伪“民艺”“手工”，并就其间各色成果的关键宣导与再生提供核心示范。总结而论，这些当是一类“社会礼教”的“存在主义”运动，如此方能彻底践行蔡元培先生“以美育代宗教”的宏愿。

二、晏阳初的讨论

提及“新民艺学的土壤”让我想起前贤晏阳初，以及晏先生自 20 世纪二三十年代启动的影响全球的乡村建设试验。当年，晏先生即认为农民青年的训练是乡村建设的根本基石，[3]而所谓“下乡”工作不应是救济，却是对于农村的深切关注并应当全范围地促进乡村的自觉发展，以令“农民生活科学化”。[4] 在我看来，这些观念皆与中国美术学院的创建者蔡孑民先生所思所想可谓契合。

不过，现在反观，面对“类乡村”化情境时，青年训练已由设置在“类乡村”地区的，或者可以说是由直接生长在乡村的核心机构，如大学等基本贯彻了的。不少前辈知识人所希望做到“去精英化”地修正士绅阶层的“坏毛病”，使得乡村与都会在精神品质上能有更多的对话平台和共通语言，这点已由植根于城乡接合地区的大量精英大学实现了。此乃晏先生所希望，通过政治化行为对乡民、乡建工作提供实质帮扶和资助，继而以家庭、学校及社会合一的方式来推行社会化教育。[5] 精英大学的“入乡办学”令村社里出现了“类乡民”人群，同样不能忘了，事实上也出现了“类市民”人群。只是，此种教育在当前环境中，仍有着墙内墙外的区隔，高等院校的社会服务固然是一个打破壁垒的途径，但社会服务多数时候只能被视作知识寓教于乐的基本普及，那些深切寄望提高训练成效和深度的工作又须依赖博物馆系统引动，继而施加更大的素质提升力量来展开。此亦系我所理解的，国美民艺馆作为校内思想向高层次深化、校外智力向教育现场导引的，“内化外引”式核心节点的理论出发。

至于剖析晏先生的思想，不少研究均已议及，其是受早期对“苦力”们的切近观察而逐步产生的，深刻体悟到苦力有善性，有苦力之力。[6] 而我认为，这还是建立在传统礼治之善的一面的训练之上。同时，晏先生强调对此种“力”的发扬，更是一种对平民的信任，对他们潜藏着的卓越品质所揭示出的一切可能的尊重、褒勉与推传。换言之，我们在处理当前“类民艺”问题时必须清晰意识到，如果过度强调“大师”作品的经典性，要求早已步入跨媒介状态的一切新创作，重新“毫无保留”地退回到传统技法的训练中，继而又通过经典化“大师”，人为地将其与技术转变成壁垒，实际是走向了“新民艺”的对立面，否定了属于这个时代的新的平民之美，以至于颠覆了晏先生等先辈所强调的城与乡、大师与平民间的不矛盾性和可协作价值。

---

③ 晏阳初：《十年来的中国乡村建设》(1937 年)，宋恩荣编：《平民教育与乡村建设运动》，北京：商务印书馆，2014 年，第 228 页。

④ 晏阳初：《农民运动与民族自救》(1935 年 10 月)，宋恩荣主编：《晏阳初全集》(第 1 卷)，长沙：湖南教育出版社，1989 年，第 385 页。

⑤ 晏阳初：《十年来的中国乡村建设》，选自《平民教育与乡村建设运动》，北京：商务印书馆，2014 年，第 222 页。

⑥ 晏阳初：《平民教育促进会工作演进的几个阶段》(1935 年 10 月)，《晏阳初全集》(第 1 卷)，长沙：湖南教育出版社，1989 年，第 390 页。

晏先生早年也不断提及乡村建设中需要关注的社会结构问题，包括文化、教育、农业、经济和自卫方面。[⑦] 我近年来也反复强调一件事，包括通过全国政协委员的提案及国家政治层面的安排逐步协力助推美育工作完备地纳入家庭活动之中，系统充实到家政人员的业务培训之内，目标是令能够帮助家庭生活力恢复的保姆、阿姨们同样能有美学上的发展，接受美的培养而不只是熏陶。可以说，相对于早年具有革命性的简单尊重苦力之力，上述工作是新时期强调提升“人性之力”的一个重要面向。晏先生对此类规划曾做过非常重要的提炼——他的“六大教育目标”，即劳动者的体力、专门家的职能、教育者的态度、科学家的头脑、创造者的气魄、宗教家的精神。[⑧] 这是 20 世纪 40 年代的话语，如今我认为宗教家应替换为美育家，这就是我前面说的，希望在优秀照护群体的养成中亦能强化美的教育，进而将家庭生活美学化。其直观的结果不仅是去除美盲，还能高层次地美化周遭，进而逐渐抹去城乡隔阂，消磨“类文化”所带来的独特尴尬乃至精神苦痛。

也因此，重新审视晏先生的工作，足可为当前蓬勃发展的艺术乡建“新浪潮”提供理解问题的别致角度，亦可为美术、博物馆系统如何面对一种新的全局性知识生成大趋势带来关键启示。首先，我们必须注意到院校美术馆、博物馆实际已进入了艺术乡建的核心场域，尤其是艺术院校现在广泛进行的工作不仅存在“类手艺”“类乡村”的动向，还出现了一波非常重要的“新国际化”行为。比如当前的乡村景观改造中，不少是在联合运用本地与非本地的植被，配合着包括风格都经特意处置的主流现代钢筋混凝土建筑。甚至可以说，有些所谓改造是透过不断地对本地资源摧毁性重构，刻意营造出一脉“类文化”的“类情调”。与此同时，我们的乡村后代不少是由国外留学返归，视野、趣味均已扩大且全球化，不消说日常同样大量用着西洋科技装备，我们当然认同这些情形相对于乡村发展而言，既不应是固有的原罪，也非本土特色推进的掣肘。用最通俗的话说，就是不能把“土”当作美，不能将“洋”视作命，重在兼容并蓄、开拓创新。至于博物馆系统的功能属性及其必然滞后的特点也决定了，古老乡村的那些旧的物质、技术化内容寓其内倒是应能得到相对妥洽的记录与保留，此便是博物馆的基本价值——承认过往、存藏凋亡、启迪新智。不过，应引起重视的还包括，理论上，凡此时此刻艺术乡建正在推进的，均应且能够在美术、博物馆中得到呈

⑦ 晏阳初：《十年来的中国乡村建设》，选自《平民教育与乡村建设运动》，北京：商务印书馆，2014 年，第 221 页。
⑧ 晏阳初：《本院六大教育目标》(1940 年)，《晏阳初全集》(第 2 卷)，第 135 - 136 页。

现，毋庸置疑同样应当在民艺馆内摆列、阐发，并以之引导、教化学子和大众。

紧接着，便不难理解所谓“去精英化”在晏先生的理论中指向的便是“新青年化”。艺术乡建所推进的工作大量是由青年知识人群承担，早年晏先生期望借助训练青年乡民以形成乡村建设的实绩，并据之获得良性的循环。现如今，我们为何如此大力度地以创意产业的方式推进艺术乡建，正是因为已经经过几段历史建设时期，完成了知识青年的基础训练任务，实现了广义上的“文字扫盲”。所以，乡村建设的总体格局进入了“类城市”化时代，曾被认为愚昧的乡村倒是成了一大批当代都会人的身心归宿。由此，我多年前已反复强调，不应再使用“下乡”等多少带有歧视意涵的语汇，不必轻易假设乡间就是等而下之的蛮荒山野，倒是应突出更具古典气息的比如“采风”等概念，而非草率地将“下乡”变成精英式的掠夺、介入和干预，以及粗陋的袖手旁观和嘲讽取乐。至于民艺类的博物馆，不可自命为西方那些早已落伍的人类学观念策动下的“东方学”阵地：如若仅是猎奇式地布设上“乡土”，以供寰球现代“高等人士”笑闹间赏玩，这反倒是对传统与故土的极端的不敬重和大亵渎。那么，可以这样理解，“新青年化”的工作不应是浅表地照搬西方辞令，比如我时常提及的，学院的课表就不该单独、堂皇地出现英语“workshop”等，而中文的“工作坊”等讲法完全可与之并行不悖地共存共用，借以提醒青年们不可忘本且必须进步。

乡土值得我们重视的本质是什么？这需要通过美术、博物馆系统，准确地说，是亟待凭借如民艺馆这样架在艺理和博物、都会与乡邻之间的一道桥梁来提炼并凸显了。至于民艺馆的公共教育意义，更是表达在如此逻辑上以执行“美盲”的扫除，继而达至一个高级的“去精英化”——美如果普及了，那么某种意义就不存在“精英”，因为“伪精英”便是讨巧地对明明“不美”的物事盲目自信和自专。反向观察，在当前“类手工”时代里，新青年又可为美术、博物馆系统提供什么样的展示资源呢？这倒是馆方策划者、管理者们需要直面并协理的一个时代新问题。落到设有民艺馆的高等院校教学中，我们必须不断地自我设问是不是又“过剩”地提供了一个社会化手工市集的高端、冷艳版，并企图孜孜矻矻地将恶劣的“类文化”，乃至将毫无内省力量的“伪文化”包装成为“主流文化”？还是，针对不同的个案都充溢着难以替代的清晰洞察和哲理思辨，进而完美地实现其等各具特色、各得其宜的优质空间置入。

所以，第三，我们的工作当是“去矫饰化”的，其最终指向乃在当前所处的关键历史转换期内，坚持一种与生活不割裂的“新物质化”及“新组织化”。我们国家在早年扶贫开发的基础上已有了乡村振兴局的制度安排，只是实际执行中，该局的目标仍以巩固脱贫攻坚即拓展经济致富为核心，而乡村文化的发展多需依赖文旅和教育系统的微观工作来贯彻。只是，文旅部门为了实现乡村整体面貌的快速进化，短期内不得不沿用未必合宜但仍有一定经验可循的现成格套，这往往成了某些"地景式"项目易于为民众诟病的核心症结，最终自然触发了各色"伪文化"的粉墨登场，因之无法全方位释放本地应有的文化复兴动能。

晏先生非常重视并强调政治性的制度安排，这源于他长期希望的，通过乡村建设和青年训练以重塑新时代礼俗合一的有机社会体。回到手工和民艺，结合晏先生的理解，当前"乡土"的本质是新青年通过新教育能否在"类乡村""类都市"社会环境中找到扎根、生长的出路。新手艺不仅是他们谋生的重要工具，还是他们自觉精神的终极归宿，这是乡村建设摆脱只靠扶贫接济一途的重要先导观念，也是新民艺理论的构成之基。换句话说，新旧手工技艺的存在宗旨和重点，正如晏先生所窥见的，乃在不断发扬人之善性的智慧劳动及成果，而我们美术、博物馆系统的工作，则是成为此类善性艺术化表达的全方位、集中态破译和诠解的高级平台及精妙场域。

1937 年，晏先生在《十年来的中国乡村建设》中有过一个提法——"学术政治化、政治学术化"，他还特别说，希望"行政机关教育机关化"。⑨ 我无意粗糙地套用，说"手艺政治化、政治手艺化"，但对这种论述被误解的贬义内容，实际是要尝试转化为褒义、正向的思考及行动：借由各政治层面的制度安排，令行政机关对民众多元生存、工作提供实质的协力和资助；同时，发动教育者投注研究力，使受教成为礼仪化和规训化的过程，贯穿其间的则是新手工所带来的种种造物，而行政机关不再只是晏先生时代所期许的简单的教育机关——这已被大量的高等教育单位所代替了，倒更应是一类"礼"的制度性组织，民众将同他们一起推演着新的高尚的生命活动。⑩ 借此，可以这么理解，相对于政治行为而言，那些粗浅的艺术行为本质是矫饰的，倘若将艺术政治化，那么矫饰将得到转变。当然，如此的"艺术政治"，不是草率的行政口号及宣传，倒是建立在对生命

---

⑨ 晏阳初：《十年来的中国乡村建设》，第 219 页。

⑩ 按晏阳初先生彼时的定位，在分析了太平天国、戊戌变法、辛亥革命、五四运动和北伐战争（晏先生所说的"民国十五年的国民革命"）数次运动后，会发现"第二、四次的运动比较和平。即是每一次破坏之后即有较和平的改良运动"，而乡村建设则是北伐后发生的又"一个和平的建设运动"："这个运动最少可以补救前五次的缺陷：第一，它注意及大多数人的教育问题；第二，它使国家的建设注意到求大众化的问题，而使国内人人都能相当享受国家的权利；第三，它注意到一切政令、法律、制度，如何与人民生活相扣的问题，使人民把国家的政令、法律、制度看成他们自己生活的一部分。以上三点虽未完全实现，但这个运动实含有此三种意义"（《十年来的中国乡村建设》，第 218 页）。而这最末的第三"政令、法律"面向，从政治制度史的角度看，实际便是直接触及古典礼制的现代转化问题了。

本已存在的艺术规律，对包纳了电子等超越性技术的“新民艺”和“新手工文化”的虔心尊崇之上，继而重新将由此生发的“礼”与内省置在首席，而非只是盲目关注作为其衍生品的政治本身。

据之，可以说，“新民艺”是生民之礼，“新手工”是人性之器。我们中国人实际是政治的前身——礼制——所养育长大的一群人，而礼制的世俗化就是“礼”的仪式，并由“礼仪”最终转化出世俗的伦理和政治关系。需要再明确一点，新手工文化、新民间艺术绝非可以简单地被现当代艺术置换，其间根本的区分在于手工制作重视“体”和“心”的长期砥砺，再通过“身”与“思”的艺术化表达来控制“偶发”，实现“程式”。而“程式”即“礼仪”，手工文化本身“程式”之美的价值，在于融通礼乐，不是彻底抒发个性。由此可见，就概念论，“民间艺术”较之“手工艺术”显然愈加随性奔放，前者或许可以等同“现代艺术”，但后者并非天生具备纯粹的现代性。后者要在强化历史背景下承传与适应，而于当前的生活语境内，必将出现旧关系的断裂与新逻辑的重组。晏先生早就提及，对农村的关注和乡村建设的不断推进是来自鸦片战争之后中国人的共同诉求，是集体心理催生下的民族和文化的自觉。[11] 当然，这意味着乡建运动和手艺发展在某种层面上就天然储备了自力更生的强大动能，因此也蕴藏了祛除古典礼制所带来的偶像膜拜等弊病的惊人伟力。

韦政通先生曾总结过晏阳初先生的理论，认为晏先生领导的乡建运动对于重组传统文化不是要求进行全然变革，而是仍能与传统保持思想、精神上的联系。[12] 再从教育学研究者的归纳角度看，晏先生是“以文艺教育治愚、以生计教育治穷、以卫生教育治弱、以公民教育治私”的模式来实现，[13]而韦先生认为其内呈现出的实乃知识、生产、健康和组织间的多元连接。比例而言，手艺的振兴同样不是粗陋的一刀切式改造，我多年来关注的正乃传统礼制行为中的社会公共治理问题，所以尤在“公民教育治私”这点上，常常考虑如何在政治及组织行为中将之落实，而晏先生所希望做到的就是通过知识力、生产力、健康力和团结力的重新获得来完成。事实上，民间艺术的本质包括了乡民在内的普罗大众自我教化、构造、保育和凝聚的重要路径，这对应了晏先生前述的四种“力”，乃一类

---

⑪ 晏阳初：《十年来的中国乡村建设》，选自《平民教育与乡村建设运动》，北京：商务印书馆，2014 年，第 214、215 页。

⑫ 韦政通：《“创造转化”与“自我实现”——论晏阳初的思想与人格》，《平民教育与乡村建设运动》，北京：商务印书馆，2014 年，第 528、537 页。

⑬ 马秋帆：《本卷前言》，马秋帆、熊明安主编：《晏阳初教育论著选》，北京：人民教育出版社，1993 年，第 1 页。

通过物质的艺术化再生，贯彻难得的自组织创造模式的好办法。因为这样的自组织，是“新手工”本身对于人之精神的拔升，对于残旧思想的汰除。这呼应了程式之美在礼制和政治上所展露出来的高级价值。

承前，广东开平碉楼是当年“苦力”们以美洲等地务工挣来的资金盖起的建筑，这让我们重新思索南粤江门、中山各处现代早期的乡村建设风潮。不过，无论彼时还是当代，必须坦言，那种在乡间的洋楼是决然矫饰化的，现在将之视作世界文化遗产，却应是提醒人们其重点在于理解“遗产”的真正价值是“去矫饰化”。如此的诉求不仅显明了20世纪初奔波海外的侨民对故土未必深刻却十分实际的“中体西用”般的改造，同时承载着一种多元且复杂心绪催发下的时代脉动，并可启迪我们以新的思路重新探讨眼前常会遇到的棘手问题。对此，我有一个总结，即我们所处的将是“去学科化”、跨学科化的新手工和新民艺建设时代，并与上述“去精英化”所涵括的“新国际化”“新青年化”“去矫饰化”贯通，此乃第四点。

“去学科化”的工作也是在面对碉楼那样的情况，面对当前乡村建设中各色状况而出现的一种特别筛选。比如，还是中国美院所在的杭州转塘地区的龙坞村，经过新发展后几乎没有别的农业类型了，只剩茶叶经济。这就是“类都市化”的选择，为了都市人寻找离身边最近距离的一个城郊茶园逐步形成，以至于转塘地区作为原先杭州的偏乡竟孕育出了复杂的现代茶商网络。不过，如此精细分工导致一个新问题，是在地的精英大学似乎失去了跨学科的际遇，原先的蛮荒反而精致化了，学生们所处在的创作田野皆为微观且单一的形态。加之渗入生活几乎所有肌理的互联网消费，使原先的手工劳作在院校中逐步被“淘宝”的“外包接单”替代，而创作“扁平化”带来的“类手工”几乎快要转变为“去手工”了。的确，我们享受了电子化带来的“新跨学科”便利，但“类文化”这个时候却显示出其对纯手工所具有的巨大伤害，进而反证了“原始手工”本质上是一种古典时期的跨学科集成。有鉴于此，可以这么讲，倘若无法在院校中重新筛选出值得强化或者恢复的手工工作，反倒一味关心粗浅的形式模仿，那么我们曾经引以为傲的专业教育势必被科技和时代吞噬殆尽。所以，在手工文化中重视“去学科化”，其核心旨趣正如晏先生领导的重庆北碚乡建院教务长陈行可先生描述的那样，是“活的教育”，是“行动的教育，事必躬亲，自己的事自己干”，最终方可实现“含有新的价值性、全我活动的”真创造。[14]

---

⑭ 陈行可：《本院六大教育目标概述》(1947年10月)，《晏阳初教育论著选》，北京：人民教育出版社，1993年，第278、281页。

民间艺术是由大量无名艺人反复积累、锤炼成的，艺人和技艺本身首先是一个综合体、一个集成点。同时，民间艺人还要承担包括初级医疗活动在内的多种社会行为，他们绝非分科教育之下就能四年、十年培养出来，而是需要经过长期“去学科化”的生活训练方能实现。国美民艺馆展示的根本逻辑是强化“生活的艺术”，这正是民艺本身，但晏先生所期待的农民生活科学化，倒与“民艺”概念高度契合，所以我补充认为，民艺只有在“生活科学化”后才可完美，而这种完美是跨学科、去学科分野式的。现在，乡民们都在使用科技终端设备操持着各色农活，不过问题是那种属于培植高品质民间艺术的“科学化的生活”是否真正实现了？

陈先生“全我”的提法在当前美术馆、博物馆、民艺馆，以及所有的学位教育中均持续受到关注，这曲折呼应了民艺就是一个伟大的“类文化”问题的本质。所谓“去学科”的民艺，某种意义上近于大家熟知的东瀛：匠人使用的材料即便连一棵树都是他自己小时候种植、灌溉的。当然，在目下的日本，此种“事必躬亲”的极致情形似也不多见了。所以，什么是我们现在需要的“全我”？“全我”是以“去学科化”的广泛可用技术，成全世界和个体的共同美好存在。在古典时期如此的“成全”，自然依赖勤力的双手和聪明的大脑，继而才催生了发达的现代科学技术，虽然旧的体系崩解，但手工精神的存在以及那种足可推动进步的人与自然协进的力量，才是“全我”的新任务：“完全的我”便是完全就着广达的性灵而尽情创作，如果做到这点，那么最起码“你”已经是一位“人间的艺术家”了。这不是贬低，是高扬。因为你是一个纯然且宽阔地成全世界的创造者，而不是一个汲汲于如何与时俱进地“拿来”的“伪艺术分子”。可以说，倘无以实现“全我”，那么精英化的劣根——社会系统的封闭和人际恶斗的纠缠必将卷土重来。当然，手工劳动某种意义上倒又具备了突破程式、打破壁垒的内在驱力。同时，极有必要关注到，博物馆系统经过若干年的进化，其当代目标是成为“类人群”之间的纽带，使得大家能够更深刻地理解应当如何放弃隔阂而重新打开自我和世界。至于，在杭州转塘象山的中国美院校区，又是通过学术和展示令大量的“类乡邻”都感受到了开放的“类教育”“类美育”的持续熏陶，成就了一项人类学意义上濡化与涵化并进的大工程。

所以我总在强调，良性地承传了古典博物学理念的现代美术馆、博物馆，包括作为形态上相对别致的民艺馆，终极目标应是建立一类“礼俗合一、艺教合流”的学科间的新共同体。相较于西方的猎奇与殖民，民艺的展示更是一类平和却充溢着庶众之力的礼貌且善性的选择。研究者总结过晏先生的理论来源，包括儒家民本的思想、科学的方法、民主的方式等等，我也认同并乐于化用晏先生讲得最多的一个理念，因为我深刻地意识到其本质就是一种跨学科，甚至是无所谓学科分野的、艺术化的物质呈现，即民众的生活具备且需要科学化，民艺是真实、去矫饰化的科学生活土壤内最夺目的成果。至于新的民艺理论，又是建立在此基础上的复合并升华了的叙述自洽领地。它拓殖出的一切皆可在跨媒介、多平台融合背景里得到崭新且合宜的生活观印证，手工、科学、艺术等人的智慧精粹和终极表达，因之获得研辩亟需的对话平台与阐释权力，切实回归其本初斑斓且不应遭到割裂的，立体、多元的生成和存续环境之中，继而终令艺术的观念和造物的嬗变，在方法论的推演之际，铸成完备的知识学新系统。

附：关于推进落实高层次、精品化全国“艺术家政”教育，系统设立国家级家政专业、独立技术学院暨专门大学的提案[15]

家庭是组成国家的最小单元，关系着国家的和谐、稳定与强盛，而良好的家政教育观念更是维系美满、优质家庭和邻里关系的处世之道与智慧源泉。因此，为了不断提升更趋优质、丰富且精致、细腻的大众家庭生活，更是为了全面实现国家长治久安、中华民族伟大复兴，建议在全民推进素质教育的大背景下，从国家层面落实家政教育投入、布局，及其规范、普及，系统提升家政教育的社会地位，形成培养规模化、专业性的高等学校及系科建设，孵育、助推国家层面跨领域家政教育新成果，从而尽快提升百姓家政受教程度和素质水平，全面改善家庭日常行为模式。

一段时间以来，美术、音乐、设计等门类作为美育典范，不断成为百姓日常陶冶性情、提升修养的重要途径，更体现出美育兴邦的实际效能，但随着国家文化软实力的持续发展、快速增强，作为社会精神基础的百姓生活的美育工作仍大有迟滞，其对社会主义精神文明建设所将发挥的作用愈发显得紧要且迫切。只是，当前通过学校或培训机构进行的美育工作，终归与家庭日常生活存在实质差距，而早前人们所忽视的家政教育及服务恰正可作为美育连接家庭的关键一环。换言之，以家庭为中心，以成员为纽带，家政美育工作皆得成为个体审美养成、精神世界丰盈的起点与阶段终点，更是个人、家庭、社会乃至国家精神风貌、文化建设至关重要的一个实践平台。此即所谓修身、齐家、治国和平天下，

---

⑮ 本提案由连冕独立起草，撰写期间及初稿完成后，均得到过驻滇全国政协委员田静女士、中国美术学院硕士研究生许昌伟同学等的协助，特此致谢。

更乃“一屋不扫，何以扫天下”的深刻寓意之所在。家政教育的历史在我国亦相当悠久，可谓家风文化的根本维系，流传有序、系统规范的家训约章和治家格言比比皆是，有些已家喻户晓、妇孺皆知了。不难看出尽管这些都是特定时代、特定人群的观念产物，但仍清晰证明了家政思想在我国有着深厚社会传统和基础。而在新时代语境下，结合全国推动素质教育、职业教育的大趋势，以此为原点推进并落实高层次、精品化家政教育势在必行。

可以说，家政教育是当前全民美育、共同富裕的关键抓手之一，新时代美育体系及其精神文明建设当以根植家庭的形式最终做到入于人心、见在日常。也应当注意到，世界范围内，著名综合大学开设家政专业、家政系，甚至独立设置长、中期家政学院、大学的不乏其例，在现代教育的大背景中，家政早已成为一个跨学科、高层次，兼具理论和实践的综合学术领域，而非俗常所认为的保姆、雇佣等最基础的家庭照护和保洁工作。因此建议，从国家层面考虑跨部委合作，指导已有重点大专院校设置、创立专业家政教育体系，最终以多元形式创办成规模的家政学院、大学，逐步导正社会上无章法的粗放经营和闲散人员培训式的短期家政班，逐步取代现有定位较低、格局凌乱的中等职业学校相关技能培训，成建制转向体系化、规范化的家政高等教育，从而更为国际家政从业领域输送中国人才、中国智慧，提升我国软实力和竞争力，展现中国家政新实力。

一、当前我国家政教育主要问题

1. 职业身份的正确观念亟待树立

提到家政，民众多仅联想到清扫、保姆、托幼、月嫂等基础服务行业，未有更多元且更趋正向的理解。本质上说，这是我国高层次、精品化家政教育及服务缺位所引致的极度片面认知。事实上，包括烹饪、园林、图绘、手工、赏藏等在内的生活技能和艺术能力养成，皆系家政服务及其培育的范畴，而非长期以来那种被认为只应停留在单一技术训练层面的各色粗浅杂役。其次，我国现有的家政服务内容有限，从业者知识结构单一，难以获得长期的技能升级支持，除基础的家庭卫生及护理，几乎很难提供更丰富的精神内容，继而令所谓家政教育也只能是单向度地培训普通保洁等技师，从业者自无力为所效劳的家庭提供更多增值内容。最终形成就业人员高度不稳定、社会矛盾持续性增加等不良循环，教育者、从业者、使用者均无法建立充分互信与互动，难实现多方共赢、人群共荣、社会共进。

2. 全面规范的教育格局尚未建立

当前，各层次院校均缺少真正系统、科学化的家政教育板块，多流于“德智体美劳”的基础宣导，即满足于相对低层次的所谓“家政打工”，而全面、规范的家政体系及格局迫切需要建立并完善。虽然微观层面家政需求日益增大，但实际运作中却冲突连连，而家政业成为社会闲散人口除广义上的快递业外的另一主要从业领域，但国家层面又未见有更趋合宜的宏观规划与引导。民政部门本就应承担部分管理职责，但教育、文化、卫生、商业等部门不见适当介入，继而无法建立从国家到地方全方位的行业准入标准，以之充分释放家政行业的增长空间，壮大高层次家政服务的教育、从业及监管队伍。更无法在民政部门统一调配下发挥行业主体价值，组建高规格自律组织，彻底屏除家政从业人员仅仅乃帮工、帮闲的附庸角色。

3. 复合美育的传统角色脱节缺位

家庭的建立与存续本质上是基于美的，而艺术作为其承载主体，在我国尚停留于十分狭窄的培养范畴，以至于更缺乏其明确的日用价值。而家政教育和家政服务长期停留在基础生存技能施展的低端层面，至今未能打通与美育间的连接，这更是一个非常重大的缺憾。其直接的影响便是，美育对大多国人家庭来讲仍处于无意识状态，家政服务从业者对于美满的家庭生活营造更仅停留在标准游离、手法粗野的清洁、维修、调理之中，当然也就无所谓美的日常的规划。这里面不单是缺少具体且精微的针对训练和帮扶，更重要的是与社会日常共荣的复合型美好生存能力未得充分激发：家政教育的最高水准在当前相关职业技术学校的授课中，无非是推进至所谓单一的管理学、营商学层面，彻底偏离了建立家庭之美的高级且复合的精神诉求。

二、基于上述情形提出四点建议

1. 完备新型家政的高级理论建设

参考世界多国成熟家政教育经验，成系统地引进相关可行课程，结合中国国情与文化传统，全力打造符合我国自身发展规律的家政教育理论框架和各特色分支，做到在融合、借鉴的基础上，进一步拓展新时期高层次家政教育规模。特别是结合“双减”及职业教育的发展精神，变堵为疏，将建立于物质追逐的抽象生活旧观念，引导向对真正美好日常的具象规划新追求上来。平衡物质获得与精神需要，透过完备且多梯队教育、培训和攻关、科研，改变过度忽视日常微观美好的旧形态，真正缓解集体美盲和审美焦虑，继而宣扬积极、向上的生活美学观和价值观。更以独立、专门化大学为路径，将家政教育从低层次的技能普及，提升为高层次的新生活美学暨观念的再教育与再发展，形成新时代的“艺术家政”体系。

2. 激发新型专业的交叉交互作用

融合美术、音乐、舞蹈、体育院校的教育积淀、社会深耕，以建立新的专业家政教育高等院校、系所为目标，全面推进新生活美学的再孵化和再养成，将艺术、体育等教育也全面转入与现实生活接轨的技能化行列。加强高层次家政专业人才队伍建设，纳入中、高等艺术院校包括美术、设计、音乐、舞蹈、运动等相关专业内容。首先以推动新的生活美育风气和社会审美风潮为引领，通过深入家户的切实工作，逐步改造并影响社会大众的日常细节，通过传习、传承和传播激发并助推全民家庭生活的真正品质建设工程。同时，相关卫生、医学、体育院校等亦可提供膳食营养、母婴护理、保健照顾等复合型专业人员，在进一步精细化运作的前提下，汇入新型家政专门高等院校，替换原先过度重视的管理、营销等非家政、伪家政专业。中央教育主管机构亦当调整思路，将家政教育总的发展方针规划为新兴交叉学科，而非早前的“公共管理与服务”等不符合行业内部与时代发展规律的专业大类。

3. 助推新型社会的全面共同塑造

学生皆是从家庭中来，最终又将回到新的家庭中去。在新的社会历史时期，即便是受过高等教育的社会人，同样面临着无法美好地组织家庭生活的窘境。当前职业教育机构提供的家政培训和可能的家庭服务，只是在尽力保证居家的基本生存条件的满足，而建立以艺术、卫生复合的家政教育专业教育据点，拓宽社会整体对多元化的家庭艺术生活的理解与接纳，将更有利于发掘家庭作为社会稳定和生命基石的关键作用，从而逐步提升全民审美水平，提速新时期精神文明建设步伐，继而缓解大量人群矛盾，激发社会创新动能。同时，在此类高层次家政教育的持续助推下，充分利用学校机构、培训中心等的软、硬件设施，兼顾理论养成与技能实操，打通专业与社会连接，进而与手艺、家居、卫生、健康等企事业单位展开合作，依托媒体展示实现宣传、应用等最终达至广泛意义上的社会良性循环，刺激更多高品质家政教育者、从业者真正参与到新型社会的共同再塑造中。

4. 加强新型平台的落地与共享

发展新型家政教育及服务的统合性公共设施及数字资源平台规划与落地

运用，这是从根本上改变家政从业者的准入与淘汰机制。即在现有家政产业基础上规范技能认定的方向，强化等级考核的标准，介入多元社会的参与和监督，联通农村与城市、西部与东部各地区间教育培训与就业保障平台，为更多优良从业者及从业团体提供全面且有实效的支持，并深入引导各层次专业人员真正实现分层教育和培训、分层服务和经营。在破除信息壁垒的前提下，使供需充分达至平衡，继而全局性地提升我国高层次、精品化家政行业在东亚乃至世界各地的占有率，鼓励教育、服务、保障多方位创造创新，真正形成有中国特色的品牌和中国效应。借此也将提高全民家政素养，带动各地民众塑造新的美好生活，在全面建成小康社会以及“十四五”开局的重要历史阶段，为我国精神文明的新建设开拓更多维度的新航道。

（本文主体已刊发于《美术大观》2023 年第 1 期）

Exhibition as Creation: New Handicraft and New Folk Art Theory—Reflections on “Class Culture” and Yan Yangchu

Lian Mian

Abstract: The original intention and origin of folk crafts are handmade before the industrial age to meet the daily needs of the society. They are useful, inexpensive, simple and universal. However, after more than a hundred years of social development and population evolution in modern times, handicrafts have been abandoned without hesitation. On the other hand, they are undoubtedly put on the “altar”, and some even become refined, useless and expensive words, completely departing from the logical framework of “folk art” as “for the People”. At the same time, the original and purely rural handicrafts and artists no longer exist. With the popularization of academic education and the standardized, centralized and authoritative art evaluation, the “wild” handicrafts have almost disappeared. In other words, at the time of urban-rural integration development, researchers and practitioners must face up to the fact that the connotation of folk and handicrafts has already undergone a qualitative change. The so-called stubborness means backwardness. The “folk-like” and the “handicrafts-like” in the new era are the contents that we need to focus on today. This is the new beauty of the common people of the times.

Keywords: era; concept; culture; generation; folk

耒耜与造物
——试论“曲辕犁”中的设计文化

邓渭亮

摘　要：“曲辕犁”又名“江东犁”，自唐代起就广泛应用于江南地区的稻作农业，始载于唐代陆龟蒙的《耒耜经》而闻名。从器物设计的角度看，作为一种技术和造物活动，它对唐代以降的经济重心由黄河流域逐渐转向长江流域产生了促进作用。可以说“曲辕犁”的创造与推广，是耒耜文化形成过程中具有深远影响的事件。在当代工业化的背景中，农业文明时代的器物及其制作应该具有怎样的文化价值，不得不令人思考。通过对“耒耜”的历史发展线索进行梳理，可见“曲辕犁”是耒耜诸器中最具典型性的器物，其所蕴含的造物思想、符号表征等价值早已成为非物质文化遗产，成为中华农耕文明的象征而影响深远。

关键词：耒耜；曲辕犁；造物；设计；非物质文化

《管子·轻重乙》曰：“一农之事必有一耜、一铫、一镰、一耨、一椎、一铚，然后成为农”，足见农具对于农民、农事、农业的重要性。可以说农耕文化的发端就是以农具的创制为标志的。在中国古代农耕社会中，农具无疑具有举足轻重的地位。比如“耒耜”就是中国传统耕作农具的泛指和代称，其源流与发展见证了中国农业社会悠久的造物文化历史。《易·系辞下》云：“包牺氏没，神农氏作，斫木为耜，揉木为耒，耒耨之利，以教天下，盖取诸益。”一方面指出了耒耜作为耕作农具的起源地位，另一方面也提及了农具的发明与古代圣贤的文化关系。诸多事实表明，耒耜有着丰富的文化内涵，对耒耜的考察也应该是建立在多学科复合层次的研究基础上。比如，在文化人类学的研究中，复杂器物和工具的创制具有特定的含义，此行为被视为人类智慧的体现，也是人区别于动物的标志之一。在人类的文明进程中，文化的演进与器物发明及使用密切相关。人类通过发明和使用工具，不仅强化了自身躯体的生理功能，也拓展了心灵对自然空间的认知，人类的造物活动与人类社会的发展是相辅相成的。中国古人通过造物活动形成了系统的关于器物与造物事理规律的哲学观，如《易·系辞

作者简介：邓渭亮　西安美术学院博士研究生

上》云:“形而上者谓之道,形而下者谓之器。”如果从设计学的角度则可狭义地解释为,“器”是器物,“道”则指造物规律。因此从“耒耜”的演变过程来看,其可谓是一个复杂的农具系统集成,它涉及了农业活动中的耕播、田间管理等诸多环节,且器具的种类繁多。而“曲辕犁”无疑是耒耜中最具代表性的器具,也是耒耜在农业生产技术中的高度体现。“江东犁”又名“曲辕犁”,它的广为人知与唐代著名农学家陆龟蒙所著的《耒耜经》密切相关。

一

陆龟蒙,字鲁望,号天随子、甫里先生,长洲(今江苏苏州)人,他是唐代著名的农学家与文学家。曾任湖州、苏州刺史幕僚,后归隐于松江甫里(今苏州甪直镇),存世有《甫里先生文集》《耒耜经》等著作。在诗学成就上,陆龟蒙与皮日休交好,世称“皮陆”。在中国古代封建社会,由于有士、农、工、商四阶级之分,知识分子大都远离具体的农业生产活动。对大多数文人而言,归隐之趣味在于寄兴山水间,陶然在自然。而对从事农耕的百姓抱有的同情和体恤之心,无外乎出自于社会关怀和政治关切。如唐代诗人李坤的《悯农·其二》有云:“春种一粒粟,秋收万颗子。四海无闲田,农夫犹饿死”[①]。

古代的士人真正从农事者并不多,能够自觉地参与其中而名垂青史的人就更少。陆龟蒙早年也多次尝试学而优则仕,在屡试不爽后他决定从事农业,实际上也是一种迫不得已的选择。但客观上陆龟蒙的“事农”是具有积极意义的,他首次将农具的器物价值从实用性上升到政治学的高度。其在《耒耜经》中曰:“耒耜者,古圣人之作也。自乃粒以来至于今,生民赖之。有天下国家者,去此无有也。饱食安坐,曾不求命称之义,非杨子所谓如禽邪!”[②]

事实上,“耒耜”从单纯工具演变为文化有着漫长的历史积淀过程。无论是神农创耒的传说,还是唐代陆龟蒙的《耒耜经》,均反映出“耒耜”的概念和内涵在不同时代的延展。《耒耜经》言:“耒耜,农书之言也,民之习,通谓之犁……”[③],也就是说到了唐代,耒耜与“犁”互称,其在器物的形制和概念上早已超出了神农时代的木质“耒耜”的范畴,但是耒耜所包含的田间耕作历史却是亘古未变。从器物的角度来分析,耒耜技术的演变大致经历了如

① 乐云、黄鸣主编:《唐诗鉴赏辞典》,武汉:崇文出版社,2016 年,第 450 页。

② (唐)陆龟蒙:《耒耜经》,周昕点校,周昕《中国农具通史》,济南:山东科学技术出版社,2010 年,第 363 页。

③ (唐)陆龟蒙:《耒耜经》,周昕点校,周昕《中国农具通史》,济南:山东科学技术出版社,2010 年,第 363 页。

下过程：

其一，春秋战国之前由于金属冶炼和加工技术尚未成熟，因此在原始农业生产中所应用的农具不但效率低下，且种类、数量也有限。这一时期以“耒耜”为代表的耕作农具，其制作基本采用以木材和石料相结合的复合形态为主，由于工艺和技术的局限，加之该时期的耒耜因缺乏强大的外部拖曳动力，如耕牛、耕马等，只能依靠有限的人力进行协作，故不能开展深耕和翻耕作业。而粗放的刀耕火种或者火耕耨种使得原始农业的生产力水平一直维持在相当低的程度。从耒耜的工具形态上看，这些器物大多以个体手持农具为主，而且器具的通用性要多于其专门性，说明当时的人们对土地的认知与利用尚且不够系统和完善。后来在器物的制作上，出现了以钻孔和绳缚相结合的柄装工艺，从单一尖状器“撅棍”发展为“木耒”，最后逐渐发展出安装不同功能部件的多样器具，如锸、铲、锄等。在“原始耒耜”这样的器物中，除了手持农具之外，还出现了其他一些类似于后世“犁铧”结构的三角形犁形石，它为犁耕时代的到来进行了有益的技术探索。这一时代的器物制作和使用与人类肢体的互动也最为密切，诸多证据表明，器物的创制与人脑智能的发育有着交互刺激的影响。它是促进人类智慧生成的因素之一。

其二，春秋战国时代之后，随着金属工艺的发达，农具的制造经历了从青铜到铁器的演变。由于铁器的广泛应用以及铁制农具的工艺改良，器具的耐用性和使用效率大为提高。原始时代以来的木石复合农具逐渐被铁制农具所取代，在工艺上，钻孔绳缚技术逐渐被铸模銎装工艺所废止。更为重要的是，这一时期的人们开始认识到畜力在农业生产中的重要性，到了汉代以后随着铁制农具和牛耕技术的成熟，铁犁作为一种新的农具被推而广之。耕牛和铁制犁铧的配合使用标志着“耒耜”的形态进入了一个新的阶段，也宣告了中国犁耕时代的到来，“犁”是广义上“耒耜”的一种，在器物的起源上与耒耜有着千丝万缕的联系。从设计的角度来看，“犁”的器物演变经历了从“犁形器”到“直辕犁”，再到“曲辕犁”（江东犁）的形态过程。在古代社会，农具的创制和推广既与经济生产密切相关，也反映着人与自然环境的相互作用。比如唐代以前，中国的传统农耕区域在黄河流域，这一区域的地理以河西走廊、关中平原、华北平原最具代表，由于土壤肥沃，地势平整，在耕作的过程中，犁田器的转弯半径较大，尤其适宜重型铁犁的使用，因此大多采用“二牛抬杠”的直辕犁为主。甘肃酒泉出土的魏晋墓室砖壁画中就绘制有大量的《牛耕图》。以 1977 年 8 月发表于《文物》的《牛耕图》为例,[④]其中可以清楚地看到"二牛抬杠"的犁架结构,一人挽着"直辕犁"进行耕作的场景,在直辕犁的犁床前段清晰可见其"犁铧"的结构特点。

隋唐以前,由于受制于耕作技术和自然环境,以及人口数量等因素,江南地区的开发一直落后于黄河流域,直至隋炀帝主持开挖大运河沟通了南北水系,才使得各地的往来更为密切。加之江南地区社会安定,人口增长迅速,逐渐改变了汉代以黄河流域为中心的耕作区域,使得耕作技术逐渐转向江南。这种交流也为曲辕犁的创制奠定了良好的基础。就地理环境而言,以苏杭地区为代表的江南冲积平原虽然地势开阔且平坦,但由于地处亚热带,降水充沛,河网交错,因此耕作条件更为复杂,对生产工具的技术性要求也较高。江南的劳动人民运用自身的生产经验和智慧遂将直辕犁的结构加以改良,发明出更为省力和易于调头的"曲辕犁"。这种便利的农具的推广和普及使得江南经济得以迅速发展。从设计学的角度看,曲辕犁有着简洁而高效的力学结构,虽然它的牵引力矩比直辕犁要小,但是由于其轻便和易于操作,使得它能够在南方丘陵的稻作区得以快速普及。

二

"曲辕犁"作为一种技术和文化现象进入设计学的研究范畴,有着漫长的文化积淀过程。耒耜的演变经历了从器物到观念的演变,耒耜的形象广泛地进入到文学与艺术作品当中,逐渐演变为具有各种文化象征意义的符号。比如,早在东汉武梁祠出土的汉画像砖中就描绘了神农氏手执一把木耒的"神农执耒"形象。南宋楼俦绘制的《耕织图》中出现了"曲辕犁",在这种表现农耕主题的绘画中它不仅仅是器具,也已成为农耕生活的"背景"图像。清代宫廷画《雍正祭祀先农坛》(佚名)当中,则如实地描绘了古代皇帝亲自操作曲辕犁进行"籍田礼"的场景,皇帝通过亲耕将"农事"进行了政治化的诠释。"曲辕犁"在这个仪式当中,实现了从普通器具上升为"礼器"的过程。综上,作为农具的"曲辕犁"在绘画的语境中已经具备了象征符号的主要特征。

到了现代工业化社会,耒耜作为农业非物质文化遗产得到关注也是历史发展的必然。著名农学史家王思明先生指出:"农业虽然有上万年的历史,但在社会经济以农业为主导,社会文明以农耕为特色的农业社会,农业是主流生产和生活方式,农业不可能作为文化遗产来被关注。农业作为文化受到关注始于社

④ 参见徐文生:《中国古代生产工具图集》(第四册),西安:西北大学出版社,1986年,第8页。

会经济和技术发生历史性转变之际——工业社会取代农业社会、工业文明取代农业文明，现代农业取代传统农业的背景之下。”⑤19 世纪英国发明家詹姆斯·瓦特(James Watt)改进了蒸汽机，并且在工业领域内得到了推广和应用。这标志着蒸汽机不仅是一部机器，也成为了资本主义文明的象征。早在 19 世纪末，就机器生产所带来的工业化社会问题，马克思就提出了“劳动异化”的学说，从哲学层面对人类的技术性活动与自然的关系进行了探讨。由此也引发了关于人与人工造物关系的思考。

在传统的农业社会，任何一切工具都仰赖人的制造和使用。人与物的关系模式体现为某种具体的使用感受，或者体现为某种形象的直观。在物品的制造过程中，人所依赖的技术经验方法被称为“技艺”。它具有口传身授，世代相继的非物质特征。因此通过人的手工劳动，在造物活动的过程中往往体现出艺术性和技术性。而在工业化社会中，人与人工造物的关系则呈现出强烈的中介感和工具理性，机器生产机器与工业化的制成品在生产过程中并不需要使用者亲自参与其中，因此人们对工业制品的认识也并不像手工制品那样具有强烈的情感性特征。更为重要的是，在人类的文化组成中情感是不可或缺的因素，也是维系人与人交流沟通的主要纽带。在工业社会中，由于科学理性与技术的标准化日益发达，导致人工造物在人类的物质世界中的技术性特征趋于一致性，此现象在城市生活中体现得尤为明显。一方面人们在都市生活中享受着标准化产品带来的便利和低成本，另一方面工业化社会的专业化和高强度竞争又使得技术性评价深刻地影响到人类的行为与思维。当技术的体系化程度越来越高，技术的中介性和独立性就会凸显，其导致的后果便是人类对自身本质性力量的认识下降。因此，在工业化社会的大背景之下，传统农业社会的手工创造，以其内在的个人文化价值和区别于工业化的个体化生产方式，再次成为后工业时代学者的关注点。比如“曲辕犁”，其所蕴含的手工价值和精神象征正是传统造物在工业化社会存在的意义所在。

目前，对传统造物的研究也存在着不同的视角。在近年来的设计学理论研究中逐渐形成了这样的趋势：“近五十年来，中国工艺史的写作实际上更多重视贵族的、文人的、宗教的工艺装饰艺术。就目前来看，工艺史与设计史的最大区别是：设计史是强调功能的、生活的、实用的；而工艺史比较强调装饰的、美术的、趣味的、精神的。工艺史还很少注意到一个人生活中所需的器物用品，在整

---

⑤ 方立松：《中国传统水车研究》，北京：中国农业科学技术出版社，2013 年。

个生活过程中所依存的，最具功能性的工具。但设计史应该注意这些并且将此作为重点。由此可见，设计史更注重平民的生活艺术和造物。”⑥

中国艺术设计学界有关古代传统器物的研究方兴未艾，人们对传统器物的关注和重视正是从工业化社会的背景中展开。设计学视野下的农具造物研究是一种多角度的人类造物思维的探究，它也是一个多学科交叉的成果体现，除了从古代相关的造物思想中寻找灵感之外，许多带有工艺百科全书性质的古代文献也应成为研究的对象，如《耒耜经》《农书》《齐民要术》等。在设计学的范畴内，通过对研究视角的转换，从器物的演变来探究造物思想对民众生活的影响，以及器物在不同历史时期对人们心灵的塑造，乃至于对中国造物文化的形成均具有重要的意义。

结　　语

中国是农业大国，且有着深厚的农业文化传统。在漫长的历史演变中形成了丰富绚烂的文化。至今，农业社会时期所遗存下来的各种物质和非物质文化对当今民众的观念、习俗、行为等都有现实意义。或许对于个体的农民来说，在田间耕作的时候，手上有一把好用的镰刀、有一架省力的犁，那么它们所带来的好处是非常实际的。众所周知，在工业化社会背景下世界各地的城市生活，其生存活动展开所依赖的技术因素具有高度一致性，在高度标准化和一致性的物质外表下，对人类心理发展的差异性缺乏相应的人文关照。因此，技术化的世界中不能没有人文化的情感生活，而人文的构成又是多样性的，也必然包含来自民间和民俗的生活习俗和经验，诸如共同生活、分享、关爱互助等价值，只不过它们融入市民文化的方式会有所变化。在此语境下，对以耒耜为代表的农业造物进行设计学范畴内的文化考察是非常有必要的。

参考文献

[1] 周昕：《中国农具发展史》，济南：山东科学技术出版社，2005 年。

[2] 童恩正：《文化人类学》，上海：上海人民出版社，1989 年。

[3] 许平：《造物之门》，西安：陕西人民美术出版社，2006 年。

[4] 方李莉：《新工艺文化观念》，北京：清华大学出版社，1995 年。

---

⑥ 杭间：《中国工艺史与设计史》，《设计史研究》，上海：上海书画出版社，2007 年，第 61 页。

[5] (美)刘易斯·芒福德:《技术与文明》,宋俊岭译,北京:中国建筑工业出版社,2010年。

[6] (美)维克多·马格林:《人造世界的策略》,金晓雯等译,南京:江苏美术出版社,2009年。

[7] (日)柳宗悦:《工艺文化》,徐艺乙译,桂林:广西师范大学出版社,2011年。

Lei Si and Creation

— The Design Culture in the "Qu Yuan Plough"

Deng Weiliang

Abstract: The "curved plow", also known as the "Jiangdong plow", has been widely used in rice farming in the south of the Yangtze River since the Tang Dynasty, and was first published in Lu Guimeng's *Lei Si Jing* in the Tang Dynasty. From the perspective of artifacts, it is a technology and artifact design that helped the economic center gradually shifted from the Yellow River basin to the Yangtze River basin during the Tang Dynasty. It can be said that the creation and promotion of the "Qu Yuan plow" was a far-reaching event in the formation of Lei Si culture. In the context of contemporary industrialization, it is important to consider what cultural value the artifacts of the agricultural civilization and their production should have. By clarifying the historical development of Lei Si, it can be seen that the Qu Yuan plow is the most typical object among the Lei Si tools, and the value of the creation ideas and symbolic representations it contains has long become intangible cultural heritage and a symbol of Chinese farming civilization. The influence of the Lei Si is far-reaching.

Keywords: lei si; qu yuan plow; creation; design; intangible culture

山西新绛云雕漆艺的传承发展研究

薛敬亚

提　要：云雕漆艺是山西新绛地区重要的文化资源，并有着悠久的历史源流，其从业群体在不同的历史阶段有明显的时代特征，新绛云雕也因此形成了不同的风格特征。在非物质文化遗产保护的浪潮下，云雕漆艺的文化价值与经济价值愈发显著，本文从山西新绛云雕发展历程出发，探寻漆艺文化流传的现实基础，并提出相关发展建议，以期为山西新绛及其他地区的传统手工技艺的良性发展起到一定的参考启示作用。

关键词：云雕漆艺；非物质文化遗产；传承与发展

一、山西新绛云雕漆艺溯源

漆作为一种天然媒介涂料而广泛使用，将其涂在各种器物的表面，从而制成日常器具及工艺品等，一般被称为“漆器”。中国古代漆器工艺，早在新石器时代就已经出现，夏朝的木胎漆器不仅用于日常生活，也用于祭祀，并常用朱、黑二色来髹涂。夏朝之后，漆器品种渐多。至战国时期，漆器业非常繁荣。这一时期的漆器生产规模已经很大，被国家列入重要的经济收入，并设专人管理。两汉时期，漆器依旧以黑红为主色，但漆器品种又增加了数十种，同时还开创了多种装饰手法，从近些年汉代墓葬出土的众多精美漆器可见一斑。西晋以后到南北朝，由于佛教的盛行，出现利用夹纻工艺所造的大型佛像。此时的漆工艺被用来为宗教信仰服务。唐代经济发达文化繁荣，种种因素使工艺美术也随之发展，在艺术、技术以及生产力方面，皆远超过前期。这一时期，漆器的制作技术逐渐发展，金银平脱、螺钿、雕漆等制作费时、价格昂贵的技法在当时盛行起来。宋代的漆工艺十分成熟，不仅官方设有专门生产机构，民间制作漆器也很普遍，漆器样式多且富变化，造型简朴。元代漆器中成就最高的是雕漆。明代出现集漆器工艺之大成的著作《髹饰录》。这一时期，不仅官方设厂专制御用的各种漆器，民间漆器生产也遍及大江南北。虽然近百年来的中国风雨飘摇，战争、社会改革、经济转型等等，带给了传统工艺不小的打击，但直至现在，漆艺依

作者简介：薛敬亚　西安美术学院硕士研究生

然是中国传统工艺的重要组成部分。

山西新绛即旧绛州。自隋开皇三年(583年)州治徙今县城处,已经有近1500年的历史。新绛县地处山西省西南部的汾河下游,介于临汾与运城之间,处于汾水之滨,一水连秦晋,水陆交通繁忙,曾是繁华的水旱码头。唐代以来,它就是重要的手工业产品集散地,明清至民国一直被称为“七十二行城”。清末至20世纪30年代手工业最为鼎盛。据1935年(民国24年)的《新绛县志》统计,全县有手工艺作坊263家,工人2000余人,资本206780元(银),年产值86330元(银)。[①] 新绛的商业久负盛名。《中国实业志·山西省卷》载:“凡晋南洋货之输入及土货之输出,均以此为枢纽。”因此,民间有“南绛北代”的赞誉。足见当地有着深厚的手艺传统,且传统手艺门类多蓬勃发展。直至现在,依然还有云雕、澄泥砚、木版年画、石雕、皮影、刻瓷等传统手工艺存在。

新绛云雕是一种雕漆技艺,又称“剔犀”。在北宋时期,云雕就已形成自己完整的技法风格。1977至1978年期间,江苏武进南宋古墓曾出土一件剔犀执镜盒,[②]现存江苏省常州博物馆。从此物可以看出,当时云雕工艺已经非常成熟。元代民间雕漆盛行,著名工匠有张成、杨茂、张敏德、周明等。现藏于安徽省合肥市安徽博物院的元末“张成造”云纹剔犀盒容器,可以说是云雕技艺发展到一定高度的代表作品。明代雕漆盛行,皇家御用官办制作。在一些史籍资料中也有相关论述。云雕在经历了元代、明代发展的高潮,至清代晚期逐渐衰落,其技法险些失传。据传清代嘉庆年间(1796—1820),绛州名匠张凡娃经过精心研制并结合本地漆器特点,创造了具有北方特色的云雕漆器,才使得这一技艺能在新绛扎根发展至今。民国初年,绛州王思恭、薛仙基、赵普元三名漆匠各自开雕漆铺,制作云雕制品,如桌、案、几等。1922年,生产云雕的店铺增加达12家。至此,云雕这门传统手工艺流传到山西新绛,并传承下来,形成了一定规模。自2011年新绛云雕被列入国家级非物质文化遗产后,近几年来已经得到重视和保护。目前,在新绛仍有近百名从业者从事云雕的生产。

一、山西新绛云雕漆艺发展的三个阶段论述

(一) 明清时期

明清时期的新绛传统手工业云集。据《山西通志》和《新绛县志》等史料记

① 山西省新绛县志编纂委员会编:《新绛县志》,太原:山西人民美术出版社,1997年,第4页。

② 陈晶:《记江苏武进新出土的南宋珍贵漆器》,《文物》1979年第3期,图版2,编号5。

载，明末清初，宫廷艺人云集绛州，将宫廷里的剔犀工艺传入当地，在后来的发展中便有了绛州云雕漆器的制作。据传清嘉庆年间，绛州名匠张凡娃在以往的云雕工艺基础上，探索了多种云纹样式，并在器型上借鉴了传统瓷器、青铜器等造型，促进了绛州云雕漆艺的成熟与发展。1913 年，有外商在新绛找漆匠修理一些破旧云雕漆器，薛仙基、王恩恭、赵普元等人承揽修复，在修复过程中着手仿制，这些破旧的云雕漆器为他们提供了很好的工艺范例。1915 年，三人各自开办油漆铺，王恩恭开设天成公、赵普元开设普源永、王小虎开设同泰源油漆铺，生产简单的云雕漆器制品，店内伙计多为来自周边村镇，在不断地实践中有更多的人逐渐掌握了这门手艺。到 1922 年时，新绛专门从事云雕生产的店铺增加到 12 家，被人称为“十二家作坊”。1938 年 3 月，日军占领新绛县后，百业萧条，很多漆器作坊店铺关闭，随着政治格局的变动，很多手艺人离开新绛，去他处谋生，云雕工艺也逐渐淡出人们的生活。

（二）1949 年后

1958 年，政府组织寻找流散在民间的雕漆老艺人。王小虎与薛根焕等人成立“新绛刺绣雕刻厂”召集老艺人恢复“云雕”技艺。1961 年成立了新绛县工艺美术厂，其产品有云雕、刻灰、螺钿等，最高年产量曾达到 15000 件左右，产值 500 万元。但随着改革开放，工艺美术行业重组，新绛工艺美术厂于 1997 年解散，工艺美术厂的一些手艺人依然坚守云雕这门手艺，在这种背景下“大唐云雕漆艺厂”“大家云雕研制所”“新绛黄河云雕工艺厂”等民间云雕生产形式应运而生。在这种民间力量的推动下，很多当地人投入到这一产业中，并逐渐掌握了这门手艺。在众多的从业群体中，女性多从事雕刻、抛光、打磨等工艺阶段，而男性多从事制胎、制漆、上漆等工艺阶段。

（三）目前现状

2006 年新绛云雕被列入山西省非物质文化遗产项目，2011 年新绛剔犀被列入第三批国家级非物质文化遗产项目。在非物质文化遗产保护的大背景下，新绛云雕逐渐走出后继无人的尴尬境地，并且逐渐形成当地具有代表性的文化产业结构。介入这门手艺的人群也日趋多元化，有设计师、画家、美院师生等，为云雕工艺的发展注入了新的文化动力，也将云雕工艺从传统的约束中解放出来，无论是工具、材料、器形等都有了更为多元化的创新发展。在创新型的云雕作品中，纹饰不再拘泥于云纹，有着更为灵动丰富的几何样式。器型也不再拘泥于传统，有着多元化的创新，在桌椅组合的造型中，不再拘泥于明清家具的造型样式，有着石墩、石椅等造型乖张的设计，并且在雕漆工艺中融合了漆画、镶嵌等工艺。

二、山西新绛云雕漆艺从业主体的相关调查

（一）三个发展时期的产业基础

1. 明清时期

中国除农业外，只有很少一部分的小作坊和小手工业，大多是以农民家庭为单位的家庭副业与城镇职业艺人等开展生产经营活动，还有以果园厂为代表的部分官营漆器作坊。明代为皇家服务的果园厂的建立，使得制漆中心由南方转移到北方，由于各地频繁的漆艺交流，民间漆器工坊亦有了长足的发展。清代陆续废掉了工匠的匠籍身份，有助于漆器生产规模的扩大和民间漆器的发展。清代后期，国势衰微，漆器生产陷入低谷。但山西在明清时期，商业繁荣，相对富庶，新绛小手工业发达，被称为“七十二行城”，云雕漆艺在这一时期传入新绛并传承了下来。

2. 中华人民共和国成立以后

中华人民共和国成立以前，手工业在经历战乱与政权更迭的过程中凋零不堪。中华人民共和国成立后，新绛云雕以国营体制形式存在。1961 年成立的新绛县工艺美术厂，是县属集体企业。作为晋南雕漆工艺品老厂，其工艺品主要有云雕、刻灰、镶嵌等仿古漆器 20 余种，1990 年有职工 480 人，产值 272.9 万元。改革开放前，众多工艺美术品都作为创汇的手段在全国范围内兴起，新绛云雕亦如此，有了短暂的繁荣期。八九十年代国际金融危机及海外市场大环境的影响使得出口减少，产品需求量的逐渐减少加上计划经济体制的禁锢，使得新绛工艺美术厂的漆器产品出现了产品滞销等状况，且仿古漆器的实用价值问题制约了其在国内的销售，再加上工业机械化生产的用具使得漆器消费市场愈来愈小，漆器工艺品行业受到了极大冲击，各大国营漆器厂也相继破产。

3. 目前现状

20 世纪 80 年代，可以说是漆器行业的分水岭。我国自 1986 年起强调给企业更多的自主权，新绛县的各类企业均开始以市场为导向，走上了自负盈亏的发展道路。1988 年我国出台了《中华人民共和国私营企业暂行条例》，新绛县在这一年对一些大型国营与集体企业实行了厂长承包制，新绛县工艺美术厂在

1988年承包给私人经营，改名为“新绛县店头特种漆艺厂”，新绛云雕的生产重新回归作坊和私营企业的模式。2011年5月山西省新绛县绛州剔犀技艺成为第三批国家级非物质文化遗产，云雕基于非物质文化遗产保护的政策下有了新的发展机遇。

（二）三代从业者的分类及特征

第一代从业者：明清时期新绛从事漆器行业的艺人，有记载的代表人物有王恩恭、薛仙基、赵普元、王小虎、柴秀岗等。在当时的油漆铺子不仅仅制作云雕，多种漆艺并存。漆器从业人员多出身贫寒，生活在社会底层，无社会地位也缺少一定的生活条件，从小学习漆器技艺，成为雕漆店学徒。如柴秀岗12岁于普源永雕漆店学徒，作雕填、镶嵌等；王小虎14岁在天成公雕漆店学习推光，16岁于普源永学习云雕、螺钿；薛根焕13岁于普源永雕漆店学徒，专做云雕、螺钿；兰福泰自幼在太平县从师，擅长刻灰、描金、雕填、彩绘。漆器工艺在传承上还是以师傅带徒弟为主，且没有技术标准。

第二代从业者：1949年后于新绛工艺美术厂从事漆器行业的艺人，代表人物有王步光、梁高虎等。1961年成立了新绛县工艺美术厂，有较多学徒进入工厂学习，并且这一代从业者有不少老艺人子女及亲戚进厂。这一时期漆器从业人员较多，鼎盛时期有四百多名漆工，但文化素质普遍较低。虽然漆器工艺完善，分工明确，但各种漆器工艺增多，加剧了市场的竞争。新绛工艺美术厂第三任厂长王步光（1976—1991年任厂长）在职期间，经历了新绛云雕由盛而衰的历程。这一时期的厂长负责制与其他因素也阻碍了云雕生产的秩序和发展。

第三代从业者：工艺美术厂解散后从事云雕行业的艺人，代表人物有何俊明、何鹏飞、陈勤立、梁杰等。这些手艺人依然坚守这门手艺，并带动其他人将其发展推进，在这种背景下“大家云雕研制所”“店头特种工艺厂”“新绛黄河云雕工艺厂”等民间云雕生产形式应运而生。如今，新绛仅剩黄河云雕工艺厂、大唐云雕漆艺厂、大家云雕研究所及少数作坊进行云雕漆器的生产。

（三）当代从业者（传承人）的优势与劣势

漆器工艺是“人为”的艺术，目前新绛云雕的从业者仍然依靠制作云雕获取生活来源。各云雕制作机构的从业人员总和近百名，其中各制作环节有所交叉，雕刻、推光以女工为主，三十五岁以下的年轻人占从业人员的二分之一。新绛云雕产业当代从业者中青年居多，很大程度是由于社会竞争压力，使得就业成为难题，才选择学一门技术以维持生活。这使得云雕厂工人的工作存在很大的可变动性，若有待遇更好的工作也许会放弃这份工作。而作为生产机构的管理者，同时也是漆工，一方面想要维持云雕的生产，另一方面又需要管理企业，进而要开发与研究云雕，并有所创新，这些问题比比皆是。这样的怪圈使得制作云雕的当代从业者在云雕技艺传承与文化产业方面的发展与管理举步维艰。

目前，从事云雕制作的一部分从业者毕业于艺术高校，对现代设计有明确的认识，反映在云雕制作过程中则使其造型和纹饰不再拘泥于传统工艺模式，以云雕为创作手法，使其参与到纯艺术创作领域，成为表达个人思想的艺术手段。近年来，很多艺术院校的学生到新绛云雕作坊里完成自己的艺术创作，他们的思想多受到学院派艺术的影响，更加具有前卫性，很少拘泥于传统的束缚，为新绛云雕的发展提供了新的发展思路。

三、山西新绛云雕发展建议

（一）企业自身发展体制

市场经济没有固定的经济模式，这说明云雕漆艺的发展有着足够的自由与很大的风险，工业机械生产的产品与云雕现在无法纯机械生产的特征相互拉扯。作为当代从业者必须认清当今社会对漆器的看法与需求，要做到社会文化引领与适合市场，一方面要在云雕生产过程中发挥技术作用，传承技艺；另一方面应在传统手工艺振兴计划与文化产业发展的背景下调整角色，完善自身发展体制。如何完善企业内部运行机制，重在把握人力资源、物质资源和自主知识产权的调配，企业内部的有序稳定是对外交流的根本保证。

（二）人才培养

新绛云雕漆艺在发展进程中，需要大量的综合型人才，不仅仅局限于工艺层面，主要包括：领导人才、营销推广人才、专业型人才和研究型人才。就目前各大作坊现状来看，领导层面多为创始人及其亲属，其文化层次和领导能力各有千秋，多身兼数职，不仅统领全局运作，还致力于营销推广和产品制作，与此同时还能兼顾学术研究者更为稀少。而领导群体应对行业基础和行业动向有明确的认识，可与文化创业投资公司等合作，以便更好地经营企业。营销推广人才应多致力于网络推广，云雕因其产品属性，很难做到实体大批量销售，多为零散销售，又因其市场普及率低下，面对普通消费者群体，很难形成规模化生产销售，因此应多集中于网络营销。

（三）品牌营销

由于时代的变迁，使得行业之间的竞争不再以技术资本为主，更多的是创意营销和对外贸易，作为漆艺类产品，云雕具有三方面的要素：一是功能，它能够满足人们的哪些需求，有怎样的使用价值。二是形式，设计是具有一定美学倾向的，不同的纹样形式与器型同样具有不同的审美。三是技术，生产一件产品是有成本的，它的性价比即代表它被市场的接受度与生产的可行性。在文化产品消费市场中，受兴趣爱好、生活习惯、价值观念、审美取向等因素的影响，消费者最终的消费选择有着十分微妙的变化，云雕文化产品与传统市场营销有很大的不同，应主要体现在以个性创新为基础、以文化价值为核心兼具艺术收藏价值。

结　语

云雕漆艺的发展历经波折，但它仍不断在新的环境中克服自身缺陷，形成顽强不屈的文化性格，在市场经济价值体系中坚守漆艺文化。云雕漆艺在新的时代遇到的是新的机遇，也是新的挑战。如何在商品经济和文化保护之间把握平衡，多元化的选择和需求是现代文明对传统手工艺的时代要求，越来越多的外来文明逐渐影响和改变着社会的发展，传统手工艺文化只有适时地改变创新，才能在新的历史潮流中顺流而上，形成自身独立的竞争潜力。在新的时代环境中摆脱旧思想的束缚，需要更多的有识之士参与其中，共同推动传统文化的当代发展，也将是传统文化资源在新时代的发展方向。

Research on the Inheritance and Development of Cloud Carving and Lacquer Art in Xinjiang, Shanxi

Xue Jingya

Abstract: Cloud carving and lacquer art, with a long history, is an important cultural resource in Xinjiang, Shanxi Province. The practitioners have distinctive characteristics of the times at different stages of history, and thus Xinjiang cloud carving has developed different stylistic characteristics. In the wave of intangible cultural heritage protection, the cultural and economic values of cloud carving and lacquer art have become more and more significant. This paper explores the basis of lacquer art culture in Xinjiang, Shanxi,

from the development history of cloud carving, and puts forward relevant development suggestions in order to play a role in the benign development of traditional handicraft arts in Xinjiang, Shanxi and other regions.
Keywords: cloud carving and lacquer art; intangible cultural heritage; inheritance and development

中国西南民族褶裙

许婕渟

摘　要：以西南民族“纺织”行为及其“物化”过程的文化回溯与对其内生机制的挖掘为切入线索，通过对西南民族服饰文化的田野调查与分析，掌握西南民族“褶裙”在不同区域、族群文化仪式（婚配、祭祀、节日等）中的形态表征与工艺仪轨，进而重新认知其百褶裙工艺文化的类型体系。从褶裙形制展开，深描褶饰的底层艺术图景和“形式基因”，加深对西南民族服饰文化圈造物思想的理解。

关键词：西南民族；褶裙；重褶

一、引言

在中国服饰史的研究中，褶裥造型作为构成服饰形态的要素之一，其多样化的表达方式承载了中国文明的审美传统与工艺哲学。中国传统服装的“宽衣文化”中，衣褶往往是在较为柔软的材质上进行制作，从而实现流畅的造型，凸显宽衣的“气韵”。

而我国西南地区许多民族穿戴的传统褶裙制作材料特殊，工序复杂，式样丰富，造型上有对自然物进行模仿，亦有对其神灵观的表达。在剪裁上伴随个别特异性材料的使用，并不完全追求裙装对身体最大化的贴合，而是有意使其充满体量感，凸显了西南民族千年来的美学特征，充分体现我国“繁饰”审美的保留与转变。受不同节日、礼俗的影响，这些民族又渐渐衍生出一套完整的制作仪轨和服用规范，形成了独特的族群符号与服饰文化现象。

西南民族千年来的广泛且多次的迁徙行为中，部分没有文字的民族只能依赖图案才得以展开对其迁徙史的描摹、记录，到具体的服饰层面则是利用了纹样和衣饰的仿生式样，打造出他们在历史中坚强存在并成为中华文明重要组成部分的独特标志。进而需要明确探讨的问题还有：褶裙作为西南民族的精神化造物，是如何与其所担任的社会使命连接起来并对族群礼俗起到影响。

作者简介：许婕渟　中国美术学院视觉中国协同创新中心硕士研究生

二、核心概念界定及说明

以苗族为研究中心展开的西南民族服饰交融与变革的问题，若要促成多民族服饰系统从原本分散的形态重新视作整体并梳理出脉络清晰的艺术人类学概述和视觉文化成果，关键在于架起苗语西部方言区与中部方言区这一云贵高原服饰文明的核心位置，根据褶裙造物逻辑中的对照关联，摹绘、比较其分野与异同，将此过程中涉及褶裙与上衣其他辅助类服饰的组成关系、须穿戴褶裙才能进行的仪式分别进行图绘，再进行文字解说，旨在加深对西南民族服饰文化圈造物思想的理解。

（一）西南民族

“西南”在中国自然地理分区中自1997年后指重庆、四川、贵州、云南、西藏合称为“西南五省（区、市）”。本文的“西南”是一个相对的概念，以云南、贵州为主，兼及有大量苗族、侗族、瑶族活动的四川西部、广西北部、东北部与湖南西部地区。目前已知有褶裙穿戴文化的民族含括苗族、瑶族、侗族、壮族、彝族、怒族、布依族、纳西族、傈僳族……（后续若发现其他民族将作相应补充）。由于研究时间有限且这些民族支系众多，现以苗族、侗族、瑶族的褶裙为主要研究对象，有关上述其他民族的文献与图像将作为辅助资料，用于作比较研究。

（二）褶裙

“褶裙”原意即有定型褶的裙子。“褶”既泛指褶皱重复的部分，又指衣服折叠形成的印痕。在古籍中又被写作“襵裙”。本文则聚焦于以苗族、侗族、瑶族广泛制作并使用的“亮布百褶裙”“蜡染间色百褶裙”“蚕丝布百褶裙”为主的褶裙类型。

（三）重褶

早期的服饰审美曾长期崇尚“繁饰”，如前文所述，服装褶皱的产生经历了“自然垂挂形成褶皱（疏）——人工折叠制作褶皱（密、疏）——通过剪裁实现无褶”的过程。就笔者目前获得的实物标本来看，苗族大部分支系对于百褶裙的审美解读仍以褶密、裙多为美，可以视作“重褶”服制被保留的活态范例。

三、研究现状

本研究从苗图和地方志切入，运用田野调查和标本提取的研究方法分别从图像描绘、历史事件以及对实物标本的口述史记录中提取关键要素。

20世纪起，现代学者不断对云南、贵州等地持续深入调研，大量收集标本、图绘、古歌等关键资料加以整理，为研究的顺利进行提供了文献基础。西南民族的服饰图像绘制以明清时期各类风俗图考与苗图绘制为重要资料，相较于已有的研究，本文将切入点放在"纺织"行为及其产生的"物"——即"褶裙"在地方祭祀仪式中的功能。这些工艺之下的仪式活动，这些民族使用的特殊工艺的下裳，着装之后成为现在被定义为裙装的"物"，在历史当中又如何被定义。下文将进行详细的分解。

（一）西南民族服饰符号与文化背景

1. 西南民族服饰的历史记载及褶裙实物的考古发掘

研究者比照史籍材料对西南地区所谓"蛮""夷""僚"等民族的服饰记载，自西汉始可见"三苗髽首，羌人括领，中国冠笄，越人劗鬋"[①]，五溪蛮"织绩木皮，染以草实，好五色衣服"[②]，"服章多以班[斑]布为饰"、"长沙郡……其男子但著白布裈衫，更无巾裤；其女子青布衫、班[斑]布裙，通无鞋屩"[③]；《旧唐书·南蛮传》所载五溪一带"南平僚者"的妇人"横布两幅，穿中而贯其首，名为'通裙'"；[④]《新唐书》中也有对四川一带勿邓部落"乌蛮"的服饰描写："乌蛮……男子髽髻，女子披发，皆衣牛羊皮。""勿邓地方千里……又有初裹五姓，皆乌蛮也，……妇人衣黑缯，其长曳地……又有东钦蛮二种，皆白蛮也，居北谷。妇人衣白缯，长不过膝。"[⑤]明清时期官方政治系统对西南民族展开进一步的关注，其内可见对个别区域的服饰文化略有述及，[⑥]另有《皇清职贡图》以及各版本《苗蛮图册》《番苗图册》等图像资料，后文将加以详述。

---

① （汉）刘安著，陈广忠译注：《淮南子译注》（上），上海：上海古籍出版社，2017年，第439页。

② （南朝宋）范晔撰，（唐）李贤等注：《后汉书·卷八十六·南蛮·西南夷列传》，北京：中华书局，1965年，第10册，第2829页。

③ （唐）魏徵、令狐德棻：《隋书·卷三十一·地理志·下》，北京：中华书局，1973年，第897－898页。

④ （后晋）刘昫：《旧唐书》卷一百九七《南蛮·西南蛮列传》，北京：中华书局，1975年，第5277页。

⑤ （宋）欧阳修、宋祁：《新唐书·卷二百二十二·下·南蛮列传·下》，北京：中华书局，1975年，第6137页。

⑥ 明代主要以（弘治）《贵州图经新志》、郭子章《黔记》为主；清代康熙年间阿琳在政府剿抚湖南、贵州、四川三省交界地区的部分"生苗"后所绘注《红苗归流图》，对该区域内"红苗"服饰，即唐宋之后至清代"改土归流"前湘西苗族服饰进行过记叙；后又见（乾隆）爱必达《黔南识略》、（嘉庆）田雯《黔书》、（嘉庆）张澍《续黔书》、（道光）罗绕典辑《黔南职方纪略》。

学科内对这“百褶裙”的讨论以汉民族服装为主要参考样本，习见宋以来广泛使用于女性下裳的马面裙、鱼鳞百褶裙等裙式，而西南地区的民族服饰整体形态，现仍常见“上衣下裙”“贯首服”“无裆绔”的制衣现象。依照中国服装史的发展规律，西南民族下裳亦承续三种基本形制，即“褶裙”“筒裙”“裤”。秦简《制衣》中所谓“交窬裙”应为早期审美与人造工艺介入的裙装最初形态，[⑦]发展至晋唐时期成为“破裙”，新疆营盘墓地出土“毛布间裙”，便约为汉晋时期产物。[⑧] 百褶裙在宋代又被称为“百叠裙”，贵贱均穿，褶裙实物在考古发掘中被不断丰富，且款式颇多。南京高淳花山宋墓出土百褶绢裙与百褶纱裙，前者分三片：前片较长，左右两片较短，均打满细褶，这在南宋出土丝织品中尚属首件。后者裙身打细褶，在腰头有一系带。[⑨] 福州南宋黄昇墓[⑩]和福州茶园山无名氏夫妻墓[⑪]均有这种款式的褶裙出土。

宋代对西南民族的裙装记述也均有文献和出土实物可见，如“婆裙”“仡佬裙”“花裙”等。[⑫] 1987 年贵州平坝“棺材洞”出土 415 号棺随葬宋代苗族鹭鸟纹蜡染百褶裙，与配套中裙、内裙三条，呈现出当地苗族在宋代的服饰特征。[⑬]

无锡七房桥钱樟夫妇墓出土明代“四季花鸟纹织金妆花缎裥裙”——百褶马面裙，有裙门但相对极窄，每片布打褶多至十九对。[⑭] 此外还有定陵出土黄素绢大褶裙与文献记载的明代皇帝冕服下裳形制相同。[⑮] 而明代广西妇女还穿一种细筒长裙，后曳地四五尺，裙间简多而细，又称“马牙简”，类似百褶裙。[⑯]

至清代，妇女的裙装更加丰富，如清初苏州妇女所好整幅缎子打成百裥的“百裥裙”、一裥之中五色俱全的“月华裙”，到咸丰、同治年间民妇中流行的“鱼

---

⑦ 刘丽：《北大藏秦简〈制衣〉释文注释》，《北京大学学报》(哲学社会科学版)2017 年第 5 期，第 57 - 62 页。

⑧ 周文玲、李文瑛：《新疆尉犁县营盘墓地 1995 年发掘简报》，《文物》2002 年第 6 期，第 27 页。

⑨ 顾苏宁：《南京高淳花山宋墓出土丝绸服饰保护与研究》，见江苏文物局编《江苏省文物科研课题成果汇编》(2002—2006)，南京：南京师范大学出版社，2010 年，第 277 - 352 页。

⑩ 陈高华等主编：《中国服饰通史》，宁波：宁波出版社，2002 年，第 328 - 329 页。转引自福州博物馆编《福州南宋黄昇墓》，北京：文物出版社，1982 年，第 14 页。

⑪ 张振玉等主编：《千年丝语》，福州：海峡书局，2018 年，第 74 页。

⑫ 仡佬裙：“裙幅两头缝断，自足而入，阑斑厚重。下一段纯以红范，范史所谓独力衣，恐是也。盖裸袒以裙代裤，虽盛服不去。去则犯鬼。”((宋)朱辅：《溪蛮丛笑》，《丛书集成初编》，《荆楚岁时记》及其他七种，北京：中华书局，1991 年，第 1 页。)；婆裙：“其裙四围缝制，其长丈余，穿之以足，而系于腰间。以藤束腰，抽其裙令短，聚所抽于腰，则腰特大矣，谓之婆裙。”((宋)周去非：《岭外代答》，北京：中华书局，1999 年，第 232 页。)

⑬ 熊水富：《平坝“棺材洞”清理简报》，见贵州省博物馆考古研究所编《贵州田野考古四十年 1953—1993》，贵阳：贵州民族出版社，1993 年，第 395 - 404 页。

⑭ 崔艺、牛犁、崔荣荣：《无锡七房桥明墓出土纺织品纹样题材特征与成因分析》，《丝绸》2020 年第 7 期，第 105 - 110 页。

⑮ 中国社会科学院考古研究所等编著：《定陵》(上)，北京：文物出版社，1990 年，第 89 - 95 页。

⑯ 陈高华等主编：《中国服饰通史》，宁波：宁波出版社，2002 年，第 459 页。

鳞百褶裙”……款式渐多，同时期由于“百苗图”的绘制与传抄，西南民族的褶裙形态也一一从历史中被牵引出来。由此可见，褶裙服用文化的核心时间跨度为西汉至清末，并在西南地区影响至今。

2. 近现代西南民族服饰的风格变迁与服用规律

比较西南地区仍保留着传统褶裙形态的世居民族，如苗族、侗族、傈僳族、彝族、纳西族、布依族……都存在的“大迁徙、小分迁”的移动轨迹。因此服饰变革原因大致可分为：因战争或其他重要历史事件导致的大范围迁徙带来了服饰变革；为寻求更宜居的生存环境而展开的内部分迁，推动了不同服饰类型的散乱分布；受中央政府的民族政策、民族地区土司制度或屯堡文化影响使裙装改制。西南民族对服色与方色的讲究在不同的背景下被赋予了不同的意义，又形成了不同的心理与文化背景。[17] 又即，在各种需要穿戴褶裙的岁时节庆或婚俗、祭仪、寿诞、成年礼中，其穿戴仪轨具有一定的“礼制”，故本小节对西南民族服饰分为两个主要层级作详细讨论：

(1) 从迁徙史看西南民族服饰变革与类型分布

以苗族为例，1989年伍新福《苗族迁徙的史迹探索》一文把苗族迁徙轨迹按秦汉至清初分作三个时期展开具体的讨论：秦汉时期苗族就已经在武陵、五溪地区聚居，相邻的鄂东、川东、黔东北也有分布。在战乱影响之下一支沿武陵山脉北端至清水江一路西迁抵达贵州东北部、北部、西北部与川西、川南，另一支向南溯沅水而上，经湘西部分区域进入黔东南、黔西南后再迁入广西，其中一部分苗民则先从湘西南下至广西，再沿都柳江北徙，最后才到达黔南、黔东南定居。[18] 而后吴一文、吴一方也论证了其中最主要的“苗语中部方言区”即现居于贵州省黔东南一带的苗族支系迁徙路径，根据苗族送葬时巫师吟唱的《指路经》和语言学的方法分析这支苗族迁徙的具体路径，从《溯河西迁》一节切入，概述黔东南地区的苗族祖先在长江流域大致的迁徙途径，在此之下又根据各地苗族为死去族人送葬时其巫师吟唱的《指路经》分析几支苗族迁徙的具体路径，其中对本文有所启发的是雷公山“短裙苗”的“送鬼”路线：短裙苗的送魂起点始于雷山县桃江乡桃梁村，终至榕江县。[19] 文中虽未详细标注短裙苗“送鬼”路线的终点在榕江县何地，但今榕江县北部两汪乡“空申”“空烈”，朗洞镇“八书”“盘假”等几处苗族村寨，其内妇女无论便服还是盛装，依然穿着不过尺许的超

---

⑰ 邓启耀：《民族服饰：一种文化符号——中国西南少数民族服饰文化研究》，昆明：云南人民出版社，1991年。

⑱ 伍新福：《苗族迁徙的史迹探索》，《民族论坛》1989年第2期，第30－37页。

⑲ 吴一文、吴一方：《黔东南苗族迁徙路线考》，《贵州民族研究》1998年第4期，第77－82页。

短百褶裙。

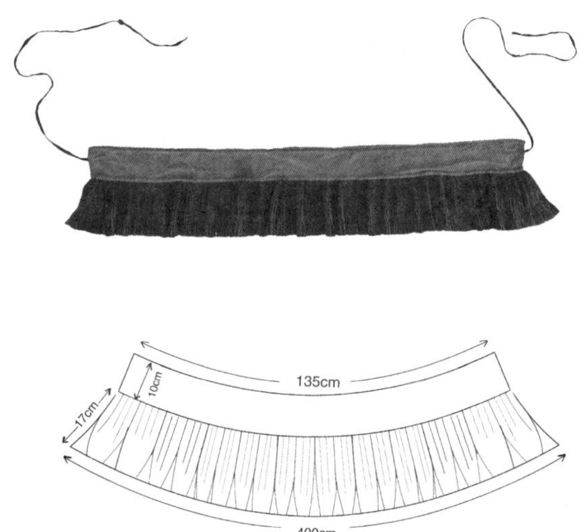

图 1　贵州省雷山县大塘乡新桥村苗族“超短裙”实物标本与结构图。

标本采集：许婕渟
图片绘制：许婕渟

以武陵、五溪地区为中心，其中一部分自东向西进入四川武隆、秀山，贵州同仁、思南、印江、务川，同时也向南方和西南方流徙进入了湖南武冈、城步、靖州，而后在湘西一带所形成的苗语东部方言区，他称“红苗”。⑳ 安史之乱后，武陵、五溪地区的另一部分苗民也开始了一轮新的迁徙，除了继续迁入贵州各地与川南及桂北地区，也有经黔西北向更远的滇西北行进的支系。这一轮的迁徙浪潮发于唐朝后期，至宋朝才初步稳定。由此，苗语西部方言区、中部方言区、东部方言区基本稳定，而在不同支系中可以见到的褶裙形态大同小异，如黔东南苗语中部方言区多见与大量银饰共同使用的亮布百褶裙，而西部方言区多使用麻布间色百褶裙，不配银饰。清代严如煜编《苗防备览・风俗（下）》将所居苗民按服饰颜色大体分为“红苗”“白苗”“花苗”“青苗”“黑苗”，㉑但“苗”并非是现代应用的“苗族”这一概念，而涵盖了侗族、布依族、仡佬族等邻近民族，同时这种粗略的、以颜色进行服饰分类的方式也被后世广泛沿用，以当代类型学研究的标准看来这种分类依据不足，后文只在特定情况下作为族群名称使用。

⑳ 伍新福：《苗族迁徙的史迹探索》，《民族论坛》1989 年第 2 期，第 30－37 页。

㉑ （清）严如熤撰，黄守红标点，朱树人校：《严如熤集》，长沙：岳麓书社，2013 年。

现代专家对苗族服饰的持续研究使关于民族服饰的分类方法不断被丰富，其中早期研究最著者为民族文化宫编辑出版的《中国苗族服饰》画册，先按照苗语方言划分成五大型，又在各个型之下按地区分类，共分成二十一式，这是第一次超越了所谓“红苗”等朦胧的分类标准。[㉒] 1994 年和 1997 年，杨鹓和石建中二位学者分别以两种方式将纷繁复杂的苗族服饰作出分类。石氏曾对苗族服装做过分类研究，将“湘西型”又分出花保、风松、古泸三式，去除“黔中南型”中的“重安江式”，由此总结了一套“五型二十三式”的分类标准。[㉓] 而杨鹓的分类则是将苗族服饰按三大方言区的头饰、上装、下装分别进行类型划分，但其中下装部分同归于“褶裙型”，而由于褶裙种类复杂，在杨氏的分类中并未进行专门性的命名，而是将“红苗”“白苗”“黑苗”等支系的裙装服用情况依小范围聚居区的特点依次举例，由于成文时间尚早，可从中获知早年间黔东南、黔西北以及滇东地区传统苗族服饰的下裳使用情况，其中有与近十年差异较大者将在笔者后续研究中重新作出罗列、比对。[㉔] 1998 年出版的杨正文《苗族服饰文化》一书，按女装结构类型和装饰风格列 14 型 77 式。[㉕] 2000 年吴仕忠编著的《中国苗族服饰图志》将其在中国大陆范围内找到的苗族服饰总列 173 种款式，图文并茂，细节丰满，是极其全面的苗族服饰调研资料。[㉖] 在此基础上席克定的《苗族妇女服装研究》将这 173 种款式按是否具有相同的特征划分出贯首装、对襟装、大襟装三大类型，随后的章节中又根据苗族迁徙的考古学遗迹分析部分支系的服饰分布区域及地理环境，提出“从苗族迁入贵州的时间和迁徙情况推断苗族女装现有款式和类型产生和形成的时间上限”的思路。[㉗]

具体到以黔东南地区为主体的苗语中部方言区服饰类型研究有台湾学者江碧贞、方绍能二人于 1983—1988 年间在黔东南全面调研并著成的《苗族服饰图志·黔东南》，按黔东南各县将该区域内服饰形态划分为台江县 4 型，剑河县 7 型，三穗 1 型，从江 7 型，榕江 6 型，雷山 2 型，丹寨 3 型，凯里市 3 型，黄平县 2 型；[㉘]黎焰所著《苗族女装结构》以江、方二人著述为基础，将黔东南苗族女装的

㉒ 五型：即湘西、黔东、黔中南、川黔滇、海南五型。二十三式：即湘西型的花保、风松、古泸三式；黔东型的台江、雷公山、丹寨、丹都、融水五式；黔中南型的罗泊河、花溪、南丹、惠水、安清、安宁六式；川黔滇型的昭通、华节、开远、织金、安普、江龙、丘北、古蔺、马关九式。（民族文化宫：《中国苗族服饰》，北京：民族出版社，1985 年）

㉓ 石建中：《〈百苗图〉与苗族的历史和文化》，《中央民族大学学报》（社会科学版）1997 年第 1 期，第 48 - 53 页。

㉔ 杨鹓：《我国三大方言苗族的服饰形态》，《新美术》1994 年第 4 期，第 44 - 50 页。

㉕ 杨正文：《苗族服饰文化》，贵阳：贵州民族出版社，1998 年，第 10、50、79 - 153 页。

㉖ 吴仕忠等编著：《中国苗族服饰图志》（中英文本），贵阳：贵州人民出版社，2000 年。

㉗ 席克定：《苗族妇女服装研究》，贵阳：贵州民族出版社，2005 年，第 255 页。

㉘ 江碧贞等编著：《苗族服饰图志：黔东南》，台北：辅仁大学织品服装研究所，2000 年。

结构及着装方式，按境内主要河流流域即清水江流域和都柳江流域进行初步大分类，又按江岸村寨具有明显符号性的女装类型再次分类，即清水江流域 10 种，都柳江流域 5 种，是其深入黔东南 13 个乡镇村寨后对黔东南女装结构与着装方式的记录与研究。但黎书中对于个别支系的类型提取又与其他学者不同，如“短裙苗”褶裙并未记入同一类型，而是将在雷山台江一带的列入“桥港式”，榕江一带的列入“空烈式”。㉙

同一支系的苗族包含多种不同性质的褶裙，如：由湖南向西迁徙至黔东南清水江流域的九房苗族后裔（现常见称之为“九股苗”）在剑河县太拥乡久礦村向九个不同地方分迁时，形成“九将方”“九将西”两大宗支：“九将方”宗支服用短裙（今太拥乡柳川镇），“九将西”宗支服用中裙。㉚ 而“湘西—黔东”一带的“红苗”随着与中原王朝的大量交流在衣着上糅杂了许多汉民族服饰的特点，多数都已不再穿传统服饰。这一带的苗族先民大部分自清末便逐步“去裙改袴”，如今很难再搜寻到当地的褶裙标本，只能从被迫迁到其他地区的个别分支的服饰系统以及历史图像材料进行逆推。

在这种族群互动中，相同身份和不同身份的人通过褶裙产生了重大联系，山地与河谷、中部与西部的各个“异服”的人群被归为某一群体还是更独立的类别——都取决于如何定义褶裙在他们的社会情境中如何参与并被“组织”、在判断时褶裙被赋予了哪些标准。

（2）岁时节庆与过渡礼仪中的褶裙文化系统

清代地方志书中所载苗族者，东自湖南湘西，西至云南东川、禄劝、昆明，地方志书记载苗族者，无不对作为族群标识之一的苗族服饰进行了描写。从中可见褶裙的适用范围分布并不均衡，且存在向其他民族居住地区逐步推广但在本民族越来越疏于使用的情况，如某一地区靠近民族走廊而广泛与汉民族、东南亚、印度通商，当商品经济对当地的资源大幅冲击时，贸易的参与者也在这个过程里向交通更便利的地区小幅迁移，这一过程也会弱化曾被赋予过“灵性”或“神性”的服饰原貌。

从表面上看，族群通过一些服饰特征来区分，褶裙、头饰、银饰、刺绣在西南地区具有多样性且被默认为具备公开认同性的符号，即具有分类标准的服饰符号，因此褶裙的样式和其服用、继承的规则都是具体的、可被公开讨论的风俗。

㉙ 黎焰：《苗族女装结构》，昆明：云南大学出版社，2006 年。

㉚ 翁家烈：《论“九股苗”（一）》，《贵州民族研究》1987 年第 2 期，第 75－81 页。

符号意义强烈的几种褶裙往往并不适用于日常生活，因而更多在节日、祭祀等仪式中作为礼服的一部分出现。如“黑苗”盛装所着的亮布百褶裙由于布料较硬，并不方便起坐活动，但作为一种在舞蹈中可展现女性自信魅力的裙装在节日被赋予了“吸引力”，从而能实现“招亲”或“叙旧”的目的。

以黔西北地区“小花苗”为例，褶裙除了在盛大节日或祭祀中出现，其重要的核心功能也在于作为女性婚嫁的“嫁妆”使用，且该习俗沿用至今。一般来说，出嫁当天所着百褶裙数量越多，则被视为嫁妆越丰厚，在小花苗女性出嫁的仪式上能见到新娘身着 20 余条褶裙的场面。同样具备类似功能的还可见于南侗地区妇女定亲、出嫁，娘家拿来赠送夫家的礼物中也包括褶裙等其他女红制品。

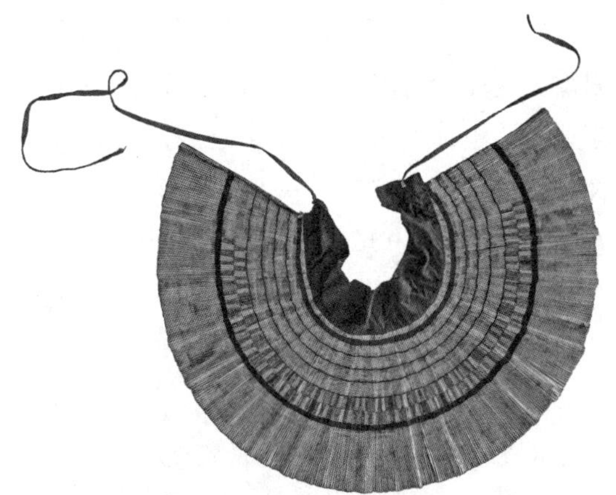

图 2 “小花苗”蜡染百褶裙

标本采集：许婕渟

除苗族以外，杨源所著《中国民族服饰文化图典》一书曾发表了永宁纳西族摩梭人为年满 13 岁的女孩举行的成年礼的照片，该礼仪又被称为“穿裙子”礼，即褪去孩童衣饰，换上成人穿着的长及脚面的百褶大裙。[31] 与之相似的还有四川省攀枝花市米易县新山傈僳族乡的傈僳族少女长到十三四岁时要行的“穿裙礼”、小凉山彝族姑娘的成人礼，裙子都作为一种界线或符号象征未成年到成年的过渡，仪式结束女子便可与男子过性生活，并开始生儿育女。

综上，结合对苗族褶裙的分析经验，日后可进一步对西南服用褶裙的民族服饰系统进行比较和考订。

---

[31] 杨源编著：《中国民族服饰文化图典》，北京：大众文艺出版社，1999 年，第 63 页，图 164、165。

（二）西南民族褶裙织染材料与特殊工艺

唐代李延寿撰《北史》载僚人“能为细布，色至鲜净”[32]，又有宋代周去非所撰《岭外代答》中“服用门”一章列緂、布、瑶斑布、水绸、練子、安南绢、毡、吉贝、虫丝、婆衫婆裙等当时岭南地区少数民族染织品类，并条分缕析地加以记述。[33]

对于部分民族制作百褶裙所需大量使用的特殊面料“侗布”或“亮布”的专著，各民族志、地方志编写组、高校民族学或服装学等相关专业对这种特殊面料的研究近年来不断丰富，除了采取人类学的调查方法走访村寨，采集标本，收集文字、口述、音声、实物史料外，也不乏有学者采用现代科技对标本进行科学化的记录、分析与比对，以上都可作为服装材料学研究的重要参考资料。其中以苏玲著《侗族亮布》为主要参考，该书以侗布为题，兼与苗族亮布进行比较，采用人类学田野调查的方法和个案研究法，在对几个村寨考察侗布制作、染色工艺时，将信仰和禁忌行为也纳入考察范围辅助研究，并提出了制作靛蓝染料的蓝靛草作为药物，本身具有抵御疾病和疮毒的作用。侗族所居地域多被群山环绕，河道纵横，气候闷热潮湿，靛蓝染料除了具有的抗病毒功效，还有加快汗气蒸发、耐旋光性、耐水洗牢度的功能。其关于侗布起源的研究仍以音乐史料为主，采集相关侗族大歌，辅以民间故事传说认同了侗族人民们认为是其始祖发明了侗布的观点。[34] 此书最具学术特色之处，在于在将侗布与苗族亮布进行比较时，使用现代仪器设备不断进行科学实验，精准检测了不同地区收集到的侗布与苗族亮布标本，对比其透气性、耐洗色牢度、硬挺度、透湿性、耐摩擦色牢度。[35]

另外，自然环境特异性选择下所产生的侗布与苗族亮布的使用，尚有内部传播途径待考，何以在我国西南地区诸民族间广泛却又有聚集性地使用亮布和褶裙制作工艺，是目前的国内服装人类学研究还未讨论的问题。以这个问题为

---

[32] （唐）李延寿：《北史·卷九十五》，北京：中华书局，1974年点校本，第10册，第3155页。

[33] （宋）周去非：《岭外代答》，北京：中华书局，1999年点校本，第223-232页。

[34] 黎平县侗族传唱《盘古歌》：“请静听我唱盘古歌，回忆往事都有根源……我们祖先原来是猿人，树叶置作衣……要代、玉美置棉布，去那树皮才穿上好衣服，我们穿的衣服都是他教缝，我们穿的棉布开始都是他种，棉苗独根秧在地中央，结棉桃用口袋去装，早晨轧籽晚上纺纱，拉起来柔软盖整个地方，上织布机梭子两边摆，做成许许多多衣裳，穿上棉布服装特别感到温暖，剪根包头帕包头感到特别暖和。”（姜大谦：《论侗族纺织文化》，《贵州民族研究》1991年第2期）侗族的另一首习俗款《恢复祖先俗规》也说：“姜良创俗礼在前，姜妹制俗规在后。姜良创俗礼给乡村，姜妹置俗规给后人。父置鸡尾插头，母织侗布着身。一代传一代，一世传一世。过了老一代，年轻人继承。古时流到如今。”（石干成：《走进肇兴——南侗社区文化考察笔记》，北京：中国文联出版社，2002年，第35页）

[35] 苏玲：《侗族亮布》，昆明：云南大学出版社，2006年。

研究中心，这种西南地区少数民族间流传的特殊的百褶裙工艺起始年代或许有迹可循。而吴淑生、田自秉二位先生所著《中国染织史》将中国地区不同材料（如棉、麻、毛）的染织情况按朝代先后次序综合展现，既有考古材料的支撑，亦有民间传说的补充，虽然主要以中原地区的工艺作为著述主体，但这些涉及染织的问题同时也能从现有的民族工艺中反映出原始的工艺系统。[36]

对于不同研究视角中出现的观点差异作进一步讨论和研辨，关注服装作为祭祀对象的情况，用艺术人类学的学科方法结合田野调查成果和其他学科知识的介入，将固定区域作为"采样"，并非是对单一民族或族群的标本整理，而是以苗族服饰作为主要切入点，再全面铺排至各个尚在服用褶裙的西南民族。在西南地区的服饰标本中对百褶裙的符号多样性进行情景分析。图案符号作为记录的载体，不仅是苗族记载其迁徙史诗和民族情感的视觉符号，也是对原始崇拜的召唤以及对传说的解释。

（三）西南民族褶裙的历史图像与现代标本

清代陈浩作《八十二中苗图并说》，"百苗图"是指对陈浩该书的一系列抄本的总称，迄今可估公私所藏不下百余种。而各抄本又都有大量脱漏、错讹，以致研究者无所适从。且由于抄本带有画者的艺术加工，若将各抄本内容按其名称依次摘取并横向铺排开，能明确发现各个版本对于人物衣饰和穿着衣饰的活动场所的描绘、记录都不尽相同。同时各个种类的苗民在明、清抄本中被记录的生活范围也有差别，亦沿用历史人文地理的研究手段，搜集了明、清两代官修舆图与县志地图，定位各府属所在地理位置与周边地貌，再依次廓清该范围内的族群流动情况。

贵州大学马国君教授与其博士生张振兴曾对近二十年来国内的苗图研究做出过详细综述，[37]与其他相关学者的认识基本一致的是：对于"百苗图"反复比较、述评并完成详细校勘的最著者，当为贵州大学杨庭硕教授于本世纪初期主持并整理的系列丛书。杨书辑选贵州现藏"百苗图"的十余种抄本，对各抄本内容中的脱衍之处进行了补充，使其传抄时的错讹之处得以匡正。[38] 而同期刘锋、李汉林、杜薇三位学者历时7载，出版的系列文献共三部，细究"百苗图"

---

[36] 吴淑生、田自秉：《中国染织史》，上海：上海人民出版社，1986年。

[37] 马国君、张振兴：《近二十年来"百苗图"研究文献综述》，《中央民族大学学报》（哲学社会科学版）2011年第4期，第44—52页。

[38] 杨庭硕等编著：《百苗图抄本汇编》，贵阳：贵州人民出版社，2004年。

各抄本的编排体例，联系各条目所载具体内容，整合在陈本苗图成书时代的区域性民族文化状况，将百苗图中出现的民族进行了细致的支系划分，并辅以各个支系在当下分布的地理情况，后又见诸位硕博研究生进一步丰富了标本研究。[39]

国内学者迄今所作对西南民族褶裙的现代服用情况的研讨日渐丰富，虽多以服饰整体为主要对象，但也关注到了褶裙的制作技艺与穿戴习俗。如同样的面料、衣制在男女间的适用范围与程度，但关于这种服装形式出现的起因和发展史还需进一步的补充。刘瑞璞主编《中华民族服饰结构图考——少数民族编》举白裤瑶、融水苗族、丘北花苗、西畴花苗、绣衣红瑶、织衣红瑶、白苗、黑巾黑衣壮、三江侗族、侬壮、诺苏等 5 个民族 11 个支系中搜集到的 12 种褶裙样本为例，对西南百褶裙的类型进行简要叙述，并绘制了各标本的平面结构图，是西南地区百褶裙结构研究的有力图文材料。[40]

2011 年，学者周梦对其在田野调查中所见黔东南地区苗族、侗族的褶裙实物类型及服饰文化进行比较，简要讨论了不同地域特征下褶裙长度的差异、装饰手段的特征和制作技艺的工序。[41] 至 2017 年，又重新根据具体的案例将所见褶裙按装饰手段，即以褶裙染织方法和装饰的结合程度梳理出六种黔东南地区苗族侗族女性褶裙的大类型，突破原有的、依据苗族支系或地域对褶裙进行过的分类。[42] 此外，北京服装学院贺阳、刘思彤二位研究者曾就其校内博物馆馆藏百褶裙进行了标本化的摹绘与结构分析，聚焦于"褶"的造型结构，依据制作褶裙的工艺总结了褶裙横向、纵向两大结构，及五种拼接类型，为褶裙研究提供了十分标准的样本分析案例。[43]

如前文言，苗族妇女服饰的服饰亦有多种分类方法，如按裙长分类：

苗族妇女的褶裙有长裙、中裙、短裙、超短裙之明确分别。李廷贵在 1980 年春节期间走访雷公山麓，所著《雷公山上的苗家》已经对"超短裙苗"的历史、经济、生活环境、婚丧礼俗等情况做出了详述，也记录了这种特殊的褶裙如何制

---

[39] 刘锋：《百苗图疏证》，北京：民族出版社，2004 年；李汉林：《百苗图校释》，贵阳：贵州民族出版社，2001 年；杜薇：《百苗图汇考》，贵阳：贵州民族出版社，2002 年。

[40] 刘瑞璞、何鑫编著：《中华民族服饰结构图考——少数民族编》，北京：中国纺织出版社，2013 年，第 37 - 39 页，第 512 页，第 618 页。

[41] 周梦：《黔东南苗族侗族女性服饰文化比较研究》，北京：中国社会科学出版社，2011 年，第 40 - 44、136 - 137 页。

[42] 周梦：《贵州苗族侗族女性传统服饰传承研究》，北京：中国社会科学出版社，2017 年，第 262 - 267 页。

[43] 刘思彤、贺阳：《苗族百褶裙褶裥造型研究——以北京服装学院民族服饰博物馆馆藏为例》，《设计》2020 年第 3 期，第 15 - 17 页。

作、穿戴，并对褶裙的长度做出规格划分：5—9 寸是超短裙，短裙裙长 1 尺 4 寸，中裙 2 尺左右，长裙 2 尺 5 寸到 3 尺，拖地裙 3 尺以上。㊹

受迁徙或当地农耕环境、礼俗文明的影响，褶裙亦有不同结构、服色的区别。如部分学者着眼于川滇黔型苗族在固定区域内的服饰文化，以关岭布依族苗族自治县境内(川滇黔型)苗族服饰为例，境内“歪梳苗”“高裙苗”“黑苗”“小花苗”“青苗”服饰社会功能与文化功能不尽相同，当然，这几种苗族的代称并不能视为对苗族服饰的标准类型学分类。传说中苗族妇女使用的绣有江河线条的裙子称作“迁徙裙”或“三条母江裙”，与黔东南榕江县脚车村的“黑苗”褶裙传说雷同，但现在的苗族妇女在制作褶裙时是否还有这个意识就需另作考证了。“歪梳苗”服饰分为“古装”“新装”，“古装”长裙裙褶位于左右两侧，中部为蜡染工艺绘制而成，前后无褶皱设计；“高裙苗”下裳为黑色蜡染百褶短裙，裙边有红、黄相间的刺绣花边；关岭的“黑苗”是从黔东南迁徙而来，与黄平苗族有一定渊源，且保持着传统黑苗的“古装”装束，服色以青黑色居多，褶裙也为青色长褶裙。㊺

从材料上看，广西融水地区的“融水苗族”与三江侗族比邻而居，且都喜好亮布，融水苗族使用的亮布与三江侗族自纺、自织、自染的“侗布”制作方法相似，成衣效果差距细微，其所制亮布色泽更为柔美。《中华民族服饰结构图考——少数民族编》收集到两个地区的百褶裙标本并分析其结构，三江地区百褶裙腰围达 111 厘米，下摆长 242 厘米，裙长恰过双膝；融水苗族百褶裙一般长 50－60 厘米，下摆周长则可达 6 米之多，制作这里的百褶裙需用 18 幅窄布。㊻西南地区少数民族服饰中可见的百褶裙褶裥造型的共同特点是制作费时，且在结构上底边围度较大，裙身褶裥细密，保证了下肢在劳作时的活动空间。结合笔者的田野考察，黔东南地区苗族、侗族百褶裙为适应人体高矮、胖瘦的不同，有对腰头宽窄的控制，和“前片”“后片”“补片”的制作，这也是西南民族手工艺智慧的体现。

苗族本属苗瑶族系，侗族则另属百越族系，《百苗图汇考》“衣着服饰考”一节指出“桶裙”㊼与“褶裙”的差异缘起并非皆缘于特定的自然空间及生产力发展

㊹ 李廷贵：《雷公山上的苗家》，贵阳：贵州民族出版社，1991 年，第 96－97 页。

㊺ 杨晓辉：《五色斑斓之关岭苗族服饰》，贵阳：贵州人民出版社，2010 年。

㊻ 刘瑞璞、何鑫编著：《中华民族服饰结构图考——少数民族编》，北京：中国纺织出版社，2013 年，第 37－39 页，第 512，第 618 页。

㊼ 按：亦写作“筒裙”“统裙”。

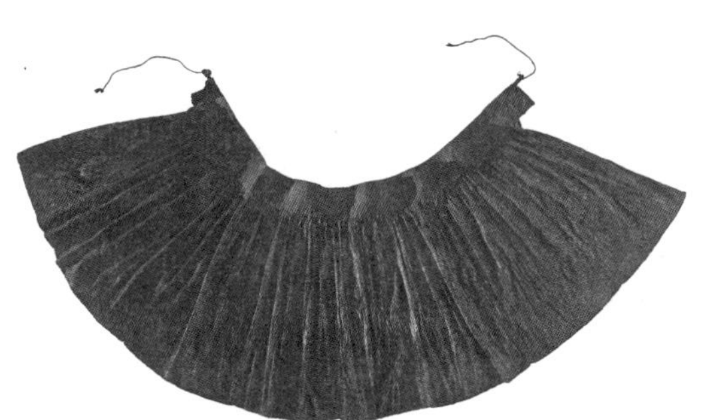

图 3　黔东南苗族侗族自治州榕江县苗族亮布百褶裙

标本采集：许婕渟

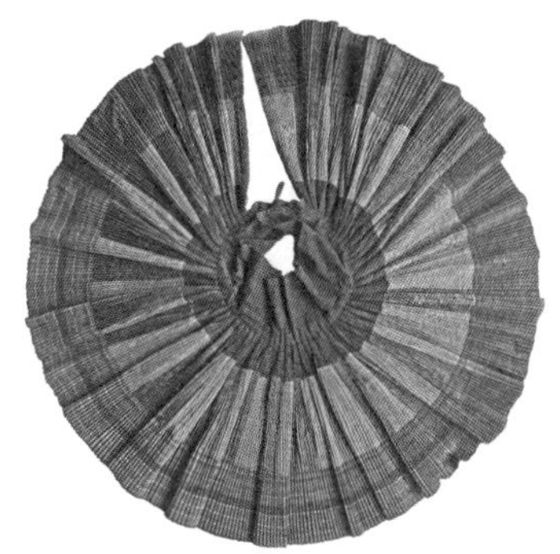

图 4　黔东南苗族侗族自治州台江县苗族间色百褶裙

标本采集：许婕渟

程度的异同，而是“适应不同生存环境的产物”。“桶裙”是古百越族作为亚热带濒水民族在河网平原为主的原生分布区的原生文化要素，“褶裙”则必定是适应于地表崎岖的山地丛林的差异。[48] 而现在我们可以在许多侗族聚居区发现侗族妇女也有服用褶裙的传统，这是西南民族间文化借用情况的体现。

相较于支系纷繁的苗族服饰，侗族服饰的调研与整理显得更为明晰，如对南侗地区部分侗族聚居村寨中的服饰结构分析，以张国云《贵州侗族服饰文化与工艺》为首要参考，该书对几个侗族聚居区穿着情况做出了横向对比，详细记录了当地各个村寨之间染织与打褶的差别。[49] 而湖南师范大学张云婕的博士论文《侗族传统服装艺术研究》，依据其两年间对湘黔桂三省 108 座侗寨的田野调查中所见服饰遗存情况，将侗族服饰按其服装风格分类，共 19 种，列举每种分类下的实物穿戴照片，注明其穿戴方式及该类型的特点，形成极具参考性的侗族服饰图谱。[50] 在此基础上，辅助参考王晓莺、郭晓节《侗族服饰文化》一书中对侗族聚居区域的划分以及所在地理位置的环境特点分析十分清晰，不同侗族聚居地的服饰特征基本都有关注和描述，其内第三章“侗族服饰制作工艺”对泛侗族聚居区的侗布织染的情况有清晰的记录。[51]

日本学者荒井やよい，田村照子的《アジアの民族服に関する被服造形学

---

[48] 杜薇：《百苗图汇考》，贵阳：贵州民族出版社，2002 年，第 180 页。

[49] 张国云：《贵州侗族服饰文化与工艺》，苏州：苏州大学出版社，2011 年。

[50] 张云婕：《侗族传统服装艺术研究》，湖南师范大学博士学位论文，2019 年，第 28 页。

[51] 王晓莺、郭晓节：《侗族服饰文化》，青岛：中国海洋大学出版社，2019 年，第 6－28 页。

的研究》一文以学校服饰博物馆的亚洲民族服饰为研究主体，对作为苗族女性下裳的百褶裙展开讨论，其中从学校博物馆挑取 11 件，加上其本人收藏的 3 件，一共 14 件，其中中国 8 件，老挝 1 件，泰国 2 件，越南 3 件……精析其形状、褶的构成、缝制方法、装饰技法。[52] 还有其他诸学者在民族服饰研究中做出过重要贡献，但由于与本文首要讨论的“褶裙”情况并不直接相关，遂正文不做罗列。

四、当下可实现的研究路径

当前可以基本把握的西南民族服饰思想与演变规律是借助人类学、民族志的调研方法，尽可能地将宏观史研究所产出的成果引入到服饰史的领域，“西南民族百褶裙—西南民族服饰”“西南民族服饰史—中国服饰史”的研究路径是基于传统造物范式之上微观与宏观互融的中国工艺美术之属于西南民族的“设计管理”。

（一）标本测绘法

以中国西南民族褶裙为对象，以田野调查所见褶裙实地样本、地方私人收藏为研究线索，通过对实物标本系统化的采集、数据化的测量，及其结构图的标准化测绘与对应的文献考据进行深入分析，记录相关服饰的形制面貌与数据分析，探寻环境、地域、人文因素影响下西南民族服饰文脉的合理内核。

研究将根据图像和实物规范褶裙类型的重新划分，还应以褶裙为一级切入点，借助考古类型学方法将褶裙的结构与工艺重新构建出一级分类标准并制作一套专门聚焦于褶裙类型的表格。可将褶裙先按照基础结构设置为第一级“I、II、III、IV”4 种，以下按照族称再分成“1、2、3……”为第二级，在同等尺寸下的褶裙如使用的材料或制作工艺完全不同——如塔石乡“花裙苗”着蜡染间色百褶裙，与周边村寨使用的亮布褶裙完全不同，其带有强烈符号性——便在第三级序号里按“1、2、3……”再次区分。同一民族如若使用同种规格褶裙则类型序号不变。

（二）田野调查法

在各种需要穿戴褶裙的过渡礼仪中，苗族女性还有进一步的层级划分，如一些在特定“神圣场所”发生的聚合性礼仪，往往老年妇女的盛装较年轻女子更

---

[52] ［日］荒井やよい・田村照子(2007)「アジアの民族服に関する被服造形学的研究—文化学園服飾博物館所蔵品の分析調査(3)」『文化女子大学紀要. 服装学・造型学研究』38，107－122。

为简朴，体现在褶裙上即老年妇女服用的褶裙褶裥更疏松、光泽更黯淡，年轻女孩的褶裙却越亮、越细密则越好。其他民族又如何展现裙子成型之后的情况：穿到什么层次；在不同的仪式场合下用新的好还是旧的好，亮的好还是不亮的好；现在进入民族地区，在各种活动中见到的褶裙，应作如何阐释，它们在不同的过渡礼仪中表达了什么样的物象征兆；在日常和仪式中分别怎样出现……由此可以想到的核心问题是：褶裥的疏密与女性年龄的长幼之间存在的正相关关系是如何产生的？褶裙如何、并在哪种情况下与相关联的族群认同特征可以被保留下来，又在哪种情况下被允许发生改变。

综合上述问题，从城市中心的博物馆走入山间村寨的神祠，既要有对史料清晰的爬梳，也要参照对当地村民们口述史的记叙——根据这番情况下得到的信息，综合梳理可感、可信、可行的研究路径，锁定与本研究直接相关的一处或多处调查空间，并同步且持续地完成有关文献的爬梳，逐一判断田野调查中出现的信息是否合理、某种过渡礼仪的形态出现的前因后果，分辨被“创造”的仪式和被“改造”的节日——最后找到能够高度配合个案研究的田野点，形成自己的调研“网络”后，建立复查机制，有秩序地核对已获得的相关信息。

（三）文化比较法

本文最终目的是对西南服用褶裙的民族服饰系统进行比较和考订，将西南民族服饰关系构建出三重结构：西南民族褶裙与西北或中原地区的褶裙类型分割；固定区域内各民族“大杂居、小聚居”产生的文化借用；同一族群内部不同支系的服饰异同。

如果说，“礼制”“礼经”本身是一种“扮演”，那么行礼如仪，是不是有“物”进行分割？褶裙作为“物”，被人穿戴后参与祭祀活动或者节日，是否代表服用者本身在扮演“母神”？为什么在他们祭祀的这种“剧场空间”里，在西南民族社会这一“场所”中，一条裙子扮演且必须扮演着这样一种角色？

对于不同研究视角中出现的观点差异作进一步讨论和研辨，关注到服装作为祭祀对象的情况，用艺术人类学的学科方法结合田野调查成果和其他学科知识的介入，将固定区域作为“采样”，并非是对单一民族或族群的标本整理，而是以可搜集到标本较多的苗族服饰作为主要切入点，再全面铺排至各个尚在服用褶裙的西南民族。在西南地区的服饰标本中对百褶裙的符号多样性进行情景分析。在传统文史类的史料框架下，复合嵌套人类学、民族志的研究方法，面对研究中跨民族、跨族群的多元文化背景，横向排布出“神话——族源——工艺——仪轨"的历史面貌并逐一对比，由此才能在如此宽广的时空背景下展开对现代仍续存的文明现象的讨论。

五、结语

"褶"是一种装饰手段，但褶裙成为了一种具象化的、能作为某类形制崇拜的个案范例。对西南民族褶裙的类型学研究需要思考褶裙这种"物"背后的叙事，将服饰人类学与民族图像学两者复合在一起才能建立起可信性的研究。首先，面对褶裙的实物应及时记录其制作的年份，并根据前人调研中获取的实物照片进行年代梳理，更谨慎地锁定某一区域褶裙形态在固定时间段内的变革情况；第二，从褶裙形态出发要配合对服饰整体造型的研究，如同类型的褶裙在不同区域、支系内的服用是否反映的是当地民族有别于他者的审美追求；第三，深入关注服饰中蕴藏的西南民族先民的宇宙观，厘清其造物动因，谨慎地从穿戴规范中讨论西南民族的服用之"礼"，再衔接到历史中去。由此生成了一种创新的研究视角，即通过多地的祭祀仪式之比较研究，逐步拓殖出民族礼俗观念之下衍生出的"褶裙"图像谱系。"褶裙"衣制在西南民族的历史进程中有举足轻重的地位，这些民族的迁徙史构合出的服装风貌，作为一种文化要素反映出多民族之间的文化互渗现象。若加以系统分析，廓清其各自文化的基本特征，呈现出同民族跨支系服装与跨民族服装特征的相互陶染与文化借用，补充了服饰史学界对民族服饰的研究需求，且能引发对其独特形制持续热烈的询访。

Ethnic Pleated Skirt in Southwest China

Xu Jieting

Abstract: This paper takes the cultural retracing of the "weaving" behavior and its "materialization" process of the southwestern ethnic groups and the excavation of its endogenous mechanism as the starting point. Through the field survey and analysis of the dress culture of Southwest China's ethnic groups, we can grasp the morphological representations and craft rituals of the pleated skirt in different regions and ethnic groups' cultural rituals (marriage, rituals, festivals, etc.), and then recognize the type system of their pleated skirt craft culture. From the pleated skirt form, we will explore the underlying artistic picture and "formal genes" of pleated decoration, and deepen our understanding of the idea of creation in the ethnic dress culture circle of southwest China.

Keywords: Southwest ethnic groups; Pleated skirt; heavy folds

细料金砖"二尺二寸见方"的工艺文化解读

金 瑾 孙 坚

摘 要:基于史料的记载,一般认为在故宫太和殿铺墁的金砖为"二尺二寸见方",只有这一最大尺寸的金砖才能契合皇家最高规制。但通过对太和殿、保和殿等处的金砖进行测量发现,故宫大殿里铺墁的金砖为二尺见方。本文从气候、工艺、成本等多个角度,对产生这一现象的内因展开了探讨分析。

关键词:细料金砖;二尺二寸见方;二尺见方;工艺

故宫太和殿铺墁的是多大尺寸的金砖?

方砖铺墁通常遵循大殿墁大砖、中殿墁中砖、小殿墁小砖的则例。据此,如果事先知道金砖有三种尺寸规格,很多人会毫不犹豫地认定,太和殿这样的皇家最高殿堂,所墁金砖一定是最大尺寸,即"二尺二寸见方"。

对此问题,许多建筑专家,甚至熟悉官式古建筑及其营建工程的人都表示十分的肯定。据《清代官式建筑构造》和《漫谈金砖与苏州御窑》研究,太和殿殿砖的规格为74厘米(二尺二寸)。①② 而实测数据,太和殿殿砖的实际尺寸为64厘米见方,即二尺,并非史料记载中的二尺二寸。这种殿砖实际是由约67厘米见方的原砖砍磨四侧而成。而保和殿与中和殿的殿砖实际测量数据与太和殿也相同。这就表明殿内金砖也是用边款铭文中标示为"二尺"(64厘米)实际约为67厘米见方的原砖砍磨四侧而成的。换句话说,作为皇家建筑中的最高殿堂,太和殿、中和殿、保和殿铺墁的金砖都是二尺,并非二尺二寸。

一、事实:故宫大殿里铺墁的并非最大尺寸金砖

金砖铭文中所标示的是成造出窑后"糙砖"的尺寸。其有三种:一尺七寸见方、二尺见方和二尺二寸见方。按一营造尺约相当于今天公制的32厘米算,分别是54.4厘米见方、64厘米见方和70.4厘米见方。

作者简介:金 瑾 国家非物质文化遗产苏州御窑金砖制作技艺传承人
作者简介:孙 坚 苏州陆慕御窑金砖厂文创室主任

① 白丽娟、王景福编著:《清代官式建筑构造》,北京:北京工业大学出版社,2000年,第136页。作者或认为金砖有二尺四寸见方的标示规格,但清宫档案中不见有此尺寸金砖的工部行文。

② 徐启宪:《漫谈金砖与苏州御窑》,《紫禁城》1994年第3期,第39页。

金砖在铺墁前须砍磨，以使每块砖的砍净尺寸完全一致，满足磨砖对缝的技术要求，达到整齐划一的视觉效果。因此，在制作过程中必须留出余地，烧成后的金砖糙砖，相比于铭文标示的尺寸，实际尺寸通常会加长一些，这在建筑工程中被称为“加荒”。所谓“加荒”，即成造后的糙砖尺寸比砍净尺寸溢出的部分。

清工部《工程做法则例》对金砖砍磨后的净尺寸有规定：“二尺金砖，砍净见方一尺九寸；尺七金砖，砍净见方一尺六寸。”③可见，铭文标示的金砖尺寸与砍磨后的净砖尺寸至少有一寸以上的加荒溢出。也就是说，烧造出窑后糙砖的实际尺寸要比金砖铭文中的标示尺寸（砍磨后的净砖尺寸）多出一寸（约三厘米）以上。

金砖尺寸越大，制作难度越大，成本也越高。二尺二寸金砖的面积比二尺金砖多百分之二十，而价格则要多百分之八十左右。所以，窑户烧制出的金砖的实际尺寸，会略宽于一尺七寸、二尺和二尺二寸，但由于难度和成本，通常不会宽出很多。以加宽一寸算，明代古金砖在今天的实测尺寸一般在 54 至 57 厘米（通常不会超过 57 厘米）、64 至 67 厘米（通常不会超过 67 厘米）和 70 至 73 厘米（通常不会超过 73 厘米）。

表 1　金砖铭文标示尺寸和实际测得尺寸

规格	一尺七寸	二尺	二尺二寸
铭文标示尺寸	54 厘米	64 厘米	70 厘米
实际测得尺寸	54 至 57 厘米	64 至 67 厘米	70 至 73 厘米

据上述讨论与表 1 的实测数据，可以基本断定：太和殿铺墁的是二尺见方的金砖，并非“二尺二寸见方”。也就是用标示为“二尺”（实际约为 67 厘米见方）的糙砖砍磨而成的金砖。

史料记载，“康熙十八年十二月甲子，太和殿灾。”④“己卯，太和殿灾，颁诏天下。诏曰：乃于康熙十八年十二月初三日，太和殿灾，朕心惶惧，莫究所由。”⑤即康熙十八年（1679）七月，北京发生地震，紫禁城宫殿多有震伤。至十二月，太和

③ 清雍正十二年刊本《工程做法・卷五十三》，转引自丁文父《金砖识录》，北京：文物出版社，2007 年，第 146 页。

④ 《清圣祖实录》“康熙十八年十二月条”，转引自单士元：《清代建筑年表（一）》，北京：紫禁城出版社，2009 年，第 43 页。

⑤ 《清圣祖实录》“康熙十八年十二月条”，转引自单士元：《清代建筑年表（一）》，北京：紫禁城出版社，2009 年，第 43 页。

殿又失火，大火由御膳房起，乘风势延及金銮殿，使太和殿化为焦土废墟。

于是，清帝在惶恐中发布罪己诏。同时，也在紧张和焦虑中命工部向江宁巡抚发出前往陆慕烧造金砖的圣谕：

> 康熙十八年题准，令江宁巡抚动支正项烧造二尺、一尺七寸金砖万五十四块，每正砖十准造副砖三。⑥

地震过后，除太和殿还有很多紫禁城宫殿需要修缮。如康熙十八年十二月，修奉先殿，建毓庆宫；康熙十九年六月，修干清宫；康熙二十一年七月，改建咸安宫为宁寿宫；康熙二十二年五月，建文华殿、启祥宫、长春宫、咸福宫；康熙二十四年四月，建传心殿；康熙二十七年，建宁寿宫……⑦

众多宫殿的修缮和营建，自然需要大量的金砖。于是，至康熙二十九年(1690年)，清宫档案中又有了令江宁巡抚烧造金砖的记载：

> 康熙二十九年题准，令江宁巡抚动正项银烧造二尺金砖一千四百九十块，一尺七寸金砖千一百五十九块，每正砖十烧造副砖一。⑧

在紫禁城的其他宫殿基本修建结束之后，康熙三十四年(1695年)二月，太和殿在被毁整整十五年之后，兴工重建："康熙三十四年二月丁巳，以太和殿兴工，遣官告祭天地、太庙、社稷。"⑨

两年半以后，即康熙三十六年(1697年)七月，太和殿重建竣工。据记载，太和殿的这次重建，共用二尺金砖四千七百八十方：

> 铺墁金砖一层，除墙面阔十七丈五尺一寸五分，进深十丈四尺七寸九分，折见方丈一百八十三丈五尺九寸五分，除柱顶四十个，各见方五尺，并过门槛垫净折见方丈一百六十八丈四尺九寸一分，每丈用金

---

⑥ 乾隆《会典则例·卷一二八·工部营缮清吏司物料》，转引自单士元：《清代建筑年表(六)》，北京：紫禁城出版社，2009年，第1893页。

⑦ 单士元：《康熙宫殿建筑大事年表》，《清代建筑年表(一)》，北京：紫禁城出版社，2009年，第43-49页。

⑧ 乾隆《会典则例·卷一二八·工部营缮清吏司物料》，转引自单士元：《清代建筑年表(六)》，北京：紫禁城出版社，2009年，第1905页。

⑨《清圣祖实录》"康熙三十四年二月丁巳条"，转引自单士元：《清代建筑年表(一)》，北京：紫禁城出版社，2009年，第53页。

> 砖二十八个，共享二尺金砖四千七百八十个……二尺金砖四千七百八十个，每铺墁金砖一个，用灰十二觔，桐油三两，白面三两，共用白灰五万六千六百十六斤，桐油八百八十四斤十两，白面八百八十四斤十两。⑩

从康熙十八年(1679年)紫禁城宫殿被地震所伤和太和殿被大火所焚，至康熙三十四年太和殿重建完工，共计十八年。而这一时期是康熙朝紫禁城皇家宫殿修建最为频繁的时期，当时较大规模的金砖烧造也是在这一时期。现在我们看到的太和殿金砖，就是三百多年前的那次重建所留下的。

上引史料记载与现场的实测皆表明：

(一) 康熙年间，即便是三大殿这样的皇家建筑的最高殿堂里，铺墁的都只是二尺见方金砖，而非最大尺寸的"二尺二寸见方"。

(二) 康熙年间重建太和殿等皇家要殿，工部下文烧造时就只造了二尺和一尺七寸两种规格的金砖，并无二尺二寸金砖的烧造任务下达。

当时为什么不铺、也不烧"二尺二寸见方"甚至更大尺寸的金砖呢?

二、原因:金砖制作须与时序相合且成品率很低

明代嘉靖朝皇家建筑的兴建规模巨大，数量极多。时任工部侍郎的张问之担任金砖督造官，长驻长洲县陆墓，三年督造金砖五万余方。史传张问之初到陆慕时，发现窑户听闻朝廷又要下赋烧造金砖的劳役，便相继开始逃亡。这使得他几乎找不到足够的窑工来烧造金砖。窑户逃亡的主要原因即是烧造金砖工序的繁多以及工艺的复杂和艰难，且朝廷对金砖烧造的质量要求极为严苛。由于官方并未考虑到金砖的烧造成本如此之大，而给予窑户的工钱又极低，因此每次窑户的烧造都会赔本贴钱。

张问之在了解该情况后，采取了一系列安抚窑户的措施。他费尽周折招复窑民，在三年之内勉力完成了五万块金砖的督造任务。有了这样的经历和体验，在金砖即将解运至京城之时，张问之认为，须要将这劳民伤财的实情向嘉靖皇帝说明。于是，他奏请《请增烧造工价疏》一文，并在奏折中将金砖制作的工序逐一予以图解。于是，这份奏折和其中的配图，就成了明代详细记录金砖制作具体工序的首件抑或唯一的史料文本。

---

⑩《太和殿纪事・卷七》，转引自单士元:《清代建筑年表(六)》，北京:紫禁城出版社，2009年，第1917页。

……夫难成者，不可以易视；费大者，不可以小成。以今日之砖之略言之。

其土也，必取而运，晒而椎，舂以碓，研以磨，筛以萝，凡七转而后成。其泥也，必池以滤之，由三级之筲，过三级之萝，且池以晾之，瓦以晞之，弓以勒之，脚以踏之，手以揉之，凡六转而后就。

以至坯之做也，托之以板，装之以范，以两人共擦之，以石轴碾之，以椎平之端正。日日翻转之，面面棒打之，遮护之，开晾之，凡八个月始干。

其入窑也，修窑有费，垫坯有废。发火也，一月而糠草，二月而片柴，三月而颗柴，又四月十日而枝柴，凡五个月而砖始出。⑪

从《请增烧造工价疏》一文可获悉，金砖的制作从取土练泥到做坯、晾坯，到装窑烧窑，再到窨水出窑，要经历四季的轮转，且工序还要与节气时序相吻合。因此，金砖的烧造周期通常在一年以上。

明清金砖制作过程中顺应时序天道的实情在清宫有关金砖的档案文献中有诸多的记载：

金砖拘于火候，正月中始得出窑。⑫

嗣因烧造金砖向于春间取土，夏令成坯，入秋棚打结实，交冬装窑煨烧，腊月出窑，次年正月选解。⑬

烧造金砖向系春间取土，夏令成坯，俟其干透入窑煨烧，已届冬令。若稍有不按时，必多破碎，难以选解。⑭

制作金砖，开春取土，夏季成坯，晾坯护坯须至秋冬之交。而整个冬季，农虽闲，田多歇，窑却忙，火正旺。直至年底腊月或来年正月的下一轮动土练泥的工序将要开始时，才能"煞窑"，然后是"出窑"。

---

⑪ （明）张问之：《请增烧造工价疏》，戴絅孙纂修：《庆云县志·卷三》《艺文志·第十》，台北：成文出版有限公司，咸丰五年刊本，1969年，第338－339页。

⑫ 乾隆十六年《江苏巡抚王师奏折》，转引自中国第一历史档案馆、故宫博物院编：《清宫金砖档案》，北京：紫禁城出版社，2010年，第72－75页。

⑬ 光绪十三年《江苏巡抚崧骏奏折》，转引自中国第一历史档案馆、故宫博物院编：《清宫金砖档案》，北京：紫禁城出版社，2010年，第526－530页。

⑭ 光绪十八年《江苏巡抚奎俊奏折》，转引自中国第一历史档案馆、故宫博物院编：《清宫金砖档案》，北京：紫禁城出版社，2010年，第531－355页。

张问之《请增烧造工价疏》一文开篇即云："臣近以营建宫殿，奉敕前来南直隶苏州府等处督造二样细料方砖"⑮。文中，他在叙述细料方砖烧造的艰难时又云："况阔及二尺二寸、一尺七寸，复欲出完全端正、声音清响、色道纯白，故常取一而费四五"⑯。张氏奏疏表明两点：一是，在明朝嘉靖前后是有二尺二寸见方的金砖烧造的；二是，金砖烧造工艺复杂、十分艰难，烧成二尺二寸见方的金砖颇为不易，成品率常常仅为二成左右。

明代的这种情形一直延续至清代。乾隆四年(1739年)六月初九，江苏巡抚张渠在他奏请开销副砖价值的奏折中亦云：

> 金砖关系钦工物料，必须颜色纯清、声音响亮、端正完全、毫无斑驳者方可起解。惟是砖身重大，烧造甚难，做坯必大费人工，出窑更经历岁月，灌水或有未到，火力或有未齐，即质脆色黄，不适于用，其间合式者往往十不得二，并有全窑无一砖可用者。以故窑户人等靡不视为畏途。然犹赖每造正砖一块，必另给副砖价值一块，足以补苴，并可备临时挑选之需。……近年奉文敬造钦工金砖，共计八千余块，内尚有二尺二寸金砖。砖身愈大，烧造愈难，且事属创始，是以核定一正两副。其一尺七寸及二尺金砖仍照从前办理之案，给以一正一副……⑰

金砖砖身重大，烧造甚难，除了做坯阴晾大费人工外，还须几个月的烧窑时间。倘若窨水稍有不到位，火力若不均匀，出窑的金砖便会质地生脆、颜色发黄，进而成为废品。若是如此，能用来铺地的金砖便会十不得二。甚至，有时还会出现全窑无一砖可用的情况。因此，明清陆慕的窑户往往会将金砖烧造视之为"畏途"。

张渠在奏折中认为，乾隆初年烧造的二尺二寸金砖在有清一代"事属创始"。所以，他核定开销副砖价值为一正两副，而一尺七寸和二尺的金砖仍旧按照以往的一正一副给付。由此说明，明代嘉靖年间不仅已烧造"二尺二寸见方"

---

⑮ (明)张问之：《请增烧造工价疏》，戴絅孙纂修：《庆云县志·卷三》《艺文志·第十》，台北：成文出版有限公司，咸丰五年刊本，1969年，第337页。

⑯ (明)张问之：《请增烧造工价疏》，戴絅孙纂修：《庆云县志·卷三》《艺文志·第十》，台北：成文出版有限公司，咸丰五年刊本，1969年，第338页。

⑰ 乾隆四年《江苏巡抚臣张渠烧造金砖维艰请开销副砖价值奏折》，转引自中国第一历史档案馆、故宫博物院编：《清宫金砖档案》，北京：紫禁城出版社，2010年，第54-61页。

的细料方砖，而且至清代乾隆初年重启烧造时，其成品率依旧很低。而清代乾隆之前的一百年间，朝廷并没有下令要求陆慕窑户再行烧造。这也印证了康熙年间重修太和殿等皇家要殿时，所墁金砖确为二尺见方，而非二尺二寸。

从上述两份奏折中可以获悉，自明至清，大尺寸细料方砖（金砖）的烧造始终是陆墓砖匠窑户们的难题。通常情况下，若无皇帝旨意及工部令文，窑户断不会烧制金砖。其中原因，无非工艺极难、成本极高，且成品率极低。与尺七和二尺金砖相比，烧造“二尺二寸见方”的金砖更加如此。

依据张问之《请增烧造工价疏》所述七转得土、六转成泥、八月成坯、四月焙烧，以及清人所云春间取土、夏令成坯、入秋棚打结实、交冬装窑煨烧、腊月出窑的金砖古法制作工艺，现苏州陆慕御窑金砖厂启动“重制明清原味金砖项目”，并进行了近十次的金砖古法烧造试验。以下表2是对其中四次试验成品率的统计。从其数据的反映来看，基本符合明清史料中所记载的成品率情形。即稍有不慎就会整窑报废，而“二尺二寸见方”金砖的成品率常常“取一而费四五”，往往“十不得二”。

表2　苏州陆慕御窑金砖厂古法重制金砖成品率统计

年份	一尺七寸			二尺			二尺二寸		
	入窑数	成品数	成品率	入窑数	成品数	成品率	入窑数	成品数	成品率
2014—2015	53	41	77%	23	10	43%	35	5	14%
2017—2018							144	44	30%
2019—2020	4	0	0%	256	0	0%			
2021—2022				189	10	5%	457	60	13%

三、解读：陆墓窑户在天工与匠心之间探寻契合点

通过上述讨论，为何金銮殿里铺设的金砖是二尺砖而非二尺二寸甚至更大见方的金砖？这一问题的答案似乎可以在金砖的传统制作工艺中找到合理的解释。

首先，做砖的泥料分粗细。粗料、细料在工艺上的本质区别在于是否“沥浆”。即泥料在掘运晒椎之后，如果继续细土，还要对其舂磨筛，并加水搅拌。还要滤沥澄浆，此即细料；如果晒椎后不再细土，不沥浆，加水搅拌后直接晞晾勒踏，便为粗料。

金砖是细料砖，因而是需要沥浆的。沥浆的作用是使泥料密实且细腻。但沥过浆的泥，粘性大失，用来做砖，则小件易作，大砖难成。因此，做砖弄土，烧造成器，砖身体量愈大，成形成品愈难。沥浆过后，更是如此。

阳澄湖畔的泥土，粘性极重，不沥浆，做出并烧成超过三尺见方的大砖，并不算奇事。即便是将泥料沥浆，使其成为细料，且过得了八月晾坯的关口，等到四月焙烧时，烧成尺七小金砖以及成品率较高的二尺中金砖，亦尚非难事。但面对二尺二寸见方的大金砖，就算师傅们技艺高超又全力以赴，也往往显得力不从心，时常会在开窑后沮丧地面对“十不得二”的低烧造率。

其次，金砖制作工艺的秘诀，在于根据土性物理的生克。每一道工序都与一年中时序气候的转换以及空气干湿的变化，进行最大程度的契合。而二尺见方到二尺二寸之间，或许正是陆墓的砖匠窑工在数百年的弄泥与制砖经验的基础上孕育出的一个和谐的“分寸节点”。它是在天道自然与人工造物之间寻觅到的化土为金的一个契合点。

金砖工艺是由砖匠窑工结合泥土气候因素所形成的一系列工序和技法，它本质上体现的是中国传统工艺中“天人合一”的造物思想。“变土为金，炼金之术”就是在这种关系中平衡好分寸，寻觅到最佳的契合点；假如执迷于人定胜天，或着意于自流无为，都找不到真正的“炼金法则”。

现存金砖中有不少大规格甚至超大规格的“光绪砖”，不明就里者会误以为它们是盛世荣光的焕发和展呈。殊不知，从不少光绪金砖破损断裂后的侧面一眼便能看出，这些所谓的金砖精细程度严重不足，而且用的多不是上细的泥料，有的砖甚至还有疏松多孔的断面。据说，慈禧当年曾要工部下令为自己的定东陵烧造过“二尺四寸见方”以上的超大金砖。如果真是这样，那么，这一要求僭越的不仅是历代帝王的建置规制，也超出了陆慕窑工的工艺技术上限。对于炽热而膨胀无度的人心欲壑的疏导方法就是天道自然对其的制约与平衡。

清代四库馆臣在《造砖图说》的存目提要中记录，明嘉靖年间有金砖窑户因不胜烧造之累而自杀：“嘉靖中营建宫殿，问之往督其役。凡需砖五万，而造至三年有余乃成。窑户有不胜其累而自杀者。”[18]张问之《请增烧造工价疏》中言，窑户们烧制金砖非但不能赚钱，还要赔本。当时长洲窑户每名被摊派金砖三百

---

⑱ （明）张问之：《造砖图说》，《四库全书总目》卷八十四《史部·四十·政书类·存目二》，北京：中华书局，2003年，第727页。

多块。如果每块赔银七钱，那么每家就至少会赔银二百一十多两：

> 此前日烧造之民，所以产尽人逃，祸及亲邻；而亲邻之祸，又亲邻也。故臣昨烧造命下，而此等之民皆以望风逃去。比臣既至，而亲邻亦莫可跟究矣。其招复之难，处置之难，督责之难，万千难状，何者？工程细密，民贫价减，赔费之繁，有不止于身家十倍百倍之不及也。如苏州一府，烧造之民，止于长洲一县，为家六十有三，其每名分砖不下三百余块。如每块赔钱止于七钱，则每家分外已赔银二百十两有余矣。⑲

更有甚者，有官家管办之人竟然取民间所用的粗砖为准衡而为金砖的烧造定工价。由于民间粗砖与细料砖相比，所耗人力和艺工都相差数十甚至上百倍，因而当窑户听说工部令文已下，又要来造金砖，便纷纷望风而逃。以至督造官张问之根本无法用所谓“株连之法”予以追究。且接下来的招复、处置、督责等工作在当时都极为困难。⑳

据明嘉靖年间苏州人陆粲的笔记《说听》记载，陆慕窑户钱鼎深知金砖烧造的艰难，且又是赔本的苦役，就带了官家预付的银两，遁走南京。到了那里，亲友不敢让他居留，他只好又到丹阳。丹阳的亲友也同样不敢收留，他只好投奔无锡的一位朋友，并在那里住了几个月。临至年终，钱氏才返回家。负官银潜逃的讼事算是刚刚了结，但钱氏长子在他外逃期间已经离世而去……㉑

一部金砖的烧造史，就是一部明清王朝的兴亡史。对于明清两朝的帝王与臣子而言，当他们在皇宫大殿中叩问苍天大地、祈求子孙永葆的时候，当他们谈经论法、商议如何经营百年之基业、如何治理国事与民生的时候，他们脚下所踩的是一方方铺陈得严密平整、稳重且厚实的苏州细料金砖。从明代永乐至清代宣统的几百年间，苏州陆慕的细料方砖所含藏的不仅仅是明清王朝和中国历史整整五百年的荣辱和兴衰，更是江南温水润土及陆慕工匠们的精工细作，以及他们的智慧、血汗及喜怒哀乐。

---

⑲ （明）张问之：《请增烧造工价疏》，戴絅孙纂修：《庆云县志》卷三《艺文志・第十》，台北：成文出版有限公司，咸丰五年刊本，1969年，第338页。

⑳ （明）张问之：《请增烧造工价疏》，戴絅孙纂修：《庆云县志》卷三《艺文志・第十》，台北：成文出版有限公司，咸丰五年刊本，1969年，第340页。

㉑ （明）陆粲：《说听》（卷下），《丛书集成三编》（第七十三册），台北：新文丰出版公司，《说库》本，1997年，第337页。

The Cultural Interpretation of the Craft of "Two Feet and Two Inches Square" Of Refined Gold Bricks

Jin Jin　Sun Jian

Abstract: Based on historical records, it is generally believed that the gold bricks paved in the Hall of Supreme Harmony in the Forbidden City are "two feet and two inches square", and only the maximum size of the gold bricks can meet the highest royal regulations. However, by measuring the gold bricks in the Hall of Supreme Harmony and the Hall of Preserving Harmony, it was found that the gold bricks in the main hall of the Forbidden City were two feet square. This paper discusses and analyzes the internal causes of this phenomenon from various perspectives, such as climate, technology and cost.

Keywords: refined gold bricks; two feet and two inches square; two feet square; technology

河北蔚县剪纸的创造性转化路径研究

于　利　李维钰

摘　要：河北蔚县剪纸文化底蕴深厚，具有浓郁的地域特色和文化内涵。在对相关文献阅读和实地调研的基础上，梳理出蔚县剪纸的历史价值和工艺特色，概括出蔚县剪纸产业化发展问题及创造性转化的现实需求；然后针对王老赏戏曲剪纸品牌塑造的具体实践案例，探索蔚县剪纸创造性转化的方法；最后对未来蔚县剪纸创造性转化的新路径提出设想。

关键词：蔚县剪纸；创造性转化；路径

习近平总书记多次强调，“弘扬中华优秀传统文化，要处理好继承和创造性发展的关系，实现中华文化的创造性转化和创新性发展。创造性转化，就是要按照时代特点和要求，对那些至今仍有借鉴价值的内涵和陈旧的表现形式加以改造，赋予其新的时代内涵和现代表达形式，激活其生命力。创新性发展，就是要按照时代的新进步新进展，对中华优秀传统文化的内涵加以补充、拓展、完善，增强其影响力和感召力”①。无论是创造性转化还是创新性发展，都是强调优秀传统文化的创造力和时代价值。“创新性发展，是以传统手工制作方式为主体，以地域文化为根基，所实现的价值是传统工艺所固有的价值，通常来说，这种价值是以地道的传统工艺产品为载体的。创造性转化，是以传统工艺之外的现代产业为主体，通常将作为一种无形文化资源的传统工艺嫁接到这些产业中，提升其产品和服务的文化内涵，由此形成的是传统工艺的衍生价值。”②现代设计的介入，是实现非遗创造性转化的重要途径，通过设计对非遗进行创新和转化，推动非遗产业的发展，提升非遗的衍生价值。

河北蔚县剪纸，于 2006 年入选第一批国家级非物质文化遗产，于 2009 年入选世界人类非物质文化遗产代表名录。蔚县剪纸作为首批入选国家级非物质文化遗产名录的中华优秀传统文化资源，如何把握机遇、实现创造性转化，是

【基金项目】本文系 2021 年天津市教委科研计划（人文社科）项目“新文科视阈下高等美术院校非物质文化遗产教学实践研究”（项目编号：2021SK082）的阶段性成果。

作者简介：于　利　天津美术学院讲师

作者简介：李维钰　天津美术学院硕士研究生

① 中共中央宣传部编：《习近平总书记系列重要讲话读本》，北京：学习出版社、人民出版社，2016 年，第 203 页。

② 陈岸瑛编著：《工艺当随时代——传统工艺振兴案例研究》，北京：中国轻工业出版社，2019 年，第 32 页。

其当下需要思考的重要命题。

一、蔚县剪纸的历史价值和工艺特色

（一）蔚县剪纸特征

1. 历史悠久

蔚县位于河北省西北部，地处冀、晋交界之地，北邻内蒙古，距北京二百多公里。蔚县历史悠久，蔚县周边地区的三祖文化、三晋文化、燕赵文化、游牧文化在这里相汇交融，为蔚县剪纸积累了深厚的文化内涵。

蔚县剪纸距今已有数百年的历史，关于蔚县剪纸究竟何时产生，有多种说法，但因年代久远无从考证。不过可以确定的是，蔚县剪纸是在“天皮亮”③、刺绣花样、年画的多重影响下产生的。到了明朝中期，随着贸易的兴起，中原的刺绣工艺传到了蔚县，蔚县刺绣讲究“三分剪裁，七分绣”，刺绣工艺为以后剪纸工艺的形成奠定了基础。到了清朝时期，贸易商又将河北武强的木版年画带到了蔚县，武强年画鲜艳的色彩受到蔚县人的喜爱。蔚县彩色剪纸就是借鉴了武强年画的色彩工艺，并在此基础上不断革新创造，形成了中国唯一的“点彩剪纸”。④

20 世纪 20 年代，出现了吕家和翟家两家剪纸艺人，分别刻制戏人和花卉，被称为“口袋戏”和“五大色”。20 世纪 30 至 40 年代，蔚县剪纸艺术走向成熟，其中代表人物是王老赏。他是真正把蔚县剪纸艺术发扬光大的民间剪纸大师。他一生都在蔚县传统剪纸的基础上推陈出新，在戏曲人物造型和花卉造型的刻制技术上都实现了突破，成为蔚县剪纸的典型代表。继王老赏之后，先后出现了王守业、周永明等传承人，极大地丰富了蔚县剪纸的艺术形式。

2. 工艺特色

蔚县剪纸是用镲刀刻出来的，和其他剪纸用剪刀剪不同。其是以阴刻为主，留面去线，实多空少。辅以阳刻，阳中有阴，阴中有阳，阴阳结合。总体来说，剪纸在主体形象的雕刻上多采用阴刻的手法，在次要形象和装饰纹样的雕刻上会用阳刻的手法辅以点缀。

蔚县剪纸是中国唯一的点彩剪纸。蔚县传统剪纸用的染料俗称“品色”，是

---

③ “天皮亮”是蔚县人的独创，即在云母薄片上用毛笔绘制图案，然后粘贴在窗户上的一种装饰品，俗称“草窗花”。

④ 高佃亮、刘颖、高阳：《蔚县剪纸：融汇中西的美丽之花》，《廊坊师范学院学报（社会科学版）》2018 年第 4 期。

一种化工原料，1865 年由德国传入，原来叫“洋红”“洋绿”。品色有五大原色，包括品红、品绿、嫩黄、粉、青莲(紫)。利用这五大原色，调配出各种各样的颜色。点染的颜色也分阴色、阳色。一般阴色是冷色调颜色，阳色是暖色调颜色。剪纸上色的顺序一般是先阳色、后阴色。蔚县剪纸点染还有一个特点就是需用酒精(旧时用白酒)调制，加了酒精后的染料渗透力强且色泽更为鲜艳，视觉冲击力更大，艺术特色也更为鲜明。⑤

蔚县剪纸的详细工艺流程为先出样，然后进行熏、闷、刻、染四大步骤。

(1) 画样(出样)

剪纸图样的完成分为出样、拔样、配样几个环节。

画样是蔚县剪纸制作过程的第一步，剪纸艺人可以通过自己的艺术创作、或是沿用祖传的老图样，或者根据顾客提出的要求，来设计最初的草图。

拔样就是在完成的样稿的基础上用刻刀代替画笔对原始样稿进行二次创作，将剪纸画稿变成剪纸。拔样时不仅要确定作品中每个部分应采用阴刻还是阳刻，还必须保证整幅作品的完整性，不能使画面分散。

配样即染色，能够根据拔样的剪纸，按照蔚县剪纸色彩的搭配方法进行染色。三分刀工、七分染色，染色是剪纸图样的重要环节。

(2) 熏样

熏样是利用蜡烛的灯烟来熏制图样，把剪纸画样“复印”到纸上的一种特殊工艺，这是保存剪纸图样的主要方法。具体操作上先把剪纸图样放在一张白纸上，用水将其打湿，然后用蜡烛或油灯的灯烟熏之，然后揭离，这样图案便会留在白纸上。随着科技的进步，大多数剪纸艺人现在使用晒图纸进行晒图，晒图的效果相比较熏样精准度更高，而且更为方便快捷。

(3) 订纸闷压

制作蔚县剪纸必须使用较薄且透光的白纸，因此艺人们大多使用“南粉莲”或者“单宣”纸。因为宣纸很薄，无法单张刻制，所以需要把它们装订在一起。一般先将宣纸裁割成一定的尺寸，然后将三十到五十张纸订在一起，之后用水浸透纸张，用力压紧，再将水分挤出，待九成干燥后取下压实，这样就做成了一块平而硬的纸坯。

(4) 雕刻

将样稿固定在闷压好的宣纸上，就可以根据画样进行雕刻了。雕刻是蔚县

---

⑤ 高佃亮、刘颖、高阳:《蔚县剪纸:融汇中西的美丽之花》,《廊坊师范学院学报(社会科学版)》2018 年第 4 期。

剪纸制作工艺中的重要步骤，主要以阴刻为主、阳刻或阴阳结合的方法兼用，它要求剪纸艺人非常专注，不能有丝毫的走神，因为只要出现一刀的失误，整个纸坯便报废。蔚县剪纸艺术的雕刻主要遵守以下三个原则：一是刻刀要与纸坯垂直，以保证每张纸刻制图案的一致；二是下刀要干脆利落，走刀要流畅圆滑，不能出现毛边，也不能有一根断线；三是雕刻的顺序必须先细后粗、先中心后四周。

(5) 染色

蔚县剪纸的传统染色手法只有点染，随着剪纸艺人的创新和发展，逐渐加入了洗染、晕染、套染等多种不同的染色手法。蔚县剪纸染色十分考究，先将粉末状的品色颜料分别放在小酒盅里，用适度的酒精调开，一种颜色只能用一支毛笔蘸染，不能混淆，一旦混淆则颜色不纯，上到窗花上必定会混浊。着色时一次性染五到六张，两面分别着色，染完一面后再翻过来染另一面，两面染色不仅能使每一张纸都染透，而且能加重色彩的浓度。染色时要全部上完一种颜色后再更换颜色，细处轻染，宽处重染，顺序要遵循由浅到深，先主后次，先暖后冷。

(6) 揭活儿

将染色后的一沓剪纸分张揭开称为揭活儿。揭活儿看似容易，技巧性其实很强，因此在揭开剪纸的时候一定要非常小心。

(7) 装裱和包装

作品为了追求更加精致的效果，会为图样粘裱一层金边。小幅成套的蔚县剪纸产品通常会采用成套包装的形式，先夹在透明宣纸或塑料纸中，然后装订成册；大幅或者巨幅的剪纸一般都单个出售，装裱在镜框中或画轴中。

二、蔚县剪纸产业化发展问题及创造性转化的现实需求

进入 21 世纪以来，蔚县政府一直围绕蔚县剪纸的传承与创新进行探索，“蔚县政府一直把蔚县产业作为文化旅游产业开发的重点进行打造，积极探索蔚县剪纸与市场对接的新思路。目前，蔚县剪纸的内容已从传统的鸟兽鱼虫、神话传说和戏曲人物扩展到旅游纪念品、建筑、歌舞、重大历史事件等；包装形式发展到镜框、画轴、台历、挂历、明信片等五十多个品种，步入专业化生产、产业化发展轨道。[⑥] 但是，蔚县剪纸在产业化的发展过程中不可避免地存在工艺特色的丢失、传承人老龄化现象与后备力量的严重缺乏、衍生产品品牌意识欠

⑥ 高佃亮编著：《蔚县剪纸的创新与发展》，北京：北京工艺美术出版社，2010 年，第 13 页。

缺等问题。

（一）蔚县剪纸产业化发展问题

1. 传统工艺特色的丢失

在蔚县剪纸产业化发展的过程中，一些厂商急功近利，采用大规模的流水线式生产，招收的学徒往往只是经过了短时间对于某一道工序的培训，并不了解完整的工艺流程，因而他们在制作时只是机械地复制，无法将自己的情感及创造力融入作品中。还有的厂商为迎合市场需要，扩大经济效益，抛弃了传统制作方式，采用电脑进行大批量图案复制并进行刻纸、染色，这样制作完成的产品，虽然造型标准、着色均匀，但已经失去了蔚县剪纸本身的韵味。

2. 传承人老龄化现象与后备力量的不足

传统手艺人不仅掌握着精湛的技艺，同时也是蔚县剪纸在时代发展中得以生生不息的传递者，但是蔚县剪纸传承人老龄化现象严重、后备力量明显不足，对蔚县剪纸的传承非常不利。笔者采访了蔚县剪纸传承人胡义。胡义制作蔚县剪纸六十余年，是剪纸世家的第四代传人，独创蔚县剪纸四大流派之一的北派剪纸，在当地具有极高的声誉。胡义已经年迈，其孩子都在外地经商，没有人传承他的手艺，招收学徒也很困难，他的手艺面临失传的危险。传承人老龄化，加上后备力量的不足，使蔚县剪纸的传承面临着严重危机。

3. 衍生产品品牌意识淡薄

蔚县剪纸近几年响应政策号召，研发了系列衍生产品。经笔者实地调研发现，蔚县剪纸衍生产品缺乏统一形象，品牌意识薄弱，缺乏市场竞争力。剪纸衍生产品常见的种类有挂历、台历、书签等平面作品，种类单调，没有吸引力。而且市场上的蔚县剪纸衍生产品普遍存在着价位虚高、粗制滥造和实用性弱等问题。

4. 剪纸产业园管理不当

2016 年蔚县政府建立完成中国蔚县剪纸产业园区项目，园区主要由蔚县剪纸艺术博物馆、蔚县剪纸艺术学校、中国剪纸第一街和中国剪纸第一村这四部分组成，四个项目旨在打造蔚县剪纸产业“展—营—培”的完整链条。但在笔者进行田野调查时发现存在管理不当问题。很多场馆只在旅游高峰期开放，在旅游淡季基本处于关闭状态，空间的利用率不高，相关的培训活动也没有及时开展，剪纸产业园管理水平还有待提高。

（二）蔚县剪纸创造性转化的现实需求

1. 通过创造性转化、保护非遗文化传承

一丝不苟的精湛刀工及鲜艳夺目的点染技法，是蔚县剪纸工艺的核心，也是蔚县剪纸与其他剪纸与众不同之处。当下蔚县剪纸和其他剪纸工艺一样，面临着大机器生产冲击的困境，因此在这样的时代语境下，如何能凸显蔚县剪纸的传统工艺特色是蔚县剪纸在传承与创新过程中需要思考的首要难题。因此，蔚县剪纸在传承与创新过程中要按照"创造性转化"的指示和要求，在继承和发扬传统工艺特色的基础上进行创新，进而保护蔚县剪纸非遗文化传承。

2. 通过创造性转化、培养剪纸传承人

蔚县剪纸在发展过程中面临的另一个重要问题是传承人老龄化现象与后备力量的不足，这对于蔚县剪纸的传承非常不利。这使得蔚县剪纸必须进行创造性转化以满足人们多元化的消费需求，提高产品的附加价值，为当地民众带来客观的经济收益。通过创收增强地区人民群众的文化认同感，承担起传承蔚县剪纸文化的重任，培养更多的非遗传承人，使得非遗代代相传下去。

3. 通过创造性转化、带动剪纸产业发展

蔚县剪纸发展到现在已经不再只是以家庭为单位的小作坊生产，而发展成为推动当地经济的支柱型产业。对于蔚县剪纸品牌的塑造必须十分重视，通过品牌搭建一个完整的产业链条，将剪纸创作者、衍生产品生产商、品牌宣传渠道、品牌销售渠道和消费者之间连接起来，带动蔚县剪纸产业的新发展。

三、王老赏剪纸创造性转化实践案例分析

"非遗"品牌塑造是"非遗"创造性转化的重要路径。蔚县剪纸品牌塑造能够极大改变其传统工艺品的制作与销售方式，提升蔚县剪纸的附加值，从长远考虑是对"非遗"的另一种保护。《中国传统工艺振兴计划》提出，要培育一批传统工艺知名品牌。建立品牌意味着具有较高的识别度、信任度、美誉度和用户黏度等。传统工艺在品牌化发展道路上发展得比较好的如"延怀汝瓷"，借助互联网营销探索了一种品牌发展模式。还有"朱炳仁 · 铜"工艺品牌，以复兴铜文化为宗旨，对铜文化进行传承和创新，推出了兼具实用性与艺术价值的创意产

品，让铜文化重新回到人们的现代生活。

蔚县剪纸品牌塑造可以借鉴“朱炳仁·铜”和“延怀汝瓷”品牌的成功思路，选取蔚县剪纸创作中的重要人物进行重点打造，进行品牌化宣传，进而带动整个蔚县剪纸非遗品牌的推广。

蔚县剪纸的代表性人物王老赏，其创作的剪纸在蔚县剪纸中独树一帜，他与众多民间艺人把蔚县剪纸中的戏剧人物、十二生肖和翎毛花卉等题材的创作推上了高峰。尤其是王老赏的戏曲人物剪纸，形神兼备、活灵活现，极具现代审美。王老赏戏曲剪纸容纳的戏曲选段数量庞大，选段主要来源于河北梆子、蔚县秧歌、晋剧和京剧中被当地人耳熟能详的曲目，对于研究中国戏曲文化价值也尤其重要。王老赏戏曲剪纸涉及《算粮登殿》《天门阵》《平皇粮》《马芳困城》《辕门射戟》《打渔杀家》等至少50出戏曲。

因此，本文以王老赏剪纸为切入点进行蔚县剪纸品牌设计实践，探索蔚县剪纸创造性转化的具体方法。

（一）王老赏剪纸品牌策划

1. 品牌定位

王老赏剪纸品牌提出“戏说剪纸”作为其品牌核心理念，重点表达蔚县剪纸与其特色题材戏曲的紧密联系，以戏曲的元素讲述蔚县剪纸故事。“戏说剪纸”品牌风格趋向幽默、诙谐、年轻化，让戏曲题材能够更贴近年轻人的生活，赋予其新的生命力。

2. 目标用户

“00后”是购买非遗品牌的主要群体。他们对于非遗品牌关注点在于新颖有创意，能够体现地域特色。因此，“戏说剪纸”这一品牌定位年轻化，主要将目标锁定在20至30岁的年轻人。

（二）王老赏剪纸品牌IP形象设计

“非遗”品牌的IP形象对品牌形象塑造具有重要作用，也更容易引起大众的共鸣。“非遗”IP形象的设计不应简单地把“非遗”元素进行拼凑，仅停留在对经典形象的浅层借鉴阶段，应体现“非遗”特色，赋予其新的时代内涵和现代表达形式，贴近生活融入生活。

王老赏剪纸品牌IP形象设计灵感来源于王老赏的经典戏曲剪纸作品《辕门射戟》。选择《辕门射戟》是因为这个故事是中国历史典故，里面的人物形象也是家喻户晓的历史人物。而《辕门射戟》这"一回"⑦作品在王老赏戏曲剪纸作品中也较为经典。这一回《辕门射戟》作品共四幅，四幅作品将刘备的忐忑不安、张飞的急躁不屑、吕布的胸有成竹、纪灵的傲慢自负，以及他们的相互关系，表现得淋漓尽致。因此，IP形象的设计根据剪纸中四个人物的形象进行创造性转化，在传统剪纸造型的基础上进行概括提炼并适当夸张，使人物形象更加幽默风趣，适合现代人的审美。

（三）王老赏剪纸衍生产品设计

IP形象应用范围广泛。设计的形象可以应用于背包、手机壳、文化衫等各载体，形成丰富多样的衍生产品。除了IP形象的衍生应用之外，还可以参考剪纸工艺的特色，进行特色衍生产品的创意设计。如灯具设计，可以使用现代激光镂空技术进行图形切割，借鉴蔚县剪纸阴刻、阳刻技法，镂空掉部分形状，形成丰富多彩的灯光效果。总之，通过衍生产品的创意设计，增强蔚县剪纸的自我造血能力，使其在当下焕发新的生机。

（四）线上推广

幽默诙谐的王老赏品牌IP形象可以做成动画进行线上推广，在抖音、哔哩哔哩、快手等新媒体上进行投放和推广，吸引更多年轻人关注。

四、蔚县剪纸创造性转化新路径

蔚县剪纸的"创造性转化"不仅指蔚县剪纸品牌的设计与开发，更重要的是要通过品牌的力量带动蔚县剪纸文创产业的发展。未来，蔚县剪纸创造性转化路径的设想：一是以品牌为抓手，搭建蔚县剪纸文创产业链；二是根据新的时代背景和文化需求实现跨界融合，推动蔚县剪纸衍生产业的发展。

（一）以品牌为抓手，搭建蔚县剪纸文创产业链

以品牌为抓手，搭建一个完整的产业链条，将剪纸创作、衍生产品开发、品牌宣传渠道、品牌销售渠道和消费者之间连接起来。产业的发展首先做好蔚县

---

⑦ 王老赏戏曲人物剪纸是以"回"为单位。"回"是当年蔚县剪纸界对一组戏曲人物剪纸的特殊称谓单位。"一回"是指由内容以及表情动作相互关联的四幅戏曲人物剪纸组成的场面。华伽、张怀远编：《王老赏剪纸作品集》，北京：文化艺术出版社，2014年，第10页。

剪纸的创新，利用新技术、新材料、新设计赋予蔚县剪纸新的时代内涵和现代表现形式，塑造好其现代产业的品牌形象。开发蔚县剪纸文创 IP，通过版权转让的形式，授权给生产商生产，生产的产品可以覆盖多个领域。然后做好蔚县剪纸产品的宣传推广工作，可以借助博览会、展览会、网站等渠道进行多方位的宣传。最后销售环节要关注线下和线上两个渠道：线下可以在博览会、专卖店、零售店进行销售；线上可以在网站、各大新媒体平台等进行售卖；也可以采用众筹等新形式进行线上和线下售卖。以品牌为抓手，搭建蔚县剪纸文创产业链，这对于蔚县剪纸的存续和发展是一种有效保障。

（二）跨界融合创新，实现剪纸产业联动发展

蔚县剪纸要结合国家政策，加强与其他领域的跨界融合，联动发展，形成开放的“剪纸＋”发展模式，通过剪纸产业带动乡村振兴、区域经济发展。一要实现“剪纸＋旅游”跨界融合。结合地域旅游资源和剪纸文化资源，打造集观光、体验、剪纸研学于一体的新兴剪纸产业；在知名旅游景区内打造剪纸博物馆，全面展示剪纸文化；开设剪纸专卖店，集中售卖剪纸作品；以当地知名文化古迹、历史故事等为题材，制作剪纸作品进行当地文化的推广；开设剪纸线下体验店，增强游客的体验感，进行剪纸工艺的科普教育。

二要深化“剪纸＋数字技术”跨界融合。蔚县剪纸可与新技术相结合，将大数据、AR、VR、3D 打印等新技术运用到剪纸艺术的创作和推广中去。三要推进“剪纸＋创意”跨界融合。蔚县剪纸可与创意公司合作，联手打造剪纸文创产品，将剪纸元素、创意同现代商品有机结合，拓展蔚县剪纸商业价值。四是推动“剪纸＋新媒体”跨界融合，蔚县剪纸可以与哔哩哔哩、抖音、快手等新媒体合作，做好剪纸线上课程和推广，扩大蔚县的影响力。

结　　语

“创造性转化”是蔚县剪纸艺术在新时代下的重要命题。蔚县剪纸的创造性转化能够创作出更多丰富的剪纸文化产品，增加蔚县剪纸的附加值，推广蔚县剪纸的品牌价值，推动蔚县剪纸产业的发展，从而更好地讲好蔚县故事、中国故事。因此，蔚县政府和剪纸艺人应紧紧围绕这一重要命题，做好蔚县剪纸的“创造性转化”。蔚县剪纸要以品牌为抓手，完善蔚县剪纸文创产业链，跨界融合创新，实现剪纸产业联动发展，激活蔚县剪纸发展活力，不断推动蔚县剪纸走

进人们的生活，在新时代绽放新的光彩。

Research on the Creative Transformation Path of Paper-cutting in Yuxian County, Hebei Province

Yu Li Li Weiyu

Abstract: The paper-cutting culture in Yuxian County, Hebei Province has profound cultural background and strong regional characteristics and cultural connotations. Based on the reading of relevant literature and field research, this paper sorts out the historical value and technological characteristics of paper-cutting in Yuxian County, and summarizes the development problems of paper-cutting industrialization in Yuxian County and the practical needs of creative transformation. In addition, it explores the path and method of the creative transformation of paper-cutting in Yuxian County, and finally proposes a new path for the creative transformation of paper-cutting in Yuxian County in the future.

Keywords: Yuxian paper-cutting; creative transformation; path

中国木版年画的产地与文化区之辨
——基于鲁西南地区年画画店的考察研究

张宗建

摘　要：作为民俗生活重要的图像表现形式，木版年画在各地呈现出画店主导、作坊参与的面貌，传统年画研究中“产地”概念的出现便基于此。不过，作为一种具有礼俗、信仰、审美及浓重生活气息的民俗图像，以画店为主导的生产区域实际上是超出具体产地范畴的。以鲁西南年画画店分布为例，可以清晰地看到年画制作突破了单一城市或村镇的生产，转而广泛分布在文化区域内部，从而充分激发了民间文化的交流与融合特性，形成了年画文化区现象。

关键词：鲁西南木版年画；画店；产地；文化区

木版年画是传统农耕社会一种重要的民俗事项，因其图像内容充分表现了中国民间的神灵信仰、吉祥符号及各类生活场景，而深受各地民众喜爱。随着本世纪初期以来“中国民间文化遗产抢救工程”“中国木版年画抢救与普查”及非物质文化遗产保护等工作的展开，使诸多年画产地在“地毯式”的普查、登记、分类、整理工作中浮出水面。同时，自 2006 年至 2011 年，先后有 18 个产地的木版年画项目列入国家级非物质文化遗产名录，各省市亦有诸多产地被纳入“非遗”保护范畴。但是，由于木版年画分布与受众的广泛性，在这些受到学界及文化部门关注的产地之外，依然存在具有活态传承及原生特征的年画分布区，本文所研究的鲁西南地区便是于此。

本文所指鲁西南地区主要从与年画相关的地方文化（节庆文化、婚嫁文化、丧葬文化、戏曲文化、民间信仰等）及日常生活角度着手，以山东菏泽市辖区为中心，兼及附近济宁市嘉祥县、河南省范县等地。① 从年画生产区角度而言，该地处于一些产地的交界处，包括北部的东昌府、张秋，西部的朱仙镇、滑县、濮

【基金项目】本文系 2021 年度江苏省高校哲学社会科学研究项目“中国戏曲年画史料的搜集、整理与图像研究”（2021SJA1067）、江苏师范大学人文社会科学研究基金项目“民间文化传播视野下的鲁西南戏曲年画研究”（20XFRX004）的阶段性成果。

作者简介：张宗建　江苏师范大学美术学院讲师、博士

① 按县域划分，本文所指鲁西南地区主要包括现山东省菏泽市辖牡丹区、郓城县、鄄城县、巨野县、定陶区、成武县、东明县、曹县、单县、济宁市辖嘉祥县和河南省范县等地。

阳、安阳及东部的滕州、郯城等。而在区域内部，年画作坊分布众多，但地理跨度较大，核心区域为鄄城县、郓城县一带。其图像风格呈现出明显的多地文化融合样态，但亦有包括书本子②、罩方画③等在内的特殊地方文化产物，显示出强烈的地域个性。目前，学界关于鲁西南年画的研究多从某一类年画类别、题材或画店展开。如潘鲁生《鲁西南的鞋样本子》、王海霞《鄄城"书本子"发现记》、王超《曹州红船年画考》、孙明《"书本子"与菏泽木版年画》等，但尚缺乏整体而系统的产区性梳理，致使该地年画研究相对滞后，历史发展脉络、画店分布、主要题材等内容的整理亟须进行。笔者自 2017 年始，在该地 11 个县区的田野考察中，先后发现年画画店近 50 处，这些画店既包括历史上存在的，亦有当下仍活态生产的，既包括覆盖范围较大的画店，亦有一般性乡村作坊。

一、鲁西南地区年画的历史流变与地理分布

由于缺乏可靠的文字记载与早期实物遗存，关于鲁西南年画的源起时间，学界所述纷纭。朱铭先生在《曹州年画》一文中提出："据闻郓城的木版年画始于 1368 年(洪武元年)，从山西往山东一带移民时，一些年画艺人也随之来到郓城。"④潘鲁生教授《福本子》一书则延续此说，指出："菏泽木版年画始于明洪武年间。"⑤王超在《曹州红船年画考》一文中则认为"曹州(今山东菏泽)木版年画兴盛于清末民初。"而在当地明清的府县地方志记载中，也可以看到年画使用的踪迹。康熙十三年(1674 年)《曹州志》曾载："门贴画像，祭灶于灶陉，设纸像祭之。祀祖先于祠堂，无神主者，亦设纸像致祭。"⑥道光二十六年(1846 年)《巨野县志》亦有载："用彩色纸贴吉利春联，结天地棚于天井，纸像于灶与门。"⑦但由

---

② 书本子，又称鞋样本子、书夹子，是当地妇女用以夹放鞋样、绣样、帽样、针线等女红用品的生活工具。书本子由封皮与内页组成，外貌似古籍，内页则以包背装的装订方式装订十至二十页不等的纸质内页。其内页中多印制有戏曲故事、神话传说及吉祥图案的年画，代表了鲁西南木版年画的最高水平。

③ 罩方画，即以木版刻印工艺为主，用以裱糊丧葬纸扎表面的年画作品。因当地丧葬纸扎中最为重要的为罩子，即棺罩，所以丧葬纸扎在鲁西南一带多称为罩子、罩方，这种糊裱其上的图画便称之为罩方画。罩方画的主要题材包括门神、戏曲故事、吉祥图案、花形图案等，既有半印半绘者，也有套版印刷者。其工艺、题材、制作者与木版年画相近，故将其纳入广义的年画范畴。

④ 张玉柱：《齐鲁民间艺术通览》，济南：山东友谊出版社，1998 年，第 754 页。

⑤ 潘鲁生、潘鲁健：《福本子》，石家庄：河北美术出版社，2003 年，第 64 页。

⑥ (清)佟企圣：《曹州志》，康熙十三年刻本，卷六。

⑦ 在鲁西南民间艺人传统中，纸扎、刻版、绘画、塑像四种手艺全部精通者，往往在当地颇为知名，这也是评判民间艺人技艺水平的重要标准。曹县王堂纸扎艺人张玉州曾说："现在都不讲究了，在过去干纸扎的要会泥塑、会绘画，会画神像、戏曲人物，这属于全面性的，有的只会扎不会画不会塑，那种属于不全。如果说会画、会塑、会扎、会刻，这才叫全。"其中，纸扎技艺的入门相对简单，而绘画与塑像则需要具有一定的艺术天赋。所以，在田野考察中经常能看到很多艺人由于缺乏绘画能力，其刻制的年画多从其他画店翻刻而来。但也正(转下页)

于缺乏具体的实物证见，阐述其起源时间是一个相对困难的工作。目前可见的大量遗存年画多出自于清末民国时期，故笔者沿用前文中王超的表述，即鲁西南年画主要兴盛于清末民初。尤其是现在存世量巨大的鲁西南“书本子”年画，其经典作品与主题多为20世纪30年代所作，故此兴盛期的划定是合理的。另外，在20世纪40年代，随着冀鲁豫解放区新年画改造运动的展开，鲁西南年画诞生了诸多新题材作品。如《解放军保护老百姓》《大家学习来比赛》《丰衣足食迎新军》《斗地主》等，但这类题材并未在1949年后得以延续。而随着20世纪七八十年代以来的社会转型，鲁西南年画中的诸多题材渐次消失，延续至今的多以灶神、财神、天地神等传统题材为主。

在漫长的历史发展过程中，鲁西南年画的生产逐渐深入地方乡村，成为村落民众农闲时期的重要生产与收入来源。由于生产的自给自足性，其销售范围往往限于邻近乡村或县域，仅“复兴永”“永盛和”“太和永”等大型画店具有跨区域的销售能力，所以当地年画生产多以家庭作坊为主。也正因这种作坊式生产模式使该地区更多乡村存在对年画及艺人的需求，从而产生了作坊紧密分布的状态。以北部的郓城县为例，其所辖的玉皇庙、陈坡、双桥、水堡四镇在历史上就曾有近20个村落参与年画生产。另外，如东明县双井村、巨野县丁海村、郓城县水堡村、嘉祥县杨庄村、郓城县大人村等，都曾形成了年画“产业化”的生产，全村多数人以此为生，极大带动了附近村落年画的发展。当然，从鲁西南的宏观角度观察，其年画地理分布状态也是有迹可循的，甚至因地理环境与文化生态产生了固定的分布规律，并在不同区域出现了风格与文化差异。

从目前的考察资料及搜集的实物信息来看，画店分布可以目前菏泽市区为中心，根据地理空间与风格差异，将其分为北部、中部与南部三个产区。以县级行政单位的划分为标准，北部包括郓城县、鄄城县、巨野县、范县、嘉祥县等地，是鲁西南木版年画的核心区。中部包括东明县、牡丹区、定陶区等地。南部则有曹县、单县、成武县等地。从三个地区的风格呈现看，北部其实与鲁西地区的东昌府一脉相承，尤其是门神、灶君等题材风格相近，但戏曲题材差异巨大，其特征更为鲜明且产量庞大、题材众多。中部与南部地区则因地缘关系，与开封、滑县等地年画有相似元素，这一地区的书本子、神像画、罩方画等多以手绘、半印半绘居多，套色者较少。但即便如此，这三个区域的整体文化生态与图像风格还是具有一定的趋同性，尤其在图像功能上，与周边地区皆有差异，从而显示

(接上页)是这种翻刻，使许多图像得到了更广泛的传播，进一步加速了鲁西南年画的发展。

出区域内的文化统一性(表1)。

表1 鲁西南木版年画的主要类型

类型	题材	主要图像
神祇信仰	门神	秦琼敬德、赵公明燃灯道、赵云救阿斗、五子登科、文官、福禄寿三星、状元及第、立刀门神、麒麟送子、钓鱼童子、对金爪、新年画门神等
	灶神	单摇钱(牛郎织女)、双摇钱(财神)、麒麟送子、龙灯会、元宝山、双头灶、素灶等
	天地神	天地三界十方万灵真宰、二十一全神、三十六全神、七十二全神等
	财神	增福财神、上关下财(下独座)、上关下财(下双座)、独座财神、双座财神等
	烧马	二层马、三层马、司神之位、值将、马王、牛王、本命、招财利官等
	神像	保家奶奶、保家公、保家姑娘、观音菩萨、财神、上关下财、送子观音等
书本子	戏文故事	姚刚征南、五雷阵、黄河阵、打登州、对花枪、盗九龙杯、太阴碑、白云洞、葵花潭、沙陀国、千里送京娘、三开膛、高平关、梅绛亵等
	历史传说	渭水河、诛仙阵、伍员杀府、凤仪亭、孔明借箭、三盗芭蕉扇、岳母刺字、武松杀嫂、游湖借伞、水漫金山等
	吉祥符号	鹤鹿长寿、事事如意、榴开百子、莲生百子、连生贵子、狮子滚绣球、麒麟送子、刘海戏金蝉等
	花鸟鱼虫	杏林春燕、花开富贵、耄耋富贵、喜上眉梢、鹌鹑图、金鱼图等
	文人题材	羲之爱鹅、周敦颐爱莲、踏雪寻梅、五老观太极、高山流水、三瘦图等
	生活场景	梨花大鼓、货郎图、美人执扇图、西湖景、渔夫图、怕老婆等
	新兴事物	女子洋枪队、美女乘洋车、美人打伞图、美人吸烟图等
罩方画	戏文故事	包公赔情、黄桑店、琵琶词、鲍金花打擂、打焦赞、传枪过锏、二进宫、拿费得公、铡赵王、莲花湖等
	历史传说	俞伯牙摔琴、虎牢关、花木兰从军、孟姜女哭长城、尧王访舜、萧史弄玉、文王访贤、赵公明下山等
	门神	秦琼敬德、招财进宝、立刀门神、岳云狄雷、焦赞孟良、文官门神、天官门神等
	吉祥符号	麒麟送子、二龙戏珠、狮子滚绣球、凤凰穿牡丹、万字纹等
	花鸟长条	双鱼戏莲、瓶开富贵、菊花牡丹、莲花燕子等
游艺类	水浒纸牌	饼、万、条三类图像
	游戏图	凤凰旗、升官图等
灯画	戏文故事	周奇送女、追韩信、打登州、八大锤、蝴蝶杯、杨八姐搬兵、盗玉杯、武松打店等。
订婚福匣	吉祥符号	一品当朝、广寒宫殿、和合二仙、龙凤呈祥等。

一、鲁西南年画画店的分布与基本类型

（一）鲁西南北部地区的画店分布

从北部地区发现的画店作坊及实物作品来看，郓城与鄄城两县的交界区是该地的年画生产中心区。该地历史上在“水堡——红船——杨寺”三村落交汇处形成了一个重要的年画三角区，包括鄄城县红船村、杨老家、于庄；郓城县杨寺、杨堂、水堡、丁楼、北梁垓、宋楼、西宋庄等地。以此三角区为中心沿赵王河故道向外扩散，在郓城县西部与鄄城县东部形成了鲁西南年画生产的中心区。该地生产的年画质量精细、造型考究，尤其是红船复兴永画店，其所生产的戏曲题材年画成为鲁西南地区的代表性作品，也多为附近作坊模仿翻刻。整体来看，这一三角区的生产题材以扇面画与书本子为代表。尤其在戏曲题材上，结合当地丰富的地方戏资源，创造出诸多独具鲁西南特色的戏曲故事形象。笔者在书本子年画中发现的作坊堂号，如“复兴永”“永盛和”“源盛永”“源张永”“郓城宋庄”“源盛画店”“杨寺印”“廪丘源店”等均位于该地区，可见这一地区在历史上的生产繁荣程度。另外，北部地区的巨野县、嘉祥县、范县、台前县等地也是重要的生产地。其中，范县的“同济祥”“源店”等作坊是扇面画与书本子生产的中心地之一，其图像与复兴永画店取材相近，但风格有所差异，造型方式更为简约，线条更加直率，对鲁西南北部的部分区域产生了重要影响，如永盛和画店即以此为样本翻刻诸多扇面作品。台前县的姜庙村则是戏曲扇面生产的另一重地，该村吕氏家族印制的作品均有“寿张姜庙”字样，其造型与构图设计与复兴永画店类似，但色彩使用略有不同。巨野县、嘉祥县等地则以生产门神、灶君、天地神码为主，代表性地区的如嘉祥县黄垓、西胡楼、大张楼、岳楼、腰刘村、兑粮店；巨野县马庄、唐街、栾官屯、彭堂、丁海；梁山县杨营等地。

（二）鲁西南中部地区的画店分布

中部地区的东明县、牡丹区、定陶区所属乡镇也具有丰富的年画资源，尤其是东明县与牡丹区两地，因民间纸扎艺人众多，且均集扎、刻、绘、塑四种技艺于一身⑧，创作出大批与北部地区风格不同的作品。如东明县的“纸扎基地”武胜桥镇，当地曾有“全国纸扎看菏泽，菏泽纸扎看东明，东明纸扎看武胜桥”⑨的谚

---

⑧ 访问者：张宗建；口述者：付连计；访谈地点：山东省菏泽市牡丹区芦庄；访谈时间：2018 年 4 月 7 日。

⑨ （清）黄维翰、袁付裘：《巨野县志》，南京：凤凰出版社，2004 年，第 512 页。

语。该镇的沙堌堆、大郝寨等村都是纸扎制作的中心村，这也就意味着年画中的罩方画在该地区得到了大量的创作生产。另外，该县的双井村是远近闻名的"祃子村"，东明县曾流行一句话"买祃子，到双井"，足见该村在区域年画生产中的重要地位。当地孙氏、王氏、单氏等家族近百分之八十都从事过年画制作，主要制作年节时期的门神、灶君、天地神祃等。另外，牡丹区与定陶区的交界区也是罩方画、书本子及门神纸祃的重要生产区。包括牡丹区大屯、沙沃村、芦庄、张和庄、前付庄、胡庄、孟庄；定陶区陆湾、堌堆刘庄、张湾、一千王、孟海、牛屯等地。这一地区发现的民间画稿粉本众多，且质量上佳，体现了当地民间艺人高超的绘画技艺，也意味着该地年画的题材与图像具有一定的原创性。

（三）鲁西南南部地区的画店分布

南部地区的曹县、单县、成武县亦即今菏泽市辖区最南部的三个县。这一区域在历史上曾有一定数量的年画生产地，在曹县东部与单县东部分别出现了两个集中的生产区。其中曹县纸扎艺人众多，多是画庙出身，年节期间兼印年画。[⑩] 其纸扎技艺精练，糊裱纸扎的纸张图案多为手绘与版印，同时还有书本子、木版年画的制作，不过相比北部地区刻印欠精巧。[⑪] 张道一先生主编的《中国民间美术辞典》一书曾专列"曹县木版年画"词条，与桃花坞、杨柳青、杨家埠等年画产地相提并论，并指出"主要流布在山东曹县的韩集、邵庄、苏集、普连集等村镇"[⑫]。成武县则有汶上集、韩铺、九女集、翟楼、苟村集等数个村落从事年画的制作，尤以汶上集知名，鲁西南中南部的多个作坊均称历史上曾向汶上集艺人进行过学习。值得注意的是，韩铺张氏作坊堂号为"同兴老店"，从堂号与制作风格来看，其应与朱仙镇木版年画有着密切的联系，这正呈现出年画发展历史中的区域交流与融合效应，也可以看出鲁西南年画受其地理位置的影响。即便是内部区域的不同村落也有一定的风格区分。另外，单县地区自清晚期开始兴起年画的制作。之后，木版年画在该县得到了长足的发展。其中"以龙王庙的张文谦、孙溜的李凤云、徐寨的王成田、蔡堂的张广跃、城关的贾尊礼等人的年画为佳"[⑬]。但遗憾的是，南部地区的三县中，除成武县与曹县的部分村庄尚有老版及画作传世，以单县为代表的大部分区域已难见实物真容。这也使笔

---

⑩ 张道一：《张道一论民艺》，济南：山东美术出版社，2008 年，第 242 页。

⑪ 曹县地方史志编纂委员会办公室：《曹县方志资料》，曹县地方史志编纂委员会办公室，1983 年，第 106 页。

⑫ 张道一：《中国民间美术辞典》，南京：江苏美术出版社，2001 年，第 88 页。

⑬ 山东省单县地方史志编纂委员会：《单县志》，济南：山东人民出版社，1996 年，第 561 页。

者的研究将向实物遗存更多、风格特征更明显的北部地区倾斜，兼以南部地区为辅，力争更全面地呈现整个区域的年画特质。

（四）鲁西南年画画店的基本类型

整体来看，鲁西南木版年画的画店分布具有广泛分布、重点集中的特质。这种特质与其所生产年画的生活性、销售范围的有限性、艺人的多重身份性等诸多因素是分不开的。因此，除鄄城红船口复兴永、范县同济祥、嘉祥太和永等画店规模相对较大，遗留下作品较多外，其他多以家庭式生产为主，将其作为农耕生活之外生计补贴的一部分。那么，根据画店规模大小可以对其进行分类，即有堂号与无堂号之分。有堂号画店多分布于鲁西南北部，其堂号多有“永”“源”“盛”等字样，多有一脉相承的含义。其年画生产多以具有绘画表现的戏曲年画为主，兼以门神、灶神等，尤其是当地最为重要的画店——复兴永，便以生产戏曲书本子年画著称。无堂号画店则分布广泛，因当地称灶神、财神、天地神等题材为“马子”，又多称“马子店”（表 2）。

表 2　鲁西南各县区代表性画店（按堂号划分）

县区	有堂号画店	无堂号画店
郓城	源盛永、源张永、廪丘古郡源店、源盛画店、永盛和、长玉号、恒昇、义兴成、孝友堂	良友口画店、大王庄肖氏马子店、侯集刘氏马子店、戴垓戴氏罩方画店、赵庄赵氏马子店、樊庄薛氏马子店等
牡丹区	义成画店、王成化纸码店、明记三房印刷馆	大屯村吴氏马子店、孟庄马子店、胡庄胡氏马子店、张和庄马子店等
嘉祥	太和永、永端画店	西胡楼马子店、任店任氏马子店、腰刘庄刘氏画店、杨庄杨氏灯画店、李楼李氏灯画店等
范县	同济祥、源纸马店	朵庄马子店
巨野	义和堂	马庄孔氏马子店、马庄郭氏马子店、唐街唐氏作坊、栾官屯毕氏作坊、丁海纸牌作坊等
成武	同兴老店	翟楼翟氏马子店
定陶区	无	陆湾王氏马子店、堌堆刘庄张氏马子店、一千王马子店、张湾马子店等
东明	无	双井村王氏马子店、双井村单氏马子店、双井村孙氏马子店、沙堌堆常氏纸扎店、大郝寨郝氏纸扎店等
曹县	无	梁庙村吴氏马子店、张破钟张氏纸扎店、袁白庄张氏纸扎店、苏集马子店等

续 表

县区	有堂号画店	无堂号画店
单县	无	孙溜李氏马子店、窦楼窦氏马子店、杏花村张氏马子店、徐集王氏马子店等
不详	同盛、义和、永祥号、济盛、源昌永、太永店	无

另外，就本区域画店生存状态看，依然具备活态传承条件的画店甚少。甚至一些画店已没有实物遗存，只能从艺人口述中了解历史发展状况。目前仍然在进行年画生产制作的作坊包括两种类型：其一是专门画店作坊，如郓城县大人村恒晟马子店、巨野马庄孔氏马子店、郭氏马子店、嘉祥县西胡楼村胡氏马子店、郓城县樊庄薛氏马子店、范县朵庄马子店、嘉祥县杨庄杨氏灯画店等。其二是分布于各县区的纸扎店兼印年画。其中前者所述画店所生产题材有灶神、财神、天地神码、灯画、神像画等，后者纸扎店则以印制自用罩方画为主，兼有年节灶神印制，但数量较少。

二、文化区视野下的鲁西南木版年画

鲁西南木版年画的形成与发展是多方元素共造的结果。其画店广泛分布、重点集中的特质，充分体现了民间文化的融合效度与多样路径，以及如地方戏曲（戏曲年画）、女红文化（书本子年画）、丧葬仪式（罩方画）等特定文化事项在本地域中发挥的重要统领作用。当文化的空间扩散与时间传承不断发生互动，并促使区域内民众将其视为自身生活的重要部分时，一个良性的文化生态链便形成了，而画店的分布特点正是文化生态自我循环的重要反映。当这一文化生态在某一地区受到广泛认知甚至成为民俗惯习时，带有某一文化特性的文化区域便形成了。美国人类学家威斯勒在1923年出版的《人与文化》中指出，每个文化区域都有自己独特的自然地理环境、独特面貌的人群与独特的形成过程，因而形成了地域性的独特文化。他从文化特质的相似方面来限定文化区，认为文化区可以根据文化特质进行分类，并且可以将文化区分为“中心区”与“边缘区”。[⑭] 此后，人类学家克罗伯进一步对文化区进行了论证，指出文化区是“一个部落或部族的文化，该区域文化由若干文化特质组成相关的文化丛”[⑮]。从而使

⑭ [美]克拉克·威斯勒：《人与文化》，钱岗南、付志强译，北京：商务印书馆，2004年，第143－144页。

⑮ 乌丙安：《民俗学原理》，长春：长春出版社，2014年，第259页。

文化区的理论方法逐渐运用到人类学、民俗学、民族学的研究中。本文在此引入“文化区”的概念，借鉴其对地理空间、文化扩散、历史发展、地域关系等元素的关注，将早期针对人类族群、民族关系等问题提出的“文化区”概念深入细化到鲁西南这一地理空间中，并将所研究的文化区类型界定在对民众生活空间与民俗习惯（即地方文化特质）产生重要影响的木版年画身上，使这一概念具有了特指性，即“鲁西南木版年画文化区”。

由此而言，广布的木版年画作坊、完整的时空交流路径、在民众日常生活中的重要位置、地域文化与生活的充分联系及其与附近年画产区图像呈现中的差异等因素都为“年画文化区”的营造提供了重要因素。在这其中，需要着重指出的是，任何“文化区”的形成，既具有地理空间、历史背景、生活方式、地方观念、生产类别等一般性的文化要素。同时，在不同的“文化区”内，还具有各自代表性且区别于其他地区的标志性文化事项加以统领，从而对该文化区各文化事项与生活方式的生成、发展与演变中发挥潜移默化的作用。例如，鲁西南地区的地方戏曲文化是该地区的标志性文化事项。在它的影响下，一系列的生活方式、伦理规范、文化创造等开始围绕其展开。既产生了需要地方戏曲参与或参照戏曲表演方式的生活样貌，又有大量如鲁西南木版年画、菏泽面塑、鄄城砖塑、定陶皮影戏等受其影响下产生的民间文化事项新品类。当这些民间文化事项与民间生活方式互为沟通、融洽结合时，一个健康有序的文化区域便出现了。而生存在其中的地方民众在接受了标志性文化影响下的地方文化输出后，他们一切的行为方式与文化认知也变得理所当然了。

依然要指出的是，“文化区”虽然具有“核心区”与“边缘区”的区分，但它并非是一个真实完整的类行政区式区域，“文化区”的建构是发生在民众对于文化元素的认同之上的，可以说民众的文化选择与文化接受是“文化区”赖以建构的最重要因素。“文化区”之间虽然从地理空间上看，是畅通无阻且为文化交流与融汇提供完整路径的，我们很难以此区分“文化区”的边界。但如果从民间文化角度的适用性而言，当某一区域民众的生活方式、民俗习惯及文化的接受效果相近时，“区域文化区”的雏形便得以产生。当某类文化事项生产与使用的核心区不断释放文化输出的信号并被更多边缘地区所接纳时，“文化区”的范围与边界便逐渐清晰了。当然，“文化区”的“核心区”并非只有一个，以“鲁西南木版年画文化区”为例，鄄城县郓城县交界处一带、范县一带、郓城县东南部一带、郓城县嘉祥县交界处一带都因具有规模较大的画店作坊、独立的图像风格以及广泛的模仿对象成为这一“文化区”的重要“核心区”。虽然这些区域从艺术风格与创作题材上看都具有一定的独立性，但本文依然将其纳入统一的“鲁西南木版年画文化区”中，即是从这些地区所生产的木版年画在整个鲁西南一带的民众生活中的作用及民众接受效果角度出发的。它们在这一区域中所体现出的生活价值是相通的，参与民众生活空间的构建是相近的，所以笔者将它们视为具有“文化区”的统一属性。

四、中国木版年画的产地与文化区之辩

冯骥才先生在论述中国木版年画的发展时曾提到，清中期以来，随着年画在全国各地民众生活中的重要性日益凸显，其需求量逐年增多，为满足各地区民众的年节时期的精神需要，大量的新生产地蜂拥而起，最后覆盖全国，形成了地域性的“年画文化圈”。冯骥才先生将这些“文化圈”大致分为京津、燕赵、齐鲁、晋南、江南、四川、东南、安徽以及广东佛山、陕西凤翔、湖南滩头、湖北老河口等地区性文化中心。⑯ 这一分类方式清晰地将全国各重要年画生产地进行了“板块”式的划分，使得在宏观地理空间中互为独立的年画产地更好地呈现出了文化整体性。其中的“文化圈”概念从文化地理与学术目的的角度而言，与本文的“文化区”概念是相近的。应当注意的是，“文化区”的概念从地理空间范围角度而言，最大可能是跨省甚至跨国性的宏观文化区，最小可以深入到县域甚至乡村，形成独立的、为当地民众所认可的狭义“文化区”。就本文所提及的“鲁西南木版年画文化区”来看，它可以与冯骥才先生提及的年画文化区中的“齐鲁年画文化圈”相对应，从地理空间上从属于该范畴。这种划分方式，可以更为清晰地进行产地地域性的划分，而非早期研究中笼统分类。比如多数研究提及山东年画时，多以东部杨家埠、西部东昌府加以简单界定。所以，在以往探讨鲁西南地区的年画时，往往因地理空间上的分布，有学者将其纳入东昌府的范畴。但是，当我们对两个地区的年画进行风格对比后，便可以发现，东昌府地区与鲁西南一带的门神纸码类年画确有相似之处，甚至有些图像是完全相同的，但其中差异较大的便是戏曲题材的生产。东昌府地区传统的年画生产中，戏曲题材并非其表现的重心，多样的门神纸码图像才最能彰显其厚重古朴的样貌。而鲁西南一带，门神纸码题材数量相对较少，以常见图像种类居多，但戏曲题材则渗透至民众生活的方方面面，成为其地域区别于他地的文化样态。显然，从制作题材角度看，两者正是鲁豫交界处“年画命运共同体”中极具地域特色的两个独立

---

⑯ 冯骥才:《东方大地上的人文奇花》,《中国艺术报》2013 年 1 月 30 日第 3 版。

"文化区"。就此而言,如果从不同的创作题材、不同的制作技艺、不同的使用惯习等方面考量,这种产地或文化区的划分将会更清晰丰富。当然,这也需要更为深入完善的田野考察进行支撑。

另外,"文化区"概念的提出,可以对中国民间文化事项及民间美术的产地分类及产地概念进行反思。在传统的学界研究中,往往有"四大产地""五大产地"之称,主要产地包括杨柳青、桃花坞、朱仙镇、绵竹等。但从各产地的基本性质看,既有城市型,如绵竹、佛山、梁平、凤翔等,亦有村镇型,如杨柳青、杨家埠、朱仙镇等,还有街区型,如桃花坞、小校场、台南米街等。另外,各产地具体地址的周边,其实仍有大量村落或城市具有年画生产的传统。如杨柳青附近的南乡三十六村、朱仙镇附近的300余家乡村作坊、杨家埠周围20余个年画生产村等。只不过在历史发展进程中,我们今天所言的"产地",是周边年画生产的集散地、集中地,而并非生产的唯一地,这正与"文化区"中的"中心区"是对应的。而周边生产地便是"边缘区"。传统产地的分类方式在一定程度上使一些研究者,尤其是基础研究产生了学术误区,即仅将产地名称所提及的某市某村某街区作为田野考察与研究的重心,忽视了民间文化交流与融合中所形成的区域性延伸,从而导致了研究的孤立性与不严谨性。

其实,最初传统意义上的产地概念,也并非仅指产地名称所指的地区,而是将某一地域中的代表性地区作为命名的依据,这正是冯骥才先生所言"地区性文化中心"的概念。当中心开始存在的时候,其势必会影响到附近村落或县域的年画生产,进而生成诸多与其艺术风格与制作技艺相近的画店作坊,并进一步影响不同区域民众的日常生活习惯。这样,中心向边缘的文化辐射便逐渐产生了。从文化的整体性角度来看,这一过程是必然的。只不过,每一个中心的文化输出效果与强度有所差异,不同地区民众的接受程度也不甚相同,这就出现了年画研究中经常提及的"大产地"与"小产地"的区分。实际上,如果将民间美术中的"产地"概念转换为"产区",或许可以更为精确地体现全国各地区民间文化及民间美术的区域样貌。这种以文化交流融合为主体,民众的接受与使用为标准,并兼以标志性文化影响、艺术风格、制作技艺、材料使用、物质载体等元素的生产区域,其概念与特征正与本文提及的"文化区"概念是相符的。

那么,如果在年画研究中介入"文化区"的概念,将不同地区性文化中心所影响的区域,按照不同的代表性题材、体裁、制作方式、民众使用及物质载体进行不同类别、不同地理区间的划分,全国各地产区将会更立体更完善地呈现在我们面前。进而更为详细地体现不同"文化区"的文化交流与融合形态。这不仅对于年画的研究是重要的，对于民间美术及“非遗”的保护与传承也是十分重要的。

Debate on the Origin and Cultural Area of Chinese Woodblock New Year Paintings

— Based on the investigation and research of New Year painting shops in Southwest Shandong

Zhang Zongjian

Abstract: As an important pictorial form of folk life, woodblock New Year paintings are dominated by painting shops and participated by workshops in various places. The concept of "production areas" in traditional New Year paintings research is based on this. However, as a folk image with rituals, beliefs, aesthetics and a strong flavor of life, the production areas dominated by painting shops are actually beyond the scope of the specific origin. Taking the distribution of New Year painting shops in southwest Shandong Province as an example, it can be clearly seen that the production of New Year paintings has broken through the production of a single city or village and is widely distributed in cultural areas, which fully stimulates the exchange and integration of folk culture and forms the phenomenon of the New Year paintings cultural district.

Keywords: woodblock New Year paintings in Southwest Shandong; painting shops; production areas; cultural districts

手艺聚合的可能
——美国手工专门网站 Etsy 研究

马晓飞　王梓亦

摘　要：美国手艺专门网站 Etsy 自 2005 年创办以来不断发展壮大，逐渐成为国际重要的线上购物平台。文章首先回顾 Etsy 创办历程以及其产生、发展的时代背景，并论述其与工艺美术运动、朋克文化以及第三次女权运动等文化思潮之间的关联。同时通过案例分析等方式研究其运作模式，探究其如何以独特的商业理念联结手艺人与买家，并在不断开拓市场的同时促进手工业的创新与发展。文章同时讨论 Etsy 对于中国的启示，探寻我国工艺电商平台的发展未来以及手艺聚合的更多可能。

关键词：Etsy；美国；手工；市场

2021 年 1 月 26 日，特斯拉首席执行官埃隆·马斯克为他的爱犬购买了一个编织帽，并在推特上宣称“我有点喜欢 Etsy”，这一消息促使 Etsy 股票飙涨，最高涨幅高达 8%。作为美国人气网站，区别于亚马逊、eBay 等电商平台，Etsy 侧重于在垂直细分领域深耕，以销售手工制品为其特色，《纽约时报》曾将其称作为“祖母的地下室收藏”。① 如果这一比喻缺少中国语境的话——毕竟我们的居住空间里，“地下室”不是标配，但我们还是可以从众多欧美新闻中还原这一比喻的真实意图。据报道，加拿大多伦多一位男子在整理地下室时，发现了祖母留存的一件 1890 年产的路易威登（LV）经典手提箱。② 如果我们将这则新闻作为语境的话，Etsy 实际上构筑了一个类似北京的潘家园、杭州的河坊街即线上的“淘宝”空间，不仅包含了既有古董，更包含了琳琅满目、新意迭出的创意产品，形成了一个链接手工艺人与消费者的交易平台，并随着规模的持续增长，特别是欧洲业务的扩大，将世界上越来越多的手工艺人与热爱艺术的人们链接在一起。众所周

作者简介：马晓飞　北京联合大学艺术学院讲师
作者简介：王梓亦　重庆大学博雅学院本科生

① Slatalla Michelle. Rooting Around Grandma's Basement in Cyberspace [N/OL]. New York Times. 2007-1-18. https://www.nytimes.com/2007/01/18/fashion/18Online.html.

② Lauren O'Neil. Toronto Man Finds Louis Vuitton Suitcase from 1890s Grandma's Basement [N/OL]. 2022-4. https://www.blogto.com/fashion_style/2022/04/toronto-man-finds-louis-vuitton-suitcase-1890s-grandmas-basement/.

知，中国当代的手工艺发展机遇与挑战并存，其中重要的一点，即在于仍缺少具有广泛认知度的聚合平台，梳理 Etsy 无疑将为我们提供一次来自异域的经验。

一、Etsy 创办的历程

Etsy 由罗伯特·卡林（Robert Kalin）、克里斯·马奎尔（Chris Maguire）和海姆·肖皮克（Haim Schoppik）于 2005 年 6 月 18 日联合创办。团队的灵魂人物——出生于 1980 年的卡林来自美国纽约，受身为木匠的父亲影响，自小就喜欢自己动手制作东西，16 岁时开始独自生活，由于酷爱摄影，曾在一家照相馆打工，由于高中成绩并不理想，并先后游学于几所大学，最终在 24 岁的时候拿到纽约大学的学位。2005 年，卡林发现周围的手艺人朋友并不喜欢通过 eBay 进行交易，因此萌生了创建一家手工艺人专属的交易平台，以帮助他们拓展顾客。当时美国的互联网泡沫冲击逐渐消退，新的机遇与投资热情逐步恢复。Etsy 早期的 5 万美金投资来自于卡林做过木工的两位当地地产商和一位餐厅老板——卡林后来总结道，当投资人决定投资的时候，首先并不关注你的商业计划，而是通过过往的合作所建立的信任。③ 事实上，这一精确的市场定位，使得 Etsy 最初的用户积累十分迅速。卖家的口碑效应不仅聚集了更多买家，同时又吸引了新的卖家进入，到 2007 年 7 月，Etsy 网站交易次数达到一百万次。2010 年 11 月，其注册用户达到 700 万，随着规模的持续扩大，网站开始专注于“社区”的构建，并以此区别于同样有工艺品交易，创立更早、规模更大的 eBay。Etsy 增设包括论坛、教育、交流等多种交互模块，形成“手工艺共同体”的概念，并以此为特色，成为其独特的品牌定位。2015 年 3 月，Etsy 宣布 IPO 上市，同年 4 月 16 日，拥有 5400 万会员的 Etsy 登陆纳斯达克，估值达到 18 亿美元。2020 年，其估值跃升至百亿美元以上，并且入选标普 500——美股标志性指数，意味着其已经成为美国股市中具有代表性的 500 家公司之一。随着美国史无前例的金融刺激，Etsy 最高估值达到超过 300 亿美金。2021 年，Etsy 将英国时尚购物平台 Depop 以 16.3 亿美元纳入囊中。进一步夯实其在欧洲的专业平台地位。

二、Etsy 崛起的时代背景

作为一家创办仅有十几年，聚焦于细分领域的电商，到底凭借什么在竞争

---

③ A Commercial Home for Crafters And Artists By Robert Kalin[EB/OL]. https://www.eyerys.com/articles/people/commercial-home-crafters-and-artists-robert-kalin.

如此激烈的市场中占有一席之地？今天市值已经超过万亿美金的电商巨头——亚马逊与Etsy同时蓬勃发展，并且一直虎视眈眈。北卡罗莱纳大学教堂山分校的亚伯拉罕·莎拉(Abrahams, Sarah L)在其论文中总结了Etsy发展的历史和社会文化背景，④包括得益于19世纪末的英国工艺美术运动，20世纪80年代朋克文化中发展起来的DIY运动，以及女权主义在挑战传统家庭观念的同时，使得包括缝纫、烹饪等传统家庭技能成为个人乐趣与政治宣言的媒介。这些社会文化背景，推动了欧美现代手工艺的发展，到21世纪初期，累积了大量的创作群体，包括职业艺术家及以此为乐趣的家庭副业，这些群体的手工艺交易逐渐活跃，形成了包括市集、展会等各类型的贸易方式。这为Etsy的崛起提供了社会文化的源泉。

首先工艺美术运动，由威廉·莫里斯领导，起源于英国的工艺美术运动被视为现代设计的启蒙，莫里斯的初衷是抗争大工业制造的丑陋——在工业革命初期的背景下，机器生产的产品粗笨、稚拙，缺少系统化、体系化的造型语言。莫里斯与同时代的艺术家一起，颂扬手工艺的美德，以工艺美术为媒介，应对生产过程中日益增长的机械化特征，这一思潮的影响深远，特别是在19世纪末20世纪初期，引发了美国的工艺美术运动，成为美国手工艺术思潮的源流之一。

其次是朋克文化，尽管我们很难将张扬、怪异甚至有些不羁的亚文化和手工进行联想，但正如美国学者迪克·赫伯迪格所言，“作为亚文化的朋克区别于其他流派的最主要特征是朋克族的‘DIY’精神和创新意识”。⑤ 朋克文化的内核与“达达运动”有着极为深刻的内在关联，拒绝神化艺术家，倡导人人都能拿起乐器上台表演，发出自己的声音，原始的朋克音乐没有经过工业化的策划、包装，他们强调自己动手，完成从录制到包装的全过程。因此，DIY成为朋克独立个性最好的表现方式，他们将凡士林、化妆品、染发剂与睫毛膏自由的拼合成他们想要的任何异域符号来而安放——在经济大萧条、失业的背景下，所无处安放的灵魂，这种“即兴拼凑”成为一独特的话语形式，⑥同时，也将DIY手作演绎成一种潮流时尚进而推动了手工艺的发展。

最后是第三次女权运动的影响，如果说前两次女权运动的诉求是追求性别

---

④ Abrahams, Sarah L. Handmade online: The crafting of commerce, aesthetics and community on Etsy. Com [D]. North Carolina, United States: The University of North Carolina at Chapel Hill, 2008.

⑤ 吴群涛《“另类青春之歌”——朋克文化在中国的传播与接受研究》，武汉：武汉大学博士学位论文，2017。

⑥ [美]迪克·赫伯迪格：《亚文化：风格的意义》，陆道夫、胡疆锋译，北京：北京大学出版社，2009年，第129页。

平等，那么缘起20世纪90年代的第三次运动的核心，则是女性对于自身的独特诉求"即任何个人都可以根据自己的身份、生活状况而提出特有的权利诉求，而不是将'女权主义'诉诸一个'女性群体'唯一的、标准化的诉求模式中"[7]，在全球化的流行文化影响下，大众文化成为女性协商、抵抗、反思的场所，手工成为女性审视自身角色的重要媒介——即个人乐趣和政治声明的权利。

所有这些运动是Etsy崛起的文化底蕴，在这些思潮背后，手工在大众文化中重新流行，美国综艺节目《巧夺天工》，英国BBC推出的《大英缝纫大赛》《陶艺来了》等都掀起了收视热潮。Etsy成为这一趋势的受益者同时也是推动者，值得注意的是，越来越多的家庭工作者"妈妈企业家"(mompreneurs)入驻平台，借助于这一简单、便捷、低廉的方式，使得越来越多的自由职业成为可能。这都要得益于欧美时代文化的宏观趋势。

三、Etsy的运作模式

如果我们打开Etsy的网站，我们并不能够很快洞察它快速发展的秘密——其页面设计与我们熟悉的淘宝、亚马逊并没有特殊的区别，采用了中规中矩的标签设置与图像布局方式。在首页中设置的九个功能模块包括近期节日与纪念日专属板块、珠宝和配件、服装和鞋类、家居与生活、婚礼和聚会、玩具和娱乐、艺术品和收藏品、工艺材料以及礼品和礼品卡。在本文撰写的2022年4月17日，首页滚动展示着为即将到来的母亲节推荐的商品，当下流行的各类商品以及周年纪念、生日等相关手工生活用品，具有定制属性的"姓名项链"等商品。这一平淡的页面结构的背后，其实向观众展示的是一个专注的手工世界——这是Etsy的立身之本与独特性源泉。2009年创始人卡林解雇了作为CEO的玛丽亚·托马斯(Maria Thomas)，这位亚马逊曾经的高管，在两年的时间里带领Etsy走向盈利，不仅销售额翻倍，用户数也倍增，尽管如此，她增加卖家销售成本的方式，也给卖家带来很大压力，手艺人群体的负面反馈，使得卡林作出了重新掌权的决定，Etsy的核心是手艺人的社区，它之所以成为一家独特的网站，正在于它凝聚了艺术家群体。Etsy的社区论坛是其重要的特色，在这里不仅顾客可以与商家进行交流，更为重要的是，论坛提供了艺人之间沟通交流的平台，甚至于促成彼此之间的捆绑折扣销售，使得艺人之间不再是单纯的竞争关系，还可以分享与合作。

---

⑦ 张开、张艳秋、臧海群:《媒介素养教育与包容性社会发展》，北京:中国传媒大学出版社，2014年，第110页。

在组织内部，Etsy 将职业艺人和爱好者进行了区分，对于职业艺人网站内部组织了专门的团队（Etsy-corp）负责对接，Etsy 认识到，网站本身的创新依赖于其链接起来的艺术家群体，网站所要做的就是分享与激活这些灵感，因此推出了“特色商家访谈”模块（Featured Stores interviews），每周由网站组成的委员会策划，选出三位特色商家，他们将被邀请分享他们的爱好、工作经历、创作经验等等，这些访谈构成了一个重要的资料库，体现出 Etsy 为这个大规模的创意社区所积累的共生逻辑。这些商家故事展现出的创意将为其他卖家所模仿，同时也激励卖家继续创新。⑧

另外，卖家作为网站关键主体与“灵魂”的核心还在于其是“卖方对标”（seller-aligned）的商业模式——即网站在卖家获利时盈利。Etsy 的收入来源不同于一般电商网站招标投放第三方广告，而主要来自卖家展示以及销售商品的手续费，每一件商品收取美金 20 分，如卖出商品，则收取商品售价 3.5%的手续费。Etsy 为卖家提供了数以百万计的买家市场以及一系列卖方工具与服务，这都在帮助创新型企业扩大商业规模，产生更大的销售量。⑨

对于买家而言，找到具有“特殊意义”的日常用品或者在特殊消费时间节点内送出独特的礼物是 Etsy 所秉持的独特用户体验。在 2020 年的消费者调查中，88%的消费者都认为在 Etsy，可以找到其他地方所没有的特殊物品。这体现了 Etsy 为买家创造“特别消费机遇”的商业理念。因此，对应用于更多元消费场景、服务主体所创作的作品，Etsy 基于众多卖家提供了独特的解决方案。翻看卖家评价：一个以手写信为基础定制毛毯的商品评论中，买家将自己三岁时的信织在毯子上作为送给亲人的圣诞礼物；另一位则为癌症痊愈的母亲定制了写有自己感谢信的毯子。在一个母亲节主题定制姓名项链的商品评论中，一位父亲定制了刻有自己妻子和孩子名字的项链作为母亲节礼物送给妻子。还有买家为朋友的婚礼定制了打印画等。这些服务相比于批量化产品相比有了更多的个性与温情。这些对于卖家与买家的网络规则与秩序成就了 Etsy。

---

⑧ Pace T., O'Donnell K., DeWitt N., Bardzell S., Bardzell J. From organizational to community creativity: paragon leadership & creativity stories at etsy [A]. Amy Bruckman, Scott Counts. Proceedings of the 2013 conference on computer supported cooperative work [C]. New York, NY, United States: Association for Computing Machinery. 2013:1023 - 1034.

⑨ Etsy 2020 Integrated Annual Report [EB/OL]. 2022 - 4 - 20. https://investors.etsy.com/financials/annual-reports-and-proxy/default.aspx.

四、Etsy 的中国启示

英国《手艺》(*Crafts*)杂志 2020 年发布了第三份《手工艺市场报告》，指出对于西方国家而言"手工艺于生活不可或缺"，相比于 2006 年第一份市场报告，越来越多的人开始关注手工艺，并且成为购买者——这与当时以收藏家为主的受众市场差异明显。而互联网的兴起特别是以 Etsy 为代表的在线零售商被认为是改变这一趋势的重要原因。与此同时，英国手工艺品的销售额从 2006 年的 8.33 亿英镑发展到 2019 年的 30 亿英镑，单价则从 157 英镑下降到 124 英镑，从业者的数量也越来越多。[⑩]

我们相信，随着中国综合国力的提升，以及我国深厚的工艺基础，会有更多的消费者在大批量生产无法满足独特性的背景下转向购买手工艺产品，与此同时，在零工经济逐渐增长的背景下，越来越多人会平衡工作和生活之间的关系，选择进入到以自身爱好为职业的队伍中来，也就是说随着时间的推移，我们会看到双方的需求将不断增长。尽管中国版的 Etsy 还没有崛起，但基于移动互联网的应用——东家，流媒体的艺术分享应用——一条，都开始快速推进到这个领域。

但值得注意的是，目前还没有任意一家的规模与 Etsy 相提并论，这与国家发展相适应，那么在这一阶段，如果盲目地追求平台建设未必是可行的选项。在早期，Etsy 定位于一家手工爱好者网站，以促成他们完成交易，并且着手积极开展包括缝纫大赛、手工市集等线下活动，以及各种兴趣小组，这种营销方式帮助 Etsy 以极低的成本扩大影响力，并且营造出优质的社区化氛围。[⑪] 在当前这一阶段，我们也应该更注意手工艺社区的构建，通过更多元的活动将消费者和商家联结起来，这或许是我们更应该关注的内容。

The Possibility of Craft Aggregation—A study of Etsy, an American Handmade Specialized Website

Mao Xiaofei　Wang Ziyi

Abstract: Etsy, an American craft website, has been growing since its establishment in 2005 and has gradually become an internationally important online shopping platform.

⑩ 马晓飞、崔露薇：《21 世纪以来的英国手工艺发展——〈手工艺市场报告〉导读》，《民艺》2022 年第 2 期，第 103－106 页。

⑪ 刘勇：《Etsy 电子商务社区化》，《商界(评论)》2010 年第 6 期，第 136－139 页。

The article first reviews the founding process of Etsy and the background of its emergence and development, and discusses its relationship with the arts and crafts movement, punk culture, the third feminist movement and other cultural trends. Through case analysis and other ways to study its operation mode, the article explores how it connects craftsmen and buyers with unique business concepts, and promotes the innovation and development of handicraft industry while constantly expanding the market. In addition, the article discusses the enlightenment of Etsy to China, and explores the development future of China's craft e-commerce platform and more possibilities for craft aggregation.
Keywords: Etsy; America; handicraft; marketplace

萨勒佛塔序《景德镇陶录》(儒莲译本)

[法]路易·阿方斯·萨勒佛塔　王鑫哲译　连　冕　李　亮(审校)

广为流传的硬瓷(porcelaine dure),在中国、日本、法国、德国等地均有生产,已是今时杰出陶瓷的代表,借此也足以解释我们广泛收集与之相关著作的兴趣缘起。

正如我们从当前所做的研究中看到的那样,陶瓷在中国和日本生产了多年,这些产品由葡萄牙人与荷兰人先后进口到欧洲之后,当地的艺术陶器制造业遭受了非常严重的冲击。两国陶瓷在装饰房子方面比讷韦尔(Nevers)和意大利的上釉陶器更为精美,在很长一段时间内,中、日"垄断式"的陶瓷生产进一步使这种商品保持了很高的价格。直到1709年(清康熙四十八年),欧洲生产出了一件较为近似的产品。[①] 55年后,法国生产出了第一批硬瓷。[②] 中国陶瓷坯的半透明性、釉的光泽度和硬度、瓷器的白皙和坚固,让爱好者们及生产者们都感到十分震惊,而制作的过程却始终保密。同样令人捉摸不透的,是那些可以使陶瓷显得更加奢华的裂片、斑斓的色彩和丰富的装饰,也深深吸引了当局者的注意。但,这些地位卑贱的陶工每天都会使用的简单而考究的工艺,却被无知蒙上了一层厚厚的面纱,陶器的本质出乎意料地被有洞察力的智者忘得一干二净。尽管我们经常会说"研究没有显著成效",但实际上,通过研究,法国已

本篇是儒莲所译《景德镇陶录》中四篇序言里的第二篇,计42页(位在原书第75页至第116页),紧随儒莲撰写的72页译者序之后,其后两篇为中文原书前言(Préface de L'ouvrage chinoise)和中文原书后记(Postface de L'ouvrage chinois)的法译本。

译者简介:王鑫哲　中国医学科学院肿瘤医院深圳医院
审校者简介:连　冕　中国美术学院教授、博士生导师
审校者简介:李　亮　台湾清华大学博士研究生

① 在这一时期,伯特格尔终于获得了一件和中、日陶瓷完全一样的半透明白坯陶瓷。

审校者注:约翰·弗雷德里克·伯特格尔(Johann Friedrich Böttger,又名 Böttcher 或 Böttiger,1682—1719)系德国炼金术士,生于施莱茨(Schleiz),死于德累斯顿(Dresden),他通常被认为是第一个在1708年发现硬浆瓷器制造秘密的欧洲人。

② 1765年盖塔尔了解到了阿朗松(Alençon)的高岭土,1768年马凯发现了圣伊利耶(Saint-Yrieix)的高岭土。

审校者注:让·艾蒂安·盖塔尔(Jean-étienne Guettard,1715—1786)乃法国自然学家(naturalist)和矿物学家(mineralogist),生于巴黎附近的埃坦佩斯(étampes),死于巴黎。关于高岭土的发现问题,撰有《在法国发现与中国瓷器相似的材料的历史》(Histoire de la découverte faite en France de matières semblables à celles dont la porcelaine de la Chine est composée),巴黎皇家印刷局(de l'Imprimerie Royale)1765年印行,共计23页。而皮埃尔-约瑟夫·马凯(Pierre-Joseph Macquer,1718—1784)为法国医生和化学家,在巴黎出生、死亡。1749年,他发现了一种用普鲁士蓝染色羊毛和丝绸的方法,后又被任命为塞弗尔皇家瓷厂的科学顾问。1768年与波尔多的化学家朋友马克-伊莱尔·维拉里(Marc-Hilaire Vilaris)一同发现了法国的首个高岭土矿床。

生产出了十分耀眼又清透的软瓷(porcelaine tendre),③在装饰方面远比中国陶瓷更加招人喜欢,只是整体实力上相对薄弱。同时,④研究也推动了海峡另一端的、以磷酸钙和粘土为原料的自然软瓷的发展。

1712年(清康熙五十一年)9月1日,欧洲拥有了首套关于中国陶瓷制作的精准知识,它们由在中国传播天主教的传教士带回。即在殷弘绪(Père Francois Xavier d'Entrecolles, 1664—1741)的第一封信函中便记述了许多有趣的细节,让我们了解了组成瓷坯和釉的一些成分。十年之后,也就是1722年(清康熙六十一年),这些值得借鉴的资料在来自同一国家的第二封信函中得到了补充,但没有给陶瓷生产带来任何直接的成效。

化学家和彩陶制作者通过新的工业试验来仿制这种美丽的瓷器,我们甚至从中国找来了原材料,但是经过不同的配制,这些材料变成了无法确定成分的粉末。另外,中国的瓷坯由不同材料构成,我们需要在欧洲了解和寻找这些,并在掌握成分配比后将其混合在一起。在这一时期,仅有部分学者掌握了陶瓷中矿物学和化学的少量知识,也仅有很少的科学家参与了这项研究。研究并没有取得任何实际成果,但是,就像大多数发现一样,偶然地将高岭土和长石放在一个天才手中,反而有了更多的发现。

现在,陶瓷生产的步骤被所有人熟知,殷弘绪于18世纪的前25年,⑤在中国撰写的信函中也提供了足够多的细节信息。然而,在过去发表的刊物里,他的信件有关中国陶瓷本质的介绍仍然存在非常模糊的部分,他的信息来源也在有些地方不够清晰,无法提供完全准确的解答。幸运的是,一名汉学家希望通过对流传到法国的中国文献的准确翻译,以一种至今未用的最完整的方式为我们描述中国陶瓷制作的方法。这些文献,我与埃贝尔蒙(Jacques-Joseph ébelmen, 1814—1852)曾开展过研究。

我们对接下来所使用的中文文献充满钦佩,尽管译者儒莲(即斯坦尼斯拉斯·艾尼昂·朱利安,Stanislas Aignan Julien, 1797—1873)并不熟悉工业领域的知识,但他尽力去了解相关的内容,本书不仅提供了陶瓷生产中大量的常用技术术语,而且详细地记录了陶瓷生产的完整操作和步骤,这正是熟练的实践

---

③ 可能是1695年前后在圣克卢(Saint-Cloud),1735年在尚蒂伊(Chantilly),然后1740年在万塞讷(Vincennes),1756年在塞弗尔而逐步实现生产的。

④ 1745年前在切尔西(Chelsea),然后1748年在德比(Derby),之后1751年在伍斯特(Worcester)。审校者注:此处当即指英吉利海峡另一边的英国。

⑤ 审校者注:“18世纪”的原文记录为“XVIIe siècle”,即法文原篇此处错写为17世纪,今改。

者所期待的。

关于中国陶瓷制作的书籍一般被分成两种：

1. 中国陶瓷制作的历史，指的是在中国陶瓷生产的不同阶段，最主要的是在景德镇生产的陶瓷。

2. 陶瓷生产，指的是生产步骤的说明，可能在机械方面，也可能在化学方面。取用未成形或几乎毫无价值的天然材料，借助能工巧匠之手将这些材料转化为有用且珍贵的原始制备物品。

在本书开头，儒莲梳理了陶瓷的历史，他用条理清晰的方式介绍了最重要的几个方面，并且探讨了古董商、艺术家和收藏家们感兴趣的问题。

他希望在我有关中国陶瓷历史的概述中加入一些技术层面上的评论，进而呈现出欧洲和中国在制瓷步骤上的差异。我把儒莲提供的数据与欧洲的数据进行了对照，与我和埃贝尔蒙先生⑥在法国科学院(Académie des Sciences)所做的关于中国瓷器制作和装饰所用材料的研究结果一致。

成　分

和欧洲一样，中国陶瓷由两个不同部分组成：可熔化的部分，使陶瓷器呈现半透明的状态；不可熔化的部分，让陶瓷在合适的温度下不完全熔化，以使得可熔性元素转化为玻璃。如我们将看到的那样，这两种材料的效用都没有逃脱中国人敏锐的眼光。依据中国人的惯有想象，瓷土的成分和土质自然成为初始比较研究的对象。

瓷土的粘土部分，即不可熔部分，被称为“高岭土”。我们归纳了这个词的用意并且将它用作区分陶土和瓷土。“高岭”一词借用了坐落在景德镇东侧的山名，⑦据学者们的观点，在这里可以找到白色的粘土(瓷土)、长石和燧石。在法国，我们称所有可在火中持久烧制的无色粘土为 *Kaolin*，这种土用于陶瓷生产，由碱性含铝的岩石变质而成。

瓷土的可熔性部分，是由可在市场买到的燧石质岩石和高岭土以砖块形状提供的，被称为“*pe-tun-tse*”(白不子)。就是在这种形状下，将所制的土块以“白不子”之名交给消费者。殷弘绪专门为瓷土的可熔部分保留的这一名字，并

---

⑥ *Recueil des travaux scientifiques de M. ébelmen*(《埃贝尔蒙先生科学著作集》，Mallet-Bachelier 出版社，共 2 卷，八开本，1855 年)。

⑦ 参见本书(Stanislas. Julien, Histoire et fabrication de la porcelaine chinoise. Paris: Mallet-Bachelier, 1856)第 250 页，第 11 行。

没能展示出其专属性。如果对已被公认的“高岭土”和“白不子”的法语表述进行修改也并不合适，我认为应该在此解释清楚，这些表述在我们所借用的语言中的真正含义。

高岭土可以使陶瓷结实稳固，犹如陶瓷的一根筋。对于欧洲人只用“白不子”做陶瓷而从未成功的经历，中国人的评价是：“他们想要一具没有骨骼支撑的身体”。

一名信奉基督教多年的中国人 P. Ly[⑧] 写道：“有些材料是为了构建骨架，而有些则是为了制作瓷器的器身。如果只用高岭土来塑造容器，它会在烈火中开裂，因为高岭土的质地太硬了。相反，如果只用别的材料来造器，不混合高岭土，它将会在火中毁掉，就像在烈日下枯萎的鲜花，因其质地不够牢固，且无法在火中持续烧制 24 个小时。”

中文文献中记录的细节引出了一个事实，我们把从土中获得的材料，比如沙子，进行淘洗以剔除杂质，从而提取最精细的粘土质原料。其他的材料取自悬岩（rocher），被制作成粉末后放在水中淘洗，以便分离出相对粗糙的部分。把最细的部分稍稍沥干，然后与高岭土一起使用来调配不同品相的瓷土。

上述所有细节和欧洲人生产硬瓷的过程完全一致。像在中国一样，在欧洲，我们需要淘洗未被加工的高岭土以获得混合的粘土质材料，并和碾碎研磨的石英砂、长石砂一起调配成瓷土。

在儒莲的启发下，P. Ly 提供材料的分析结果证实了这些推断。

天然高岭土水洗后留下一种很白的粘土，摸起来顺滑，与圣伊利耶（Saint-Yrieix）的粘土质高岭土相比更具可塑性，即使在塞弗尔窑（Sèvres）的大火中也不会熔化。

根据矿物特征和溶解性，可清晰地辨认出洗后的残渣中含有大量的石英、部分分解的长石晶体和云母片。我们在此发现了石英和长石的混合体，其中石英的排列方式与矿物学家已知的各种花岗岩（被称为“图形花岗岩”，granit

---

⑧ 审校者注：此处人名的准确中文写法有待进一步考证，不过目前推测或即华籍天主教牧师、传教士李安德（André Launay，或 André Ly，又作 Pretre Andre Ly，1692? —1775）。李氏出生于陕西汉中一个明末的老教友家庭，1710 或 1711 年被送至暹罗犹地亚修道院完成学业，在当地留居 15 年，于 1725 年晋升司铎。翌年回到中国，于福建传教 6 年，曾短暂停留湖广，最后在四川工作至 1775 年去世。李氏又以其 1742 至 1763 年间持续书写的拉丁文日记闻名（*Journal d'André Ly prêtre chinois, missionnaire et notaire apostolique* 1746 - 1763. Paris: Alphonse Picard & Fils, 1906），最初是按马青山神父之请而撰写，主要记叙了其所经历的四川传教生涯中的基督徒生活，每年会在 9 至 10 月间将这些信息传到澳门，是研究 18 世纪四川教务的重要资料。（宾静：《清代禁教时期华籍天主教徒的传教活动研究（1721—1846）》，广州，暨南大学博士学位论文，2007 年，第 159、178 页）

graphique)相同。

纯粘土质地的粗高岭土种类丰富,但性状不一,这些高岭土的品种类似于我们所称的粘土高岭土、石质高岭土和沙质高岭土。根据我们的化学分析,圣伊利耶的材料在配比上与之最为相似。

中国文献中记录了不同的高岭土采石场,我们检测过的大量云母片洗选后留下的残渣样本证明了这些高岭土是花岗岩的变体。我们知道,在圣伊利耶,高岭土是伟晶岩(只含有石英和长石的岩石)的变质。

开采和清洗高岭土都在露天进行,那些插图已经很好地展示了这些操作,所以此处不再赘述。

在 P. Ly 的信函中,瓷土的可熔性材料呈现两种不同状态:有时是具有燧石所有化学和矿物特性(硬度、蚌线断裂、偶尔的粉碎性断裂和白釉的熔融性)的岩石外观,有时是压缩成六面体小砖的极细粉末。这些物质的配比和密度证明了它们是同种物质,它们和一种在圣伊利耶地区大量出产的岩石很相似,并且,在塞弗尔的陶瓷生产中,无须添加任何物质便可产出硬瓷所需的釉。唯一不同的是,圣伊利耶地区的石头是清澈透明的;相反,中国的则是体积较小的非晶体材料。此外,上述材料可能出自同一种地质结构,或同一种火山喷发岩。

中国用铁锤和落石楔来开采燧石,与欧洲矿工的方式完全一样。凿碎的块状物被放在臼里,再以水碓(以水为动力推动棍子)将石块研成粉末,棍子头部是用铁包裹的石头,燧石就是这样被研磨的。

粉末被放在一个装满水的水池中并用铁锹搅动。静置片刻后,最粗糙的部分沉入池底,最细的部分则漂浮在水面,且呈现出奶油质地,我们将其灌入第二个水池中。只要漂浮在上层的水是浑浊的,就重复这个淘洗的过程。最后,将处理后的残渣放回搅碎机中。

放在第二个水池的原料会慢慢地沉淀到水底,我们将上面漂浮的那层液体澄清,取出沉淀在下面的糊状物,放在以砖块为底的箱子中加固。砖块上面铺一层布,将糊状物(之后会变硬)倒在布上,然后在第二层覆盖一块大小相似的布,最后放上已经完全干燥的砖块,砖的重量可以把水挤出来。亚历山大·布龙尼亚先生(Alexandre Brongniart, 1770—1847)正是在这一实践中观察到土团挤压机的原理,所以能于 20 年前将其发明出来。土团变坚硬后,被分成小块,然后运送到市场买卖。

我们深信这种使土块变硬的方式普遍适用于高岭土、燧石,甚至完全做好的瓷土。

在中国，陶瓷的质地不同，粘土和燧石的混合比例也相应不同。一般来说，中国陶瓷比塞弗尔陶瓷的含硅量高，而塞弗尔和德国的陶瓷是所有知名陶器中含矾最多的。与法国或者外国的商业陶瓷相比，中国陶瓷在坯体上差别不大，这是我们对比分析后的结果。文本的记述亦与我们发现的事实一致，粗糙的陶瓷中燧石的比例较大，相反，精细的陶瓷中则加入了更多的粘土。我认为，有必要在这里以简短的表格形式介绍中国和欧洲制造的各种瓷器的成分。

中国陶瓷	硅石	69.00	70.00	73.30	69.00	70.50	63.50
	矾土	23.60	22.20	19.30	21.30	20.70	28.50
	氧化铁	1.20	1.30	2.00	3.40	0.80	0.80
	石灰	0.30	0.80	0.60	1.10	0.50	0.60
	氧化镁	0.20	极少量	极少量	极少量	极少量	极少量
	氧化锰	0.10	0.00	?	?	?	?
	氢氧化钾	3.30	3.60	2.50	3.40	6.00	5.00
	氢氧化钠	2.90	2.70	2.30	1.80		
欧洲陶瓷		塞弗尔	福埃西 (Foëcy)	巴黎 (Paris)	利摩日 (Limoges)	维埃纳 (Vienne)	萨克森州 (Saxe)
	硅石	58.00	66.20	71.90	70.20	57.70	58.10
	矾土	34.50	28.00	22.00	24.00	36.80	36.70
	氧化铁	?	0.70	0.80	0.70	0.70	0.70
	石灰	4.50	极少量	0.80	0.70	1.60	0.20
	氧化镁	?	极少量	0.00	0.10	1.40	0.40
	碱	3.00	5.10	4.50	4.30	1.80	3.40
	100.00	100.00	100.00	100.00	100.00	100.00	

通过以上表格，可见结果与我上文表述的观点一致。需要补充一点，瓷坯上的一些艺术细节只有用非常高品质的、含有大量明矾的耐高温瓷土才能完整、生动地保存下来。我们也看到了一些手工作坊，比如塞弗尔、维埃纳及萨克森州的作坊，受到君主扶持，力图将陶瓷产品变成艺术品，加入了大量的矾土。相反，在对一件商业瓷器进行分析后，很明显地看到矾土的比例有所减少，这也是我们在中国陶瓷中所注意到的。后者，还在此项操作中加入含铁的高岭土，极大地降低了制成品的价格。

瓷土的加工

为了制作瓷土，要再清洗燧石和粘土以去除沙性残渣。我们在修砌好的池子中踩踏并挤压这些混合物，在殷弘绪的记载中，"踩陶土"这项异常辛苦的工作偶尔会借助水牛来完成，塞弗尔陶瓷博物馆收藏的画册可以证明这一点。然后，将土分割为多个小块，把它们重新拍打揉捏后，放在石板上搓圆。根据器物的形状，借助陶轮或者模具进行制作。通过对画册的学习，我们观察到开坯、模制、拉坯的操作都是由一系列工人合作完成的。

我们也马上发现了中国人所用的多种陶轮，与我们陶工使用的土质砂岩陶轮的相似之处。陶轮的头在陶轮工双腿间，另有一个年轻工人从旁协助，转动用作手轮的齿轮。年轻工人有时用一只脚，并用固定在天花板的绳子来保持平衡，有时蹲着用手，有时坐在陶轮工旁边，用绕在圆盘上的水平带子转动齿轮。偶尔也会只有一名陶轮工，使用一根长棍转动轮盘，从而带动陶轮。

所有由两个或多个部件组成的器皿、把手或浮雕配饰都是用泥浆粘在一起的。

上述的陶瓷是模制出来的，模子皆用黄粘土制作。为了保证陶瓷模件与模子能顺利拆分，需要将其放置在火旁，这就意味着做模子的土不能有很强的吸收性能。

所以，正如我国一样，中国陶瓷通过开坯、拉坯和模制被制作出来，这种方式适用于有延展性的瓷土。"泥浆模制"一词在中国未被提及，却在欧洲工艺中保留，成为一个特殊步骤——浇铸。不得不说，这一发现将中国工坊带来的技术知识是更高层次的想法逐步抹去了。换言之，中国运送给我们的大花瓶或者被称作"蛋壳瓷"的薄茶杯，是以一种近乎商业的方式制作完成的，我们必须思考它们的巧妙之处，从而深入学习制作技巧。即使在塞弗尔，上述器物也只能通过浇铸工艺来复刻，浇釉是一个可以在特殊情况下避免釉开裂的简单步骤，而釉的开裂经常表现在使用陶轮开坯、拉坯的器物上。

亚历山大·布龙尼亚先生在他的《陶瓷艺术专论》(*Traité des Arts Céramiques*)中以"rachevage"一词描述轮制或者模制陶瓷多样化的步骤，也就是雕刻、胶合、镂空、黏接附件，它们在中国的使用与欧洲制作工艺相似。近些年，尖端雕刻及相关工艺所产生的效果，在塞弗尔已经发展到相当高的水平，并且立体雕刻、镂空部分切割工艺，也被如今的商家争相模仿，这些都是中国早已巧妙应用的了。

在中国的陶瓷生产中有一个特别的工序是制作器足，一般在涂了釉但尚未烧制的器具上进行。在我看来，除了我们将在后面讨论的装饰工艺外，器具完成前的上釉习惯、上釉的连贯方法和釉的成分，似乎显示了中国制造和欧洲使用的相应操作之间最显著的差异。在未烧的瓷器上直接涂釉和制釉的特殊手法，是在画册研究中可以深入的主题。⑨ 我们吃惊地发现，中国人在其他领域如此具有创新精神，竟然忽略了素烧坯料的多孔性可以带来的优势。正如我们所知道的，不论器型和釉料如何，这种特性提供了所有具有吸收性陶土制成陶器的经济快速上釉的解决方案。因为日本工坊使用了此方法，且在奥夫曼（弗里德里克·爱德华·奥夫曼，Friedrich Eduard Hoffmann，1818—1900）的记录中也提到了用浸泡的方式经济快捷地上釉，所以我们就更加有理由对中国人的忽略感到吃惊了。此外，浸泡与浇铸，即中国人所不了解的方法，在原理上有很大的相似性。

釉

在描述详细的技术步骤之前，我们先要在化学配制方面比较中国和欧洲陶瓷釉的差异。在欧洲，釉一般是纯净的、细致研磨的、通过浸泡后的素烧坯料的伟晶花岗岩，也被用于塞弗尔的陶瓷制作之中。在德国，一些材料被混入长石中以改变熔点，即经常加入高岭土或者瓷土使它们变得更不易熔。在塞弗尔，我们可以认为，很久以来仅使用圣伊利耶的伟晶岩。而在制造开始时，却使用了"人造釉"（couverte artificielle），这是因为我们不知道上维埃纳（Haute-Vienne）火山岩的简化使用方法。1780 年左右，釉是用 20 份的枫丹白露（Fontainebleau）的沙子、24 份的素坯和 6 份的白垩混合配制而成。这种配比很难熔化，不适合做蛋壳瓷，所以便不再使用。无论如何，将目前的生产与中国的相比较，在此得出的结论我认为是完全正确的。在欧洲，添加石灰或者其他商业所需、可以改变釉料熔融性的材料只是一种例外，而在中国，则只在特殊情况下使用纯燧石，并无其他添加。大部分中国和日本陶瓷使用合成的釉，即多种材料的混合物，混合比例由产品的种类决定。中国人为了增加材料的可熔性，在燧石中加入的材料是石灰，这一结论来自中文文献的翻译，也来自于我们对烧制完成的釉和 P. Ly 寄来的样品的分析。P. Ly 的样品标明有石灰，也对釉料

⑨ 译者注：此处"画册研究"所指图画，可能是在儒莲《景德镇陶录》翻译前言中记载的、唐英奉乾隆旨意于 1743 年制作的那套。

的配比作了详细说明。我们仍然认为,在蕨叶和石灰的焚化混合物中,只有石灰在发挥作用,因为混合物中蕨类灰烬的含量很少。此外,这些灰中仅含有二氧化硅和少量的磷酸,我还认为不应该将任何影响归因于它们未加入可溶性盐。此外,一些研究釉料的章节也指出,有时我们配制釉料的方法很局限,仅将石灰质的粘土与作为釉料基础的石英质长石混合。还需要指出,苛性石灰和灰烬的混合物在与燧石混合之前,得经过精细的研磨和清洗,以便去除因空气中的碳酸令其表面形成碳酸盐外壳,从而更好地与燧石调混。这一操作大概是为了获得非常纯净的石灰石,而再生石灰石的外皮似乎被当作一种有用的元素得以保留,而清洗后沉在水池底部的蕨灰则被当作无用的物品排出。

不管蕨灰和石灰的实际作用如何,根据分析得出的初步数据可知:石灰在欧洲的釉料中占比极少,而在中国的釉料中则大量应用(有时占了重量的四分之一),石灰的使用导致两地陶瓷的明显差异。

上釉的方法,已经明确表述过了,与我们在欧洲所遵循的方法有很大的不同,所以我们在这里再略作说明。我们知道瓷土与所有粘土一样,可溶于水,但是将其放入一个能使令它烧红的温度时,就会变得不溶于水。这种属性是通过观察得出的,即欧洲陶瓷简单快速上釉方法的基础。在浸泡之前,器物还是素烧坯料,第一次烧制使其变得不溶于水,且具备吸收能力。将其简单浸泡在漂浮着釉料的水中,假设在给定的时间内准确地掌握釉和水的比例(由器物的厚度决定),素坯便会均匀地包裹上一层釉料,且薄厚适中。

在中国,这种在未经处理且极易变形的器物上,通过浇或者浸泡进行简单上釉的方法,人们并不了解。

以茶杯为例,手持杯子外部,然后在装釉的水池上方倾斜地拿着,将其放进水池使其尽可能完全浇上釉,这就是浇釉。对于外表,用浸入的方式将器物表面浸入釉中。工匠非常机敏地用手和一根小棍使它保持平衡。因为杯底仍是实心的,须将茶杯拿到陶轮上将底部挖出,然后在杯底印一个有颜色的款,最后在这个部分上一层釉。有时器物是非常纤细精美的,在进行这些操作时很容易被打碎。所以上有色(红或蓝)或无色的釉,要先用一端紧绷着细纱的竹管浸釉,再将釉通过竹管吹向器物,须吹三四遍甚至十八遍才能使釉附着到器物之上。

至少在陶瓷方面,我不知道这些不同的方法在中国以外是否被实践过,但是它们很值得去尝试。无论如何,熟练和精湛的技艺都是制作成功的关键。也许,对尚未完全干燥的器物进行加工的成功几率会更高。

上述所有准确的细节并不能论证我们这里指出的事实是错误的，也不要认为是我们漏掉了与“素烧坯料”相似的初步烧制步骤。因为器底的精加工(也就是挖出底部的这一操作)只能在上釉之后完成，它几乎不可能在素烧坯料上进行。此外，正如我们说过的，这种初次烧制已经在奥夫曼翻译的日文著作中提及了。

烧　制

我们将准备烧制的瓷坯送入窑中，窑一般坐落于离陶瓷作坊较远的区域，为烧陶瓷的掌火匠人所管理。匠人们用肩膀担着两条长板运送瓷坯。

根据插图的描绘，匣钵的制作不用陶轮，像一些国家的陶工仍然在做的那样，是用手捏粘土盘制而成的。一个人将泥土揉软，另一个人做粘土卷(colombin)，第三个人做匣钵。在匣钵底部撒上沙子和高岭土的残渣，以免烧造时瓷器和匣钵粘连。成堆的匣钵相互为盖，每一件大的瓷器都会放入单独的匣钵，小杯子和其他小器皿会被一起放入一个匣钵，但为了防止变形，每一件器具都放在一个小圆盘上。需要格外小心在匣钵中等待烧制的坯体，因为它们上了釉但未被烧制，非常脆弱。负责装匣钵的工人不能用手指触碰坯体，他们需要一只手将其用细绳提起，另一只手操作一个两杈的木叉，两个杈和细绳的两端相连，须格外小心，且需敏捷地将坯体放在匣钵中的圆盘上。

窑的底部铺满厚厚的一层沙粒，以使匣钵堆更加稳固。每堆底部有两个专门放在通风管下面的匣钵，用来堆叠其他匣钵，因为此处无法受火，它们两个都是空的。最薄的陶瓷被放在中间烧制，厚釉的则位于燃烧室的入口处，最后，在深处的是比较粗糙的陶瓷。匣钵堆用支架相连，装炉完成后，封死窑门。

欧洲的装匣钵和装炉过程与上述无异。

若参照所见形状来辨别窑种的话，中国的很多都与我们使用的不同。在殷弘绪写第一封信之前，也就是 1712 年之前，钟形窑是一种只有两米宽的窑，一个接一个地排列，一般在上坡的地方有三到五个相通相连。塞弗尔陶瓷博物(Musée céramique de Sèvres)收藏的图画合集中，有一幅描绘了一个前面三个开口、侧面一个开口的燃烧室。它似乎是为五个窑室使用的，每个室的顶部都有一个开口，用来清理燃烧的灰烬。我们亲眼所见的情况和殷弘绪描述的不一致。相反，根据他所说的，我们试着去对比维埃纳和柏林(Berlin)古窑中的同类装置，发现上述的解释是有道理的，因为前后匣钵中不放置任何器皿，或者首先放置釉中含有少许石灰的粗糙坯体,最后再放釉中含大量石灰、易熔化的或器壁薄的坯体。

当窑门封死,便开始24小时的小火烧制。而大火烧制,需要两人向燃烧室中投放木柴做燃料。在窑上有五个小开口,用一些碎瓷片覆盖,在评估陶瓷已经烧制完成时,就会检查靠近通风管的开口,再用老虎钳打开匣钵来判断烧制的情况。如果完全烧制成功,就熄火,完全封闭所有开口。静置三至五天后打开窑门,取出陶瓷。开窑的时间根据窑中器物的数量决定。

我们所提到由殷弘绪介绍的窑的细节,与德国窑和萨维涅(Saveignies)的砂岩窑也很相符。而眼下这部著作中所附窑的信息很有可能比传教士殷弘绪的描述还早。

装　饰

比较中国和我们的陶瓷制作步骤,前者在装饰方面尤其有趣。

欧洲装饰陶瓷的方式多种多样:有时使用彩色的坯土,有时将彩色材料混入釉中,有时在白瓷表面涂上色料。前两种要求所用的温度和烧制陶瓷的温度一样高,使用的色料被称作高温色釉。相反,将颜料涂在陶瓷表面时,只需要将颜料烧至玻璃化的温度,这比前两种方法要低很多。该色料被称为隔焰窑色料,今天的陶瓷绘画中还在应用,可与油画颜料相比拟。这种隔焰窑烧制的色料在近50年被制成且完善,我们已经可以精准地在陶瓷上复原几个有名技师的作品。

中国人对用于陶瓷装饰的材料进行的分类,也像我们在欧洲使用的方法,可以分成两种:1. 我们可以将它视为高温色釉的材料;2. 与隔焰窑色料相近的材料。

我们先介绍第一种。

青花在中国非常流行,近期在塞弗尔陶瓷装饰中取得巨大成功,该釉彩乃中、日陶瓷的一个特色,通过图案或线条的组合来装饰陶瓷,可谓快速又实惠的方法。先用毛笔将青花料涂抹在瓷坯上,它是干燥研磨的钴和锰的过氧化物,配制方法在中文文献中有详细的记录。因为烧制的温度比塞弗尔窑的要低,加之青花料耐火,故能在陶瓷表面保留非常清晰的印记。青花料的化学和物理属性与我们在殷弘绪命名和邮寄的蓝料样品中发现的相一致。

高温色釉的多样化使中国瓷器声名远扬,也提供了一种独特的装饰,使图画和谐而丰富。我对这些色料做的分析、猜想，精准地对应了中国文献中的大部分记述。

有几个中国高温釉的底色尚未被欧洲复制出来，我在此特别提出受爱好者们欢迎的被称作“青色”的浅蓝绿色，以及从铜的过氧化物中取得的红色(有时是橙色，有时近乎紫色)。这些色调非常精致且有光泽，所以我们对仿制它们以应用到我们的陶瓷造作产生了极大的兴趣。这里不能给出仿制它们的配方，我们还仅限于了解那些记载了相当古老研究的书籍，[10]而且遗憾的是，布龙尼亚先生提供的不同年代中旅行者们详细的中国游记，还有我写给这个遥远国度的人的书信，在陶瓷相关的知识方面，都没有比通过检测和分析得出的结论更完整。我们在 P. Ly 寄送的材料中发现了有关隔焰窑彩色装饰的材料，而关于这些罕见的原料或如何配制的材料又相当缺乏，所以让我们觉得中国不再生产这些色料了，就像我们经常说的那样，它们的制作是被遗忘了。

我们又在中国陶瓷上发现了一些偶尔呈现青色和红色的色调，它们的出现可能仅仅出于偶然——同样的釉会在不同环境下烧出不同的结果。对我来说，缺乏依据的实验仅能让我们发现大部分已被仿制的颜色，这些发现多见于由含铁、钴、锰的土所制备的不同比例的白色釉混合物。很明显的是，通过这种混合得到的有色釉无法始终呈现同一种颜色，窑中的环境会令其多样化，根据配制材料的成分和混合的比例，颜色也会或多或少地发绿、发黑。

就像我们刚才列举的那些颜色，中国瓷的基釉也呈现出色彩的变化，有时颜色很淡，有时很深，一般来说是青铜色的。这些效果差异与氧化铁的比例有关，也受到烧制过程中空气成分的影响，氧气会为釉带来暖色调。在中文文献中有关这些底色的描述非常准确：明确地指出如何在底色上画青色图案等内容，青色的制备过程是如此的精确，以至于毫无疑问，“紫金石”是可以获取这个颜色的物质。[11] “紫金石”很明显的是一种含铁的土的名称，而且这种猜想完美地解释了加入紫金石的釉的呈色。此外，我们了解到，在法国可以通过在正常的白釉中加入氧化铁来完美仿制这个颜色，褐色的云母片被这种金属氧化物上色后也可以达到同样的效果。

我们在中国发现的钴矿石，即含钴的过氧化锰，简单地与白釉混合后，可以在大火中烧制出蓝釉，有时呈浅色，有时呈深色。根据所用计量和矿石中钴含

---

⑩《埃贝尔蒙先生科学著作集》，卷 1，第 347 页及之后；亚历山大 · 布龙尼亚：《陶瓷艺术》，第 2 版，1854 年。
⑪ 同第 388 页注释⑦。

量的差异，还会产生或多或少的紫调。

当我们专注于检测中国陶瓷上施黑彩的方法时，发现不是所有的黑色都是通过同一种方式制成的。有的黑色是大量彩色釉堆叠的产物，有的则是由几种不同的色调强度看起来是黑色的颜色叠加产生的。有时黑色是棕色基釉在蓝色料上的叠加，有时是蓝色料在棕色基釉上的叠加。

于此，我们将结束关于构成中国陶瓷特征的主要高温色釉的研究，显而易见的是，在制造过程中，有许多方法可以制作有趣的、新颖的且非常稀有的瓷器。但是，这些方法仅仅为更普遍使用的方法带来材料的改变。

由于这一事实在欧洲和东方国家的陶瓷制造之间仍有分歧，需要指出的是，在中国特有的基釉中，有一些显然是被用在素坯上的（已经通过大火烧制的瓷器）。通过近距离的观察，能够看到基釉上有很多小裂纹，它们组成了一张非常紧密的网。

通过分析颜色，或用氢氟酸来检验这些颜色，我们发现其成分中有含量很高的一氧化铅，这使它们自然地接近装饰用的颜色，即可被称为中温色釉（couleurs de demi-grand feu）的颜色，在我们的颜色中没有找到相似的存在。稍作提及，读者就会明白我们所说的是什么，它们就是：紫色、青绿色、黄色和绿色。黄色和绿色主要是出现在瓶子、瓷缸等上面，紫色和青绿色经常被发现在扭曲且形状奇怪的装饰性物件上。

虽然我们注意到在欧洲没有做过任何类似的产品，但仿制很容易，因为绿色和青绿色来自铜，黄色来自铅和锑，紫色来自带有少量钴的氧化锰。

我们相信实验可以推进这些产品的仿制。还有一点需要补充，一段时间以来，我一直在制作易熔的色料，这种色料可以很容易地涂在塞弗尔的素坯瓷上，[12]但是因为它们在低温中烧制，所以和中国配制的类似颜色有很大不同。此外，后者的配制还加入了硼砂。我所关注的计量可以作为一个起点，很明显，可去掉硼砂并加入硝石来减少氧化铅。毫无疑问，这样的更改将使上色成分更接近中国使用的类似产品。

接下来，儒莲的译本让我们了解到这一系列颜色的存在，它们可以展示出从大火中烧制的色料，到近似隔焰窑烧制的色料之间的自然过渡。

我们的工作现在被这些色料占满，由于还要继续比较中国陶瓷和欧洲的类似陶瓷，我将简单回顾一下欧洲（主要是塞弗尔）的绘画色料，并指出需要满足

---

⑫ 我们将在亚历山大·布龙尼亚的《陶瓷艺术专论》的第二版第2卷的第692页中找到配方。

的主要条件，这样会让大家更容易理解两地陶瓷的差异。

这些色料可以牢固地附着在坯体表面，且经过熔炼得到一层釉，釉是获得光泽度不可或缺的条件之一。我们通过混合氧化物或者不同有色金属氧化物的复合物和透明的助熔剂来制作色料，复合物的配制随着颜色属性的变化而改变。比较常用的助熔剂被称为“灰色助熔剂”(fondant aux gris)，一般用于灰色、黑色、红色、蓝色、黄色色料，其配制如下：

丹铅——————————6 份

硅质砂——————————2 份

熔化的硼砂——————————1 份

为了使色料的配方有普遍性，一般是由 3 份助熔剂和 1 份金属氧化物按重量混合而成：

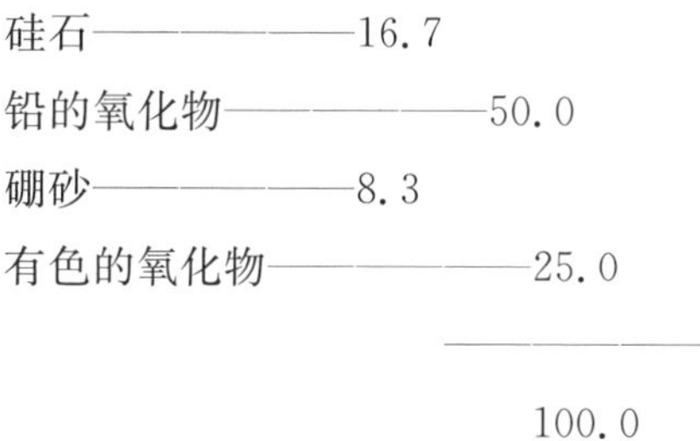

硅石————————16.7

铅的氧化物————————50.0

硼砂————————8.3

有色的氧化物————————25.0

————————

100.0

有时氧化物和助熔剂的混合物要在使用之前被熔化或焙烧，有时正相反，直接将二者混合即可——获得的色料即刻使用而无须熔化或焙烧。如果某种颜色需由氧化物和助熔剂混合产生，在使用氧化钴的情况下，必须预先熔化氧化物和助熔剂以便色料在使用时具有色调。但是如果色彩是氧化物自己特有的，仅需把氧化物搅散，不需要混合助熔剂，亦不必在使用之前熔化它们：由过氧化铁生成的各种色料就属于此种情况；如果预先熔化了助熔剂和过氧化铁，色料即会变质，在烧制绘画色料时的第二次熔炼过程中则会变质得更严重。

上述简单介绍的色料配方足以仿制油画的代表作品，所有色料需要同时熔化并且在烧制后有均匀且足够的釉——这个条件是必须的。

用中国色料绘制的图案在色彩厚度和上光度方面，并非所有的颜色都能有同样的表现，其中一些色料非常闪耀，完美地熔化并且有足够的厚度以覆盖陶瓷表面的突出部分。从金子中获得的粉色，以及蓝色、绿色、黄色都属于此种情况。其他色料，比如铁红色和黑色，往往表现出完全无光泽，或仅在薄处的一点光泽——厚度常比有光泽的要薄许多。因此，中国图案和我们的有很大不同：没有人像或凸起的躯体，也没有黑色、红色的轮廓线以及色调的变化。中国瓷绘的颜色很单一，画家有时会用同一种颜色，有时也会用不同颜色或金属色来画锦缎花纹。但是，把研碎的不同色料在调色盘上混合的做法，为我们的绘画提供了很多可能性，这些是中国瓷绘不曾有过的实践。后者更像 8 世纪的玻璃镶嵌艺术，即所有线条和人像陪衬部分的凸起仅仅是通过涂在白色或彩色玻璃碎片上的红线或棕线来呈现。

若将色料厚度纳入考量，多数情况下，尽管所获得的色调强度过低，但不得不承认，与我们得到的相比，这些色料可能仅含有极少比例的主要染色剂。该结论已经被我们的实验所证实：从装饰的亮度和协调性的角度来看，中国人所擅长使用的色料与被称作釉(émaux)的玻璃质材料更为相似。

无论中国色料的原材料是什么，它们都会展示出简单性与普遍性的特点。助熔剂的颜色并不明显，多由二氧化硅、氧化铅（比例变化不大），和或多或少的碱性物质（苏打和氢氧化钾）组成。这种助熔剂在硅酸盐的状态下只溶解了百分之几的有色氧化物，其数量过于有限。制作绿色和青色的原料来自氧化铜，红色来自金子，蓝色来自氧化钴，黄色来自氧化锑，白色来自砷酸和锡酸。氧化铁和不纯的锰的氧化物，一个可制成红色色料，另一个可制成黑色色料，它们成为仅有的例外，毫无疑问是因为其不可能通过刚刚被我们提到的氧化物溶解方式得到这些颜色。

这种中国色料的特殊配制在绘画中形成了特殊的习惯。因此，中国和日本瓷器获得了独特的外观。

有些色料可以直接使用，这归功于贸易的往来。相反，其他色料则须在使用之前通过实验来确定不同的添加物。这样做，是为了在确定的温度下使所有的颜色都能显现出来。而从广州一位中国画家的桌子上取下的整套颜色，为我们提供了现成的示例。添加其他材料是必须的，不过我们发现添加的铅白大多是少量的，即使我们分析发现的铅白，也不是由于研磨过程中色料的初步变化而产生的。

我很怕在前言中花费过多的篇幅去比较我们检测过的每一种中国色料和欧洲（特别是塞弗尔陶瓷工坊）使用的对应物，因此只能用笼统的方式记述两种配比的基本差异。这样，我们自然能够鉴别欧洲陶瓷和中国或日本相似产品的外观差异，以及样式不同的成因，继而就不可能产生混淆了。

上文提及，欧洲用于绘制硬瓷的色料是由一些氧化物和助熔剂混合形成的。我们不难想到，中国的色料无论在助熔剂元素的特性上，还是在有色氧化物的配比上，都与我们的存在着差异。

当我们考虑中、欧两种色料的着色方式时，我们也发现了同样明显的差异。最后，在比较两种情况下，作为主要着色剂使用的物质时，这两种分类不再具有可比性。

我们发现，中国色料所用的氧化物仅限于氧化铜、金、锑、砷、锡，以及时而配成蓝色、时而配成黑色色料的不纯的氧化钴，还有用来配制红色调的氧化铁。而在使用多种氧化物的欧洲色料中，我们发现了大量的不为中国人所知的元素。我们通过添加氧化锌或者铝，来改变纯的氧化钴的色调，有时是添加铝和氧化铬。纯净的氧化铁可以制成从橘红色到深紫红色等十几种红色。我们还可以通过配制不同比例的氧化铁、氧化锌和氧化钴或者氧化镍，得到深浅赭石色料（黄或棕色）：棕色是通过增加赭石色料中的氧化钴用量来配制的；而黑色是通过去掉同样配比中的氧化锌来配制的。通过添加一些元素使黄色发生变化：加入氧化锌或氧化锡使黄色变亮，加入氧化铁则会变深。纯的氧化铬，或者是添加了氧化钴，或者添加了氧化钴和氧化锌的氧化铬都会形成黄绿色和青色，可以产生从纯绿色到几乎纯蓝色的颜色变化。金为我们提供金锡紫，然后按照我们的意愿可以配制出紫色、大红色或者洋红。我们将会谈到氧化铀（Oxyde d'urane）、铬酸铁（Chromate de fer）、铬酸钡（Chromate de baryte）和铬酸镉（Chromate de cadmium），这些化合物也可提供有用的颜色。我们将用近期火烧不锈金属的使用来结束这一部分，这种金属的发现和配制，用到了中国人还未掌握的化学知识。

上述所有上色成分都通过简单混合的方式制成欧洲使用的色料。相反，在中国色料中，氧化物是溶解的，这种情况启发我们将它与中、欧两地工业上均广泛应用的另外一种产品进行对照。

实际上，在法国被称为釉（émaux）的玻璃质地化合物，不仅是同种色彩由同种氧化物得来，而且是由相似或相同的溶剂配制的。如我们所知，透明的釉是一种玻璃质地的、根据熔性配制的、极具多变性的化合物，靠百分之几的氧化物上色。蓝色来自氧化钴，绿色来自二氧化铜，红色来自金。最后，不透明的黄色或白色釉的颜色与不透光性有时来自锑，有时来自亚砷酸或亚锡酸，或者二者的混合物。

在对中国使用的色料和釉料之间进行比较研究时，这些色料在烧制过程中的表现完全证实了这一点。我们对伊捷先生(M. Itier)[13]和 P. Ly 转来的中国陶瓷和欧洲陶瓷进行了检验,中国陶瓷烧制颜色的温度比塞弗尔陶瓷厂烧制花卉图案的低:前者表面不成鳞片状,而后者,尽管显色,但是都裂出了鳞片状的细纹。在直接实验之后,我们获悉,釉很早前便用于欧洲的陶瓷装饰,正如上文指出的严重的鳞片裂纹瑕疵,实际就是装饰的产生。

不管什么原因导致欧洲瓷釉缺乏附着性,归根结底是两地瓷釉的特性不同。在前言开始的部分,我们发现中国瓷器的易熔瓷土上需要涂上一层比欧洲使用的更易熔化的釉,正是由于加入了石灰,减弱了釉的不熔性并似乎更改了其延展性,使其获得更佳的物理性能。

中国陶瓷的外形不同于我们的产品,他们的图案也呈现出更多的变化,在我们看来,这是中国所应用的方法导致的必然结果。由于我们使用的所有色料的上色度都不高,只有在一定的厚度下才有价值,这种厚度使陶瓷上的图案具有其他方法无法获得的浮雕效果。至于图案的均质感,则是釉的特性和配制的结果。

现在,我们需要简单介绍烧制浅色或者中温色釉的设备。根据中国文献和我们所见的图像,隔焰窑被分成两种:打开的和封闭的。第一种与上釉工人使用的窑相似,据我所知,除德国外,在欧洲没有其他地方用它来烧制装饰性瓷器。而且,即使在中国,这种窑也仅限烧制体积小的物件。体积大的器物在封闭的窑中烧制,其布局与我们命名的"隔焰窑"非常相似,但是,隔焰窑呈圆形,看起来仍然像用于小型瓷器烧制的窑。

中国的装饰和欧洲有如此大的不同,我们希望这部译本能够实现推动现代制造业进一步发展的愿望:从中国人赠给我们的精美陶器中汲取灵感,从实践的角度研究如何用大火烧制上色。巴黎、利摩日、图卢兹(Toulouse)的几家工坊已经取得了一些有意义的成果,但是,我相信将来的成果会更加多样化。正如我所坚信的那样,如果可以在氧化气氛、还原气氛甚至中性气氛中轻松烧制,仅凭于此,和有色金属硅酸盐一起将使可能的结果增加两倍,也将毫无疑问地增加运用这些元素提供装饰的可能性。尽管现在欧洲陶瓷的烧制温度还过高,

---

[13] 译者注:原文中未写全名,仅以 M. Itier 表示,目前推测应为朱尔・阿方斯・欧仁・伊捷(Jules Alphonse Eugène Itier, 1802—1877),生于巴黎,死于蒙彼利埃(Montpellier),乃法国海关出身的收藏家和摄影师。他在 1844 年至 1846 年担任法国驻华大使馆的海关官员,在中国拍摄了很多照片,来记录中国的土地、农业、工业和文化实践,以及某些中国的陶瓷工艺。回国后,他出版了三卷本《中国之行》(*Journal of a trip to China*),记录了他的研究和观察。此外,他向塞弗尔皇家瓷厂捐赠了从中国带回的相当数量的瓷器,以及有关制造过程的宝贵信息。

但在中国陶瓷釉料中存在的石灰和瓷土的高可熔度证明了仿制它们的可能性。儒莲先生翻译的文献中的宝贵信息和我们所掌握的化学知识，使我们有了很大的优势，而且我们希望借此，可以很快获得一些新的化合物和有用的元素，以丰富甚至规范欧洲的瓷器工艺。因此，阅读本卷将会立即产生满足译者崇高愿望的效果。

如果陶瓷制造商最终走上了由几个法国和德国工业家开辟的，仿制中国、日本的装饰瓷的道路，那么我们希望看到他们能够以新颖独特的方式，通过使用比中国或日本人更为丰富的科学知识来利用色彩资源。在不久的将来，本书必将令人关注到那些科学知识。

我将于此结束对陶瓷从业者感兴趣的主题的归纳与介绍，在本篇前言中，从比较的角度探讨了中国与我们的陶瓷生产工序，我不能、也不应研究那些可能会与文献本身或本书所包含的注释或修订版本重复的细节，这些细节会让我的工作超负荷，也给我们的工作增加不便。

如果读者通过我们同时讲述中、欧陶瓷行业从而了解到出版本书的目的，并且仔细研究将要阅读的译本中所描述的工艺方法，他将受益并获得一些使用大火烧制底色的知识。受陶瓷爱好者欢迎的中国青瓷、火焰斑纹的红色和蓝色瓷器、大开片或小开片，都有新颖之处且风靡一时，对它们的仿制可以带来更多利润。但直到今天，欧洲仍未复制成功。

塞弗尔，1855 年 12 月 1 日

阿方斯·萨勒佛塔

附录:《景德镇陶录》儒莲译本法文书名页

中国瓷器的历史及制造

译自中文

斯坦尼斯拉斯·儒莲 先生

法兰西研究院成员

柏林学院和圣彼得堡学院通讯会员，汉满语言文学教授、法兰西学院理事、皇家图书馆副馆长，法国“荣誉军团勋位”军官勋位、一级圣斯坦尼斯劳斯勋章、三级红鹰勋章、圣莫里斯和圣拉撒路勋章授勋者等；

附补注

阿方斯·萨勒佛塔 先生

塞弗尔皇家瓷厂化学家、巴黎中央工艺制造学院教授，伦敦世界博览会法国委员会代理委员、巴黎世界博览会评委会成员，法国“荣誉军团勋位”骑士勋位。

另附一篇

日本陶瓷相关论文

译自日文
奥夫曼博士 先生
莱顿大学教授
荷属东印度政府日语口译。

巴黎
马勒-巴舍烈(Mallet-Bachelier)印刷
法国经度局、帝国综合理工学院经销
奥古斯汀站，55 号

—

1856
(本书翻译权由作者和编辑所有)

17至18世纪欧洲“中国风”背景下西洋绘画与姑苏版画间的相互影响

——以德国德累斯顿国家艺术收藏馆和德国城堡中的姑苏版画藏品为例

王小明

摘　要：16世纪大航海时代开启了欧洲国家与东方大陆的频繁交流。通过海上贸易，中国艺术品，包括中国瓷器、纺织品、家具、民间绘画、版画在几个世纪以来一直受到欧洲市场的关注。这些被带到欧洲的中国艺术被当作奢侈品受到欧洲消费者特别是贵族阶层的追捧。同时中国艺术图像也启发了欧洲本土画师的创作灵感，创造出根植于东西方艺术传统的“中国风”图案，并对当时欧洲的艺术品位和社会文化产生了深远影响。本文以17、18世纪流传于欧洲的姑苏版画为例，追溯中国民间艺术进入欧洲市场的过程，并考察在东西方文化交汇中，西方绘画技法又如何影响到西洋风姑苏版画的创作。本文将遴选来自欧洲博物馆和收藏机构的姑苏版画藏品为研究范例。

关键词：中国民间艺术；中国风；姑苏版画；东西方艺术交流

17、18世纪姑苏版画传入欧洲在一定程度上激发了欧洲市场对中国艺术图像的追求，随之欧洲画工开始模仿中国图案，把“中国风”复制在欧洲的室内装饰品和纸质艺术品上，其中姑苏版画是重要的图像素材。同时，姑苏版画的创作者也吸取了西洋绘画技法。一方面尝试摹写西洋铜版画或书籍插图；另一方面对中国传统题材的绘画进行“重做”。但改变的只是表现技法，即阴影排线和焦点透视法，而民间版画传统的吉祥题材和小说、戏出画面仍旧被保留。欧洲画工迎合逐渐增长的“中国趣味”，成为姑苏版画的再创造者，而姑苏版画原本的创作者又进一步发扬了表现形式，在双方对版画的改造中看这一时期的姑苏版画，它是具有世界文化遗产意义的。

15世纪，欧洲开始了大航海时代。16世纪中叶，最先到达中国的欧洲商船来自葡萄牙，但在之后争夺大西洋海域的霸权中葡萄牙输给了负有“海上马车夫”之名的荷兰。而荷兰则是在17至18世纪之间将中国民间艺术图像传到欧

作者简介：王小明　英国伯明翰城市大学研究员，德国亚历山大·冯·洪堡博士后

洲最多的国家。荷兰东印度公司(简称 VOC)成立于 1602 年。自 17 世纪中期到 19 世纪期间,近 100 万人次的商人、船员、传教士、医生、科学家、探险家等经由 VOC 以近五千艘商船的数量往返欧洲与中国。商船将载满的中国物品运往欧洲再转卖给欧洲市场,特别是提供给贵族阶层。欧洲人登上中国口岸后,在奇特的东方世界里,吸引他们目光的中国艺术不是当时代表精英美术的文人山水画。由于他们无法理解文人画的诗性和意境,且习惯了文艺复兴时期西方绘画对写实与透视学的标准要求,因而令他们神往的反而是民间绘画、版画中描绘中国人的日常生活和无比鲜活的人物形象。17 世纪开始,欧洲社会对中国的书籍插图、民间版画、绘画的追崇一直持续到乾隆后期才逐渐回落。在此期间,苏州的姑苏版画成为欧洲人了解中国的主要图像资料。不同文化艺术的魅力加上欧洲人的异文化眼光,姑苏版画在欧洲引起了一股"中国风",也叫"中国趣味"(Chinoiserie),并在 17 世纪之后风靡了近两百多年。如今在很多欧洲的博物馆和城堡中可以看到很多姑苏版画的遗存。

17 世纪,荷兰皇室曾派使臣到中国,致力于建立贸易往来。荷兰东印度公司曾先后六次派遣使团前往北京,试图说服顺治和康熙皇帝同意在东南沿海开放贸易港口。顺治十二年(1655 年),荷兰东印度公司使团从广州出发经过长达 2400 公里的旅行抵达北京。使团中一位叫 Johan Nieuhof(约翰·诺亚霍夫)的旅行家将沿途所见中国的建筑、街景、集市、人物等绘制成了插图日记,并在返回荷兰后于康熙三年(1664 年)出版。① 书中印制的插图很快成为当时欧洲了解中国最受欢迎的图像。随后在 17 至 18 世纪,欧洲人开始对中国艺术品进行关注。在这期间,大量原产中国的民间艺术品流传至欧洲,包括瓷器、书籍插图、屏风、漆器、民间绘画和姑苏版画等等。

一、欧洲画工对姑苏版画的再创造

位于德国萨克森州(Saxony)的德累斯顿国家艺术收藏馆(Staatliche Kunstsammlungen Dresden)前身为德累斯顿波兰选帝侯奥古斯特二世(Augustus II)的王宫。1697 年,他成为波兰国王,人称"奥古斯特强力王"(Augustus the Strong)。奥古斯特在世期间收藏了大量的中国瓷器、民间绘画和版画。如今都保存在德累斯顿国家艺术收藏馆的茨温格宫(Zwinger)和版画

① Johannes Nieuhof, An Embassy from the East-India Company of the United Provinces, Published by Hendrik and the Amsterdam-based Publisher and Printer Jacob van Meurs in Dutch in 1665.

珍藏馆（Kupferstich Kabinett）。珍藏馆的中国藏品包括120多幅康熙至雍正时期的姑苏版画以及明末至清初江南地区和广东十三行制作的民间绘画作品1000多幅，还有800幅欧洲画工模仿中国版画、绘画制作的“中国风”作品。以上所有藏品都被记录在1738年的原始编目之下，并以法语命名“La Chine”—中国。奥古斯特二世的中国藏品中包含目前可以查到的最早传入欧洲的姑苏版画。这些版画是出自康熙初期桃花坞久负盛名的画店。例如落款均为“王君甫发客”的两幅木刻版画。德累斯顿藏品题名《三藏西天取经图》，描绘了《西游记》的故事。画面以巧妙的散点式构图和分散与集中的形式描绘故事情节，分散部分相互联系又独立成画。画面四周描绘了唐僧师徒取经路上所遭遇的不同劫数，主要是孙悟空与其他徒弟和妖怪打斗的场面。画面中心上方绘雷音寺内师徒四人拜见佛祖获真经的场景。大英博物馆的藏品题名《万国来朝》同样也是向心形构图。画中绘十四国人，身穿异邦服饰，携四方珍奇，举幡前来大明朝贡。各国朝贡使者围绕明皇宫，手举旗幡上印有各国名，所列国名均来自明刻本《异域图志》中对大明周边国的记载，所表现的朝贡人物也出自《异域图志》中的插图。[②] 上方刻“正阳门”或为清初北京内城南正阳门，并绘以两尊白象象征皇权。两幅作品创作年代为康熙初年，即17世纪80年代。但事实上其原版可能更早，或已在康熙早期就开始了彩色套印版画的制作和销售。根据《大明九边万国人迹路程全图》可见，出版发行者就是“姑苏王君甫”，创作于康熙二年（1663年）。地图左边“外国”一栏刻三十一国。其中包括部分《万国来朝》刻绘的亚洲古国，在每一国名下方注有该国地理方位、简要风俗、物产描述。[③]

诸如此类对异域国描绘的版画，可见德累斯顿版画藏品《异域人迹图》。其画面分四18块空间，每一格上方刻国名，下方刻简略描述，与王君甫大明地图的外国部分内容相似。画中无画店落款，但从人物造型、套色风格上来看应该属于康熙早期姑苏版画。这幅藏品是目前所知中国民间版画中描绘异域古国最全的孤本，对研究亚洲国家的外交关系以及世界地理在中国民间的普及性、认知性具有重大价值。其中，交趾国、高丽国、老挝国、天竺国都是历史上的亚洲古国。贺兰国即荷兰，也是17世纪作为中国朝贡国之一的欧洲国家。另外有小人国、穿胸国、长人国等则取《山海经》记录的神话国度。据笔者考查，该版画是基于弘治年间（1489年）明人所作宁波天一阁藏本《异域图志》插图而来，并

② 剑桥大学图书馆藏《异域图志》，参见：https://cudl.lib.cam.ac.uk/view/MS-FC-00246-00005/1。

③ 王小明：《欧洲藏清代初期姑苏版画研究》，《典藏·古美术》2018年第2期，第118页。

在晚明建阳地区流传甚广。④ 19 世纪英国人 Thomas Francis Wade 曾在中国辗转得到一本《异域图志》，现藏剑桥大学图书馆。书中共有一百六十八国，共 171 幅插图，与天一阁版本的一百五十八国不类。因此，剑桥藏本并非天一阁原版，而是晚明之后的翻刻本。但插图人物与德累斯顿《异域人迹图》也有类似之处。各国目录下注物产、地理描述内容与《异域图志》相似，同时收录于康熙三十六年(1697 年)《广东通志》大清朝贡国目录之下。此版画印有墨线版边框，在装裱时裁切掉了边框外的一边，边框下方一般会有画店落款，很有可能被无意间裁掉了。上述早期姑苏版画的收藏，尤其是同时出现在德国和英国两国博物馆的藏品，可以帮助我们获知康熙早期姑苏版画的作者和画店的信息。

姑苏版画深入欧洲市场的过程，也是西方艺术家对中国图像进行模仿和演变的过程。18 世纪初，欧洲人对"中国趣味"的崇尚达到了顶峰，欧洲画工们也看到了日益增长的市场。他们纷纷拷贝、摹写中国图像和文字，以满足欧洲人对"中国风"的需求。同样在德累斯顿藏品中，有七幅萨克森宫廷画师对《异域人迹图》版画的临摹绘本。每幅单张水彩画，风格近似 17 世纪末、18 世纪初欧洲流行的异国人物写生。至于为何选取这几幅作为摹本不得而知。也许只是随机抽选，目的是装饰萨克森宫中举办皇室活动的房间。另外还有两幅水彩，在原作版画中并未找到临摹之本。笔者猜测，应该还有一幅《异域人迹图》绘其余各国，或许原版已丢失。

很多"中国风"也被发现用于欧洲产的瓷器、建筑外观和室内装饰物上。维拉诺夫宫是位于波兰华沙的一座皇室殿堂。18 世纪初，属于奥古斯二世家族。室内一扇漆器壁饰制作于 1731 年，由波兰工匠绘中国人物，其中有"昆仑奴"獒奇犬一幅，或直接受德累斯顿藏《昆仑盗红绡》的图像启发而制作。

另有德累斯顿国家艺术收藏馆收藏的戏出题材姑苏版画《西厢记·送别》也被欧洲画师搬上了装饰。如匈牙利布达佩斯特应用美术馆藏 18 世纪初的一件漆器衣箱，就绘有张生与莺莺饮酒作别的画面。还有德累斯顿所藏的一幅姑苏版画《双美玩纸牌》，被荷兰人彼得申克二世摹刻为铜版画，并在德国莱比锡和荷兰阿姆斯特丹市场销售。另见其铜版画作品，是将原版姑苏版变形、摘取重组后的画面，其中背景参考了中国版画中的园林景致，配有屏风、吉祥动植物和奇石山水景。

藏品中更引人注目的是一组戏出版画。这一系列在德累斯顿馆收藏中有三

---

④ 鹿忆鹿:《〈羸虫录〉在明代的流传——兼论〈异域志〉相关问题》,《国文学报》2015 年第 58 期,第 129－166 页。

幅，大英博物馆藏有四幅。画面刻绘均为明末清初流传广泛的小说与戏出故事。属于德累斯顿馆的藏品有昆曲《牡丹亭·游园》戏出、明杂剧《昆仑奴·昆仑盗红绡》、戏曲《金雀记·潘安掷果》。大英博物馆的同系列藏品为：昆曲《万事足·梅氏巧换》《寻亲记·李员外送台卿集》《桃花记·崔护偷鞋》，还有戏曲《唐明皇秋叶梧桐雨》中的《杨贵妃游花园》。⑤ 这套戏出版画人物造型、色彩运用与德累斯顿的馆藏极为相似，每幅画面以套印加手绘完成，除人物脸部、衣纹等处手绘，其余均以四色套版印刷。其中的茶绿色非原色，是第一版槐米黄加墨蓝色（石青加墨）叠印而成，这种双色合印法是早期姑苏版画色彩运用的独特之处。

以上这类中国趣味的图案就是被欧洲人称作“Chionserie”的“中国风”艺术品。这种风格主导了19世纪前的欧洲审美品位近两个世纪，而其中的姑苏版画或是最早影响欧洲的艺术品。

二、姑苏版画在欧洲室内装饰中的用途

17、18世纪的欧洲面对舶来的中国民间美术作品，由于理解画面内容，也不会了解木版年画在中国农历新年的张贴习俗，因而只能根据16世纪欧洲兴起的室内装潢风，将姑苏版画用作房间装饰的壁纸。由于当时欧洲社会对“中国风”的追崇，姑苏版画便成为一种奢侈品。许多上层社会住宅中都设有“中国房间”，墙体都贴有中国壁纸。在销往欧洲的姑苏版画中，仕女类、戏出类版画的比重较多，胜景题材相对较少。这些版画以传统方式印绘在宣纸上，通常附上一层油画布作为衬底，一方面用于墙体贴附，另一方面增加宣纸的厚度。这也是当时欧洲专门用于壁纸装裱的方式。目前，通常认为这类版画通常在中国口岸成卷打包装箱，经商船运往欧洲后在到达地粘衬完成，并直接用作壁纸销售。⑥

欧洲现存许多皇室城堡和庄园都保留了17到19世纪的中国壁纸。藏有姑苏版画的城堡遍布欧洲，主要分布在德国、奥地利、英国、比利时、意大利、法国等地。除了用作贵族阶层的收藏和彰显身份之外，姑苏版画尤其受到欧洲贵族女性的喜爱，并被作为业余爱好收集起来。很多女性闲暇时会把版画中的人物剪下贴在首饰盒或针线盒外面，再刷上一层胶漆以固定。她们还会把姑苏版画贴在玩具屋里。位于德国图林根州阿恩施塔特（Arnstadt）镇的宫廷美术馆

---

⑤《万事足梅氏巧换》《寻亲记李员外送台卿集》《杨贵妃游花园》图片可参见 The British Museum Online Database, Museum Numbers：1964，0411，0. 8；1928；0323；0. 19；1928，0323，0. 33。

⑥ Julie Fitzgerald, *The Georgian Print Room Explored*, MA dissertation *The print Room in England and Ireland 1750*, The university of Buckingham and Wallace Collectiopn, 2003, pp. 14 - 16.

(Schlossmusuem)收藏有17个玩具屋,是韦尔夫(Welfen)贵族成员安东尼·乌尔里希公爵(Anthony Ulrich, 1633—1714)的女儿奥古斯特·多萝西娅公主(Augusta Dorothea, 1666—1751)的收藏。她最早从1690年开始收集玩具并请人制作玩具屋,装饰玩具屋几乎成为她生活中最主要的消遣。⑦ 大部分玩具屋的制作和装饰是在1715年至1735年之间完成,正是"中国风"成为欧洲时尚的阶段。很多玩具屋的场景呈现中国元素如青花瓷器模型,中国风墙纸和丝织物等。其中一座场景屋里粘贴着三幅姑苏版画,部分画面被裁切,其中一幅《摇钱树》的画面落款为"季永吉发行",是康熙末至雍正初期苏州著名的版画点之一。

康熙末至雍正年间,"仿泰西笔"木刻版画在姑苏一带盛行。其中借以西洋铜版画风格的胜景图、仕女图、戏出故事等题材画作运用透视、阴影、排线表现人物衣纹、家具、场景和建筑物的远近明暗关系。"泰西笔法"在苏州一带的萌芽可追溯到明朝末年,在清康熙年间发展,至雍正末到乾隆初达到鼎盛,约乾隆中后期逐渐消失。它的主要发展期在17世纪末至18世纪的中叶。西洋笔法在姑苏版画中的起落与欧洲耶稣会传教士有着密切联系。明末来华的传教士带来的大量印有插图的书籍和铜版画被中国画工们临摹、改绘、印制、流传,影响深远,是西洋画风在姑苏版画中的萌芽时期。这类版画以中堂为体裁,内容以表现吉庆祥瑞、富贵多子为主题,在国内用作日常和新年张贴,而到了欧洲后则成为一种奢侈品。

德国萨克森州利希滕瓦尔德城堡(Schloß Lichtenwalde)是一座宏大的巴洛克式城堡。它由奥古斯特二世的内阁大臣沃茨多夫伯爵(Christoph Heinrich von Watzdorf)于1722年建成。其中具有典型的巴洛克装饰风格的"中国房间"修建于1726年。室内三十四幅中国壁纸画被镶嵌在洛可可风格的木质墙体装饰框内。其中姑苏版画十六幅,十一幅独立画面,体裁中堂,题材有仕女美人、仕女童子、戏出、传说故事等。如《拜月美人图》取材明代《西厢记·莺莺待月》;《宋太祖千里送京娘》《水浒传》章回《武松打店》取材戏曲故事;还有民间传说《鱼蓝观音图》《牛郎织女图》《韩湘子点化韩愈图》等。另有体现新年吉庆的《爆竹仕女童子》《母子戏兔》《折桂图》等。仕女类则有《美人提篮图》《吸烟仕女》等,绘有盘着高髻,身着襦裙、云肩,腰系玉佩的美人,以阴影排线描绘衣褶和背景物品的明暗关系。其体裁、题材、绘制方式、表现风格与在中国出版的《中国

⑦ Annette C. Cremer, The Model of a Régence Palace Interior: The Dollhouse Collection Mon Plaisir in Arnstadt, Germany (1690 - 1750), Cologne, Vienna, Weimar 2015 [Böhlau, Selbstzeugnisse der Neuzeit, 23].

木版年画集成》之《日本藏品卷》和《桃花坞卷》中收录的同类姑苏版完全一致。其中,《吸烟仕女》略有区别。画中绘仕女梳回心髻,前额饰头箍,身着裙、褙子,脚踩“金莲”,一手提烟杆、烟袋及手帕,一只手把门环,身体微探门外,正抬脚迈出门槛。两侧门扇刻有宋代汪洙《神童诗》中五言诗句:“诗酒琴棋客,风花雪月天”。意为古代文人以弹琴、下棋、作诗、饮酒为风雅高尚的娱乐活动。以“风花雪月”概括四季景象,与美人温婉的情态融绘出文人雅士追求风雅生活的情趣。此构图法与收录在前述《日本藏品卷》中的《猫鼠美人图》⑧都采用了透过门扉或竹帘来描绘、观察美人的方式。

房间其余数幅版画刻绘仕女着明代装束,童子持吉祥物。如《折桂图》以传统“母子图”构图方式,童子持桂树枝面向倚靠树旁的母亲,母子形象与背景的牡丹花、桂树构成“富贵多子”;《母子戏兔》绘仕女手捧玉兔,一旁童子手持笙,寓意“多生贵子”。画中仕女头部与躯干比例似欧洲人,身材结构夸张、不准确。还有表现新年的《爆竹仕女童子》,绘母子燃放爆竹庆贺新年的画面。此类迎福纳祥题材表明“洋风姑苏版”所具有的年画属性。另有《鱼蓝观音图》(《鱼乐图》)取自观音菩萨化作渔妇来到世间劝世人弃恶从善的民间传说。以戏曲为题材的《拜月美人图》,描绘月夜下莺莺由红娘的陪伴敬香拜月的场景。另外18幅手绘仕女图都具有“苏州样”的特点,但笔法粗糙,人物造型筋骨全无,好似为赶工期而草草复制。笔者推测,这一批手绘图或许是苏州以外的非专业画家根据姑苏版原稿,为外销壁纸订单赶制而成。⑨

根据日本藏清代版画资料,“洋风姑苏版”销往日本的时间在雍正至乾隆时期。这一时期也正是姑苏版画活跃域外市场的阶段。⑩ 头盘高髻的仕女是这一时期仕女图中的常见形象。根据Anke Scharrahs的报告,利希滕瓦尔德城堡中的“中国房间”的设计、装潢在1730年至1750年完成。中国壁纸应是在此时间段内被镶嵌的。⑪ 说明这批“仿泰西笔”姑苏版画的创作时间大约在18世纪初期,并且很有可能在康熙末至雍正初期(1730年之前)已经开始输入欧洲市场。

同类题材姑苏版画还保存在德国慕尼黑(München)宁芬堡(Nymphenburg

---

⑧ 冯骥才总主编,三山陵主编:《中国木版年画集成·日本藏品卷》,北京:中华书局,2011年,第90页。

⑨ 图片参见王小明:《18世纪欧洲藏“仿泰西笔意”姑苏版画考析》,《年画研究》(2016辑),第33页。

⑩ 根据《唐船输入品数量一览(1637—1833年)》中,1681年至1682年有300枚版画运往日本。这可能是康熙时期套色版画销往日本的最早记录。又据《中国木版年画集成·日本藏品卷》第110-117页,洋风姑苏版胜景图最早刊有时间落款的是雍正十年(1732年)《泰西五马图》,这也是日本藏“仿泰西笔”姑苏版画的最早记录。

⑪ Anke Scharrahs:“*Restauratorische Befunduntersuchung Chinesisches Zimmer, Schloß Lichtenwalde*”,2012.德累斯顿国家艺术收藏馆内部报告。

Palace)皇宫中的巴顿堡(Badenburg)浴池厅。1675 年建成的宁芬堡是巴伐利亚历代国王的夏宫。皇宫内院建有多间亭阁，巴顿堡就是其中一间。这间浴池亭阁卧室墙壁镶有三十多幅姑苏版画，它们是 1751 年到 1763 年期间作为丝织壁挂的替代品而被张贴的。1806 年，迈克斯·伊曼纽(Max Emanuel)时期，迈克斯·约瑟夫三世(Max III Joseph)在这层壁纸版画上又覆盖了一层广州产手绘风景人物外销壁纸。直到 1970 年，原来的姑苏版画才被发现，并被转移到卧室旁边的"休息室"。18 世纪中期，这些姑苏版画张贴于墙体之后，欧洲画家在每一幅画的连接处绘"中国趣味"的植物花卉和动物图案。其中一幅戏出题材的《白蛇传·水斗》绘青蛇、白蛇手持长剑与法海水门大战。阴影排线的表现部位仍然存在于人物衣纹处，这是泰西笔法的表现特征。《宋太祖千里送京娘》《母子戏兔》《武松打店》三幅版画以墨线版加彩绘，也出现在利希滕瓦尔德城堡的"中国房间"，可能都出自 18 世纪早期苏州的同一家画店。另外，日本海杜美术馆藏有同一版本的清乾隆时期的《武松打店》及《宋太祖千里送京娘》[12]。日本收藏版本背景印画跋，保存最为完整。[13] 另有《麻姑献寿图》和戏出故事《玉簪记》《白蛇传·水门》等。《玉簪记》描绘明代戏曲《玉簪记》中尼姑陈妙常与书生潘必正的《茶叙》剧情。妙常穿"水田衣"[14]比甲，桌上放一拂尘[15]。潘公子执扇，着道袍(是明代汉族士人阶层的普遍衣冠款式)。两人相视而坐，画面安置似戏曲舞台布景。

值得注意的是，日本和国内藏姑苏仕女版画大部分绘汉族仕女着明代装束，少见满族妇女的形象。而巴顿堡壁纸有一幅《双美读书图》绘两名仕女着旗装，梳旗头。再如《琵琶双美图》也描绘了一位梳旗头的满族仕女和盘高髻的汉族仕女，表现了满汉妇女和睦相处的画面。清朝历代皇帝对明朝的汉文化都抱有较为尊重的态度。康熙皇帝对汉族传统文化的发展更加重视，他促进了满汉上层精英阶层的合作。在这种社会背景下，民间画工在创作上也发挥了自觉性。他们把旗人仕女和汉族仕女组合在一起，表现满汉在文化上的交融。同时，在德累斯顿馆奥古斯特二世藏品中也有一对幅的《满汉双美》版画，它是极其珍贵的藏品。它的独特之处是画面分别绘一汉、一满两名仕女和一名童子抱

---

⑫ 冯骥才总主编，三山陵主编：《中国木版年画集成·日本卷》，北京：中华书局，2011 年，第 153－154 页。(注：该卷第 153 页《宋太祖千里送京娘(一)》有误，应更正为《武松打店》)

⑬ 图片参见王小明：《18 世纪欧洲藏"仿泰西笔意"姑苏版画考析》，《年画研究》(2016 辑)，第 34 页。

⑭ 水田衣，明末清初风行于民间的一种妇女服装样式，与佛家尼姑袍相似，多用作比甲，常见于同一时期的姑苏版画尼姑、丫鬟、侍女等形象。

⑮ 拂尘，是汉传佛教法器，有扫去烦恼之意。

花瓶或提花篮。画中绘汉族仕女沿袭明末妆容，盘高髻、穿襦裙、披云肩，脚穿缠足鞋。其中一满族贵妇梳两把头、着旗袍、戴手帕、穿旗鞋，另一旗女裹头巾、着披风。尽管康熙多次谕令禁止妇女缠足，但是在汉人中缠足之风不减。因此，画面中特意描绘了“三寸金莲”和“旗鞋”，对满族和汉族仕女加以区分。

沃利茨城堡建筑群及公园(Das Wörlitzer Landhaus)位于德国安哈尔特州德绍(Anhalt Dessau)。1769 年由利奥波德·弗里德里希·弗朗茨(Leopold Friedrich Frasz, 1740—1817)出资建造，它是世界上保存最完整的英式庄园建筑。1773 年，沃利茨堡主体城堡建成，成为第一座德国古典风格建筑。沃利茨堡内建有两间“中国厅”(Chinese room)，每一间门额和墙壁分别装有六幅收藏于 18 世纪 60 年代的姑苏版画，总共十二幅。其中，一幅姑苏版画为《麒麟送子》，以西洋排线法表现人物衣着的褶皱，这是雍正至乾隆初期的“仿泰西笔”作品。画中天仙戴凤钗、着云肩、襦裙、飘带，怀抱童子，坐于麒麟之上，踏云而至。童子戴冠手持桂树枝。麒麟的鳞甲、胡须，云纹卷曲的转折等处都有铜版画的排线法表现。胜景图类《西湖景苏堤春晓图》和传说故事《牛郎织女图》为一组；另外两组为仕女娃娃类，《麒麟送子图》与《育婴图》一对；《美女观花图》和《抚婴图》一组。第二间以胜景人物类为主。第一组为描绘西湖胜景的《白堤全景》和描绘宫苑仕女生活的《深宫秋兴图》。第二组为《把戏图》及《儿孙福禄图　八国进宝》是“仿泰西笔”姑苏版画胜景人物类题材，浓淡版加彩绘，整体画面分近、中、远三段描绘而成。亭台楼榭、湖水远山都有西画明暗光影、焦点透视的成分存在。《儿孙福禄图　八国进宝》的前景绘多位异国装扮的番夷向汉人进宝的情景。《把戏图》绘庭院主人坐于凉亭内观赏园内热闹非凡的杂耍表演。有题画诗：“夫子金星懒做官，堆金积玉富平安，逍遥自在寻欢乐，把戏新奇仔细看。”表达人们看淡名利，积蓄财富，逍遥自在享受生活的态度。两幅版画出自同一作者，且题跋落款为：“金陵曹升写题”。同款署名为“曹升”的浓淡墨版戏文题材《临潼斗宝图》藏于日本。其画面下方注画店名“姑苏曹华章发客”，表明作者是南京人，作品在姑苏曹华章画店发售。⑯ 另外两幅为独立装裱《姑苏万年桥》和《聚宝盆》都是姑苏版画中常见的胜景图和吉祥类题材，系清乾隆时期的作品。⑰

---

⑯ 该全集为冯骥才总主编，日本学者三山陵系本卷主编。参见《中国木版年画集成·日本卷》，北京：中华书局，2011 年，第 150 页。

⑰ 图片参见王小明：《18 世纪欧洲藏“仿泰西笔意”姑苏版画考析》，《年画研究》(2016 辑)，第 36 页。

三、西画技法对姑苏版画创作的影响

明末罗马教廷陆续派传教士来华传播天主教。意大利传教士利玛窦(Matteo Ricci, 1552—1610)算是最有远见卓识、传教最有成效的一位。1583年,他从澳门口岸入华,随后在广州肇兴与江浙一带的南京、嘉定、松江、杭州、常熟、上海等地传教。发展信徒近六万人,建立教堂十多座。[⑱] 利玛窦及其他同时期来华的传教士如龙华民、罗明坚、毕方济等在传教过程中大量使用他们从欧洲带来的天主教插图,并聘请中国徽州刻工对这些铜版画进行翻刻、临摹。同时,对刻工们进行西画技法的培训。如常熟的传教士鲁日满神父在康熙十三年至十五年的账本中记录付给刊刻天主教书籍的刻版工、印刷工、装订工用于购买纸张的费用记录。[⑲] 1598年,龙华民(Nicholas Longobardi, 1559—1654)神父致函罗马教廷信中写道:"如果能送来一些画有教义、戒律、原罪、秘迹之类图画的书籍,将会发挥很大的作用。因为西方绘画采用了阴影画法,这在中国绘画中是没有过的。这些画会被中国人看成最精妙、具有很高艺术价值的作品,从而受到欢迎。"[⑳]通过这种"图像式传教"方法,仿西洋铜版画风的木刻插图在民间画工中流传开来。如1606年付梓的绘画技法书籍《程氏墨苑》,其中由安徽学者和藏书家程大约收编、临摹的四幅彩色木刻插图,就来自利玛窦所带来的铜版画。[㉑]

康熙时期的单张版画中已表现出成熟的西洋笔法。如大英博物馆收藏的《圣仙图》,博物馆记录为17世纪清代初期的作品。画面中绘有道家神仙,袒胸赤脚,手捧寿桃,肩扛一篮灵芝草药,衣着宽袖大衫,腰裹草围,面带喜悦,神情自若。落款为"杨其写"。画中运用铜版画技法创作出黑白灰的明暗关系,背景、人物身体部位、衣褶的转折处都以排线表现,是"仿泰西笔法"与中国传统题材结合的代表作。[㉒]《西洋远画》和《圣仙图》均为清代康熙中期的作品,按照画面风格和人物题材,应是出自受西画影响的苏州一带画师。

事实上,姑苏版画的创作群体中确实不乏天主教信徒。早期创作者之一的

---

⑱ 周萍萍:《17、18世纪天主教在江南的传播》,北京:社会科学出版社,2007年,第64页。

⑲ [比]高华士:《清初耶稣会士鲁日满常熟账本灵修笔记研究》,赵殿红译,刘益民审校,郑州:大象出版社,2007年,第104-151页。

⑳ 引[美]迈克·苏利文:《东西方美术的交流》,陈瑞林译,南京:江苏美术出版社,1998年,第51页。

㉑ 同上书,第54页。

㉒ 藏品编号:1928.03230.39。
http://www.britishmuseum.org/research/collection_online/collection_object_details/collection_image_gallery.aspx?assetId=98126001&objectId=270211&partId=1。

丁允泰便是“得西洋烘染之法”的天主教徒。[23] 姑苏版画的德累斯顿国家艺术收藏馆版画陈列室藏有一套(四幅)丁允泰创作的浓淡版作品《田园乐图》。画面采取了阴影透视和仿西洋铜版画法。根据德累斯顿馆的藏品目录,四幅版画的收藏年代均为 1738 年之前,属于 18 世纪初选帝侯奥古斯特二世(强力王,1670—1733)的收藏作品。作者采取黑白灰表现阴影,建筑物、植物和花园景物的造型均采用明暗关系对比,以突出立体感,焦点透视表现准确、严谨。特别是人物脸部,以阴影表现,这在传统中国肖像法中是不存在的,也是其忌讳之处。因此,正如《国朝画征录续录》对丁允泰的评价:“工写真,一遵西洋烘染法。”丁允泰是被画界认可的擅长西画的画家。在《田园乐图》的中景处,绘有民居大门,其上对联为唐代王维《田园乐》诗句:“花落家童未扫,莺啼山客犹眠。”[24]表现了人与自然亲近的乐趣和悠然闲适的心情。两幅分别署“信天翁允泰之笔”和落款“丁来轩藏板”。其中一幅还有“Tim Paulo”字样,译为:丁保罗,此应为丁允泰皈依天主教的圣名。这一系列另外两幅《荷塘宫苑图》也采用浓淡墨法描绘了皇家宫苑景象。图中亭台下绘有一对男女着唐代服饰,男子头戴幞头,身穿长袍、玉带,女子着襦裙、绶带,彰显宫廷贵族身份。从其他此类宫苑图题材的版画来看,两人很可能描绘的是唐明皇与杨贵妃。远处两名侍女正俯首端酒菜走来,宫苑中绘奇石画栋,一对仙鹤飞舞,一对猫亭台下嬉戏,象征了李隆基与杨玉环之间延绵不断的情谊。宫殿厅堂一廊柱后,一名宫女正探头窥望,这在丁允泰创作的版画中时而可见。左边一幅绘宫苑长廊、荷塘鸳鸯,长廊上绘几名宫女,赏荷饮茶,一幅幽静清雅的景色。画面精致优美,焦点透视和明暗法运用极为准确。值得注意的是,两幅画上方都印有拉丁文“Che Ham Cien Tam Liu Ngan Tim Xi Pi”,音译“浙杭钱塘履安丁氏笔”。[25] 从中可知丁氏名履安,字允泰,号信天翁,祖籍钱塘。另据方豪神父在《中国天主教人物传》一书中云天主教信徒张星曜于康熙五十年(1711 年)在《天教明辨》一书自序中提到,此书乃“济阳丁允泰履安氏创意”(丁氏远祖主源济阳):“颜曰《天教明辨》,从予友丁子履安之意也。履安家世天教,纯粹温良,吾党共推。”[26]根据《国朝画征录》的成书时间,即 1722 至 1735 年间,丁允泰或许在康熙时期已是姑苏版创作者中的天主教徒画家之一。又根据文献记录,张星曜 1633 年生于杭州,卒于 1715

㉓ (清)张庚:《国朝画徵续录》记载:“丁瑜,字怀瑾,钱塘(今杭州)人。父允泰,工写真,一遵西洋烘染法。”

㉔ 唐代王维《田园乐》诗全文:“桃红复含宿雨,柳绿更带朝烟。花落家童未扫,莺啼山客犹眠。”

㉕ 德累斯顿国家艺术收藏馆版画陈列室 Cordula Bischoff、中国台湾“中央研究院”王正华考译,2014 年。

㉖ 方豪:《中国天主教人物传》,北京:宗教文化出版社,2007 年,第 298 页。

年后。[27] 因此，从《天教明辨》撰写的年代推算，1711 年张星曜已是 79 岁高龄。序言中，张星曜称丁允泰（履安）父亲为友，且丁允泰备受推崇，或可得知 1711 年前后的丁允泰应该也是一位年过花甲的老者，而德累斯顿馆藏的《田园乐图》中，丁允泰自称为"信天翁"，"翁"即七十岁以上的老人。想必丁允泰创作这套版画时年事已高，或许即在 1720 年前后。因此，根据以上分析，这套四幅作品很有可能出自 18 世纪初期（约 1710—1730 年之间），即清康熙末期的作品。[28]

现藏于柏林国立图书馆（Staatsbibliothek zu Berlin）雍正至乾隆初期（18 世纪上半叶）的《牧林特立图》也是一幅仿西洋笔法的姑苏版画。画面描绘湖光山色，有一头体积夸张的公水牛立于岸边崖上，近景树林中绘几位西洋人物，远处的湖景山脉与西湖景致略同。图中题款："法泰西笔意于学耕草堂　吴门韩怀德"。《牧林特立图》的作者韩怀德参考了荷兰绘图大师亚伯拉罕·布鲁马特（Abraham Bloemaert，1566—1651）创作的一本有关动物的系列铜版画中的一幅插图《公牛图》，现藏荷兰国立博物馆（Rijksmuseum Amsterdam）。画面内容也与巴洛克时期荷兰著名画家 Herman van Swanevelt（1603—1655）的油画《Return of the Prodigal Son》（译《浪子还家》）相类似。[29] 画中西洋人装扮的父亲正伸开双臂欢迎浪迹天涯的儿子回家。图中的公牛形象几乎是韩怀德笔下牛的镜像。由此可推断，以上荷兰铜版画插图及油画的形象，在中国与欧洲的贸易往来过程中，一定是通过某种渠道进入中国，再被姑苏版画的画家融入到传统绘画的意境当中的。

结　语

人类在创作过程中的主观能动意志是文化遗产生成的重要推动力量。一种文化遗产的创造者由于受到外界社会的影响，从而对一种艺术形式发挥主观能动性的改造。创作者的参与和投入是文化艺术在嬗变过程中不可或缺的。17 世纪后半叶到 18 世纪中期，从中国口岸销往欧洲的艺术物品不仅影响了欧洲社会的艺术审美趣味，同时也激发了欧洲画师通过模仿中国图案来创作"中

㉗ 肖清和：《张星曜〈天儒同异考〉——清初中国天主教徒的群体交往及其身份辨识》，《天主教研究论辑》（第四辑），北京：宗教文化出版社，2007 年，第 213 - 263 页。

㉘ 另见笔者撰文（英文）：Anita Xiaoming Wang：The Jesuits and Western Artistic Techniques in early Qing Prints，Kevin Mcloughlin and Anne Farrer，Ed. *Chinese Printing，1600 - 1800*。

㉙ Ching-ling Wang：A Dutch model for a Chinese woodcut：On Han Huaide's Herding a bull in a forest，*Netherlandish Art in its Global Context*，Ed. by Thijs Weststeijn，Eric Jorink and Frits Scholten，Leiden，2016，p. 237.

国风”的绘画风尚。其中，姑苏版画的图像在欧洲市场引起了特别是皇室和贵族的青睐，很多作品被用作室内的装饰。在这一时期的文化交流中，西方绘画也深刻地影响到中国姑苏版画艺人的创作，让新的姑苏版画风格出现。在上述作品的风格和中西方画工的创作行为中，可以看到欧洲画工与姑苏版画创作者的主观能动性和创作力，这不仅表现在对姑苏版画的风格重构上，同时也表现在一种艺术形式在跨文化的传播过程中，创作主体对客体的能动性感悟。

The Mutual Influence of Western Painting and Suzhou Printmaking in the 17th—18th Century European "Chinese Style"

—With Special Reference to the Gusu Woodblock Prints Collected in the Staatliche Kunstsammlungen Dresden and the German Castle

Wang Xiaoming

Abstract: The European Age of Discovery witnessed the initiation of frequent communication between Europe and East Asia. Transported via the trade routes of trading vessels, Chinese artworks, including Chinese porcelain, textiles, furniture, popular paintings, woodblock prints and wallpaper, drew major attention from European audiences over centuries. The imported Chinese artistic products were used as luxury house decorations and collected as personal treasures by European consumers, especially the aristocracy. The original Chinese art products inspired European local artists to create "Chinoiserie" motifs rooted in both eastern and western traditions, having a profound influence on European art taste and social culture. This essay takes Suzhou woodblock prints as examples to highlight the reciprocal nature of artistic exchange between Chinese and European art. It traces the process in which popular types of Chinese art entered Europe and examines how Suzhou prints were influenced by European artistic techniques. The collection of Gusu woodblock prints from European museums and institutions will be selected as an example of the study.

Keywords: Chinese popular art; chinoiserie; Suzhou woodblock prints; artistic exchange

文化之“手”
——读吕品田《动手有功——文化哲学视野中的手工劳动》

姜坤鹏

摘　要:《动手有功——文化哲学视野中的手工劳动》将“手工”及“手工生产方式”引入文化哲学视野,为重振手工、复兴手工文化提出一系列理论思考。该书阐述了当代人文背景下手工劳动的人文性质和美学意义,从工具“在手”的无间性和工力“在身”的不逆性探讨手工劳动融艺术和审美于一体的人文特性。重提手工劳动的当代意义,不但具有学术价值,更具有广泛的实践价值。

关键词:手;手工;哲学

现代工业化进程迅速发展,传统手工劳动的生产方式几乎被消除。在这样的时代背景之下,“手工劳动”脱离了传统的地位和意义。那么“手”“手工”“手工技艺”“手工生产方式”在当今社会的价值何在?如何解决现代化进程中的环境污染、物种灭绝、精神困乏等一系列的问题,摆在我们面前。

吕品田老师的《动手有功——文化哲学视野中的手工劳动》将“手工”及“手工生产方式”引入文化哲学视野,为重振手工、复兴手工文化提出一系列高屋建瓴的理论思考。我认为该书从文化哲学的高度出发,阐述了当代人文背景下手工劳动的人文性质和美学意义,从工具“在手”的无间性和工力“在身”的不可逆性探讨手工劳动融艺术和审美于一体的人文特性。重提手工劳动的当代意义,不但具有学术价值,更具有广泛的实践价值。

一、植根哲学,从文化哲学的高度把握手工劳动

随着现代科学技术的不断发展,机械化生产不断取代着手工生产劳动。当技术让人更加清闲以后,那人的价值体现在什么地方呢?劳动究竟具有什么样的意义?在这样的大背景之下,该书从文化哲学的高度给出了深刻的回答。

该书认为劳动是人不能摆脱的生存方式,劳动的意义超出经济学范畴,人文性质的劳动也是人对世界艺术的或者审美的把握。对于以上观点,作者作了

作者简介:姜坤鹏　山东艺术学院副教授

深入剖析。之所以不可一日无劳动，首先是因为劳动是区别人与动物的“常性”，是人赖以生存和发展的根本方式。也正是因为劳动及其创造性，使“人”之所以成为“人”，比如人手是在使用“工具”到制造工具而逐渐变得自由。在具体的劳动过程中，是“身”（人的自然性）、“心”（人的精神性）、“物”（外部世界）密切联系在一起的，他们三位一体、同步呈现、彼此发生、相互印证。一方面，人在自然社会中需要持续不断的劳动，劳动的过程要涉及自然基础和环境条件。另一方面人与外物的关系上，包括社会制度、公共设施、风俗习惯、生产手段、日用器具。其次，工业革命以来，现代的生产方式、资本主义融入劳动以后，劳动成为实现资本目的的经济活动。这种渗透技术形式的劳动意义有所转变，劳动的文化哲学意义及其人性化特征被日益否定和消除。这种发展趋势有悖“生产完整的人”这个以人为本、人学内涵丰厚的光辉命题。

卡西尔在《人论》一书中力图论证的一个基本思想就是：人只有在创造文化的活动中才成为真正意义上的人，也只有在文化活动中，人才能获得真正的“自由”。我认为劳动的过程、结果，劳动所牵扯到的与自然、社会等外部条件的关系正是文化的一部分。正如书中所言“作为人的生存方式，人必须劳动”，总之，劳动具有一言以蔽之的文化哲学意义。

二、定准基点，从“我的手”和“器具在手”展开论述

劳动丰富了人类的属性，也发展了人类双手的功能。手既是人类劳动的起点，同时也是劳动的产物。为了深刻分析手的人文意义，作者先从生物学的角度来分析手的生物特征，认为只有人和“类人猿”才有“真正的手”。人手的灵巧主要体现在对握动作中，拥有精细、准确而又稳定的操纵能力。从人手的“人文解剖学”来看，人类拥有一双属于自己的“文化的手”，人类意识一旦形成，身体就不再是动物的躯体，而是文化的载体。作者进一步论述手的文化意识，认为“手”的文化意义是在现实劳动中存在的。也就是说手要成为真正的手，就必须在现实的生活通过“亲自动手”实现一个具体的我。在具体的劳作过程中，手“和我一体、任我支配，由我在用”。只有“手在我”，手工劳动才具有人性化特征，决定了手工劳动对人的生命的展开的本体意义，并造就了整体的人，使手工劳动具有个性化特征。

“延伸说”是从自然角度，来审视、揭示人造物的人类学基础和本质，把整个工具或技术客体的发展，整体地归入“人的延伸”过程，从而也为现代技术的发

展提供了一个把握工具或整个技术本质的思想框架。因此，作者还从现代哲学“延伸”的概念来分析“人的延伸”，并认为现代生产技术的发展，割裂了空间和时间在人的劳动过程中的自然统一，代之以“虚拟性”“复制性”作为现代生产方式的基本特征。在现代的机器化大生产实践下，机器等各种现代化的工具成为抽象化的“手”，以重复的机械动作外化着人手的抓握功能。

对“我的手”和“手的延伸”分析完以后，作者着重审视手工劳动中人与工具的关系，以及相关的人文特性和意义。手一方面是人的身体性工具，另一方面是人的意向向外扩张的“起点”。因此，工具“在手”，意义非凡。“在手”意味着人和工具“物我一体”关系的确立。“在手”也意味着人和工具进行“物我交流”，并在交流中互相促进、相互制约、相互善待。有了这种无间的交流，手和工具的关系，才能变成人格化的、生动灵活的。无间的劳动是一种物我现实不隔不离、不间不断的状态，赋予手工劳动即时即地性，使其劳动产品具有独一无二性。为了进一步说明无间劳动的人文价值，作者还论述了脱手和虚拟。脱手是指现代化的机器生产不再是人手直接控制，而是事先以程式的、数理的方式设置。为了满足现代人的生活，现代的生产方式不断生产虚拟的图像、空间。所以，劳动者的人格没有“物我合一”的整体性，剥夺了人们承担自己、实现自己、持续自己的“工具”。要想改变这种状态，摆脱虚拟境地，工具“在手”是必要的。

基于现代生产方式对人的发展的消极后果，尤其是当前城镇化的进程不断发展，人们越来越重视手工劳动。比如说，个性旅游项目中经常会设置手工艺体验环节，一方面让人感受文化内涵，另一方面有了动手的机会。这足以说明当代人认识到了现代生产方式的“虚拟性”和“复制性”的消极后果，越来越重视手工劳动的人文价值。

三、渐入佳境，围绕“工力在身”深入阐释

从“我的手”到“器具在手”逐步递进，作者又从手工劳动中人和劳动的关系，以及相关的人文特性和意义审视手工劳动。在手工劳动的过程中，手呈现出来的作用，或者说通过手工具做功的“气力”，构成了“手工”的基本内涵。这个在身的“气力”是无法用尺度测量的能量，并且这种能量会像打不干的井一样生生不息。在手工劳动的过程中，必须拿捏力度的多少，尤其是要根据材料的不同因材用力。得心应手的“工力”和人的知识文化水平、兴趣、素养、性情等有着密切的联系，不可分离。劳动具有持续性的自然意义，体现在人必须不断用

己身之力在劳动中消耗做功。并且，劳动也必须随和人情，与天、地、人保持动态的和谐。

为了深入探讨"在身"的意义、价值，该书把手工生产方式和现代生产方式作了比较。在手工劳动的过程中，手工劳动时间直接表现为人的生命时间，以一种"不逆"的特性向前发展，并顺应天时、随和人情，与天地人保持动态和谐。但是，现代的生产方式不断消除"自然性"而日益脱离生命本体。在现代的机器化生产中，人是通过"按电钮"等动作置身劳动过程之外，失去人的动力性和创造性。机器在程序的控制下，被动地、机械地完成一遍遍的重复。机器的复制行为，使生产行为变得简洁单纯，一切复杂的关系被简化，同时也注定了人在人文意义上的孤独。吕品田老师从对比手工生产和机器生产的不同方式，探讨"工力在身"的意义，凸显"手工劳动"的人文意义。因此，"工力在身"是手成为"文化之手"的关键。

四、放眼当下，探讨手工劳动的时代意义

传统手工艺是一种手工劳动，也是贴近自然的艺术表达方式。法国作家卢梭曾说："在人类所有一切可以谋生的职业中，最能使人接近自然状态的职业是手工劳动"。现代生产的发展，人们执迷于机器生产带来的复制品，也被图像时代批量生产的艺术形象消解了审美。尤其是机器代替了手的生产方式，让人最本真的灵性和动手能力不断丧失。基于此，作者认为审美是当代手工劳动的价值调整可以实现人的解放。人的解放恰恰就是感性的解放，就是人的灵性、激情、想象、无意识、智力、魄力等在审美活动中的解放，实现这些愿望的途径就是艺术化的手工劳动。作为当代实践的手工劳动，不但可以实现人的解放，而且是大众掌握世界的艺术方式。在广大农村，"女红"现象十分普遍，农村妇女利用农闲时间剪纸、刺绣等民间美术活动充分表达了人与艺术的关系。因此，从当代社会所面临的问题来看，该书的探讨具有时代意义。

指出时代意义的同时，作者还具体总结出当代手工劳动的审美倾向与形态。其倾向如下：1. 崇尚自然。现代生产方式强力征服自然，但是手工劳动就地取材、因材施艺。2. 强调随意。现代生产方式以标准化的法则，将所有人工事物的结构和形态都一律纳入数理逻辑规范，但是现代手工生产以自我的情趣、意图，不拘一格的形态来呈现自由的审美意象。3. 宽容偶然。手工生产的过程中，具有偶然性，为自己或他人提供审美认同的自由。4. 注重过程。现代

生产过程的体验是单调乏味、缺乏美感，但是手工劳动生产方式具有自然性、随意性、偶然性，其过程充满挑战、变化和刺激，让人手脑并用、身心皆动，充满审美体验的快乐。

总之，本书从"手""生物手""人文之手""手与器具""手与劳动"出发，探索手工劳动，着力人文诉求。在文化哲学视野中，将手工劳动和现代生产方式加以对比，综合美术学、设计学、美学、技术哲学等学科思想，思考手工劳动的意义。在日益摆脱劳动的信息时代，手工劳动重新成为需要并呈现价值调整，成为大众在"自由时间"中创造艺术化生活的审美实践，具有弥补文明结构缺陷、健全现代人格构成、促进身心和谐发展、生成新的感受力的重大人文意义。

The "Hand" of Culture

——Review on *Hands Have Merit*: *Manual Labor in the Perspective of Cultural Philosophy* by Lü Pintian

Jiang Kunpeng

Abstract: Handwork has merit: Manual Labor in the Perspective of Cultural Philosophy introduces "handwork" and "manual production methods" into the perspective of cultural philosophy, and proposes a series of theoretical considerations for reviving handwork and manual culture. The book presents a series of theoretical considerations for revitalizing handicrafts and reviving handicraft culture, elaborates the humanistic nature and aesthetic significance of manual labor in the contemporary humanistic context, and explores the humanistic characteristics of manual labor as a combination of art and aesthetics in the context of the infinite nature of the tool in the hand and the irreversible nature of the work force as well. The contemporary significance of manual labor is not only of academic value, but also of wide practical value.

Keywords: hand; handicraft; philosophy

苏绣作品 8 件

苏州刺绣研究所有限公司

苏州刺绣研究所位于苏州市姑苏区景德路。自 1954 年以来，苏州刺绣研究所在坚持传统苏绣工艺的基础上，实现了工艺性和艺术性的完美统一，成功创作了包括国家礼品在内的大批刺绣艺术精品，成为国内外一致公认的知名品牌。作为中外文化交流窗口，苏州刺绣研究所曾先后接待了 60 多个国家和地区的领导人，前往 120 多个国家和地区进行展示，在国际上享有盛誉，被称为“中国的骄傲”“东方艺术明珠”。

六十多年来，苏州刺绣研究所承担了文化传承和工艺传承的重任，为国家培养了数以百计的刺绣艺术大师和专家，创造和革新了 200 余种刺绣技法，成为当代苏绣艺苑的领军者。目前，苏州刺绣研究所是国家级非物质文化遗产“苏绣技艺”项目唯一的保护单位、国家文化产业示范基地、苏绣国标主要起草单位。

《九鱼图》

规格：长 108cm×高 88cm

设计者：周爱珍　绣制者：夏芬、陈蔚、陆小玲

《茂林鸟语》

规格：长 218cm×高 118cm

设计者：周爱珍　绣制者：秦伟敏、赵欣

《群山飞瀑》

规格：长 235cm×高 110cm

设计者：徐绍青　绣制者：金敏、秦伟敏

《翩翩》

规格：长 109cm×高 179cm

设计者：周天民(画家)　绣制者：郑怡华、高红

《簪花仕女》

规格：宽 54cm×高 78cm×厚 14cm

绣制者：杨敏华

《丽人行》

规格：长 88cm×高 88cm

绣制者：吴玉英等

《悟阳子养性图》

规格：长 103cm×高 29cm

绣制者：陈蔚

《花之韵二》

规格：长 85cm×高 85cm

设计者：余克危（画家） 绣制者：钱晓梅